LE CANADA

SOUS

LA DOMINATION FRANÇAISE

LE
CANADA

SOUS

LA DOMINATION FRANÇAISE

D'APRÈS

LES ARCHIVES DE LA MARINE ET DE LA GUERRE

PAR L. DUSSIEUX

PROFESSEUR D'HISTOIRE A L'ÉCOLE IMPÉRIALE MILITAIRE DE SAINT-CYR

DEUXIÈME ÉDITION

PARIS
JACQUES LECOFFRE, LIBRAIRE-ÉDITEUR
RUE DU VIEUX-COLOMBIER, 29

1862

AVERTISSEMENT.

> « En parlant du Canada et de la Louisiane, en regardant sur les vieilles cartes l'étendue des anciennes colonies françaises en Amérique, je me demandais comment le gouvernement de mon pays avait pu laisser périr ces colonies qui seraient aujourd'hui pour nous une source inépuisable de prosperité. »
>
> CHATEAUBRIAND, *Mémoires d'Outre-Tombe.*

L'accueil bienveillant fait à ce livre, en France et au Canada, nous a engagé à en offrir au public une édition plus détaillée. Nous voulons uniquement dire ici que les premiers chapitres de cette histoire ont été écrits d'après Samuel de Champlain et le P. Charlevoix, dont les ouvrages excellents ne sont pas à recommencer, mais peuvent être continués et complétés. Les derniers chapitres, au contraire, dans lesquels se trouve la relation de la guerre de 1755, forment la partie principale de ce livre et sont entièrement rédigés d'après des documents inédits, dont nous avons publié les plus intéressants.

En répandant la connaissance de faits glorieux trop longtemps ignorés, nous sommes heureux d'appeler l'attention vers ces terres lointaines où un million de cœurs français battent encore, fiers de leur origine [1].

---

[1]. Au début de la guerre de Crimée, le *Journal de Québec* publia un mandement de Mgr l'archevêque de Québec, ordonnant des prières publiques à l'occasion de la guerre qui commençait. Voici les premières lignes de ce mandement, publié dans le *Moniteur* du 12 juin 1854 :

« Nous ne pouvons, N. T. C. F., demeurer indifférents à l'issue de cette guerre qui va décider du sort de l'Europe, et qui intéresse grandement la prospérité de l'Église chrétienne.

« Comme sujets de l'empire britannique, la loyauté nous fait un devoir de former des vœux pour que ses armes sortent victorieuses des combats qu'elles auront à soutenir. Unis aux Français par la communauté d'origine, de langage et de religion, comment ne souhaiterions-nous pas que la patrie de nos ancêtres triomphe de ses ennemis du dehors, comme elle a triomphé des ennemis de l'ordre au dedans ! Comment n'appellerions-nous pas la victoire sur le drapeau qui, tant de fois, conduisit *nos frères* au champ de l'honneur ! »

LE CANADA

SOUS LA DOMINATION FRANÇAISE.

LIVRE PREMIER.

ORIGINES DE LA COLONIE.

I

Description de la Nouvelle-France.

La France a possédé, pendant les règnes de Louis XIV et de Louis XV, la plus grande partie de l'Amérique du Nord. Les espaces qui lui appartenaient étaient situés entre la baie d'Hudson, au nord, et le golfe de Mexique, au sud; de l'est à l'ouest, ils s'étendaient depuis l'océan Atlantique et les monts Alléghanis d'un côté, jusqu'aux prairies qui précèdent les monts Rocheux et qui forment aujourd'hui le Far-West.

Vue dans son ensemble, cette région est comme un triangle dont la base est, au nord, de la baie d'Hudson à Terre-Neuve, et le sommet, au sud, à la Nouvelle-Orléans ; chaque côté du triangle a au moins 800 lieues, et la superficie est d'environ 300,000 lieues carrées, c'est-à-dire onze fois celle de la France. Ces territoires, grands comme la moitié de l'Europe, étaient divisés en quatre parties : le pays de la baie d'Hudson et le Labrador, au nord ; à l'est, dans le bassin du Saint-Laurent, le Canada avec l'Acadie et Terre-Neuve ; à l'ouest, autour des grands lacs, les Pays d'en haut ; au sud, dans le bassin du Mississipi, la Louisiane.

C'est aujourd'hui le territoire de la compagnie anglaise de la baie d'Hudson, la Nouvelle-Bretagne et la plus grande partie des États-Unis. On y compte 24 à 25 millions d'habitants, dont un million de race française, 20 millions d'Anglais, d'Irlandais et d'Allemands, nouveaux maîtres du sol ; 3 millions de nègres esclaves ; un demi-million d'Indiens, qui regrettent encore le temps de la domination de la France, si libérale pour leur race. Ce sont les plus riches pays du monde en bois de construction, en coton, en blé et en fer ; la surface du terrain houiller s'élève à 25,000 lieues carrées ; nulle part sur le globe il n'existe un pareil magasin de combustible minéral. Toutes ces contrées sont traversées par de belles voies navigables. Le Mississipi a 1,200 lieues ; le Missouri, 900 ; l'Ohio, 500 ; le Saint-Laurent, 300 ; ce dernier fleuve est praticable aux plus gros bâtiments jusqu'à Québec, à 150 lieues de son embouchure.

Si l'on cherche à se représenter par la pensée ce qu'étaient au commencement du dix-septième siècle, lorsque nous commençâmes à nous y établir, tous ces pays aujourd'hui défrichés, cultivés, sillonnés de chemins de fer, de télégraphes et de bateaux à vapeur, on voit que ce n'était alors qu'une immense forêt remplie de bêtes fauves; de grands lacs; beaucoup de rivières et de marécages; çà et là, des prairies où « se cabanaient » les sauvages. Puis, au milieu de ces solitudes, sur les bords du lac Érié, sur les rives de l'Ohio, du Mississipi et du Missouri, les restes de monuments considérables : des fortifications gigantesques formées d'ouvrages en terre, des tumuli avec leurs momies, des villes, des inscriptions hiéroglyphiques, des idoles, de bizarres sculptures; ouvrages d'un peuple inconnu, restes d'une civilisation autrefois maîtresse de ce pays et dès lors détruite et depuis longtemps. Enfin, dans un coin de ce monde, sur les rives du Saint-Laurent, deux ou trois « habitations » autour desquelles les colons français commençaient à défricher et à cultiver quelques quartiers de terre. Plus loin, au sud-est, sur le rivage de l'Atlantique, des colonies anglaises et hollandaises, mieux situées que la Nouvelle-France, déjà plus prospères et beaucoup plus peuplées qu'elle.

Un aussi vaste pays présente les différences de climat, de topographie et de productions les plus considérables; aussi se partageait-il naturellement en trois zones très-distinctes : une zone glacée, au nord, comprenant tous les pays de la baie d'Hudson et le Labrador; une zone tempérée, au centre, renfermant la Nouvelle-France, c'est-à-dire les Pays d'en haut, le Canada, l'Acadie et Terre-Neuve; enfin une zone chaude, au midi, formée par la Louisiane.

La zone du nord est inclinée vers les mers glaciales. C'est une immense plaine, impropre à la culture, offrant de grandes ressemblances avec la Sibérie, toute de terrains primitifs et granitiques, généralement boisée, entrecoupée de savanes, c'est-à-dire de plaines basses, marécageuses et couvertes de bois rabougris; partout de grandes rivières et de grands lacs. La température moyenne de l'année est de 8 degrés au-dessous de zéro; l'hiver dure neuf mois, et le thermomètre descend souvent à 30 degrés; mers, lacs et rivières, tout est encore gelé en juin. La partie méridionale est moins âpre et ressemble déjà au Canada. Le Labrador ne diffère du reste de la région que par ses montagnes et ses brouillards perpétuels.

La végétation forestière se compose de pins, de mélèzes, de sapins, de peupliers, saules, bouleaux, aulnes; là où elle cesse, vers le nord, quelques arbustes, puis les mousses la remplacent. Les animaux sont nombreux dans ces solitudes ; on y trouve l'ours blanc et l'ours noir, le loup, le lynx, le renne, l'élan, le bison, le bœuf musqué, le castor, la loutre et divers animaux aux fourrures précieuses, le chien, si utile à l'Esquimau, misérable habitant de ces steppes glacées.

Les Français avaient au fond de la baie d'Hudson, qu'on appelait alors la baie Bourbon, plusieurs forts et comptoirs fortifiés, dans lesquels ils faisaient la « traite » des pelleteries ; mais, dès 1713, on céda toute cette zone à l'Angleterre, par la paix d'Utrecht.

La zone tempérée, la Nouvelle-France, est sous les mêmes parallèles que l'Angleterre, la Belgique, la France, l'Espagne et l'Italie septentrionale, mais avec un climat plus froid. L'hiver est rude en Canada ; et à la latitude de la Provence et du Languedoc, la neige couvre la terre pendant six mois de l'année ; depuis la fin de novembre jusqu'au commencement de mai, le Saint-Laurent reste glacé [1]. Le P. Charlevoix dit qu'il n'a jamais passé d'hiver au Canada sans qu'il ait appris qu'on eût apporté à l'hôpital quelqu'un à qui il avait fallu couper une jambe ou un bras gelés. Le

---

1. Pendant six mois, la colonie était régulièrement sans communications avec la France. En temps de guerre, comme on le verra de 1755 à 1760, cette interruption des relations entre la France et le Canada avait les plus grands inconvénients.

printemps commence en mai ; « alors, dit Champlain, les cerisiers commencent à espanouir leurs boutons pour pousser leurs feuilles dehors... les framboises commencent à boutonner et toutes les herbes à pousser hors de la terre.... les arbres jettent leurs feuilles. » Un été très-chaud succède bientôt à ce court printemps.

Malgré la rigueur du climat, le sol est fertile, surtout en remontant le Saint-Laurent et sur les bord des grands lacs ; déjà, avant notre venue, les cinq nations iroquoises cultivaient leurs terres et récoltaient le maïs. Des prairies et des forêts couvraient partout le sol de la Nouvelle-France. « Nous sommes au milieu des plus grandes forêts du monde, écrivait le P. Charlevoix ; selon toutes les apparences, elles sont aussi anciennes que le monde même..... à la vue, rien n'est plus magnifique ; les arbres se perdent dans les nues. » Les principales essences des forêts canadiennes sont le pin blanc, le pin rouge, le sapin, le cèdre, l'épinette blanche, dont on fait les plus grands mâts, l'épinette rouge ou tamarak, dont le bois est incorruptible, le merisier, le chêne, l'érable, qui fournit une liqueur excellente, de laquelle on extrait du sucre [1], le noyer,

---

[1]. L'érable à sucre est l'arbre favori des Canadiens ; il figure avec le castor dans les armes nationales. Au printemps, quand est venu le moment de récolter le sucre, on pratique

le charme, le frêne, le hêtre, dont la faîne nourrit les bêtes fauves, l'orme, dont l'écorce sert aux sauvages à faire leurs canots, le peuplier, le tremble, le bouleau, etc.[1].

L'ours et le loup peuplent les profondeurs de ces bois : le cerf, l'élan, le daim et le chevreuil y vivent

---

un trou à un demi-mètre du sol et on place un vase au pied de l'arbre pour recueillir la séve qui s'écoule en abondance ; on la fait bouillir ensuite dans une chaudière, et, dès qu'elle est devenue épaisse, on la jette dans les formes. Le sucre d'érable est très-bon. En 1851, le bas Canada en a produit 10 millions de livres.

1. Les 30,000 lieues carrées de forêts que possède le Canada sont actuellement un des plus grands centres de production de bois de construction. On le tire principalement des forêts situées sur les rives de l'Ottawa, grande rivière qui se jette dans le Saint-Laurent au-dessus de Montréal ; 25,000 hommes sont employés à couper les arbres et à en former les trains que l'on amène à Québec, principal centre de ce commerce, qui expédie annuellement en Europe pour une valeur de plus de 50 millions de francs en bois de toutes sortes. Chicago, au fond du lac Michigan, dans les anciens Pays d'en haut, où il y a encore de grandes masses forestières, est le principal entrepôt des bois de l'Ouest, que l'on expédie de Québec par les lacs. On construit à Québec une assez grande quantité de navires pour l'Angleterre et les États-Unis. En 1853, la valeur des bâtiments que l'on y a construits s'est élevée à 12 millions de francs. Saint-John, dans le Nouveau-Brunswick, fait actuellement une sérieuse concurrence aux chantiers de Québec. Dès le règne de Louis XV, les navires construits à Québec étaient renommés. (Cf. *Mémoires du duc de Luynes*, 1756, 24 décembre.)

en troupes nombreuses. Les prairies à l'ouest des grands lacs sont le domaine des bisons; le castor et la loutre se trouvent sur les bords des rivières, des lacs et des marais. Le gibier abonde, ainsi que les oiseaux de proie et les meilleures espèces de poissons; on trouvait des truites de 200 livres dans le lac Huron.

Sauf Terre-Neuve et l'Acadie, dont le sol est granitique, toute la région tempérée est formée par le terrain intermédiaire et houiller. C'est en général un pays de plaines; cependant la partie septentrionale du Canada est sillonnée par une chaîne de hautes collines qui, pendant plus de 600 lieues, séparent les versants de la mer Glaciale et de l'océan Atlantique : au sud du Saint-Laurent et vers son embouchure, plusieurs contre-forts des monts Alléghanis accidentent fortement le pays.

Le Saint-Laurent arrose tout le Canada; depuis Québec jusqu'à la mer, il a plusieurs lieues de large, sur une grande profondeur; aussi, le port de Québec peut-il recevoir quelque vaisseau que ce soit. On jugera du volume des eaux et de la rapidité du Saint-Laurent quand on saura qu'il jette à l'Océan une masse d'eau de cinquante-sept millions et demi de mètres cubes par heure. Un grand nombre de rivières, larges et profondes, affluent dans le Saint-Laurent ou dans les cinq lacs dont il sort. A l'époque qui nous occupe, ces rivières étaient les seules voies de communication. On ne voyageait alors qu'en canot; et, lorsque la navigation est interrompue, ce qui arrive souvent, par un *sault* ou rapide, ou bien lorsqu'on arrivait à un *portage*, c'est-à-dire à un faîte entre une rivière et une autre, on portait ses canots sur l'épaule, ainsi que le dit Champlain dans la phrase que nous citons, et qui donne si naïvement l'étymologie du mot portage : « Il nous fallut porter nos canots, hardes, vivres et armes sur nos espaules, qui n'est pas petite peine à ceux qui n'y sont pas accoutumés. »

Parmi ces communications établies au travers des plus épaisses forêts, par les lacs, les rivières et les portages, il en est une qui mérite d'être signalée à cause de son importance militaire. Elle se compose de la rivière Richelieu, affluent du Saint-Laurent, et des lacs Saint-Sacrement et Champlain, puis, après un portage, du fleuve Hudson, qui se jette dans l'Atlantique, à New-York. Cette route naturelle traversait des bois épais et le pays des Iroquois; à ses extrémités se trouvaient les capitales de la Nouvelle-France et de la Nouvelle-Angleterre. Aussi, les rives de ces lacs et de ces cours d'eau étaient-elles couvertes de forts destinés à commander le pays; entre tous, nous nommerons ceux de Carillon et de William-Henry, dont les noms rappellent les plus belles victoires du marquis de Montcalm.

Pendant la durée de sa domination, la France avait fondé en Canada et dans les Pays d'en haut un grand nombre de villes et de forts, dans les plus excellentes positions militaires et commerciales; presque tous sont devenus de grands centres de population, d'industrie et de commerce, mais ont changé de nom en changeant de maîtres; si bien, qu'en entendant parler aujourd'hui des populeuses cités d'Ogdenbourg, de Kingston, de Ticondéroga et de Pittsbourg, notre légèreté française ne sait plus que c'est nous qui avons fondé le fort de la Présentation, le fort Frontenac, le fort Carillon et le fort Duquesne.

Sur le Saint-Laurent, on trouvait alors : Gaspé, à l'embouchure du fleuve, position importante par son mouillage, le plus sûr de tous ceux qui sont à l'entrée du golfe[1]; et, en remontant, Tadoussac, Québec, Trois-Rivières, Montréal[2], le fort de la Présentation et le fort Lévis. Sur le lac Ontario, le fort Frontenac, le fort Toronto et le fort Niagara. Entre les lacs Érié et Huron, l'importante ville de Détroit. Entre les lacs Huron et Michigan, Michilimakinac, centre de commerce assez important. Au fond du lac Michigan, Chicago. Sur le lac Supérieur, Michipicoton, Chagoua-

---

1. Le gouvernement du Canada a voté en 1860 l'établissement d'un port franc à Gaspé.
2. Montréal, autrefois peuplé de 3 à 4,000 habitants, compte aujourd'hui 80,000 âmes.

migon, Camanestigouia, postes militaires, missions religieuses, centres de commerce. En allant toujours à l'ouest, dans les pays découverts par La Vérendrye, le fort Saint-Pierre, sur le lac des Bois; le fort Maurepas, sur le lac Bourbon (aujourd'hui lac Winnipeg). Tous ces postes assuraient à la France la domination du pays et la liberté des communications, et donnaient à nos missionnaires comme à nos traitants la sécurité nécessaire au milieu de peuplades farouches et souvent hostiles.

La Nouvelle-France et la Louisiane semblent liées par la nature. Des cinq lacs, il est facile, en effet, de gagner, au travers des bois et par quelques portages, les affluents du Mississipi, l'Ohio, la rivière des Illinois, le Ouisconsin. Pour assurer ces communications, on construisit, sur l'Ohio, le fort Duquesne, le fort Crèvecœur sur la rivière des Illinois, et sur le Mississipi, le fort de Chartres, premier poste de la Louisiane.

En sortant des Pays d'en haut et du Canada, on arrive, par le Saint-Laurent, à l'Acadie, à Terre-Neuve et aux îles du golfe du Saint-Laurent, qui complètent la Nouvelle-France. Toutes ces terres sont granitiques.

L'Acadie a un climat rude; l'hiver y est froid et l'été fort chaud, sans transition de l'un à l'autre. L'air y est souvent chargé d'épais brouillards. Le pays est fertile, quoique çà et là montagneux ou marécageux. Les forêts de chênes, de pins et de sapins couvrent une grande partie du sol et donnent aux marines européennes d'excellents bois de construction. La tribu des Souriquois, appelés plus tard les Micmacs, et celle des Abénaquis étaient chrétiennes et entièrement dévouées aux intérêts de la France; elles sont à peu près détruites aujourd'hui. Après nous avoir enlevé l'Acadie à la paix d'Utrecht, l'Angleterre la partagea en deux provinces, la Nouvelle-Écosse et le Nouveau-Brunswick; Port-Royal s'appela Annapolis; Chiboucton prit le nom d'Halifax, et est devenu le principal arsenal maritime de l'Angleterre dans l'Amérique du Nord.

Les îles situées dans le golfe du Saint-Laurent sont : Anticosti, toute boisée, l'île Saint-Jean, aujourd'hui île du Prince-Édouard, très-fertile, et l'île Royale ou du Cap-Breton. Cette dernière, la plus importante par sa position, est à l'entrée du golfe, entre l'Acadie et Terre-Neuve; nous y avions fondé Louisbourg, un des plus beaux ports de l'Amérique, et nous en avions fait une place forte qui était la clef du Canada.

Terre-Neuve, grande île de 9,400 lieues carrées, est couverte de brouillards éternels, de forêts de chênes ou de rochers stériles revêtus de mousses et de lichens. La houille s'y rencontre par masses puissantes; mais la principale richesse de l'île est dans la pêche de la morue, qui se fait sur le banc de Terre-Neuve et produit annuellement une valeur de 35 à 40 millions de francs. Mentionnons, au sud de Terre-Neuve, les deux îlots de Saint-Pierre et de Miquelon, que nous avons conservés depuis le traité de 1763, ainsi que le droit de pêcher sur le banc ; c'est tout ce qui nous reste de notre ancienne puissance en Amérique.

Au sud du Saint-Laurent, entre le Canada, la Nouvelle-Angleterre et la Louisiane, on rencontre le bassin de l'Ohio, que les Français appelaient la Belle-Rivière. Les forêts et les prairies couvraient alors toute cette fertile vallée, dont le climat est très-doux et dont l'aspect est à la fois pittoresque et grandiose ; « partout, dit Châteaubriand, le paysage déploie une pompe extraordinaire. » Le platane, le tulipier, le magnolia, le hêtre, l'acacia, l'érable et le frêne sont les principales essences des forêts ; le charbon de terre s'y rencontre en gisements inépuisables.

La vallée de l'Ohio, possédée par la France, liait le Canada à la Louisiane, mais resserrait la Nouvelle-Angleterre et empêchait ses habitants de s'étendre à l'ouest des Alléghanis ; aussi cherchèrent-ils, dès 1727, à s'y établir.

La Louisiane, qui a une histoire distincte de celle du Canada et dont nous ne devons pas nous occuper ici, était alors couverte de forêts et de prairies, comme la Nouvelle-France. Le cotonnier y croissait naturellement, mais n'était pas encore cultivé en grand comme il l'est actuellement. Le climat de cette vaste région est doux et salubre, excepté aux bouches de la rivière Saint-Louis, le Mississipi d'aujourd'hui, où le climat est chaud, humide et malsain, et où nous avions fondé la Nouvelle-Orléans, énergique foyer de résistance à l'esprit des États-Unis du Nord et véritable capitale de la nouvelle confédération du Sud.

II

Les Canadiens.

« On ne compte guère à Québec, écrivait le P. Charlevoix en 1720, que sept mille âmes; mais on y trouve un petit monde choisi, où il ne manque rien de ce qui peut former une société agréable. Un gouverneur général avec un état-major, de la noblesse, des officiers et des troupes; un intendant avec un conseil supérieur et les juridictions subalternes; un commissaire de marine, un grand prévôt, un grand voyer et un grand maître des eaux et forêts, dont la juridiction est assurément la plus étendue de l'univers; des marchands aisés ou qui vivent comme s'ils l'étoient;

un évêque et un séminaire nombreux ; des Récollets et des Jésuites ; trois communautés de filles, bien composées ; des cercles aussi brillans qu'il y en ait ailleurs chez la gouvernante et chez l'intendante : voilà, ce me semble, pour toutes sortes de personnes de quoi passer le temps fort agréablement.

« Aussi fait-on, et chacun y contribue de son mieux. On joue, on fait des parties de promenades ; l'été en calèche ou en canot ; l'hiver en traîne sur la neige ou en patins sur la glace. On chasse beaucoup ; quantité de gentilshommes n'ont guère que cette ressource pour vivre à leur aise. Les nouvelles courantes se réduisent à bien peu de choses, parce que le pays n'en fournit presque point, et que celles de l'Europe arrivent tout à la fois, mais elles occupent une bonne partie de l'année ; on politique sur le passé, on conjecture sur l'avenir ; les sciences et les beaux-arts ont leur tour, et la conversation ne tombe point. Les Canadiens, c'est-à-dire les créoles du Canada, respirent en naissant un air de liberté qui les rend fort agréables dans le commerce de la vie, et nulle part ailleurs on ne parle plus purement notre langue. On ne remarque même ici aucun accent.

« On ne voit point en ce pays de personnes riches, et c'est bien dommage, car on y aime à se faire honneur de son bien, et personne presque ne s'amuse à thésauriser. On fait bonne chère, si avec cela on peut avoir de quoi se bien mettre; sinon, on se retranche sur la table, pour être bien vêtu. Aussi faut-il avouer que les ajustemens font bien à nos créoles. Tout est ici de belle taille, et le plus beau sang du monde dans les deux sexes; l'esprit enjoué, les manières douces et polies sont communs à tous; et la rusticité, soit dans le langage, soit dans les façons, n'est pas même connue dans les campagnes les plus écartées.

« Il n'en est pas de même, dit-on, des Anglois nos voisins; et qui ne connoîtroit les deux colonies que par la manière de vivre, d'agir et de parler des colons, ne balanceroit pas à juger que la nôtre est la plus florissante. Il règne dans la Nouvelle-Angleterre une opulence dont il semble qu'on ne sait point profiter; et dans la Nouvelle-France une pauvreté cachée par un air d'aisance qui ne paroît point étudié. Le commerce et la culture des plantations fortifient la première, l'industrie des habitans soutient la seconde, et le goût de la nation y répand un agrément infini. Le colon anglois amasse du bien et ne fait aucune dépense superflue; le François jouit de ce qu'il a, et souvent fait parade de ce qu'il n'a point. Celui-là travaille pour ses héritiers; celui-ci laisse les siens dans la nécessité où il s'est trouvé lui-même, de se tirer d'affaire comme il pourra. Les Anglois-Américains ne veulent point de guerre, parce qu'ils ont beaucoup à perdre; ils ne ménagent point les sauvages, parce qu'ils ne croient point en avoir besoin. La jeunesse françoise, par des raisons contraires, déteste la paix, et vit bien avec les naturels du pays, dont elle s'attire aisément l'estime pendant la guerre, et l'amitié en tout temps..... »

Revenant plus loin à l'étude des mœurs des créoles, mêlée cette fois à l'étude des ressources du Canada, le P. Charlevoix ajoute : « Tout le monde a ici le nécessaire pour vivre : on y paye peu au Roi ; l'habitant ne connoît point la taille ; il a du pain à bon marché ; la viande et le poisson n'y sont pas chers ; mais le vin, les étoffes et tout ce qu'il faut faire venir de France y coûtent beaucoup. Les plus à plaindre sont les gentilshommes et les officiers qui n'ont que leurs appointemens et qui sont chargés de famille. Les femmes n'apportent ordinairement pour dot à leurs maris que beaucoup d'esprit, d'amitié, d'agrémens et une grande fécondité ; mais Dieu répand sur les mariages, dans ce pays, la bénédiction qu'il répandoit sur ceux des patriarches ; il faudroit, pour faire subsister de si nombreuses familles, qu'on y menât aussi la vie des patriarches, mais le temps en est passé. »

La noblesse, nombreuse en Canada et fort mal à son aise, faisait un peu de commerce, vivait de la chasse et de la pêche, mais refusait obstinément de se livrer à l'agriculture. Beaucoup de Canadiens se faisaient « coureurs de bois, » ou chasseurs, et vivaient comme les sauvages, par esprit d'indépendance et d'imitation, ou bien parce qu'ils étaient rebutés des durs travaux de l'agriculture. « Le nombre des coureurs de bois est tel, écrivait M. de Dénonville, gouverneur du Canada, qu'il dépeuple le pays des meilleurs hommes, les rend indociles, indisciplinables, débauchés, et que leurs enfants sont élevés comme des sauvages. » « On a cru longtemps, dit-il encore, qu'il falloit approcher les sauvages de nous pour les franciser ; on a tout lieu de reconnoître qu'on se trompoit. Ceux qui se sont approchés de nous ne se sont pas rendus François, et les François qui les ont hantés sont devenus sauvages [1]. »

---

[1]. Il existe au nord-ouest du lac Supérieur une peuplade nombreuse qu'on appelle les *Bois-Brûlés*; elle se compose de métis issus de Canadiens-Français et d'Indiens et descend des anciens coureurs de bois. Ces Français demi-sauvages se sont donné le nom de Bois-Brûlés, à cause de leur couleur hâlée. Ils sont aujourd'hui à la solde de la grande compagnie anglaise des pelleteries de la baie d'Hudson ; ils chassent la grosse et la petite bête, mais surtout le bison, et poursuivent ses troupes innombrables dans les herbageries qui recouvrent les hautes plaines baignées par le Missouri supérieur et la Nebraska, dans lesquelles le bison s'est réfugié.

III

Les Indiens.

« Dans la Nouvelle-France, disait Samuel de Champlain, il y a nombre infiny de peuples sauvages; les uns sont sédentaires, amateurs du labourage, qui ont villes et villages fermez de palissades; les autres errans, qui vivent de la chasse et pesche de poisson, et n'ont aucune cognoissance de Dieu. Mais il y a espérance que les religieux qu'on y a menez et qui commencent à s'y establir, y faisant des séminaires, pourront en peu d'années y faire de beaux progrès pour la conversion des peuples [1]. »

Les nations qui habitaient nos possessions américaines appartenaient à quatre races principales : au nord, les Esquimaux; à l'ouest du Mississipi, les Sioux; les Algonquins, dans l'Acadie, le bas Canada, la Nouvelle-Angleterre et les Pays d'en haut; les Hurons, qui forment la quatrième famille, étaient enclavés au

---

[1]. Les Voyages de la Nouvelle-France occidentale, dite Canada, faits par S. de Champlain, et toutes les découvertes qu'il a faites en ce pays depuis 1603 jusqu'en 1629, 1 vol. in-4, Paris, 1632, avec carte et figures.

milieu des peuples de race algonquine, dans le haut Canada et dans une partie de la Nouvelle-Angleterre, entre les rivières Outaouais, Richelieu, Hudson, les monts Alléghanis et le lac Huron [1].

Les Esquimaux habitaient les terres situées autour de la baie d'Hudson, le Labrador et Terre-Neuve; leur nom, en langue abénaquie, signifie mangeurs de viande crue. C'étaient des sauvages brutes, farouches, barbus, laids et sales. On trouvait encore, dans les savanes du Nord, les Savanais, qui comprenaient les Mistassins, les Monsonis, les Cristinaux et les Assiniboils. Tous ces peuples étaient fort superstitieux et assez doux; ils faisaient leurs prisonniers esclaves et ne les tuaient pas; mais ils étaient fort misérables,

---

[1]. La bibliothèque de Versailles possède une collection de divers objets venant des Indiens du Canada. Cette collection ethnologique a été faite sous Louis XV par M. Fayolle, commis au bureau des colonies françaises de l'Amérique, avec les pièces que les officiers de marine lui rapportaient du Canada. M. de Sarrans, gouverneur des ducs de Berry et d'Angoulême, fils du comte d'Artois, se servit de cette collection pour l'instruction des jeunes princes. Elle se compose de : plusieurs têtes de cire représentant des types indiens; vêtements; raquettes pour marcher sur la neige; manteaux en peaux ornées de peintures représentant de très-curieux sujets de chasse; mocassins formés de pieds d'ours; armes diverses, tomahawc, arcs, flèches; calumets sculptés; chichikoué (instrument de musique); sacs à petun; colliers en coquillages appelés colliers de porcelaine; masques de chasse, etc.

et, quand la faim les pressait, ils se mangeaient entre eux.

Les nombreuses tribus des Sioux habitaient les prairies de l'Ouest, vivaient en nomades, sous la tente ; ils étaient polygames; leur nourriture était la folle avoine, très-abondante sur leurs terres, et la chair des bisons.

Les Algonquins, nomades et chasseurs, comprenaient les Abénaquis, les Nipissings, les Montagnais, les Étechemins, les Micmacs ou Souriquois, les Outaouais, les Miamis et les Illinois. Ces deux dernières nations étaient plus sédentaires et se livraient à l'agriculture. Presque toutes les tribus algonquines se convertirent et furent les alliées de la France.

Les nations de race huronne étaient les Hurons et les Iroquois, les deux plus importantes peuplades de la Nouvelle-France. Elles étaient fort intelligentes, adonnées à l'agriculture, laborieuses et industrieuses. Ces nations vivaient moins éparpillées que les autres; elles avaient une police, un gouvernement et des chefs réels, quelquefois héréditaires, mais par les femmes. Partout ce gouvernement avait le caractère d'une aristocratie. Nos missionnaires surent tirer un grand parti de l'aptitude de ces peuples à la civilisation.

« La langue huronne, dit le P. Charlevoix, est d'une abondance, d'une énergie et d'une noblesse qu'on ne trouve peut-être réunies dans aucune des plus belles que nous connaissons, et ceux à qui elle est propre... ont encore dans l'âme une élévation qui s'accorde bien mieux avec la majesté de leur langage qu'avec le triste état où ils sont réduits... La langue algonquine n'a pas autant de force que la huronne, mais elle a plus de douceur et d'élégance. Toutes deux ont une richesse d'expressions, une variété de tours, une propriété de termes, une régularité qui étonnent.»

IV

Découverte et colonisation du Canada. — Jacques Cartier et Samuel de Champlain.

Les premières tentatives pour s'établir en Canada ont été faites pendant le règne de François Ier, qui, à l'instigation de l'amiral Philippe de Chabot, ne voulait pas que l'Espagne prît pour elle seule le nouveau monde tout entier et jugeait à propos que la France eût aussi sa part.

En 1534 et 1535, Jacques Cartier, de Saint-Malo, l'un des plus grands marins dont cette ville puisse se glorifier, fit deux expéditions aux Terres-Neuves de l'Amérique septentrionale, que Verazzani avait déjà explorées, dix ans auparavant, par ordre de François Ier. Il découvrit le golfe et le fleuve Saint-Laurent, et une vaste contrée que les Indiens appelaient Canada.

François Ier, s'étant décidé à fonder une colonie dans le pays que l'on venait de découvrir, envoya, en 1541, des colons et des troupes sous le commandement du seigneur de Roberval, et l'autorisa, pour recruter ses colons, à se faire livrer les prisonniers condamnés à mort. Roberval alla s'établir à trois lieues du hameau de Québec; mais, l'année suivante, le roi le rappela en Europe; toute la colonie le suivit, et le Canada se trouva abandonné. Nos marins continuèrent cependant à faire la pêche à Terre-Neuve et le commerce des fourrures. Les bénéfices qu'ils en retiraient décidèrent plusieurs négociants de Saint-Malo à former, en 1602, une compagnie qui reprit le projet de fonder un établissement au Canada. Samuel de Champlain, l'un des associés de la nouvelle compagnie, partit pour l'Amérique et remonta le fleuve Saint-Laurent jusqu'au sault Saint-Louis; il étudia le pays avec intelligence et en dressa une carte, qu'à son retour il présenta à Henri IV. Le grand roi comprit l'importance du Canada, lui donna le nom de Nouvelle-France et promit à la compagnie de Saint-Malo

2

toute sa protection. Peu de temps après, les Français s'établirent à Port-Royal, en Acadie (1604); Champlain fit du hameau indien de Québec, situé dans une bonne position commerciale et militaire, la capitale du Canada (1608).

Les contrées dans lesquelles s'établissaient les Français étaient peuplées par trois nations : les Algonquins, les Hurons et les Iroquois. Les Algonquins habitaient au nord du Saint-Laurent, et les Hurons au nord des lacs Érié et Ontario ; ils s'appelaient Wyandots, et nous les avions surnommés Hurons à cause du bizarre aspect de leur tête tatouée et de leur chevelure [1]. Les Iroquois, qu'on désignait aussi sous le nom des Cinq nations [2], étaient établis au sud du lac Ontario et du Saint-Laurent

Les Hurons et les Iroquois se faisaient depuis longtemps une guerre acharnée [3] ; Champlain s'allia avec

---

1. Les premiers Français qui virent ces étonnantes têtes de sauvages s'écrièrent : « Quelles hures ! »
2. Les cinq tribus ou nations iroquoises s'appelaient : Agniers, Annegouts, Onontagues, Goyagouins et Tsonnontouans.
3. L'origine de cette guerre remonte à des querelles de chasse. Des Hurons avaient été défiés par des Iroquois ; ces derniers ayant réussi, les Hurons les assassinèrent ; les Iroquois firent dès lors une guerre à outrance à leurs ennemis. (Voy. Charlevoix, t. III, p. 201 et suivantes.)

les Hurons, et trouva en eux des alliés dévoués ; mais il engagea la colonie dans une longue guerre avec les Iroquois, qui furent aussitôt soutenus par les Hollandais, qui possédaient alors la Nouvelle-Belgique (aujourd'hui état de New-York), et qui ne voyaient pas sans jalousie l'établissement des Français en Acadie et en Canada.

Cependant la colonie faisait quelques progrès, malgré les obstacles que rencontre toute fondation nouvelle. Les protestants, encouragés par Henri IV et par Sully, s'y établissaient, et la compagnie à laquelle on avait concédé le Canada comptait plusieurs protestants parmi ses membres ; Sully avait même donné à un religionnaire la souveraineté de toute l'Acadie. Mais les relations des calvinistes et des catholiques ne furent pas plus pacifiques au Canada qu'elles ne l'étaient en France.

Les entreprises des protestants [1] amenèrent des dissentions et des luttes, qui redoublèrent lorsque les Récollets, trop pauvres pour subvenir à toutes les

---

1. Le F. Gabriel, Récollet, l'un des premiers missionnaires en Canada, nous apprend que les protestants obligeaient les catholiques « à assister à leurs chants de Marot, » s'ils voulaient être admis sur leurs vaisseaux ou employés dans leurs manufactures. (*Histoire du Canada*, 1 vol. petit in-8, 1636, par le F. Gabriel Sagard Théodat.)

dépenses des missions, appelèrent les Jésuites en 1625. Les protestants voulurent s'opposer à l'entrée des nouveaux missionnaires, puis ils essayèrent de les chasser du Canada. Les désordres religieux devinrent alors tellement graves, que le cardinal de Richelieu craignit qu'ils n'amenassent la ruine de la colonie, et jugea nécessaire d'ordonner que dorénavant on admettrait seulement des catholiques dans la Nouvelle-France.

Le cardinal réorganisait alors le Canada ; il créait, en 1627, la compagnie de la Nouvelle-France, composée de cent associés, et lui donnait, avec le monopole du commerce, le droit de régir à son gré le pays, de faire la paix et la guerre [1]. La compagnie s'engageait à établir quelques milliers de colons, à les soutenir et à les nourrir pendant trois ans ; elle dut aussi entretenir à ses frais les missionnaires employés à la conversion des sauvages. On décida que les colons seraient tous catholiques et Français.

Champlain fut l'âme de la nouvelle compagnie. Il

---

1. La charte de la nouvelle compagnie est dans le *Mercure de France*, 1628, t. XIV, 236. — Voir aussi dans le *Mercure* de 1626, XII, 44, la charte de la compagnie du Morbihan, créée en 1626 et remplacée en 1627 par la compagnie de la Nouvelle-France.

voulait, d'accord avec le cardinal de Richelieu, fonder un empire en Amérique, créer une nouvelle France, et non pas seulement faire le commerce des fourrures; il voulait aussi donner tous ses soins à la conversion des sauvages.

M. de Champlain et les missionnaires abordèrent résolûment la grave difficulté de vivre au contact des Indiens et d'en faire les sujets de la France, en les amenant à sa foi et à ses usages. M. de Champlain obtint du cardinal de Richelieu que l'on insérât dans l'acte de fondation de la compagnie des Cent-Associés que tout Indien converti serait considéré comme citoyen français : « Les sauvages qui seront amenés
« à la connoissance de la foi et en feront profession
« seront censés et réputés naturels françois, et comme
« tels pourront venir habiter en France, quand bon
« leur semblera, et y acquérir, tester, succéder et
« accepter donations et légats, tout ainsi que les vrais
« régnicoles et originaires françois, sans être tenus
« de prendre aucunes lettres de déclaration ni de na-
« turalité[1]. »

A aucune époque, même en France, on n'a fait une plus large et plus généreuse application de la

---

1. Art. 17 de la charte de la compagnie des Cent-Associés. *Mercure de France*, t. XIV, p. 245.

fraternité chrétienne. En accordant aux Indiens catholiques une complète égalité avec les citoyens français, sans tenir compte des différences de race, le grand Cardinal donnait la mesure de l'élévation et de la hardiesse de son génie.

La nouvelle compagnie se montra sévère dans le choix des colons qu'elle envoya en Amérique; elle n'admit que de très-honnêtes gens, qui furent choisis principalement dans cette forte et intelligente race des laboureurs de Normandie et de Bretagne.

« Tout le monde sait, dit le P. Charlevoix, de quelle manière la plupart des colonies se sont formées dans l'Amérique; mais on doit rendre cette justice à celle de la Nouvelle-France, que la source de presque toutes les familles qui y subsistent aujourd'hui est pure et n'a aucune de ces taches que l'opulence a bien de la peine à effacer: c'est que ses premiers habitants étoient, ou des ouvriers qui y ont toujours été occupés à des travaux utiles, ou des personnes de bonne famille qui s'y transportèrent, dans la seule vue d'y vivre plus tranquillement et d'y conserver plus sûrement leur religion qu'on ne pouvoit faire alors dans plusieurs provinces du royaume, où les religionnaires étoient fort puissants. Je crains d'autant moins d'être contredit sur cet article, que j'ai vécu avec quelques-uns de ces premiers colons, presque centenaires, de leurs enfants et d'un assez bon nombre de leurs petits-fils ; tous gens plus respectables encore par leur probité, leur candeur et la piété solide dont ils faisoient profession, que par leurs cheveux blancs et le souvenir des services qu'ils avoient rendus à la colonie. Ce n'est pas que dans ces premières années, et plus encore dans la suite, on n'y ait vu quelquefois des personnes que le mauvais état de leurs affaires ou leur mauvaise conduite obligeoient de s'exiler de leur patrie, et quelques autres dont on vouloit purger l'État et les familles ; mais comme les uns et les autres n'y sont venus que par petites troupes, et qu'on a eu une très-grande attention à ne les pas laisser ensemble, on a presque toujours eu la consolation de les voir en très-peu de temps se réformer sur les bons exemples qu'ils avoient devant les yeux, et se faire un devoir de la nécessité où ils se trouvoient de vivre en véritables chrétiens, dans un pays où tout les portoit au bien et les éloignoit du mal. »

V

Première guerre avec l'Angleterre.

Dès l'année 1613, les Anglais, inquiets de l'importance de nos établissements, avaient réclamé l'Acadie; puis, en pleine paix, ils avaient attaqué et brûlé Port-Royal; le faible gouvernement de Marie de Médicis et de Concini n'avait pas résisté. Quelques années après, en 1628, pendant qu'ils faisaient la guerre à Louis XIII, en soutenant les protestants de la Rochelle, ils envahirent le Canada et arrivèrent devant Québec. M. de Champlain se décida à défendre la ville, malgré son peu de ressources, et repoussa si fièrement la sommation de capituler, que les Anglais, le croyant en état de les repousser, prirent le parti de se retirer. Il n'avait cependant que cinq livres de poudre et fort peu de vivres; on ne pouvait donner que sept onces de pois par jour à chaque habitant, et les sauvages se soulevaient contre nous.

La récolte de l'année ayant été mauvaise, la colonie fut en proie à la famine; les secours envoyés de France furent capturés; on fut obligé, pour vivre, d'aller chercher des racines dans les bois. L'ennemi revint assiéger Québec. Cette fois, M. de Champlain fut obligé de capituler (1629), et tout le Canada tomba au pouvoir des Anglais, qui, pendant toute la durée de la guerre, avaient été secondés par les protestants de la colonie.

En 1632, M. de Champlain, « qui étoit bon François ; » convainquit le cardinal de Richelieu que l'honneur et l'intérêt de la France, aussi bien que l'intérêt de la religion, exigeaient la restitution du Canada, que beaucoup de gens cependant désiraient abandonner à l'Angleterre. Richelieu réclama énergiquement la restitution de Québec ; il arma six vaisseaux et obligea l'Angleterre à céder. On signa la paix de Saint-Germain (1632) ; les Anglais nous rendirent Québec et l'Acadie, et renoncèrent à toutes leurs prétentions sur les diverses contrées qui composaient la Nouvelle-France [1].

---

1. Voy. le traité avec l'Angleterre dans le t. XVIII du *Mercure*, p. 39 et 66. — Voy. aussi, sur les négociations avec la cour de Londres, la *Correspondance du cardinal de Richelieu*, t. III, d'octobre à décembre 1629.

VI

Portrait de Samuel de Champlain par le P. Charlevoix.

« M. de Champlain mourut en 1635; il fut sans contredit un homme de mérite, et peut être à bon titre appelé le père de la Nouvelle-France. Il avoit un grand sens, beaucoup de pénétration, des vues fort droites, et personne ne sut jamais mieux prendre son parti dans les affaires les plus épineuses. Ce qu'on admira le plus en lui, ce fut sa constance à suivre ses entreprises, sa fermeté dans les plus grands dangers, un courage à l'épreuve des contre-temps les plus imprévus, un zèle ardent et désintéressé pour la patrie, un cœur tendre et compatissant pour les malheureux, et plus attentif aux intérêts de ses amis qu'aux siens propres, et un grand fonds d'honneur et de probité. On voit, en lisant ses Mémoires, qu'il n'ignoroit rien de ce que doit savoir un homme de sa profession : on y trouve un historien fidèle et sincère, un voyageur qui observe tout avec attention, un écrivain judicieux, un bon géomètre et un habile homme de mer. »

VII

Missions des Récollets et des Jésuites chez les Hurons.

Les premiers missionnaires qui vinrent en Canada furent les Récollets; dès 1615, ils s'établirent dans la Nouvelle-France, avec la permission du pape Paul V et de Louis XIII, « pour y prêcher le saint Évangile. »

Les Récollets se livrèrent avec ardeur « à la conversion des peuples sauvages en la cognoissance de Dieu et à leur conversion civile. » Ce fut chez les Hurons qu'ils établirent leurs premières missions, et l'esprit de charité qui les animait est bien indiqué dans ces lignes écrites par le F. Gabriel : « Ce n'a pas été pour aucun autre intérêt que celui de Dieu et la conversion des sauvages que nous avons visité ces larges provinces, où la barbarie et la brutalité y ont pris tels avantages, que la suite de ce discours vous donnera en l'âme quelque compassion de la misère et aveuglement de ces pauvres peuples, où je vous ferai voir quelles obligations nous avons à notre bon Jésus de nous avoir délivrés de telles ténèbres et brutalités[1]. »

---

1. *Histoire du Canada*, p. 5.

Les Récollets, n'ayant pas de revenus, ne pouvaient subvenir aux frais qu'entraînait la conversion des sauvages et surtout l'entretien des peuplades converties ; la compagnie des Cent-Associés ne voulait rien leur donner. Les Récollets appelèrent les Jésuites et ouvrirent le Canada à cet ordre puissant.

Les Jésuites y vinrent en 1625, mais ce ne fut qu'en 1635 qu'ils établirent leurs premières missions chez les Hurons. Ils allèrent à plus de 300 lieues de Québec, continuer l'œuvre des Récollets et fonder les missions ou villages de Saint-Joseph, de Saint-Louis, de Saint-Ignace et de Sainte-Marie [1], sur les bords du lac Huron. Plusieurs milliers de Hurons se convertirent à notre foi, tout en conservant leurs habitudes nationales, et se soumirent à l'autorité de la France [2].

Le P. Charlevoix trace un tableau touchant de la vie de ces hardis apôtres : « Depuis quatre heures du

---

[1]. Sainte-Marie n'était qu'une résidence et une maison de retraite pour les missionnaires ; les sauvages n'y venaient qu'en passant. Les Français y bâtirent un fort en pierre, dont on voit encore aujourd'hui des restes assez curieux au milieu de la forêt.

[2]. « Tout le génie de la France, a dit Chateaubriand, est dans la double milice de nos camps et de nos autels. » En Canada, comme aujourd'hui dans l'Océanie et dans la Cochinchine, nos missionnaires ont précédé nos soldats et ont préparé la conquête française en répandant d'abord notre religion.

matin qu'ils se levoient, lorsqu'ils n'étoient point en course, jusqu'à huit, ils demeuroient ordinairement enfermés : c'étoit le temps de la prière, et le seul qu'ils eussent de libre pour leurs exercices de piété. A huit heures, chacun alloit où son devoir l'appeloit ; les uns visitoient les malades, les autres suivoient dans les campagnes ceux qui travailloient à cultiver la terre ; d'autres se transportoient dans les bourgades voisines qui étoient destituées de pasteurs. Ces courses produisoient plusieurs bons effets ; car en premier lieu il ne mouroit point, ou il mouroit bien peu d'enfants sans baptême ; les adultes mêmes, qui avoient refusé de se faire instruire tandis qu'ils étoient en santé, se rendoient dès qu'ils étoient malades : ils ne pouvoient tenir contre l'industrieuse et la constante charité de leurs médecins. En second lieu, ces barbares s'apprivoisoient de jour en jour avec les missionnaires ; ce commerce adoucissoit leurs mœurs et les faisoit insensiblement revenir de leurs préjugés. Rien d'ailleurs n'étoit plus édifiant que la conduite des nouveaux chrétiens… Les guérisons fréquentes opérées par la vertu des remèdes que les Pères leur distribuoient libéralement, concilioient à ces missionnaires encore plus de crédit…

« Il restoit toujours un religieux dans la maison pour y tenir une école, pour faire les prières publiques, aux heures réglées, dans la chapelle, et pour recevoir les visites des sauvages, qui sont extrêmement importuns. Sur le déclin du jour, tous se réunissoient pour tenir une espèce de conférence, où chacun proposoit ses doutes, communiquoit ses vues, éclaircissoit les difficultés qu'il avoit sur la langue : on s'animoit et on se consoloit mutuellement, on prenoit de concert des mesures pour avancer l'œuvre de Dieu, et la journée finissoit par les mêmes exercices qui l'avoient commencée. »

La manière d'instruire les sauvages consistait en instructions aux néophytes; de temps à autre, les Pères faisaient des conférences publiques. A l'exemple de saint François Xavier, ils parcouraient les villages et les environs, une clochette à la main, et engageaient tous ceux qu'ils rencontraient à les suivre. Dans ces conférences, chacun avait la liberté de parler, « ce qui parmi les sauvages n'est jamais sujet à aucune confusion. » « Rarement, dit le P. Charlevoix, on sortoit de ces assemblées sans avoir fait quelque conquête. Il y avoit aussi des conférences où les chefs de tribus étoient seuls appelés; on y discutoit avec soin certains articles de la religion, dont on ne jugeoit pas qu'on dût instruire sitôt la multitude, mais uniquement ceux qu'on connoissoit plus capables de les comprendre, et dont l'autorité pouvoit servir beaucoup aux progrès de l'Évangile. »

On fonda aux portes mêmes de Québec le village

de Sillery, où l'on établit douze familles indiennes ; « elles n'y furent pas les seules, et en peu d'années cette habitation devint une grosse peuplade, composée de fervens chrétiens, qui défrichèrent un assez grand terrain, et s'accoutumèrent peu à peu à tous les devoirs de la société civile [1]. »

Ce qui explique cette prompte soumission des Indiens, c'est qu'ils aimaient les Français et leur caractère, surtout depuis qu'ils avaient été un moment au contact des Anglais. « Ils s'étoient trouvés un peu déconcertés, dit le P. Charlevoix, lorsque, ayant voulu prendre avec ces nouveaux venus les mêmes libertés que les François ne faisoient aucune difficulté de leur permettre, ils s'aperçurent que ces manières ne leur plaisoient pas, et lorsqu'ils se virent chassés à coups

---

[1]. Les sauvages chrétiens ou domiciliés, comme l'on disait, nous fournirent dans la guerre de 1755 des contingents de soldats dévoués, qui s'élevèrent quelquefois jusqu'à 800 hommes, excellents tireurs. Ce sont eux qui gagnèrent la bataille de la Belle-Rivière, en 1755, sur le général Braddock. Les Indiens domiciliés partaient à la guerre avec les missionnaires attachés à leurs paroisses ; on verra dans le rapport de Bougainville sur la prise du fort William-Henry, en 1757 (*Pièce* n° 15), que la veille de l'assaut, le P. Aubal, jésuite, et les abbés Mataret et Piquet, sulpiciens, passèrent la journée à confesser « nos domiciliés, enfants de la prière ; » ils les suivaient au feu, pour leur donner en cas de besoin les dernières consolations.

de bâton des maisons où jusque-là ils étoient entrés aussi librement que dans leurs cabanes. »

La Nouvelle-France jouissait d'une paix profonde, lorsque les Iroquois, excités par les Hollandais [1], qui leur avaient fourni des armes et de la poudre, recommencèrent la guerre contre les Hurons, nos alliés. La colonie n'avait pas assez de forces pour les protéger partout sur un aussi vaste territoire. Aussi, en 1648 et en 1649, les Hurons furent battus par les Iroquois, leurs missionnaires pris et torturés, et les missions brûlées et détruites [2].

La mission de Saint-Louis ayant été attaquée à l'improviste, les femmes et les enfants se sauvèrent dans les bois, et il ne resta que quatre-vingts hommes déterminés à se défendre jusqu'à la mort. Les Iro-

---

1. Établis alors à la Nouvelle-Belgique. Les Anglais enlevèrent la Nouvelle-Belgique aux Hollandais, en 1666, et se la firent céder par le traité de Bréda, en 1667. C'est aujourd'hui l'état de New-York.
2. Les Hurons, après cette défaite, se dispersèrent; ils s'éloignèrent pour toujours de la terre qu'ils occupaient et allèrent se fixer sous le canon de Québec. On trouve encore aujourd'hui leurs descendants établis au village de la Jeune-Lorette. Les autres s'enfuirent vers l'Ouest, d'où ils revinrent plus tard pour former la mission de Michilimakinac et ensuite celle de Détroit.

quois furent vainqueurs, et les Hurons tués ou pris. Les PP. de Brébeuf et Lallemant auraient pu se sauver; ils restèrent à leur poste, afin de pouvoir donner le baptême aux catéchumènes et administrer les derniers sacrements aux autres combattants. Ils furent pris en accomplissant leur devoir, et les Iroquois, les ayant conduits à Saint-Louis, préparèrent aussitôt leur supplice. Il faut laisser le P. Charlevoix raconter le martyre de ces deux missionnaires.

« Le P. de Brébeuf, que vingt années de travaux, les plus capables de faire mourir tous les sentiments naturels, un caractère d'esprit d'une fermeté à l'épreuve de tout, une vertu nourrie dans la vue toujours prochaine d'une mort cruelle, et portée jusqu'à en faire l'objet de ses vœux les plus ardents; prévenu d'ailleurs par plus d'un avertissement céleste que ses vœux seroient exaucés, se rioit également et des menaces et des tortures mêmes; mais la vue de ses chers néophytes cruellement traités à ses yeux répandoit une grande amertume sur la joie qu'il ressentoit de voir ses espérances accomplies.

« Son compagnon, qui ne faisoit que d'entrer dans la carrière apostolique, où il avoit apporté plus de courage que de force, et qui étoit d'une complexion sensible et délicate, fut surtout pour lui, jusqu'au dernier soupir, un grand sujet de douleur et d'inquiétude. Les Iroquois connurent bien d'abord qu'ils auroient affaire à un homme à qui ils n'auroient pas le plaisir de voir échapper la moindre foiblesse, et, comme s'ils eussent appréhendé qu'il ne communiquât aux autres son intrépidité, ils le séparèrent après quelque temps de la troupe des prisonniers, le firent monter seul sur un échafaud, et s'acharnèrent de telle sorte sur lui, qu'ils paroissoient hors d'eux-mêmes de rage et de désespoir.

« Tout cela n'empêchoit point le serviteur de Dieu de parler d'une voix forte, tantôt aux Hurons, qui ne le voyoient plus, mais qui pouvoient encore l'entendre ; tantôt à ses bourreaux, qu'il exhortoit à craindre la colère du Ciel, s'ils continuoient à persécuter les adorateurs du vrai Dieu. Cette liberté étonna les barbares, et ils en furent choqués, quoique accoutumés à essuyer les bravades de leurs prisonniers en semblables occasions. Ils voulurent lui imposer silence, et, n'en pouvant venir à bout, ils lui coupèrent la lèvre inférieure et l'extrémité du nez, lui appliquèrent par tout le corps des torches allumées, lui brûlèrent les gencives, et enfin lui enfoncèrent dans le gosier un fer rougi dans le feu.

« L'invincible missionnaire, se voyant par ce dernier coup la parole interdite, parut avec un visage assuré et un regard si ferme, qu'il sembloit donner encore la loi à ses ennemis. Un moment après, on lui amena son compagnon dans un équipage bien capable de toucher un cœur comme le sien, aussi tendre et aussi compatissant sur les maux d'autrui qu'il étoit insensible aux siens propres. On avoit mis d'abord le jeune religieux tout nu, et, après l'avoir tourmenté quelque temps, on l'avoit enveloppé depuis les pieds jusqu'à la tête d'écorces de sapin, et on se préparoit à y mettre le feu.

« Dès qu'il aperçut le P. de Brébeuf dans l'affreux état où on l'avoit mis, il frémit d'abord, ensuite lui dit ces paroles de l'Apôtre : « Nous avons été mis en spec-« tacle au monde, aux anges et aux hommes[1]. » Le Père lui répondit par une douce inclination de tête, et dans ce moment le P. Lallemant, se trouvant libre, courut se jeter à ses pieds, baisa respectueusement ses plaies et le conjura de redoubler auprès du Seigneur ses prières pour lui obtenir la patience et la foi qu'il voyoit, ajouta-t-il avec beaucoup de confusion, sur le point de lui échapper à tout moment. On le reprit aussitôt, et on mit le feu aux écorces dont il étoit couvert.

« Ses bourreaux s'arrêtèrent quelque temps pour goûter le plaisir de le voir brûler lentement et d'entendre les soupirs et les gémissements qu'il ne pouvoit s'empêcher de pousser. Ils le laissèrent ensuite quelque temps pour faire rougir des haches de fer,

---

1. 1 Corinth., IV, 9.

dont ils firent un collier, qu'ils mirent au cou du P. de Brébeuf ; mais ce nouveau supplice n'ébranla pas plus le saint martyr que n'avoient fait les autres, et, comme les barbares cherchoient quelque nouveau tourment pour tâcher de vaincre un courage qui les irritoit, un Huron apostat se mit à crier qu'il falloit jeter aux deux missionnaires de l'eau bouillante sur la tête, en punition de ce qu'ils en avoient jeté tant de froide sur celle des autres, et causé par là tous les malheurs de sa nation. L'avis fut trouvé bon ; on fit bouillir de l'eau, et on la répandit lentement sur la tête des deux confesseurs de Jésus-Christ.

« Cependant la fumée épaisse qui sortoit des écorces dont le P. Lallemant étoit revêtu, lui remplissoit la bouche, et il fut assez longtemps sans pouvoir articuler une seule parole. Ses liens étant brûlés, il leva les mains au ciel pour implorer le secours de celui qui est la force des foibles ; mais on les lui fit baisser en le frappant à grands coups de corde. Enfin les deux corps n'étant plus qu'une plaie, ce spectacle, bien loin de faire horreur aux Iroquois, les mit de bonne humeur ; ils se disoient les uns aux autres que la chair des François devoit être bonne, et ils en coupèrent sur l'un et sur l'autre de grands lambeaux, qu'ils mangèrent. Puis, ajoutant la raillerie à la cruauté, ils dirent au P. de Brébeuf : « Tu nous assu-
« rois tout à l'heure que plus on souffre sur la terre,

« plus on est heureux dans le ciel ; c'est par amitié
« pour toi que nous nous étudions à augmenter tes
« souffrances, et tu nous en auras obligation. »

« Quelques moments après, ils lui enlevèrent toute
la peau de la tête, et, comme il respiroit encore, un
chef lui ouvrit le côté, d'où, le sang sortant en
abondance, tous les barbares accoururent pour en
boire ; après quoi, le même qui avoit fait la plaie découvrit le cœur, l'arracha et le dévora. Le P. de Brébeuf étoit du diocèse de Bayeux et oncle du traducteur de la *Pharsale*. Il étoit d'une taille avantageuse,
et, malgré son abstinence extrême et vingt années du
plus pénible apostolat, il avoit assez d'embonpoint.
Sa vie fut un héroïsme continuel, et sa mort fut l'étonnement de ses bourreaux mêmes.

« Dès qu'il eut expiré, le P. Lallemant fut reconduit dans la cabane où son martyre avoit commencé ;
il n'est pas même certain qu'il soit demeuré auprès
du P. de Brébeuf jusqu'à ce que celui-ci eût rendu
les derniers soupirs ; on ne l'avoit amené là que pour
attendrir son compagnon et amollir, s'il étoit possible, le courage de ce héros. Il est au moins constant
par le témoignage de plusieurs Iroquois, qui furent
acteurs de cette tragédie, que ce dernier mourut
le 16 et qu'il ne fut que trois heures dans le feu, au
lieu que le supplice du P. Lallemant dura dix-sept
heures, et qu'il ne mourut que le 17.

« Quoi qu'il en soit, sitôt qu'il fut rentré dans sa cabane, il reçut au-dessus de l'oreille gauche un coup de hache qui lui ouvrit le crâne et lui en fit sortir de la cervelle. On lui arracha ensuite un œil, à la place duquel on mit un charbon ardent. C'est tout ce qu'on a pu savoir de ce qui se passa alors jusqu'à ce qu'il eût expiré ; tous ceux qui assistèrent à sa mort, s'étant contentés de dire que les bourreaux s'étaient surpassés en cruauté. Ils ajoutèrent que de temps en temps il jetoit des cris capables de percer les cœurs les plus durs, et qu'il paroissoit quelquefois hors de lui-même ; mais qu'aussitôt on le voyoit s'élever au-dessus de la douleur et offrir à Dieu ses souffrances avec une ferveur admirable. Ainsi la chair étoit souvent foible et prête à succomber ; mais l'esprit fut toujours prompt à la relever et la soutint jusqu'au bout. Le P. Lallemant étoit de Paris, fils et petit-fils de lieutenants criminels. Il étoit extrêmement maigre, et il n'y avoit guère que six mois qu'il étoit arrivé dans la Nouvelle-France. Il mourut dans sa trente-neuvième année. »

Enflammés d'ardeur par leur victoire sur les Hurons, les Iroquois nous attaquèrent à notre tour ; la colonie tout entière fut ravagée, et le canon de Québec put seul les arrêter. Plusieurs trêves furent conclues avec les Cinq-Nations, pendant lesquelles d'intrépides missionnaires allèrent leur prêcher la foi chrétienne, essayant ainsi de les amener à la paix et à l'alliance de la France. Ces tentatives échouèrent toutes; la guerre recommença, et la colonie fut dévastée par l'ennemi. De nombreuses victimes étaient sans cesse frappées; on n'était plus en sûreté, même à Québec ou à Montréal.

Mazarin, tout occupé de la guerre européenne et de la Fronde, n'avait envoyé que quelques secours insuffisants. En 1664, l'extrémité à laquelle était réduite la Nouvelle-France décida Louis XIV et Colbert à agir. Le marquis de Tracy fut nommé vice-roi et envoyé en Canada avec des troupes et une forte escadre. Il avait l'ordre de combattre à outrance les Iroquois.

La seule nouvelle de son arrivée suffit pour décider plusieurs tribus à demander la paix. M. de Tracy construisit plusieurs forts pour fermer les abords de la colonie; le pays fut occupé militairement; les milices canadiennes, qui devaient jouer plus tard un rôle si utile, furent créées et donnèrent au Canada une force toujours prête à agir. On conclut la paix avec trois nations iroquoises, et l'on commença la guerre contre les deux autres. M. de Tracy envahit leur territoire, le ravagea, incendia leurs bourgades, et les força à accepter la paix en 1666; elle dura jusqu'en 1684. Le Canada, délivré de ces redoutables ennemis, put se développer librement.

VIII

La baie d'Hudson, l'Acadie et Terre-Neuve.

Malgré la guerre contre les Iroquois, la domination de la France s'étendait dans le nord de l'Amérique. En 1656, Jean Bourdon pénétrait jusqu'au fond de la baie d'Hudson et prenait possession de ces rivages au nom de Louis XIV. On construisit plusieurs forts destinés à maintenir notre domination sur ces mers, contre les Anglais qui déjà y avaient fondé quelques comptoirs fortifiés. La rivalité des deux nations pour posséder la baie d'Hudson fut plus vive qu'on ne le supposerait d'abord; la vivacité de la lutte s'explique cependant, lorsque l'on fait attention que les Anglais voulaient dès lors nous enfermer dans les terres et occuper toutes les mers, tandis que notre intérêt était de donner à la colonie toutes les issues qu'elle pouvait avoir, aussi bien sur les mers glacées du Nord que sur le golfe du Mexique.

Quelques années après, on obligeait l'Angleterre, par la paix de Bréda (1667), à nous restituer l'Acadie dont elle s'était emparée en 1654 [1]. On s'établissait à Terre-Neuve, à Plaisance, dont le port, l'un des plus beaux de l'Amérique, est la clef des mers qui baignent l'entrée du Canada.

---

[1]. Après que l'Acadie eut été rendue à la France, par la paix de Saint-Germain, en 1632, le cardinal de Richelieu l'abandonna à plusieurs traitants qui se partagèrent la souveraineté de cette contrée et devinrent bientôt ennemis les uns des autres. Les longs désordres de cette guerre civile peu connue permirent à Cromwell de s'emparer de l'Acadie en 1654.

LIVRE DEUXIÈME.

DÉVELOPPEMENTS DE LA COLONIE.

I

Colbert et l'intendant Talon. — Administration du Canada.

La compagnie des Cent-Associés s'étant dissoute en 1662 [1], le gouvernement français reprit possession du Canada; il était alors aux prises avec les Iroquois. Après que le marquis de Tracy eut dompté ces sauvages, Colbert put mettre à exécution les projets qu'il avait formés pour coloniser et administrer la Nouvelle-France. Le principal agent dont il se servit fut l'intendant Talon, homme à grandes vues, d'un esprit pratique cependant, et qui a été le plus habile administrateur de la colonie.

Il fallait commencer par peupler le Canada, qui ne

---

1. Elle s'était ruinée.

comptait que 2,500 habitants, dont 800 étaient établis à Québec; il était non moins essentiel de s'opposer à l'éparpillement de la population, disséminée sur les rives du Saint-Laurent depuis Montréal jusqu'à Tadoussac. « L'une des choses qui a apporté le plus d'obstacle à la peuplade du Canada, disait Colbert dans une instruction envoyée à Talon, a été que les habitans ont fondé leurs habitations où il leur a plu, et sans avoir eu la précaution de les joindre les unes aux autres, pour s'aider et s'entre-secourir. Ainsi, ces habitations, étant éparses de côté et d'autre, se sont trouvées exposées aux embûches des Iroquois. Pour cette raison le roy fit rendre, il y a deux ans, un arrêt de son conseil, par lequel il fut ordonné que doresnavant il ne seroit plus fait de défrichement que de proche en proche, et que l'on réduiroit nos habitations en la forme de nos paroisses, autant que cela seroit possible. Cet arrêt est demeuré sans effet sur ce que, pour réduire les habitans dans des corps de village, il faudroit les assujétir à faire de nouveaux défrichemens en abandonnant les leurs. Toutefois, comme c'est un mal auquel il faut trouver quelque remède, S. M. laisse à la prudence du sieur Talon d'aviser, avec le sieur de Courcelles [1] et les officiers

---

1. Gouverneur du Canada. Il était venu à Québec avec le marquis de Tracy.

du conseil souverain, au moyen de faire exécuter ses volontés. »

Plus d'une fois on renouvela la défense de s'établir dans des lieux éloignés les uns des autres ; ce fut en vain qu'on essaya de concentrer la population ; l'intérêt porta toujours les colons à fixer leurs habitations dans des localités isolées, mais où la traite [1] se pouvait faire facilement et avec profit.

Colbert envoya un certain nombre de colons ; mais aux instantes demandes de Talon, il répondait qu'il ne serait pas prudent de dépeupler la France pour peupler le Canada, que l'émigration devait être graduelle, et qu'il ne fallait pas y faire passer plus de colons que le pays défriché ne pouvait en nourrir. Cependant après la paix avec les Iroquois, presque tous les officiers et soldats du régiment de Carignan obtinrent leur congé, à la condition de se fixer en Canada. Ce régiment, qui a été la souche d'une grande partie de la population canadienne, s'était distingué à la bataille de Saint-Gotthard, gagnée en Hongrie (1664), contre les Turcs ; son indomptable courage avait décidé la victoire. Plusieurs officiers de ce régiment obtinrent des *seigneuries*, se fixèrent dans la colonie, s'y marièrent, et leur postérité y subsiste

---

1. La traite est le commerce des pelleteries et du castor avec les Indiens.

encore. « La plupart étoient gentilshommes; aussi la Nouvelle-France a-t-elle plus de noblesse ancienne qu'aucune autre de nos colonies[1]. » En même temps, on fut moins sévère qu'on ne l'avait été jusqu'alors dans le choix des colons, ce qui permit d'envoyer en Canada un plus grand nombre d'émigrants, sans altérer toutefois le caractère honorable de la population canadienne, parce que les nouveaux venus, cédant à l'exemple et vivant dans l'aisance, épurèrent leurs mœurs et prirent bientôt celles des anciens habitants.

En 1688, le nombre des colons s'élevait à 11,249.

Colbert établit en 1663 le système administratif qui a régi le Canada jusqu'à la conquête anglaise. Les principes de l'administration de la Nouvelle-France furent ceux qui existaient en France même, c'est-à-dire l'autorité absolue du pouvoir et la centralisation administrative.

L'ordonnance de 1663 déclara que l'administration était royale, c'est-à-dire qu'elle dérivait du roi. Elle établit le conseil souverain de Québec, auquel fut déférée la haute direction des affaires judiciaires et administratives, et qui fut composé du gouverneur, de l'évêque, de l'intendant, de plusieurs conseillers et d'un procureur du roi. Organisé à l'exemple de nos parlements et investi des mêmes prérogatives, le con-

---

1. Le P. Charlevoix.

seil souverain de Québec eut le droit d'enregistrer les édits, ordonnances, déclarations et lettres patentes du roi, pour leur donner force de loi. Il jugea en appel et en dernier ressort les causes civiles et criminelles. Il eut la direction des finances, du commerce et de l'industrie. Colbert établit l'unité de loi au Canada, en décidant que la seule loi qu'on suivrait serait la Coutume de Paris. Toute l'autorité fut donnée au gouverneur, à l'intendant et au conseil. Le gouverneur était la première autorité de la colonie; il avait la direction des forces militaires et des affaires extérieures; son pouvoir était absolu comme celui du roi dont il était le représentant. L'intendant était chargé de toute l'administration de la Nouvelle-France; la police, les routes, les finances, la marine, le commerce et les approvisionnements étaient sous sa direction, ainsi qu'une partie même de l'administration de la justice. On pouvait appeler des décisions de l'intendant au conseil d'État, à Paris.

Jusqu'à l'époque où nous sommes parvenus, le Canada relevait, sous le rapport religieux, de l'archevêché de Rouen. En 1657, le Pape créa un vicariat apostolique pour le Canada, et quelques années après, en 1670, il érigea Québec en évêché. Le titulaire dut être nommé par le Pape et relever directement du saint-siége, parce que cet évêché fut assimilé à un vicariat apostolique chez les idolâtres. Après de longues négociations et de nombreuses protestations des parlements de Paris et de Rouen pour maintenir le droit qu'avait le roi de nommer l'évêque de Québec aussi bien que les autres évêques de France, on transigea ; la nomination de l'évêque resta au Pape, mais l'évêque dut prêter serment au roi de France. Le premier évêque de Québec fut l'abbé de Montigny, François de Laval, de la maison de Montmorency.

II

De la propriété en Canada.

Dès l'origine de notre établissement à la Nouvelle-France, la propriété y fut soumise au régime féodal. C'était le roi qui octroyait les seigneuries à des personnes qu'il voulait récompenser ; leur étendue variait de 2 à 10 lieues carrées. Les seigneurs, ne pouvant cultiver ni mettre eux-mêmes en valeur d'aussi grandes concessions, étaient forcés de les distribuer à des colons ; ils se contentaient « d'établir leur fief » en bâtissant un manoir et un moulin banal, et percevaient les droits féodaux sur leurs sujets auxquels ils avaient concédé des terres. Les lots accordés aux colons étaient ordinairement de 90 arpents, et la redevance de 1 ou 2 sols par arpent. Le colon donnait un demi-minot de blé pour la concession ; il était obligé de faire moudre son grain au moulin seigneurial et de livrer la quatorzième partie de la farine pour droit de mouture ; il devait à son seigneur, chaque année, une journée de corvée ou 40 sols ; il était tenu d'entretenir les chemins jugés nécessaires. Le seigneur avait le droit de prendre sur les terres de ses sujets tous les bois dont il avait besoin ; enfin le colon payait à son maître un douzième pour les lods et ventes, et était soumis au droit de retrait.

C'est, comme on le voit, tout le système féodal tel qu'il existait encore en France au dix-septième siècle et tel qu'il dura jusqu'à la Révolution.

Presque toutes les concessions de seigneuries furent faites à partir de 1663, et jusqu'en 1763 le gouvernement en accorda 210. Au traité de Paris, les Anglais s'étant engagés à maintenir les lois alors existantes en Canada, les seigneuries et les droits féodaux ont duré jusqu'à ces dernières années [1].

---

1. La constitution féodale de la propriété a été abolie récemment par les chambres législatives et par le gouvernement du Canada.

III

Commerce.

Les colonies françaises n'ont jamais eu la liberté du commerce et de l'industrie; elles étaient considérées comme des débouchés ouverts au commerce de la métropole; par conséquent, elles ne devaient pas avoir de manufactures et étaient obligées d'acheter à la France tous les produits manufacturés dont elles avaient besoin. On regardait aussi les colonies comme des marchés où la métropole devait s'approvisionner de certaines matières premières nécessaires à son industrie, ou de certaines denrées que son sol ne produisait pas; en vertu de ce second principe, les colonies ne pouvaient vendre leurs produits qu'à la France. Tout commerce avec l'étranger était sévèrement interdit et puni [1].

---

1. Ces funestes règlements, qui ont ruiné si longtemps nos possessions d'outre-mer et gêné notre commerce, viennent d'être abolis et remplacés par une loi basée sur les vrais principes de l'économie politique et qui accorde enfin aux colonies qui nous restent le droit de produire ce qu'elles voudront, de le vendre à qui elles le jugeront à propos, et d'a-

Le Canada était gouverné d'après les principes que l'on vient d'exposer, et qui arrêtèrent complétement son essor; soumis à tant d'entraves, il ne put jamais tirer parti des richesses nombreuses qu'il possédait. L'intendant Talon donna cependant quelque impulsion à l'agriculture, à l'exploitation des forêts [1] et des mines de fer, aux pêcheries du golfe et au commerce avec la France et avec les Antilles [2]; mais, malgré ses efforts, la traite des pelleteries et celle du castor continuèrent à être la principale, pour ne pas dire la seule branche de commerce du Canada [3].

Ce commerce, très-lucratif, nous était vivement disputé par les Anglais; mais la Nouvelle-Angleterre avait un immense avantage sur nous; l'industrie et le commerce y étaient libres; les colons anglais fabriquaient eux-mêmes une grande partie des marchandises qu'ils troquaient avec les Indiens; et, comme le fret et les assurances maritimes étaient moins élevés

---

cheter ce dont elles auront besoin à qui bon leur semblera; en un mot, les colonies sont désormais soumises au droit commun et aux lois qui régissent le commerce et l'industrie en France.

1. Colbert ordonna de construire des vaisseaux à Québec et d'envoyer des bois de construction en France.
2. Colbert permit aux Canadiens d'expédier en France et aux Antilles leurs morues, leur charbon de terre et leurs bois de merrain.
3. En 1754, on exportait pour 3 millions de francs de pelleteries.

qu'en France, et que le commerce anglais était plus intelligent que le nôtre à tous égards, les marchandises venant d'Europe coûtaient aux colons anglais beaucoup moins cher que les pareilles ne revenaient aux Canadiens. Il est facile de comprendre comment les traitants anglais parvinrent à prendre pour eux la plus grosse part de la troque des pelleteries; ils furent encore aidés par la liberté qu'ils avaient de vendre de l'eau-de-vie aux sauvages. De plus, les Anglais savaient se conformer aux goûts des Indiens; ils leur fournissaient des étoffes et des marchandises telles qu'ils les voulaient, et les faisaient exprès pour eux; tandis que tout ce que nous vendions aux sauvages venait de France et était fabriqué d'après des règlements précis et invariables, toujours en plein désaccord avec les goûts et même avec les besoins des Indiens. La compagnie des Indes, pour faire un énorme bénéfice de 700 % sur le castor, payait peu ses troqueurs, qui ne pouvaient donner aux sauvages que 2 francs par livre de castor, tandis que le troqueur anglais, plus libre, payait 3 et 4 francs, et nous faisait ainsi une concurrence difficile à soutenir.

Il n'est que trop évident que ces erreurs économiques ont constamment paralysé les progrès de la colonie et préparé sa chute. Achetant sans cesse à la métropole et lui vendant fort peu, le Canada était sans numéraire; on y suppléa par « les billets de caisse et les cartes, » que l'on convertissait en lettres de change qui étaient acquittées en France par le gouvernement. Sous le règne de Louis XV, pendant la guerre de 1755, les embarras du Trésor empêchèrent le payement de ces lettres de change; la monnaie de carte se déprécia, et il en résulta une augmentation de prix considérable sur les vivres et les marchandises, et une misère générale pour les colons et l'armée.

Une cause de ruine pour la colonie, dont il faut dire un mot ici, fut le droit qu'avaient obtenu tous les fonctionnaires, de tout grade et de tout ordre, de faire le commerce des vivres et des marchandises dont la colonie ou l'armée avait besoin, afin de compenser, par les bénéfices qu'ils obtenaient, l'insuffisance de leurs traitements. Les fonctionnaires s'associaient entre eux et avec quelques marchands privilégiés, pour acheter et revendre au gouvernement ainsi qu'aux colons, au taux qu'ils fixaient, et rendaient ainsi impossible toute concurrence qui aurait pu faire baisser les prix. On conçoit, dans un pareil état de choses, ce qui peut arriver, si les fonctionnaires ne sont pas d'une exacte probité; aussi, aurons-nous à raconter, à partir de 1754, les actes les plus coupables, à propos des spéculations de l'intendant du Canada.

Les colonies anglaises étaient régies par des lois

meilleures et par des idées plus libérales ; aussi étaient-elles plus riches et plus peuplées que la Nouvelle-France ; en 1688, on y comptait déjà 200,000 habitants.

Depuis un siècle que le Canada a cessé d'appartenir à la France et qu'il est soumis au régime de liberté commerciale dont jouissent les colonies de l'Angleterre, sa population s'est élevée de 80,000 habitants à 2 millions. Il compte aujourd'hui environ 4 millions d'hectares cultivés ou en pâturages ; les produits de son agriculture montent à 5 ou 600 millions de francs ; les forêts donnent un revenu de 50 à 60 millions ; les pêcheries et la chasse rapportent plusieurs millions ; le commerce extérieur s'élève à plus de 600 millions [1]. Tels ont été les résultats de la liberté commerciale pour ce pays.

---

1. Le commerce du Canada a été, en 1859, de 600 millions de francs, importations et exportations réunies. C'est avec l'Angleterre et les États-Unis que se fait la plus grande partie de ces transactions ; le Canada leur achète des cotonnades, des lainages, des fers ouvrés, des farines, du thé, du sucre, etc., et leur vend des produits agricoles, du poisson, des bois et des navires. Le commerce de la France avec son ancienne colonie, commerce qui n'est pas sans quelque importance, se fait par l'entremise de la marine anglaise. Quant au mouvement maritime entre la France et le Canada, il est complétement nul ; un seul bâtiment français est venu, en 1858, à Québec ; il a échangé une cargaison de morue contre de la farine.

Peu de commerce, pas d'industrie, une population clair-semée, pauvre et exploitée par de funestes monopoles, la propriété soumise au régime féodal, les concessions de terre accordées difficilement et d'après un système peu favorable à la colonisation, toutes ces causes réunies arrêtèrent le développement du Canada tant qu'il demeura sous la domination française. La France ne posséda jamais qu'une colonie hors d'état de se suffire à elle-même et de pouvoir résister aux formidables attaques que l'Angleterre allait diriger contre elle.

IV

Développements des Missions.

Pendant ce temps, le gouverneur, M. de Courcelles, maintenait la paix avec les Indiens et prenait les mesures les plus sages pour éviter que rien ne vînt troubler la bonne intelligence qui existait entre les Français et les sauvages. Trois soldats rencontrèrent un chef iroquois chargé de pelleteries; ils l'enivrèrent et le tuèrent. On les découvrit et on les mit en prison. Pendant qu'on instruisait leur procès, trois autres Français enivrèrent et massacrèrent six Indiens Mahingans porteurs de pelleteries. Les deux nations s'allièrent aussitôt et nous attaquèrent pour venger ces crimes. M. de Courcelles, afin d'éviter la guerre, se porta aussitôt à Montréal, où dans ce moment un grand nombre d'Indiens étaient rassemblés. Il fit casser la tête, en leur présence, aux trois soldats, promit de faire tuer de la même façon les autres assassins, indemnisa les tribus de ce qu'on leur avait volé et décida les Indiens à demeurer en paix. M. de Courcelles, qui l'avait toujours pris sur un ton très-haut avec les sauvages, et qui par-là les avait accoutumés à le respecter, entreprit de résoudre une autre difficulté. La guerre allait éclater entre les Iroquois et les Outaouais, et cette guerre entre tribus pouvait troubler la paix dont la colonie avait besoin et que le gouverneur voulait maintenir. M. de Courcelles déclara aux deux nations qu'il ne souffrirait pas qu'elles se fissent la guerre ; qu'il traiterait, comme il venait de traiter les trois soldats assassins, ceux qui refuseraient de s'accommoder à des conditions raisonnables ; qu'on eût à lui envoyer des députés ; qu'il jugerait leurs griefs et rendrait justice à qui de droit. On lui obéit, et la paix fut rétablie entre les tribus.

A la faveur de la paix, les missionnaires continuaient la prédication chez les sauvages, et attiraient à notre alliance un grand nombre de tribus, les Algonquins, les Montagnais[1], les Micmacs et les Abénaquis. On développa les missions établies chez les Hurons; les Jésuites allèrent prêcher la foi aux nations qui habitaient les rives du lac Supérieur et commencèrent à avoir les premiers aperçus sur la géographie des parties centrales et occidentales de l'Amérique du Nord. On établit de nombreuses missions chez les Algonquins de l'ouest, au Sault-Sainte-Marie, à Chagouamigon, à la baie des Puants. De nouvelles et immenses régions s'ouvraient à la foi chrétienne et à l'activité française. On pénétrait ainsi dans les *Pays d'en haut*, comme l'on disait alors, dans le *Far-West*, comme le disent les pionniers américains aujourd'hui. La géographie, le commerce et la politique française faisaient d'immenses progrès à la suite de la foi. On ne saurait trop insister sur ces grands travaux des Jésuites et sur leurs résultats. « Toutes les traditions de cette époque, dit l'historien américain et protestant Bancroft, portent témoignage en leur faveur; s'ils avaient les défauts d'un ascétisme superstitieux[2], ils

---

1. La tribu des Montagnais est encore la plus considérable de tout le Canada; elle a été préservée, par le catholicisme, des vices et de la misère qui ont fait disparaître les autres nations indiennes.
2. L'écrivain protestant ne voit pas que les prétendus défauts qu'il reproche aux missionnaires sont précisément la source de leur zèle et de leur dévouement.

savaient résister avec une invincible constance et une profonde tranquillité d'âme aux horreurs d'une vie entière passée dans les déserts du Canada. Loin de tout ce qui fait le charme de la vie, loin de toutes les occasions de s'acquérir une vaine gloire, ils mouraient entièrement au monde, et trouvaient au fond de leurs conscientes une paix que rien ne pouvait altérer. Le petit nombre de ceux qui arrivaient à un âge avancé, quoique courbés sous les fatigues d'une mission pénible, n'en travaillait pas moins avec toute la ferveur d'un zèle apostolique. L'histoire de leurs travaux est liée à l'origine de toutes les villes célèbres de l'Amérique française, et il est de fait qu'on ne pouvait doubler un seul cap ni découvrir une rivière que l'expédition n'eût à sa tête un Jésuite. »

En 1650, on avait rassemblé aux environs de Québec une partie de la nation des Hurons ; cette mission fut établie en plusieurs endroits avant d'être définitivement fixée à la Jeune-Lorette. Quoique peu nombreuse, la mission de Lorette fut une des plus florissantes et l'un des plus beaux succès obtenus dans l'entreprise, si absolument belle au double point de vue religieux et philosophique, de la transformation des tribus sauvages en peuplades policées.

Mais la grande affaire était toujours la conversion des Iroquois, « celle de toutes les nations du Canada qu'il importoit le plus de gagner à Jésus-Christ et d'affectionner à la nation françoise, tant à cause de la réputation qu'elle s'étoit acquise par les armes, qu'à raison de la situation de son pays, qui séparoit de ce côté-là les colonies angloises de la Nouvelle-France. » La religion et la politique étaient intéressées aux succès des missionnaires ; aussi les Jésuites firent les plus grands efforts pour faire connaître l'Évangile à ces redoutables tribus. « N'eût-on réussi qu'à les apprivoiser, à les accoutumer à vivre avec les François et à leur inspirer de l'estime pour la religion chrétienne, c'étoit beaucoup. » On parvint à faire quelques prosélytes, dont le nombre s'augmenta un peu ; mais ce fut tout[1]. Le grand obstacle que l'on trouva chez les Iroquois fut leur contact avec les Hollandais et les Anglais. « Se croyant assurés d'être secourus de leurs voisins et d'en tirer tout ce qui leur étoit nécessaire toutes les fois que nous les attaquerions ou qu'il leur prendroit fantaisie de rompre la paix, ils ne se sont jamais mis en peine de conserver notre alliance ; d'où il est arrivé que, nous craignant fort peu, on ne les a jamais trouvés fort dociles sur le fait de la religion[2]. » Il faut ajouter

---

1. Il existe encore au Canada quelques descendants de ces Iroquois catholiques ; presque tout le reste de la nation a été anéanti par la guerre, la petite vérole, l'ivresse et la chasse à outrance que lui ont faite les colons anglais.
2. Le P. Charlevoix.

que la fierté naturelle des Iroquois se trouva surexcitée par les efforts que faisaient les Français et les Anglais pour rechercher leur amitié et leur alliance. Ces peuples, extrêmement fins et intelligents, comprirent leur importance, et jugèrent bien qu'ils donneraient l'empire de l'Amérique à ceux avec lesquels ils s'allieraient.

Les Anglais et les Hollandais réussirent à se rendre les Iroquois favorables; mais ce fut en leur vendant de l'eau-de-vie. Double moyen de réussir : s'attacher les sauvages et les tuer. Beaucoup pensèrent, Colbert lui-même un instant, qu'il fallait autoriser la vente de l'eau-de-vie aux Indiens, pour obtenir leur alliance; on prétendait que les funestes résultats de la traite de l'eau-de-vie étaient exagérés par le clergé canadien. La vérité et la justice l'emportèrent cependant, et, le 18 mai 1678, Louis XIV rendit, après mûre délibération du conseil, une ordonnance par laquelle la traite de l'eau-de-vie fut défendue « sous les peines les plus grièves. » Notre sévérité sur ce point a peut-être été la cause principale de la chute de notre domination en Amérique. Je n'hésite cependant pas un instant à approuver et à honorer sans réserve les principes du gouvernement de Louis XIV à cet égard.

V

Soumission des Pays d'en haut.

L'intendant Talon sut mettre à profit, pour l'augmentation de la puissance de la France, les progrès et les découvertes des missionnaires dans les Pays d'en haut. Il avait formé le dessein de prendre possession de toutes les terres au nord et à l'ouest du Canada. Les peuples qui habitaient ces régions étaient de race algonquine, et fort préparés par les missionnaires à notre alliance. L'agent que Talon employa pour mettre ses projets à exécution fut un voyageur, Nicolas Perrot, homme d'esprit et habile, depuis longtemps au service des Jésuites qui l'avaient apprécié ; il parlait les langues américaines et était très-estimé des sauvages, sur lesquels il exerçait une grande influence. Perrot visita les tribus du nord et de l'ouest (1670) et invita leurs chefs, ou, comme on disait alors, leurs capitaines, à se trouver au printemps suivant à une grande assemblée qui devait se tenir au Sault-Sainte-Marie, et à laquelle le *Grand Ononthio* [1] des Français

---

1. Ce nom d'*Ononthio*, qui veut dire grande montagne,

enverrait un de ses capitaines pour leur faire connaître ses volontés. De nombreux députés de toutes ces nations vinrent au rendez-vous qui leur avait été fixé. Le R. P. Allouez, qui avait fondé les premières missions de l'ouest, fit aux Indiens un discours en algonquin, dans lequel, « après avoir donné à tous ces sauvages une grande idée de la puissance du Roy, il tâcha de leur persuader qu'il ne pouvoit rien leur arriver de plus avantageux que de mériter la protection d'un tel monarque, ce qu'ils obtiendroient en le reconnoissant pour leur grand chef. » Les Indiens acceptèrent. On planta une croix et un poteau auxquels on attacha les armes de France, et, après avoir chanté le *Vexilla* et l'*Exaudiat*, « on mit tout le pays en la main du Roy et tous les habitans sous la protection de Sa Majesté. » Les sauvages reconnurent pour leur *père* le *Grand Ononthio* des Français ; on se fit de riches présents, et la cérémonie finit par un *Te Deum* et par un grand festin.

Peu après, et pour assurer cette prise de possession, on construisit le fort Frontenac, à Catarakoui, au point où le Saint-Laurent sort du lac Ontario. Tout

---

s'appliquait au gouverneur du Canada comme au roi de France, et venait du second gouverneur de la Nouvelle-France, M. de Montmagny (*Mons Magnus*), dont les Indiens avaient traduit le nom par Ononthio. Ononthio devint un titre qu'ils donnèrent à tous les gouverneurs du Canada et au roi.

en fondant la première étape vers l'ouest, on occupait une bonne position pour brider les Iroquois s'ils venaient à recommencer la guerre. L'importante ville de Kingston s'élève aujourd'hui tout à côté du fort Frontenac. Toutes les grandes cités de l'Union ont été bâties comme celle-ci, sur l'emplacement des forts que les fondateurs de la colonie française avaient établis dans les positions les mieux choisies.

La prise de possession des pays de l'ouest fut le signal de nombreux voyages entrepris pour explorer ces contrées et pour étendre en même temps le domaine de la France. On ne connaissait alors que le cours du Saint-Laurent et les cinq lacs; mais on savait, par les rapports des sauvages, que le pays s'étendait très-loin à l'ouest et au sud, et que dans cette dernière direction il y avait un grand fleuve qu'on appelait Meschacébé, ou le Père des eaux.

VI

Découverte du Mississipi. — Cavelier de la Salle.

Talon soupçonnait que le Meschacébé devait se jeter dans le golfe du Mexique. Si cela était, il devenait fort important d'être les maîtres du cours de ce grand fleuve, du pays qu'il traversait et de son embouchure ; car les possessions françaises auraient alors deux issues : une au sud, sur le golfe du Mexique, se reliant à nos colonies des Antilles ; l'autre au nord, sur l'Atlantique.

Les premières tentatives pour découvrir le Mississipi furent faites par Cavelier de la Salle ; dès 1670, il descendit la Belle-Rivière ou Ohio jusqu'au Mississipi[1]. Sous l'impulsion de Talon, un nouveau voyage fut entrepris en 1673. Le P. Marquette et M. Joliet, accompagnés de cinq Français et de deux Indiens, s'embarquèrent sur la rivière des Renards, qui se jette dans une baie du lac Michigan, puis parvinrent à la rivière Ouisconsin ; la suivirent et atteignirent le Mississipi. Ensuite ils descendirent le fleuve, reconnurent le confluent du Missouri, établirent des relations avec les Illinois, qui, menacés par les Iroquois, sollicitèrent l'appui des Français ; enfin, continuant leur voyage, ils arrivèrent au confluent de l'Arkansas. Ils avaient fait plus de 300 lieues sur le Mississipi ; ils avaient reconnu la direction constante de son cours vers le sud ; et il n'était pas douteux, pour ces intrépides voyageurs, que le fleuve ne se jetât dans le golfe du Mexique. Ils étaient alors à 900 lieues de Québec, manquant de vivres et de munitions,

---

1. Je dois ce renseignement à l'obligeance de M. P. Margry.

et au milieu de pays et de peuplades absolument inconnus; ils prirent la résolution de revenir sur leurs pas, remontèrent le Mississipi et son affluent, la rivière des Illinois, et arrivèrent à Chicago, sur le lac Michigan. Le P. Marquette demeura chez les Miamis et les convertit. Joliet revint à Québec ; mais Talon, auquel il voulait rendre compte du voyage, était parti pour la France, où il continua cependant de servir les intérêts de la colonie auprès du ministre.

Cavelier de la Salle résolut de compléter le voyage du P. Marquette et de Joliet. Ce grand voyageur, qui allait découvrir et donner la Louisiane à la France, était de Rouen ; il avait un esprit ardent, aventureux, très-cultivé ; il voulait s'illustrer par quelque entreprise et était fort protégé par Talon, par le gouverneur du Canada, M. le comte de Frontenac, et par le marquis de Seignelay.

Après de longs préparatifs et bien des difficultés vaincues, la Salle partit de Catarakoui, en 1678, à la tête d'une expédition considérable ; il fonda le poste de Niagara, sur l'Ontario, le fort des Miamis, sur le Michigan, et le fort des Illinois, sur le territoire de cette nation, avec laquelle il s'allia. Il comptait sur l'appui de ce peuple, alors assez important, pour lier le Canada avec les pays du Mississipi, et pour en faire en quelque sorte sa base d'opérations dans le voyage qu'il allait entreprendre vers le golfe du Mexique.

Mais les Iroquois, excités par les Anglais que ces découvertes inquiétaient, attaquèrent et battirent nos nouveaux alliés les Illinois. La Salle ne pouvait pas compter sur tous ses gens, qui plusieurs fois voulurent le tuer ; il fut obligé de revenir à Catarakoui (1680). L'année suivante, sans se laisser effrayer par les obstacles, il recommença son expédition, suivit la rivière des Illinois, et, le 2 février 1682, il atteignit le Mississipi ; il le descendit et parvint, le 9 avril, à son embouchure, constatant qu'il se jetait dans le golfe du Mexique ; puis la Salle revint à Québec en remontant le beau fleuve qu'il venait de découvrir, et après avoir pris possession, au nom du roi, de l'immense bassin du Mississipi, auquel il donna le nom de Louisiane (1683).

VII

Guerre contre les Iroquois.

La France et l'Angleterre étaient alors en paix, parce que de grands intérêts soumettaient les Stuarts à l'alliance de Louis XIV. Cependant, malgré la bonne entente des deux gouvernements en Europe, la lutte était continuelle dans leurs colonies d'Amérique; les Anglais nous disputaient la baie d'Hudson [1] et l'Acadie; ils soulevaient les Iroquois contre nous, espérant arrêter notre essor en nous obligeant à faire la guerre aux sauvages.

En 1682, après plusieurs attaques et de nombreuses négociations, la guerre recommença avec les Iroquois. Le gouverneur, M. de la Barre, vieillard faible et infirme, se conduisit avec mollesse, perdit du temps, se laissa amuser par des députations et ne commença les hostilités qu'en 1684. Il s'avança jusqu'au lac Ontario, avec environ 1000 hommes, soldats, miliciens et sauvages alliés; mais les maladies et la disette se mirent dans sa petite armée, par le fait d'une mauvaise administration et d'une direction mal entendue. Dans cette situation, M. de la Barre crut devoir ac-

---

1. Les Anglais s'étaient emparés de plusieurs postes français de la baie d'Hudson. La compagnie du Nord, à qui ils appartenaient et qui y faisait un commerce lucratif, s'entendit avec le gouverneur du Canada pour les reprendre (1686). Le chevalier d'Iberville fut envoyé contre les Anglais; il prit de vive force les forts et les vaisseaux qu'ils avaient dans la baie; et pour un temps nous restâmes les maîtres de ces parages. Lorsque ces nouvelles parvinrent en Angleterre, l'opinion publique se souleva contre Jacques II, qu'on accusa de trahir les intérêts nationaux, et l'affaire se termina en 1687 par un traité de neutralité entre les Français et les Anglais pour l'Amérique.

cepter avec empressement les premières propositions de paix qui lui furent faites ; il consentit à abandonner les Illinois, nos alliés, à la vengeance des Iroquois, et mit le comble à sa faiblesse en se soumettant à une incroyable insolence de l'ennemi, qui était de décamper dès le lendemain.

Louis XIV rappela M. de la Barre et le remplaça par le marquis de Dénonville, colonel de dragons, homme ferme, qui se prépara à faire une guerre énergique aux Iroquois, pour les détruire ou au moins pour les affaiblir de telle sorte, qu'ils fussent à notre discrétion.

Avant de commencer la guerre, M. de Dénonville attira, sous différents prétextes, leurs principaux chefs à Catarakoui, les fit prisonniers et les envoya en France où on les mit sur les galères[1]. M. de Dénonville s'était servi de deux missionnaires pour attirer auprès de lui les chefs iroquois, mais il leur avait caché son dessein. Lorsque les Iroquois apprirent cette trahison, les deux jésuites étaient encore

---

1. Louis XIV avait écrit en juillet 1684 à M. de Dénonville : « Comme il importe au bien de mon service de diminuer autant qu'il se pourra le nombre des Iroquois, et que d'ailleurs ces sauvages, qui sont forts et robustes, serviront utilement sur mes galères, je veux que vous fassiez tout ce qui sera possible pour en faire un grand nombre de prisonniers de guerre, et que vous les fassiez passer en France. »

dans leurs tribus; l'un fut destiné au feu et livré à toutes les tortures qui précèdent le supplice ; mais une femme l'adopta, le retira dans sa cabane et le sauva. Le second, le P. de Lamberville, était dans une autre tribu, entouré de l'estime et de l'attachement des Indiens. Les anciens de la nation le firent appeler, lui racontèrent la perfidie de M. de Dénonville, et, malgré leur fureur, ils lui dirent qu'ils savaient son innocence : « Ton cœur est étranger à la trahison que tu nous as faite. » Ils le firent partir sur-le-champ et conduire par des guides.

La guerre éclata en 1687. Les Français et leurs alliés, les Illinois, les Algonquins, les Hurons, les Outaouais, attaquèrent les Iroquois, que soutenait le colonel Dongan, gouverneur de New-York. Cet homme était résolu à ouvrir à ses concitoyens les pays situés à l'ouest des Alléghanis, et à franchir cette barrière que la soumission des Iroquois à la France, ou leur destruction, aurait fermée irrévocablement aux Anglais.

M. de Dénonville livra plusieurs combats aux Iroquois, les vainquit, brûla leurs villages, ravagea le pays ; mais il leur tua peu de monde ; ils avaient évacué leur territoire et s'étaient retirés dans les profondeurs des terres ; la campagne n'eut pas tous les résultats qu'on s'en était promis. Il fut seulement évident pour les Iroquois que, malgré la protection des Anglais, ils n'étaient pas à l'abri des armes françaises.

La guerre contre les Iroquois ne fut que le prélude de la guerre avec l'Angleterre; obligés par la volonté de Jacques II de rester en paix avec la France, les colons anglais soulevaient les Indiens contre nous, en attendant le moment où ils pourraient nous attaquer directement.

VIII

Guerre de la ligue d'Augsbourg. — M. de Frontenac; le chevalier d'Iberville.

Nous sommes arrivés à l'année 1688, époque de la révolution qui renversa les Stuarts et fit monter Guillaume III sur le trône. L'alliance entre la France et l'Angleterre, qui remontait à Henri IV et à Élisabeth, et que Louis XIV avait si habilement exploitée au profit de la France, fut brisée, et dès lors commença entre les deux pays une lutte implacable, qui ne se termina qu'après que les Anglais eurent détruit la puissance maritime et coloniale fondée par Colbert.

L'avénement de Guillaume III permit enfin aux colons anglais d'attaquer le Canada.

Au moment où la guerre avec l'Angleterre va commencer, il est utile de faire connaître quel était le chiffre de la population des colonies françaises et anglaises. En 1690, la Nouvelle-France ne comptait que 15,000 habitants, tandis que la Nouvelle-Angleterre était peuplée de 200,000 colons, condensés sur un territoire plus restreint. Cette infériorité de population subsistera jusqu'à la fin de la lutte, et sera une des principales causes des succès de nos adversaires.

1689. Pendant que les deux colonies se préparaient à prendre part à la guerre que soutenaient en Europe leurs métropoles, les hostilités entre les Français et les Iroquois continuaient. Les Iroquois, toujours excités par les Anglais, prirent l'offensive et ravagèrent cruellement le Canada occidental. Jusqu'en 1700, que l'on fit la paix avec les Cinq-Nations, l'histoire de ces luttes ne présente qu'une suite de massacres, de brigandages, et, si j'osais employer ce mot, de *razzias*[1].

---

[1]. Ce qui rendait la guerre avec les Iroquois surtout dangereuse pour la colonie, c'était l'éparpillement des habitants. Au lieu de se grouper autour d'un centre de population assez fort pour résister, les colons ne songeaient qu'à s'écarter le plus possible les uns des autres; ainsi dispersée sur un pays immense, cette population était à la merci des sauvages. L'expérience ne corrigeait personne; on réparait ses pertes, on oubliait les désastres de ses voisins, et on ne changeait pas de système, parce qu'il y avait un petit intérêt commercial à vivre ainsi isolés. « Le présent aveugloit tout le monde

Parmi les nombreux épisodes de cette cruelle guerre, le plus épouvantable est le massacre de la Chine. La Chine est un bourg situé dans l'île de Montréal, à 3 lieues au-dessus de cette ville. Le 25 août 1689, les Iroquois envahirent à l'improviste le quartier de la Chine pendant la nuit. « Ils y trouvèrent tout le monde endormi, et ils commencèrent par massacrer tous les hommes, ensuite ils mirent le feu aux maisons. Par là tous ceux qui y étoient restés tombèrent entre les mains de ces sauvages et essuyèrent tout ce que la fureur peut inspirer à des barbares. Ils la poussèrent même à des excès dont on ne les avoit pas encore crus capables. Ils ouvrirent le sein des femmes enceintes, pour en arracher le fruit qu'elles portoient, et mirent des enfants tout vivants à la broche et contraignirent les mères de les tourner pour les faire rôtir. Ils inventèrent quantité d'autres supplices inouïs, et deux cents personnes de tout âge et de tout sexe périrent ainsi en moins d'une heure dans les plus affreux tourments. Cela fait, l'ennemi s'approcha jusqu'à une lieue de la ville, faisant partout les mêmes ravages et exerçant les mêmes cruautés, et, quand ils furent las de ces horreurs, ils firent deux cents prisonniers qu'ils emmenèrent dans leurs villages[1]. »

---

sur l'avenir ; c'est là le vrai génie des sauvages, dit le P. Charlevoix ; et il semble qu'on le respire avec l'air de leur pays. »

1. Le P. Charlevoix.

On contraignit enfin les Iroquois, par la terreur de nos armes, à respecter notre territoire ; mais ce résultat ne fut atteint qu'en 1696 ; jusque-là, ce ne fut que tueries, incendies, surprises, pillages. Partout nos villages furent fortifiés, et l'on vit dans plus d'une occasion les femmes se défendre derrière les retranchements avec une énergie qu'explique facilement le massacre de la Chine.

Pendant que les Iroquois ravageaient le Canada, les Abénaquis dévastaient la Nouvelle-Angleterre. Le 8 février 1690, nos sauvages surprirent la ville de Schenectady, la brûlèrent et massacrèrent la population tout entière. Ce fut une cruelle représaille de l'affaire de la Chine.

En 1689, Louis XIV remplaça M. de Dénonville par le comte de Frontenac, qui avait déjà été gouverneur du Canada de 1672 à 1682. M. de Frontenac était un habile administrateur, avait de grandes vues politiques et fort justes, savait la guerre, et connaissait parfaitement le Canada et ce qu'il y avait à faire en ce pays pour sa défense et son administration ; il gouverna la colonie jusqu'en 1698, époque de sa mort.

1690. Pendant ce temps, les Anglais se préparaient à la conquête du Canada. Une flotte de 30 vaisseaux aux ordres de l'amiral Phibs, avec 2,000 hommes de débarquement, partit de Boston ; chemin faisant, elle s'empara de Port-Royal et de l'Acadie, qui était mal gardée. Une autre escadre alla piller Plaisance, à Terre-Neuve ; nos établissements de la baie d'Hudson étaient envahis en même temps, et une armée d'Iroquois et d'Anglais se rassemblait sur le lac Saint-Sacrement, pour de là marcher sur Montréal et Québec, pendant que l'amiral Phibs viendrait attaquer Québec en remontant le Saint-Laurent.

En présence de ce danger, M. de Frontenac développa les grandes qualités de son caractère. Il rassembla à Québec toutes les forces dont il pouvait disposer, Indiens, milices et soldats ; il laissa à Montréal quelques compagnies nécessaires à la défense de ce point important ; il fit travailler aux fortifications de Québec [1] et mit la ville et ses approches à l'abri d'un coup de main. Des colonnes mobiles de Hurons et d'Abénaquis suivaient les rives du Saint-Laurent pour observer la marche de la flotte anglaise, qui ne pouvait envoyer une chaloupe à terre sans qu'elle fût repoussée aussitôt à coups de fusil. Le 16 octobre, Phibs était devant Québec, où tout était préparé pour le recevoir. Il envoya un trompette sommer M. de Frontenac de se rendre. Après avoir lu sa sommation, le trompette, tirant de sa poche une montre, dit au

---

1. C'est sur les plans de Vauban que l'on construisit alors les fortifications de Québec.

gouverneur qu'il était dix heures, et qu'il ne pouvait attendre sa réponse que jusqu'à onze; il lui demanda de l'écrire. M. de Frontenac lui dit qu'il allait répondre à son maître « par la bouche de son canon » et fit aussitôt ouvrir le feu contre la flotte anglaise. L'amiral Phibs ne savait pas tout ce que M. de Frontenac avait fait à Québec, et il se croyait certain de prendre la ville sans coup férir. Il se décida cependant à combattre, débarqua ses troupes à Beauport et y établit un camp où il se retrancha, puis marcha sur Québec. Pendant trois jours de furieux combats, les troupes anglaises furent repoussées avec perte; le canon de la place faisait éprouver de grandes avaries aux vaisseaux ennemis. Phibs, battu et n'entendant point parler de l'armée anglo-indienne du lac Saint-Sacrement, se rembarqua dans la nuit du 21 au 22, abandonnant son artillerie et ses munitions, descendit le Saint-Laurent sur sa flotte et revint à Boston. Louis XIV fit frapper une médaille pour perpétuer le souvenir de la brillante défense de Québec, ne voulant pas laisser passer sans récompense une aussi belle action [1].

Pendant que ceci se passait sur le Saint-Laurent,

---

[1]. La victoire de Québec fit sensation à la cour de Versailles; Dangeau en parle dans son *Journal*, à la date du 24 janvier 1691.

une épidémie de petite vérole détruisait l'armée ennemie qui devait attaquer Montréal. Les troupes anglaises furent décimées pendant leur marche, et, lorsqu'elles arrivèrent sur le lac Saint-Sacrement, où les Iroquois étaient déjà rassemblés, la maladie gagna les Indiens qui, accusant les Anglais de vouloir les faire périr, se retirèrent aussitôt. « Pour moi, dit le P. Charlevoix, je suis persuadé que, dans les motifs de la retraite de ces sauvages, il y entra beaucoup de cette politique qui consiste en ce qu'ils ne veulent pas qu'aucune des deux nations européennes, entre lesquelles leur pays est situé, prenne une trop grande supériorité sur l'autre, persuadés qu'ils en seroient bientôt les victimes. » Le calcul des Iroquois était juste ; leur départ empêcha les Anglais d'agir sur Montréal et amena la retraite de Phibs et le salut du Canada.

1691. La victoire de Bévéziers, remportée par Tourville dans la Manche, en 1690, obligea l'Angleterre à concentrer toutes ses forces navales en Europe. Aussi, cette année, les Anglais ne purent attaquer le Canada que du côté de Montréal, sans pouvoir envoyer une flotte contre Québec. Les Anglais et les Indiens furent battus au combat de la prairie de la Magdeleine, près de Montréal.

Délivré de toute attaque, le Canada prit l'offensive, et l'homme qui joue le principal rôle dans cette dernière partie de la guerre est le chevalier d'Iberville, capitaine de vaisseau. Pierre le Moyne, seigneur d'Iberville, était né à Montréal en 1661 ; sur ses dix frères, huit furent militaires et au service du roi ; deux furent tués, un autre mourut des suites de ses blessures [1].

Les Anglais avaient élevé le fort Pemaquid sur le territoire des Abénaquis, nos alliés. On ne pouvait pas laisser les Anglais s'établir chez eux, sans courir le risque de voir les Abénaquis écrasés tôt ou tard, ou renoncer à notre alliance si on les abandonnait; de plus, ce fort était une menace contre l'Acadie. Il importait, pour toutes ces causes, de détruire cet établissement. Le chevalier d'Iberville fut chargé de prendre le fort Pemaquid; attaqué par terre et par mer, le fort capitula (14 juillet 1696) et fut rasé.

De là, d'Iberville alla détruire les établissements que les Anglais avaient fondés à Terre-Neuve. Il avait

---

1. Ces détails, un peu différents de ceux qui sont contenus dans le *Mémoire succinct de la naissance et des services de défunt Pierre le Moyne, écuyer, seigneur d'Iberville, Ardilliers et autres lieux, chevalier de l'ordre de Saint-Louis, capitaine des vaisseaux du Roy* (imprimé en 1716), sont extraits des registres publics de Montréal et m'ont été envoyés, avec bien d'autres renseignements, par un savant religieux de Montréal, qui voudra bien me permettre de lui exprimer ici toute ma reconnaissance.

proposé au cabinet de Versailles de faire cette expédition et en avait obtenu la permission. Le chevalier d'Iberville montrait, dans la lettre qu'il écrivit au ministre[1], les grands avantages que les Anglais tiraient des pêcheries de Terre-Neuve ; il indiquait le danger qu'il y avait à les laisser se rendre maîtres de Terre-Neuve, où ils se fortifiaient déjà, parce qu'ils auraient dès lors entre leurs mains l'entrée du Canada, et qu'ils pourraient ainsi s'opposer aux relations entre la France et sa colonie. Il ajoutait que « le véritable moyen d'empêcher les Canadiens de courir dans les bois, c'étoit de les pousser à la pêche et au commerce. »

En plein hiver, d'Iberville, avec 125 Canadiens, marcha contre les Anglais de Terre-Neuve ; leurs troupes furent battues ; le fort Saint-Jean fut enlevé d'assaut ; puis les autres forts et établissements anglais furent détruits dans une campagne de deux mois, faite sur la neige, raquettes aux pieds, par des chemins impraticables, et par 125 hommes chargés de leurs armes (une hache, une carabine, un sabre), de leurs munitions et de leurs vivres. D'Iberville revint en Canada avec plus de 700 prisonniers, et après avoir tué plus de 200 ennemis. Avec un peu plus de monde,

---

1. Lettre de d'Iberville, dans son dossier, aux Archives de la marine.

il aurait entièrement chassé les Anglais, tandis qu'il ne put attaquer les deux postes très-fortifiés de Bonneviste et de l'île Carbonnière, dans lesquels toutes les garnisons anglaises s'étaient réfugiées.

A la même époque, l'Acadie retombait sous la domination française; le chevalier de Villebon, avec des vaisseaux arrivés de France, reprenait tout ce que nous avions perdu dans la presqu'île.

En 1697, d'Iberville fut envoyé à la baie d'Hudson. Depuis 1686, les Français et les Anglais se faisaient la guerre dans ces parages et s'y disputaient le commerce des fourrures. D'Iberville avait fait une première campagne à la baie d'Hudson en 1686; il s'y était rendu par terre, avec ses Canadiens, en voyageant dans des canots d'écorce. Il eut l'audace d'attaquer, avec deux de ces canots montés par onze Canadiens, un vaisseau de 12 canons et de 30 hommes d'équipage, et le bonheur de l'enlever à l'abordage. De 1688 à 1694, chaque année d'Iberville retourna à la baie d'Hudson ; il détruisit les forts Rupert et Nelson et tous les autres postes anglais; il prit plusieurs vaisseaux et revint chaque fois à Québec chargé de butin, de pelleteries et de richesses. En 1696, pendant que le chevalier d'Iberville faisait la campagne de Terre-Neuve, les Anglais reprirent le fort Bourbon ou Nelson ; en 1697, d'Iberville fut chargé de le leur enlever, et le 8 juillet il partit de Plaisance avec trois vaisseaux et un brigantin, et arriva le 3 août dans la baie d'Hudson.

« Les glaces, dit-il, poussées par les courants, nous pressèrent si fort, qu'elles écrasèrent le brigantin, sans qu'on pût sauver rien que l'équipage. » Les trois vaisseaux furent bloqués par les glaces, du 3 au 28 août, puis séparés les uns des autres; tous éprouvèrent des avaries considérables. La mer étant enfin devenue libre, d'Iberville, monté sur le *Pélican*, de 46 canons, prit la route du fort Nelson, et arriva en vue de ce fort le 4 septembre. Le 5, il aperçut trois vaisseaux anglais, un de 52 canons et de 250 hommes d'équipage, et deux de 32 canons. Bien qu'il fût seul, ses deux vaisseaux ne l'ayant pas encore rejoint, d'Iberville se résolut à combattre, pour empêcher l'ennemi de secourir le fort, qu'il n'aurait pu reprendre s'il eût été ravitaillé par les vaisseaux anglais. A son approche, les Anglais lui crièrent qu'ils savaient bien qu'il était d'Iberville, qu'ils le tenaient enfin, et qu'il fallait qu'il se rendît. Le chevalier commença le feu à neuf heures du matin; à midi, voyant que la partie était décidément inégale, il résolut d'en finir; il fit pointer tous ses canons à couler bas, aborda vergue à vergue le gros vaisseau anglais, et lui envoya sa bordée, qui le fit sombrer sur-le-champ. Puis il se jeta sur le second vaisseau pour l'enlever à l'abordage; celui-ci amena aussitôt son pavillon; d'Iberville le fit amariner par ses chaloupes et poursuivit le troisième vaisseau, qui avait pris le large et filait toutes voiles dehors. Le *Pélican*, « crevé de sept coups de canons » et ayant eu deux de ses pompes brisées pendant le combat, ne pouvait épuiser l'eau qu'il faisait ; aussi laissa-t-il échapper le troisième vaisseau anglais. « Dieu merci, écrivait d'Iberville, dans le combat je n'ai eu personne de tué, seulement dix-sept blessés. » Le 7 septembre, une violente tempête engloutit la prise de d'Iberville et jeta le *Pélican* à la côte, à 2 lieues du fort Nelson ; mais, à ce moment, d'Iberville fut rejoint par ses deux autres vaisseaux. Le 13, il alla bombarder le fort, l'obligea à capituler le 14, et il repartit, le 24, avec 300 hommes malades du scorbut. Le 7 novembre, le chevalier était à Belle-Isle, en France, et le lendemain il rédigeait pour le ministre de la marine, M. de Pontchartrain, le rapport duquel nous avons extrait le récit de ces combats[1].

Pendant ce temps, M. de Frontenac poursuivait avec vigueur la guerre contre les Iroquois. Il fondait plusieurs forts pour les tenir en bride et protéger les approches de nos frontières, s'alliait avec diverses

---

1. Ce rapport daté de Port-Louis, le 8 novembre 1697, est conservé aux Archives de la marine (dossier de d'Iberville).— Cf. aussi, sur cette campagne, le *Mémoire succinct*, etc., cité page 85.

peuplades de l'ouest, consolidait et étendait la domination française dans les Pays d'en haut.

M. de Frontenac se préparait aussi à attaquer la Nouvelle-Angleterre. M. de Pontchartrain donna au marquis de Nesmond, officier de grande réputation, 10 vaisseaux et quelques brûlots. M. de Frontenac devait joindre cette flotte avec 1500 hommes et détruire Boston et New-York. Diverses circonstances, quelques lenteurs, le mauvais temps, firent traîner les préparatifs en longueur, et la paix de Ryswyck, signée en 1697, obligea de renoncer à l'expédition. La France conservait tous ses territoires en Amérique; les Anglais renonçaient à toutes leurs prétentions sur la baie d'Hudson; on fixa la limite entre la Nouvelle-Angleterre et l'Acadie à la rivière Saint-Georges; on laissa indécise la limite entre les possessions anglaises et françaises du côté du pays des Iroquois, pour ne pas irriter ces peuples, que les puissances rivales ménageaient avec soin.

M. de Frontenac mourut le 28 novembre 1698. « Il étoit dans sa soixante-dix-huitième année; mais dans un corps aussi sain qu'il est possible de l'avoir à cet âge, il conservoit toute la fermeté et toute la vivacité d'esprit de ses plus belles années. Il mourut comme il avoit vécu, chéri de plusieurs, estimé de tous, et avec la gloire d'avoir, sans presque aucun secours de France, soutenu et augmenté même une colonie ouverte et attaquée de toutes parts, et qu'il avoit trouvée sur le penchant de sa ruine¹. »

IX

Traité de Montréal avec les Indiens. — Le Rat.

M. de Frontenac fut remplacé par le chevalier de Callières, déjà gouverneur de Montréal. « Sans avoir le brillant de son prédécesseur, il en avoit tout le solide, des vues droites et désintéressées, sans préjugé et sans passion ; une fermeté toujours d'accord avec la raison ; une valeur que le flegme sçavoit modérer et rendre utile ; un grand sens, beaucoup de probité et d'honneur, et une pénétration d'esprit, à laquelle une grande application avoit ajouté tout ce qu'une longue expérience peut donner de lumières. Il avoit pris dès les commencements un grand empire sur les sauvages, qui le connoissoient exact à tenir sa parole et ferme à vouloir qu'on lui gardât celles qu'on lui avoit données. Les François, de leur côté, étoient convaincus qu'il n'exigeroit jamais rien d'eux

---

1. Le P. Charlevoix.

que de raisonnable ; que, pour n'avoir ni la puissance, ni les grandes alliances du comte de Frontenac, ni le rang de lieutenant général des armées du roy, il ne sçauroit pas moins se faire obéir que lui, et qu'il n'étoit pas homme à leur faire trop sentir le poids de son autorité[1]. »

Le nouveau gouverneur donna tous ses soins à la conclusion d'un traité d'alliance générale avec les Indiens de la Nouvelle-France, pour lequel M. de Frontenac avait déjà fait de grands efforts et dont les négociations avaient été simplifiées par ses victoires sur les Anglais et sur les Iroquois. Toutes les tribus de la Nouvelle-France, sans en excepter les Cinq-Nations, devinrent nos alliées.

M. de Callières fut particulièrement aidé dans cette importante affaire par un chef des Hurons de Michilimakinac, nommé Kondiaronk, que nous appelions « le Rat », et qui disposait de tous les Indiens des Pays d'en haut. « C'étoit un homme d'esprit, extrêmement brave, et le sauvage du plus grand mérite que les François aient connu en Canada[2]. »

Il était fort éloquent dans les conseils et ne parlait jamais sans être applaudi, même de ses adversaires. « Il ne brilloit pas moins dans les conversations par-

---

1. Le P. Charlevoix.
2. Le P. Charlevoix.

ticulières, et on prenoit souvent plaisir à l'agacer pour entendre ses reparties, qui étoient toujours vives, pleines de sel, et ordinairement sans réplique. Il étoit en cela le seul homme du Canada qui pût tenir tête au comte de Frontenac, lequel l'invitoit souvent à sa table pour procurer cette satisfaction à ses officiers[1]. »

Ce fut le 8 septembre 1700 que se tint la grande assemblée de Montréal, où l'on adopta les préliminaires de la paix entre les Français et les Indiens; et en 1701 le traité définitif fut signé aussi à Montréal, entre M. de Callières et les chefs des tribus.

Pendant l'une des séances, le Rat se trouva mal; M. de Callières le fit secourir avec empressement, car « il fondoit sur lui sa principale espérance pour le succès de son grand ouvrage. Il lui avoit presque toute l'obligation de ce merveilleux concert et de cette réunion, sans exemple jusqu'alors, de tant de nations pour la paix générale. » Revenu à lui, le Rat s'assit dans un fauteuil au milieu de l'assemblée, et fit signe qu'il allait parler. Il parla longtemps, avec esprit et éloquence, et fut écouté avec une attention infinie. « Il fit avec modestie et tout ensemble avec dignité le récit de tous les mouvement qu'il s'étoit donnés pour ménager une paix durable entre toutes les nations ; il

---

1. Le P. Charlevoix.

fit comprendre la nécessité de cette paix, les avantages qui en reviendroient à tout le pays en général et à chaque peuple en particulier, et démêla avec une adresse merveilleuse les différents intérêts des uns et des autres. » Après la réponse du gouverneur, le Rat, se sentant plus mal, se fit porter à l'Hôtel-Dieu de Montréal, où il mourut dans la nuit, fort chrétiennement. On lui fit de superbes funérailles ; comme il avait rang de capitaine dans nos troupes, on exposa son corps en habit d'officier ; le gouverneur et toutes les autorités allèrent lui jeter l'eau bénite. Six chefs de guerre portèrent son cercueil, escorté de sa famille, d'une compagnie de soldats et de guerriers hurons, vêtus de longues robes de castor, le visage peint en noir et le fusil sous le bras ; puis venaient le clergé et tous les chefs des nations, qui allèrent déposer les restes du Rat dans la grande église de Montréal.

Après la mort de Kondiaronk, on tint la grande séance dans laquelle les chefs indiens signèrent le traité d'alliance avec la France. Plusieurs pères Jésuites servaient d'interprètes, et chaque chef, pour parler et signer, s'était mis dans l'équipage le plus bizarre. Ces costumes grotesques réjouirent beaucoup nos Français, pour qui cette cérémonie, toute sérieuse qu'elle était, fut une espèce de comédie. Le chef des Algonquins, brave et beau jeune homme, dont les victoires sur les Iroquois avaient beaucoup contribué à les décider à la paix, avait accommodé ses cheveux en tête de coq, avec un plumet rouge qui en formait la crête et descendait par derrière ; il s'avança vers l'Ononthio (le gouverneur) et lui dit : « Mon père, je ne suis point homme de conseil ; mais j'écoute toujours ta voix ; tu as fait la paix et j'oublie tout le passé. » Un autre s'était coiffé avec la peau de la tête d'un jeune taureau, dont les cornes lui pendaient sur les oreilles ; c'était un homme de beaucoup d'esprit, très-ami des Français : « Il parla très-bien et d'une manière fort obligeante. » Un chef outagami s'était peint tout le visage en rouge et avait mis sur sa tête une vieille perruque poudrée et mal peignée, qui lui donnait un air affreux et ridicule à la fois. Comme il n'avait ni bonnet, ni chapeau, et qu'en s'approchant du gouverneur, il voulut le saluer à la française, il ôta sa perruque, ce qui amena un rire universel qui ne déconcerta pas la gravité de l'Indien, après quoi il remit sa perruque et fit son discours. Après que chacun eut parlé, on apporta le traité, qui fut signé par trente-huit chefs ; puis le grand calumet de paix : chaque signataire y fuma à son tour. On chanta le *Te Deum*. On servit ensuite trois bœufs entiers bouillis dans d'immenses chaudières ; le repas fut gai ; le soir il y eut illumination, feux de joie, décharge de canons. Le lendemain le gouverneur distribua aux chefs les présents du roi, et on se sépara après s'être promis de se rendre réciproquement les prisonniers. Les Iroquois s'engagèrent à rester neutres en cas de guerre entre la France et l'Angleterre [1].

Le traité de Montréal éleva une barrière importante pour la défense des possessions françaises et permit au Canada de résister pendant soixante ans aux attaques multipliées de l'Angleterre.

Pendant que ces importantes négociations avaient lieu, le chevalier d'Iberville commençait à établir notre colonie de la Louisiane, où il mourait en 1706. Pour relier les deux pays, M. de Callières donnait à la ville de Détroit, fondée en 1685, tous les développements nécessaires, et en faisait un poste avancé qui assurait nos communications avec le pays des Miamis et des Illinois, nos alliés, et de là avec la Louisiane, par le Mississipi.

Au moment où le Canada venait de conclure la paix de Montréal, la guerre de la succession d'Espagne éclatait en Europe ; le Canada devait être l'un des théâtres de cette guerre générale. M. de Callières mourut en 1703, lorsque les hostilités allaient commencer ; il fut remplacé par le marquis de Vaudreuil,

---

[1]. Un certain nombre de Français prisonniers des Iroquois ne profitèrent pas de la liberté qu'on voulait leur rendre ; adoptés dans les tribus, y vivant sans aucun frein, ils aimèrent mieux rester avec les sauvages.

déjà gouverneur de Montréal, très-estimé dans la colonie et fort aimé des sauvages. Louis XIV, en le nommant gouverneur du Canada, voulut récompenser un des mousquetaires qui avaient le plus figuré à la fameuse surprise de Valenciennes.

X

Guerre de la succession d'Espagne. — Traité d'Utrecht.

Lorsque la guerre éclata entre Louis XIV et l'Angleterre à propos de la succession de Charles II, les agents anglais essayèrent de soulever contre nous les Iroquois ; mais M. de Vaudreuil, secondé par les missionnaires, les décida à conserver leur neutralité. Les hostilités commencèrent en Amérique en 1704 ; cependant jusqu'en 1707 on ne fit que quelques expéditions sans importance. Cette année, les Anglais attaquèrent l'Acadie. Le 6 juin, Port-Royal fut assiégé à l'improviste par une flotte de 24 vaisseaux. M. de Subercase, qui commandait la place, obligea les Anglais à se rembarquer. Le gouverneur de la Nouvelle-Angleterre fit repartir l'expédition, fort augmentée d'hommes et de vaisseaux ; les Anglais débarquèrent de nouveau le 21 août et furent encore battus. M. de Subercase n'avait cependant qu'une poignée de soldats à opposer à une armée de 3,000 hommes.

En 1709, les Français prirent l'offensive et attaquèrent les établissements anglais de Terre-Neuve. Saint-Jean, leur entrepôt général, était défendu par 900 hommes, 50 canons et trois forts considérables. M. de Saint-Ovide, lieutenant de roi de Plaisance, rassembla 169 hommes, soldats, matelots, miliciens et sauvages, et au cœur de l'hiver se mit en marche sur la neige pour tomber à l'improviste sur les forts de Saint-Jean ; il y arriva le 31 décembre. Les enlever par escalade et faire les Anglais prisonniers fut l'affaire d'une demi-heure. On fit un immense butin ; mais, comme on ne pouvait, sans dégarnir Plaisance, occuper Saint-Jean, on le détruisit.

Ces revers multipliés, les préparatifs sérieux que nous faisions contre New-York, décidèrent les Anglo-Américains à agir avec énergie ; en 1710, ils résolurent de s'emparer à tout prix de l'Acadie. Une flotte de 54 bâtiments vint bloquer Port-Royal et débarqua près de 4,000 hommes. M. de Subercase se défendit mal cette fois et capitula le 16 octobre ; l'Acadie tomba au pouvoir des Anglais, et il fut dès lors impossible de la leur reprendre.

L'année suivante (1711), des troupes arrivèrent

d'Angleterre, et 15,000 hommes furent destinés à envahir le Canada, comme en 1690, du côté de Montréal et par le Saint-Laurent. Une flotte de 84 bâtiments, aux ordres de l'amiral Hill, entra dans le fleuve; mais, arrivée aux Sept-Iles, elle fut assaillie par une furieuse tempête, qui la détruisit et força ses débris à retourner à New-York. A la nouvelle de cet échec, l'armée anglaise qui devait attaquer Montréal battit en retraite.

Les Anglais ne parvenaient point, malgré leurs efforts, à décider les Iroquois à rompre leur traité avec nous et à sortir de la neutralité; mais ils réussirent à soulever contre nous les Outagamis ou Renards; ils devaient s'emparer de Détroit, et y introduire des troupes anglaises. Le gouverneur de Détroit, M. Dubuisson, bon officier, fut averti qu'il allait être attaqué; il avait avec lui 20 Français; il rassembla aussitôt les guerriers des Hurons, des Outaouais et des Illinois, et, lorsque l'ennemi se présenta, il était en mesure. Les Outagamis élevèrent un fort dans lequel on les assiégea; après une longue résistance, ils furent obligés de se rendre à discrétion et furent massacrés, au nombre de 2,000, par nos Indiens. L'occupation de Détroit eût donné aux Anglais le commandement des lacs, le commerce des Pays d'en haut, et eût coupé toute communication entre le Canada et les Indiens de l'Ouest.

La paix d'Utrecht termina la guerre. Louis XIV, obligé de signer la paix avec l'Angleterre, accepta les conditions qu'elle dicta; il lui céda la baie et le détroit d'Hudson avec toutes les terres, mers, rivages, fleuves et lieux qui en dépendent (art. 10); l'Acadie ou Nouvelle-Écosse, en entier, conformément à ses anciennes limites, Port-Royal ou Annapolis, et généralement tout ce qui dépend desdites terres (art. 12); Terre-Neuve avec les îles adjacentes (art. 13). La France se réserva l'île du Cap-Breton et les autres îles du golfe du Saint-Laurent, ainsi que le droit de pêcher sur la côte de Terre-Neuve.

Le traité d'Utrecht livra à l'Angleterre tout le littoral de nos possessions et les entrées du Canada, et prépara incontestablement la perte de nos colonies d'Amérique.

L'article 10 disait que des commissaires seraient nommés pour le règlement des limites entre les colonies anglaises et françaises. Rien n'était plus évident cependant que les limites de l'Acadie, limites que les Anglais déclaraient être fort incertaines. L'Acadie ne se composait que de la presqu'île; et sa limite naturelle était indiquée par l'isthme qui la joint au continent. Les Anglais prétendirent que l'Acadie comprenait, outre la presqu'île, les bassins du Kennebecky, du Saint-Georges, du Penobscot et du Saint-Jean, et le territoire des Abénaquis.

Sans attendre que la question fût résolue, les Anglais commencèrent aussitôt la guerre contre les Abénaquis et massacrèrent le P. Rasle qui était en mission chez ces Indiens, parce qu'ils le regardaient comme le principal auteur de la résistance qu'ils leur faisaient. Mais en 1724, après de nombreux échecs, les Anglais furent obligés d'abandonner leur dessein de soumettre les Abénaquis. Nous avions soutenu ces Indiens, parce que si on avait abandonné à l'Angleterre leurs terres et celles des Iroquois, qu'elle réclamait, les Anglais auraient avancé leur frontière jusqu'au Saint-Laurent et jusqu'aux lacs Ontario et Érié.

XI

Fondation de Louisbourg.

La cession de l'Acadie et de Terre-Neuve livrait l'entrée du Canada aux Anglais et leur permettait d'intercepter, quand ils le voudraient, les communications de la France avec sa colonie. Heureusement, nous avions conservé, à la paix d'Utrecht, l'île du Cap-Breton ou île Royale, située à l'entrée du golfe du Saint-Laurent, entre l'Acadie et Terre-Neuve ; la position de cette île nous donnait le moyen de rester encore les maîtres, en partie du moins, de l'entrée du Canada. En 1720, on y fonda, sur la côte orientale, la ville de Louisbourg, dont on voulut faire une grande place forte ; mais on ne termina jamais ses fortifications, à cause des dépenses trop considérables qu'il aurait fallu y faire [1]. L'île Royale se peupla des colons de Terre-Neuve et de l'Acadie, qui vinrent s'établir à Louisbourg, au port Toulouse et au port Dauphin.

Pendant la période de paix qui s'étend de 1713 à 1744, et qui est unique dans l'histoire du Canada, la colonie prit un grand essor [2]. En 1721, on n'y comptait que 25,000 habitants, et en 1744 il y en avait 50,000 [3]. M. de Vaudreuil fit faire quelques progrès à l'agriculture et donna au commerce toute l'extension compatible avec les règlements qui régis-

---

1. Cf. *Lettres et Mémoires pour servir à l'histoire naturelle, civile et politique du Cap-Breton*, depuis son établissement jusqu'à la reprise de cette île par les Anglois en 1758, 1 vol. in-12, 1760. La Haye et Londres.
2. La prospérité de nos colonies d'Amérique et des Indes était due à l'habile administration du cardinal de Fleury et à la paix qu'il sut conserver avec l'Angleterre.
3. En 1755, la population s'éleva à 80,000 habitants. Mais à la même époque les colonies anglaises comptaient 1,200,000 habitants.

saient nos colonies; il y avait tant de sources de richesse en Canada, que malgré tout il florissait.

On fonda plusieurs forts pour s'assurer de la possession du pays : le fort Beauséjour, sur l'isthme de l'Acadie; le fort Niagara, sur le lac Ontario, pour conserver la domination des lacs contre les Anglais, qui venaient d'élever le fort Oswego ou Chouegen sur le lac Ontario [1]; le fort Saint-Frédéric, sur le lac Champlain, pour couvrir cette partie essentielle de la frontière.

Le marquis de Beauharnais, capitaine de vaisseau, qui avait succédé à M. de Vaudreuil (1725), envoya Varenne de La Vérendrye pour explorer « les pays de la mer de l'Ouest, » c'est-à-dire les terres à l'ouest des grands lacs et des monts Rocheux. De beaux voyages furent accomplis par cet intrépide voyageur (1728-43). Des découvertes importantes et trop peu connues [2], qui ont précédé de plus de soixante ans celles

---

1. La fondation du fort Chouegen est la première entreprise des Anglais au delà des Alléghanis et le premier acte de leurs usurpations sur notre territoire. Le gouverneur du Canada, M. de Beauharnais, se contenta de protester, mais laissa subsister ce fort.

2. Voyez, dans le *Moniteur* du 14 septembre 1852, un article de M. Margry sur ce voyageur. La Vérendrye a découvert le haut Missouri, les monts Rocheux et tout le pays compris entre les monts Rocheux et les lacs Supérieur et Winnipeg ; avant lui on ne connaissait rien dans toute la contrée située entre la Californie et la baie d'Hudson.

des Américains dans ces mêmes contrées, furent le résultat de ces explorations, pendant lesquelles on fonda sur le lac Bourbon (Winnipeg) plusieurs forts, qui achevèrent de nous rendre maîtres de tout le bassin des cinq lacs.

XII

Guerre de la succession d'Autriche. — Traité d'Aix-la-Chapelle.

La guerre de la succession d'Autriche (1741-48) fit cesser la paix dont jouissait l'Amérique depuis 1713 et amena une nouvelle lutte entre la France et l'Angleterre. Comme à l'ordinaire, le Canada fut l'un des théâtres de la guerre entre les deux nations.

Les colonies anglaises étaient mécontentes de la fondation de Louisbourg et de l'importance militaire et commerciale que « le Dunkerque de l'Amérique » avait prise. L'irritation fut portée à son comble, lorsqu'au commencement de la guerre les corsaires de Louisbourg s'emparèrent d'un grand nombre de bâtiments appartenant au commerce de Boston et de New-York. Comme la métropole ne leur envoyait ni vaisseaux, ni soldats, ni argent, les colons anglais se décidèrent à faire eux-mêmes la conquête de Louisbourg et prirent dès lors la ferme résolution de détruire entièrement la domination française en Amérique.

Un avocat nommé Shirley forma le projet de l'expédition de Louisbourg ; un marchand, Pepperel, l'exécuta avec 4,000 colons, laboureurs, ouvriers, qu'il enrôla et qu'il joignit à quelques secours arrivés d'Angleterre. En 1745, l'expédition anglo-américaine, renforcée de 4 vaisseaux anglais, débarqua dans l'île Royale.

Il se passait à Louisbourg des faits déplorables qui amenèrent la prise de la place. La garnison, dès le mois d'octobre 1744, était en pleine révolte. On employait les soldats à augmenter les fortifications, et on ne leur payait pas ce qu'on avait promis de leur donner pour ce travail ; il paraît aussi qu'on leur retenait une partie de leur solde et des subsistances qui leur étaient dues. L'intendant de Louisbourg était alors un M. Bigot, dont on reparlera plus loin, et dont l'improbité était complète. L'intendant et les officiers, à son exemple, avaient commis de nombreuses voleries, qui poussèrent le soldat à murmurer, puis à se soulever et à se nommer de nouveaux officiers. Cette sédition, qui encouragea les Anglo-Américains à attaquer Louisbourg, durait encore quand l'ennemi se présenta. A l'approche des Anglais, le gouverneur, M. Duchambon, fit appel au patriotisme de sa troupe ; les séditieux se soumirent, mais il demeura entre le soldat et l'officier une méfiance qui paralysa la défense. Louisbourg était gardé par 600 soldats et 800 habitants armés à la hâte ; c'était assez pour repousser les 4,000 miliciens anglais, si l'on eût été d'accord.

Les Anglais s'approchèrent de la place avec assurance ; et, lorsqu'on parla d'ouvrir la tranchée, d'établir les parallèles et de faire les autres travaux d'attaque, les miliciens se mirent à rire, et, dans leur ignorance de la guerre, ils s'avancèrent à découvert et en ligne contre les batteries de la place ; les pertes énormes qu'ils éprouvèrent leur donnèrent une leçon dont ils surent profiter, et dès lors ils eurent pour « le défilement » beaucoup plus de respect. Il eût suffi de quelques sorties vigoureuses pour chasser, la baïonnette dans les reins, les miliciens de Pepperel ; mais les officiers, croyant ou feignant de croire que la garnison profiterait d'une sortie pour déserter, se renfermèrent dans l'enceinte, et, après une défense insuffisante, Duchambon capitula le 16 juin, et remit une place des plus fortes à une poignée de miliciens commandés par un marchand. Les pluies abondantes qui tombèrent alors auraient obligé Pepperel à lever le siége, si Duchambon eût tenu huit jours de plus ; et les renforts envoyés de France arrivèrent, à peine la ville venait-elle de se rendre.

M. de Maurepas, ministre de la marine, voulut reprendre Louisbourg[1]; on ne pouvait en effet laisser aux Anglais la clef du Canada ; d'ailleurs nos succès à Fontenoy, à Bassignano et dans les Indes, ne nous permettaient pas de supporter cet échec en Amérique. On prépara, en 1746, un grand armement de 11 vaisseaux et de 30 bâtiments pour transporter 3,000 hommes à l'île Royale. Le duc d'Anville eut le commandement de cette expédition ; un corps de Canadiens et de sauvages, commandés par M. de Ramsay, devait venir de Québec se joindre aux troupes arrivées d'Europe. Le projet était de débarquer à Chibouctou (Halifax), de reprendre Louisbourg, de conquérir Annapolis et l'Acadie, puis de détruire Boston et de ravager les côtes de la Nouvelle-Angleterre. Le duc d'Anville eût accompli sa mission, parce que les Anglais n'avaient aucune force en état de lui résister,

---

[1]. « Ce malheur donne occasion à des altercations dans notre ministère, dit le duc de Luynes; on prétend que c'est la faute de M. de Maurepas, qui n'auroit pas dû laisser manquer de munitions Louisbourg, place très-forte et construite à grands frais, et qui ne nous a été enlevée que faute d'être pourvue de ce qui étoit nécessaire pour la défendre... Les amis de M. de Maurepas disent qu'il avoit prévu tous ces inconvénients, qu'il avoit voulu y remédier, mais qu'il avoit demandé inutilement à M. le contrôleur général les fonds absolument nécessaires. » (*Mémoires*, t. VII, p. 44, 29 avril 1746. — Voy. aussi ces *Mémoires*, t. VIII, p. 384, 1747.)

mais, après une traversée de 86 jours, il fut assailli, le 13 septembre, à 40 lieues de l'Acadie, par une violente tempête, qui détruisit la flotte française en vue de Chibouctou; les débris ayant débarqué, une épidémie se déclara et enleva 2,400 hommes en quelques jours; puis la contagion gagna les Abénaquis, qui étaient venus nous rejoindre, et enleva le tiers de ces braves gens. Le duc d'Anville mourut, et son successeur se tua dans un accès de fièvre; enfin, en octobre, quatre vaisseaux et ce qui restait de l'armée quittèrent Chibouctou pour aller assieger Annapolis. Une nouvelle tempête éclata, en vue de l'île de Sable, et obligea les restes de la flotte à retourner en France[1]. Pendant ce temps, M. de Ramsay commençait le siége d'Annapolis; mais il se retira à la nouvelle du dernier désastre qui venait d'accabler nos vaisseaux, et alla prendre ses quartiers d'hiver à Beaubassin. Les Anglais, commandés par le colonel Noble, vinrent l'attaquer; mais, le 11 février 1747, ils furent battus

---

1. Lorsque le *Caribou* et l'*Argonaute* revinrent à Brest en octobre, les équipages de ces deux frégates étaient morts ou mourants. « Il en a été mis 400 à l'hôpital, presque tous agonisans; on les enterre sept à sept. Ils avoient avec eux 8 compagnies du régiment de Ponthieu, qui ne sont pas en meilleur état; il en mourut hier cinq en les débarquant. » (*Mémoires du duc de Luynes*, VII, 458. — Lettre écrite de Brest le 12 octobre.)

de front, tournés par un détachement, écrasés et obligés de se rendre à discrétion. La victoire du Grand-Pré abaissa un peu la jactance des Anglo-Américains, et, pendant le reste de l'année, la Nouvelle-Angleterre fut envahie et impitoyablement ravagée.

Un nouvel armement fut préparé pour le Canada : 6 vaisseaux de ligne durent escorter un convoi de 30 bâtiments chargés de troupes, de provisions et de marchandises. M. de la Jonquière eut le commandement de cette escadre; mais, arrivé à la hauteur du cap Finistère (d'Espagne), il fut attaqué par 17 vaisseaux anglais, aux ordres des amiraux Anson et Waren; il se battit héroïquement pour sauver les transports, mais ses six vaisseaux furent pris avec le tiers du convoi (3 mai 1747).

Le traité d'Aix-la-Chapelle termina la guerre de la succession d'Autriche. Nous rendîmes les Pays-Bas [1] à l'Autriche et Madras aux Anglais, qui nous restituèrent Louisbourg, et on remit à l'examen de commissaires le règlement définitif des limites de la Nouvelle-France et de la Nouvelle-Angleterre.

Le comte de la Galissonnière, homme d'un esprit

---

1. « Nous gagnons donc la Flandre pour ravoir un jour le Canada, » écrivait Voltaire, le 19 août 1745, au marquis d'Argenson, ministre des affaires étrangères.

fort éclairé, fut alors nommé gouverneur du Canada, et à la même époque, M. Bigot, l'intendant de Louisbourg, devint intendant de la Nouvelle-France. Au lieu de recevoir la punition de sa conduite coupable, cet homme obtenait un avancement considérable qui l'encouragea à continuer ses prévarications.

LIVRE TROISIÈME.

PERTE DE LA COLONIE.

I

Commencement de la guerre avec les colonies anglaises.

Aussitôt après la signature de la paix, et avant que la commission chargée de régler les frontières des deux colonies fût assemblée, les colons anglais, surtout ceux de la Virginie, envahirent notre territoire, non-seulement dans les terres qu'ils réclamaient comme dépendances de l'Acadie, mais encore sur des terres appartenant incontestablement à la France.

Une compagnie d'actionnaires anglais et virginiens s'était formée en 1748 pour coloniser la vallée de l'Ohio, et en 1750 le parlement anglais lui avait concédé 600,000 acres de terrain, dans lesquels la compagnie avait aussitôt envoyé ses agents et établi des colons. La vallée de l'Ohio était cependant une possession bien française ; la Belle-Rivière avait été découverte en 1670 et 1671 par Cavelier de la Salle, qui en avait pris solennellement possession au nom de Louis XIV. Mais les colons anglais voulaient être les seuls maîtres de l'Amérique et étaient décidés à ne respecter ni les traités ni les droits acquis. En même temps le gouvernement anglais réclamait, comme dépendances de l'Acadie, tout le pays entre l'Atlantique, le Saint-Laurent et le lac Ontario, et prétendait réduire le Canada aux pays situés au nord du Saint-Laurent et des lacs.

Les Français opposaient aux demandes des Anglais l'article 9 du traité d'Aix-la-Chapelle, qui stipulait que toutes choses seraient remises sur le même pied qu'avant la guerre; or, avant la guerre, les Anglais ne possédaient l'Acadie que jusqu'à l'isthme, et ils n'avaient point d'établissements dans la vallée de l'Ohio. On discuta pendant cinq ans; mais les débats de la commission des frontières ne produisirent d'autres résultats que trois volumes in-4° de mémoires; il devint impossible de s'entendre, parce que, les arguments français étant sans réplique, on n'y répondait que par des objections de la plus insigne mauvaise foi.

Le comte de la Galissonnière croyait que l'isthme de l'Acadie et les monts Alléghanis étaient les vraies frontières et les boulevards nécessaires de la Nouvelle-France, et qu'il fallait absolument, pour le salut de la colonie, empêcher les colons anglais de franchir leurs anciennes limites et de s'établir dans les vallées de l'Ohio et du Saint-Laurent. Décidé à maintenir les droits de la France sur les pays contestés, le gouverneur se prépara à repousser par la force toute tentative des Anglais. Il fit construire ou augmenter deux forts sur l'isthme de l'Acadie, le fort des Gaspareaux et le fort Beauséjour[1], et s'efforça d'attirer les Acadiens sur le territoire français, afin de donner à cette frontière une population capable de la défendre. Il éleva sur le Saint-Laurent, entre Montréal et le fort Frontenac, le fort de la Présentation pour s'assurer du fleuve et maintenir les Iroquois; on construisit sur le lac Ontario le fort de Toronto pour relier le fort Frontenac et Détroit. Il exista dès lors, de Québec au Mississipi, une grande ligne de postes militaires qui assuraient les communications entre le Canada et la Louisiane; elle se composait de Québec, Montréal, la Présentation, Frontenac, Toronto, Détroit, fort des Miamis, fort Saint-Joseph, Chicago, fort Crèvecœur sur l'Illinois et fort de Chartres sur le Mississipi. En avant de cette ligne, entre le lac Ontario et le Mississipi, et en suivant le cours de l'Ohio, on éleva une autre série de postes militaires, destinés à fortifier notre frontière, à nous assurer la possession de l'Ohio et à empêcher les Anglais de s'établir au delà des Alléghanis.

---

1. De leur côté les Anglais y élevèrent le fort de Beaubassin.

Cette ligne de postes avancés commençait à Niagara et se continuait par le fort Presqu'île, le fort de la Rivière-aux-Bœufs, le fort Machault et le fort Duquesne, qu'on éleva un peu plus tard.

M. de la Galissonnière réorganisa la milice et la porta à 12,000 hommes. En même temps, il envoya un détachement de 300 hommes dans la vallée de l'Ohio pour en chasser les traitants et les colons anglais, avec ordre de reprendre possession du pays d'une manière solennelle.

M. de la Jonquière, marin distingué, avait succédé à M. de la Galissonnière en août 1752; il mourut la même année, et eut pour successeur le marquis Duquesne, capitaine de vaisseau.

Le marquis Duquesne trouva la colonie dans un assez grand désordre, dont la cause principale était le relâchement général de l'administration française à cette époque. On trouve, dans la correspondance de Duquesne avec le ministre de la marine, des détails fort extraordinaires sur l'indiscipline des troupes du Canada. Dans une lettre du 30 octobre 1753[1], le gouverneur dit que les officiers ne veulent pas servir et « paroissent consternés » lorsqu'ils reçoivent un ordre de service. Dans une autre lettre, du 26 octobre[2], il

---

1. Archives de la marine.
2. *Ibid.*

est question des soldats; les troupes de la colonie étaient fort mal composées; il y avait beaucoup de déserteurs et de mauvais sujets; « leur indiscipline est outrée, disait Duquesne; cela provient de l'impunité dans les cas les plus griefs. » Il dit aussi avoir vu un soldat « passer sous le nez de son capitaine sans lui ôter son chapeau; » les soldats ont des dettes, sont d'une malpropreté « la plus crasse, » d'une négligence complète dans le service; le vol n'est puni que d'une courte prison.

Il fallut, à force de sévérité et de salutaires exemples, relever la discipline, et Duquesne n'y parvint pas sans peine. Il écrivait à un des meilleurs officiers de la colonie, au capitaine Marin [1] : « Je me sauray bon gré de débarrasser le roy de certains sujets qui croient l'honorer beaucoup d'être à son service. » Au bout de vingt mois d'efforts persévérants, le gouverneur avait rétabli la discipline chez le soldat; il avait développé l'instruction et amélioré l'armement des milices [2], mais il n'avait pas modifié l'esprit d'impro-

---

1. Duquesne au capitaine Marin, commandant le détachement de la Belle-Rivière, le 27 août 1753. (Archives de la marine.)

2. « Le Canada a au moins 15,000 hommes en état de porter les armes, sur lesquels on peut compter en tout temps. » — Lettre de M. Rouillé, ministre de la marine, au comte d'Argenson, ministre de la guerre. (Dépôt de la guerre, vol. 3393, pièce 9.)

bité, de désordre, et quelquefois de lâcheté, qui existait parmi un trop grand nombre des officiers des troupes de la colonie.

II

Assassinat de M. de Jumonville par Washington.

En même temps que le marquis Duquesne, par ses réformes, mettait la colonie en état de résister à la guerre dont elle était menacée, il chargeait le capitaine Marin de construire sur l'Ohio le fort Duquesne. Cet honnête et intelligent officier succomba à ses fatigues à la fin de 1753; M. de Contrecœur, capitaine, lui succéda et reçut l'ordre formel d'empêcher les Anglais de s'établir sur la Belle-Rivière.

De son côté le gouverneur de la Virginie, Dinwiddie, qui « s'opiniâtroit à s'emparer de l'Ohio, » comme le disait le marquis Duquesne, prit la résolution de soutenir par la force les traitants et les colons anglais qui s'établissaient sur nos terres. Il ordonna de construire un fort sur l'Ohio, pour prendre position dans le pays, et envoya reconnaître le terrain (fin de novembre 1753) par un jeune homme de vingt et un ans, qui se faisait déjà distinguer par l'ardeur de son patriotisme et par la fermeté de son caractère. C'était George Washington, qui était major dans les milices de la Virginie. Washington vint, en qualité de commissaire, parlementer auprès des Français ; il portait une sommation qui leur ordonnait d'évacuer le territoire britannique de la vallée de l'Ohio. Pendant sa mission, le major virginien observa le pays et nos forces ; il pratiqua les Indiens, chercha à nouer des intelligences parmi eux ; et, à son retour, il indiqua comme la clef du pays disputé, qu'il fallait occuper et fortifier, le confluent des deux rivières Alléghani et Monongahéla[1], qui par leur réunion forment la Belle-Rivière ou Ohio. Ce choix prouve la sûreté du coup d'œil et le jugement excellent du jeune major ; mais à ce moment même les Français y élevèrent le fort Duquesne, c'est aujourd'hui la grande ville de Pittsbourg.

Enfin, en 1754, Dinwiddie commença les hostilités, sans que les gouvernements français et anglais fussent en guerre. Il envoya, pour occuper les terres de l'Ohio, une colonne de miliciens commandée par Washington. Son avant-garde, aux ordres de l'enseigne Ward, construisit sur l'Ohio un petit fort qui fut aussitôt attaqué et enlevé par les Français, et sa garnison faite prisonnière.

---

1. La rivière Malengueulé de nos colons.

A ces nouvelles, M. de Contrecœur chargea un de ses officiers, M. de Jumonville, de porter au chef des Anglais « une sommation de se retirer, attendu qu'il étoit sur le territoire françois. » Notre parlementaire, obligé de traverser des forêts et des territoires habités par des sauvages ennemis, avait pris une escorte de 34 hommes. Dans la nuit du 27 au 28 mai, ce détachement fut cerné par les troupes de Washington. Dès le matin, il fut attaqué par surprise ; M. de Jumonville et neuf des siens furent tués, le reste de l'escorte fut pris ou se sauva[1].

Cet événement semble être le résultat du système que les colons anglais avaient adopté, et qui consistait à engager la guerre par un de ces actes qui ne permettent plus de reculer. Il est bien peu probable, en effet, que le meurtre de M. de Jumonville n'ait été causé que par une erreur ou par le manque de précautions suffisantes pour faire reconnaître son caractère de parlementaire, ainsi que le disent les écrivains anglais, dont nous citerons d'abord les témoignages et les explications.

Le gouverneur Dinwiddie déclara que Washington n'avait fait que son devoir en protégeant les terres de

---

1. Voy. *l'Observateur hollandois*, 2ᵉ lettre. — Ces lettres ont été écrites par J.-N. Moreau, historiographe de France, d'après les notes fournies par l'abbé de la Ville, premier commis des affaires étrangères.

S. M. Britannique ; que Jumonville s'était écarté[1] de la conduite ordinaire des parlementaires ; que sa troupe le fit prendre pour autre chose qu'un parlementaire, et que, si l'on a commis quelque faute en l'attaquant, elle doit être attribuée à son imprudence.

L'historien Bancroft raconte qu'au moment où les Français furent surpris au milieu de la forêt, dans laquelle les Anglais les avaient cernés, ils coururent aux armes, et que Washington s'écria : « Feu ! » et donna l'exemple. Rien dans tout cela ne justifie Washington.

Washington, cherchant à expliquer un acte qui pesait sur sa renommée, dit dans ses lettres qu'il regardait les frontières de la Nouvelle-Angleterre comme envahies par les Français, *et que la guerre lui semblait exister*, puisque les Français avaient attaqué et pris l'enseigne Ward ; qu'il avait l'ordre de marcher en avant pour repousser les Français *qui étaient agresseurs ;* que les Français, à sa vue, avaient couru aux armes ; qu'alors il avait ordonné de faire feu ; qu'un combat d'un quart d'heure s'était engagé, à la suite duquel les Français avaient eu dix hommes tués, un blessé et vingt et un prisonniers, et les Anglais un homme tué et trois blessés ; qu'il était faux que Jumon-

---

1. On ne dit pas comment.

ville ait lu une sommation, ce qui eût fait connaître son caractère. Washington affirme qu'il n'y a point eu guet-apens; il dit qu'il y a eu surprise et escarmouche, ce qui est de bonne guerre.

Après avoir fait connaître les dires de l'ennemi [1], il faut reproduire les documents français, et d'abord la lettre de M. de Contrecœur au gouverneur du Canada.

« A sept heures du matin ils furent entourés... Deux décharges de mousqueterie furent tirées sur eux par les Anglois. M. de Jumonville les invita par un interprète à s'arrêter, ayant quelque chose à leur dire. Le feu cessa. M. de Jumonville fit lire la sommation que j'avois envoyée pour les prévenir de se retirer... Les sauvages qui étoient présens disent que M. de Jumonville fut tué par une balle qu'il reçut à la tête, tandis qu'il écoutoit la lecture de la sommation, et que les Anglois auroient sur-le-champ taillé en pièces toute la troupe, si les sauvages ne les en avoient pas empêchés en s'élançant devant eux.....[2]. »

L'abbé de Lisledieu, vicaire général de la Nouvelle-France, écrit de Montréal, le 12 octobre 1754, au ministre de la marine, qu'il a reçu de Québec une

---

1. Cf. J. Sparks, *Vie de Washington*. — Bancroft, *History of the American revolution*. — *Vie de Washington*, correspondance et écrits, Paris, 1840, t. VI.
2. Lettre du 2 juin 1754. (Archives de la marine.)

lettre datée du 28 juillet, dans laquelle on lui disait que « sur la nouvelle qu'il y avoit des Anglois en marche, on avoit envoyé un officier avec 34 hommes pour leur parler et les sommer; mais ils ont tué cet officier et sept autres personnes, le resté fait prisonnier, quoique l'officier portât pavillon, voulût lire des ordres et déclarât qu'il venoit parler. Ce coup nous a irrité, et, pour le venger, on a envoyé dans la Belle-Rivière un détachement de 700 hommes [1]. » Nul guet-apens ne fut jamais plus évident.

On lit dans une lettre de Duquesne au ministre [2] : « J'ay infiniment pris sur moy de ne pas mettre tout à feu et à sang après l'acte d'hostilité indigne commis sur le détachement du sieur de Jumonville... » Dans une autre pièce [3], on trouve que les nommés J.-B. Berger et Joachim Parent, Canadiens, faits prisonniers par les Anglais dans l'affaire de Jumonville et renvoyés en France en 1755 « confirment toutes les circonstances de l'*assassinat* du sieur de Jumonville par les Anglois. »

Nous terminerons enfin toutes ces citations en reproduisant la lettre écrite [4] au ministre par le gou-

---

1. Archives de la marine.
2. Du 12 octobre 1754. (Archives de la marine.)
3. Du 8 octobre 1755. (Archives de la marine.)
4. De Montréal, le 30 octobre 1755. (Archives de la marine.)

verneur du Canada, M. de Vaudreuil, successeur du marquis Duquesne.

« J'ai l'honneur de vous envoyer ci-jointe la liste des officiers, cadets et Canadiens qui accompagnoient M. de Villiers de Jumonville dans le voyage qu'il fit l'année dernière à la Belle-Rivière, par ordre de M. le marquis Duquesne, pour aller sommer les Anglois de se retirer et de ne faire aucun établissement sur les terres de S. M. Vous verrez, Monseigneur, par cette liste :

« 1° Qu'il périt neuf hommes avec M. de Jumonville qui furent *assassinés* avec lui par le colonel *Wemcheston* et sa troupe, composée de sauvages et de troupes de la Nouvelle-Angleterre ;

« 2° Que M. Drouillon, officier, deux cadets de nos troupes et onze Canadiens ont été envoyés à Londres ;

« 3° Que le sieur Laforce, excellent et brave Canadien, est détenu en prison à la Virginie ;

« 4° Que six autres de nos Canadiens ont été renvoyés à la Martinique ; il en est arrivé deux qui m'ont donné la dernière liste et m'ont informé des cruautés dont les Anglois avoient usé à leur égard [1], pendant

---

1. Ces prisonniers avaient été très-maltraités pendant leur séjour dans la Virginie ; on les laissa sans nourriture pendant quatre jours à la nouvelle de la mort du général Braddock. — D'autres fois, les Anglais donnaient en cadeau aux sauvages,

qu'on s'étudioit ici à procurer tous les agréments possibles aux deux otages de M. de Villiers, et à leur donner une entière liberté. »

Cette déplorable affaire eut un grand et long retentissement; en 1759, Thomas publiait un poëme en quatre chants, sous le titre de *Jumonville*, dans lequel il racontait l'événement selon les traditions que nous venons de faire connaître[1].

Après la mort de M. de Jumonville, Washington construisit, sur une des sources de l'Ohio, la Monongahéla, le fort de la Nécessité, et attendit de nouvelles troupes pour attaquer le fort Duquesne.

M. de Contrecœur, le 28 juin, envoya M. de Villiers[2], frère de Jumonville, avec 600 Canadiens et 100 sauvages, venger la mort de son frère et repousser l'ennemi; sa commission était ainsi conçue :

« Nous, capitaine d'une compagnie du détachement de la marine, commandant en chef le party de la Belle-Rivière, des forts Duquesne, Presqu'île et de la Rivière-aux-Bœufs;

---

leurs alliés, les prisonniers français, pour les torturer et les mettre à mort.

1. Voltaire écrivait à ce sujet au marquis de Courtivron, le 12 juillet 1757 : « J'étais Anglais alors ; je ne le suis plus depuis qu'ils *assassinent* nos officiers en Amérique et qu'ils sont pirates sur mer. »

2. Louis Coulon, écuyer, sieur de Villiers.

« Il est ordonné au sieur de Villiers, capitaine d'infanterie, de partir incessamment avec le détachement françois et sauvage que nous luy confions, pour aller à la rencontre de l'armée angloise.

« Luy ordonnons de les attaquer s'il voit jour à le faire, et de les détruire même en entier, si il le peut, pour les châtier de l'*assassin* qu'ils nous ont fait en violant les lois les plus sacrées des nations policées.

« Si ledit sieur de Villiers ne trouvoit plus les Anglois et qu'ils se fussent retirés, il les suivra autant qu'il le jugera nécessaire pour l'honneur des armes du Roy.

« Et dans le cas qu'ils fussent retranchés et qu'il ne vît pas jour à pouvoir combattre les Anglois, il ravagera leurs bestiaux et tâchera de tomber sur quelques-uns de leurs convois, pour les deffaire en entier.

« Malgré leur action inouïe, recommandons au sieur de Villiers d'éviter toute cruauté, autant qu'il sera en son pouvoir.

« S'il peut les battre et nous venger de leur mauvais procédé, il détachera un de leurs prisonniers pour annoncer au commandant anglois que si il veut se retirer de dessus les terres du Roy et nous renvoyer nos prisonniers, que nous deffenderons à nos troupes de les regarder à l'avenir comme ennemis.

« Il ne leur laissera pas ignorer que nos sauvages,

indignés de leur action, nous ont déclaré ne pas vouloir rendre les prisonniers qui sont entre leurs mains, mais que nous ne doutons pas que M. le général ne fasse, à leur égard, comme il a fait par le passé.

« Comme nous nous en rapportons entièrement à la prudence de M. de Villiers pour tous les cas que nous ne pouvons prévoir, nous approuverons tout ce qu'il fera, en se consultant dans ce cas avec les capitaines seulement.

« Fait au camp du fort Duquesne, le 28 juin 1754.

« Contrecœur [1]. »

M. de Villiers se conduisit avec énergie. Le fort de la Nécessité était défendu par 500 Anglais et 9 pièces de canon [2]; au bout de dix heures de combat, et malgré une pluie torrentielle, notre mousqueterie força l'artillerie anglaise à cesser son feu. Les Anglais, qui avaient eu 90 hommes tués ou blessés à mort et beaucoup de blessés légèrement, se décidèrent à capituler.

« Nous pourrions venger un assassinat, dit M. de Villiers à Washington, nous ne l'imitons pas. »

---

1. Archives de la marine.
2. Le récit de ce combat est tiré d'une lettre de M. Varin à l'intendant (Montréal, le 24 juillet 1754), et d'un extrait du journal de M. de Villiers. (Archives de la marine.)

Voici le texte de la capitulation que M. de Villiers accorda au major Washington.

Capitulation accordée par M. de Villiers, capitaine d'infanterie commandant les troupes de S. M. Très-Chrétienne, à celuy des troupes angloises actuellement dans le fort de la Nécessité qui avoit été construit sur les terres du domaine du Roy [1].

« Ce 3 juillet 1754, à huit heures du soir.

Sçavoir :

« Comme notre intention n'a jamais été de troubler la paix et la bonne armonie (*sic*) qui régnoit entre les deux princes amis, mais seulement de venger l'*assassin* qui a été fait sur un de nos officiers porteur d'une sommation et sur son escorte, comme aussy d'empêcher aucun établissement sur les terres du Roy mon maître,

« A ces considérations nous voulons bien accorder grâce à tous les Anglois qui sont dans ledit fort aux conditions cy après :

« Art. I. Nous accordons au commandant anglois de se retirer avec toute sa garnison pour s'en retourner paisiblement dans son pays, et luy promettons d'empêcher qu'il luy soit fait aucune insulte par nos

---

1. Cette pièce est conservée au dépôt des Archives de la marine et au Dépôt de la guerre, vol. 3393, pièce 102 *bis*.

François et de maintenir autant qu'il sera en notre pouvoir tous les sauvages qui sont avec nous.

« Art. II. Il luy sera permis de sortir et d'emporter tout ce qui leur appartiendra, à l'exception de l'artillerie que nous nous réservons.

« Art. III. Que nous leur accordons les honneurs de la guerre, qu'ils sortiront tambour battant, avec une petite pièce de canon, voulant bien par là leur prouver que nous les traitons en amis.

« Art. IV. Que, sitôt les articles signés de part et d'autre, ils amèneront le pavillon anglois.

« Art. V. Que demain, à la pointe du jour, un détachement françois ira pour faire défiler la garnison et prendre possession dudit fort.

« Art. VI. Que comme les Anglois n'ont presque plus de chevaux ny bœufs, ils seront libres de mettre leurs effets en cache, pour venir les chercher lorsqu'ils auront rejoint des chevaux; ils pourront à cette fin y laisser des gardiens en tel nombre qu'ils voudront, aux conditions qu'ils donneront parole d'honneur de ne plus travailler à aucun établissement dans ce lieu icy ni en deçà la hauteur des terres, pendant une année à compter de ce jour.

« Art. VII. Que comme les Anglois ont en leur pouvoir un officier, deux cadets, et généralement les prisonniers qu'ils ont fait dans l'*assassinat* du sieur de Jumonville, et qu'ils promettent de les renvoyer avec sauvegarde jusqu'au fort Duquesne, situé sur la Belle-Rivière, et pour sûreté de cet article ainsy que de ce traité, MM. Jacob Wambram et Robert Stobo [1], tous deux capitaines, nous seront remis en otage jusqu'à l'arrivée de nos Canadiens et François cy dessus mentionnés.

« Nous nous obligeons, de notre côté, à donner escorte pour ramener en sûreté les deux officiers qui nous promettent nos François dans deux mois et demy pour le plus tard.

« Fait double sur un des postes de notre blocus, ce jour et an que dessus. Signé : James Mackay, G° Washington, Coulon Villiers. »

« Après la capitulation, dit M. Varin, les Anglois se sont mis à fuir, et ont abandonné jusqu'à leur pavillon. » Cette victoire ne nous avait coûté que 2 Français tués et 70 blessés.

---

[1]. Stobo profita de sa position d'otage pour faire le plan du fort Duquesne ; il l'envoya à ses supérieurs de la Nouvelle-Angleterre, avec des instructions détaillées sur la situation du fort Duquesne, sur les forces de la place, et avec invitation pressante de le venir attaquer le même automne. Une de ses lettres, datée du 28 juillet, fut saisie. Les deux officiers virginiens furent traduits au conseil de guerre. Stobo fut obligé d'avouer et fut condamné à mort ; l'autre fut acquitté. Décidément, les lois de l'honneur n'étaient pas connues de ces milices virginiennes. — Voyez la pièce 12, à la fin de ce volume.

Louis XV ne déclara pas encore la guerre à l'Angleterre ; mais il envoya des secours en Canada, sous le commandement du baron Dieskau, maréchal de camp[1].

On embarqua à Brest, en avril 1755, 6 bataillons d'infanterie comptant 3150 soldats et 209 officiers, et appartenant aux régiments de la Reine, de Guyenne, Languedoc, Béarn, Bourgogne et Artois. Ces troupes étaient pleines d'ardeur. « Le zèle des soldats, écrivait un officier du régiment d'Artois[2], est si grand, que j'en ai rencontré, à Rennes, deux en poste[3], et

---

1. Le baron Dieskau était Saxon ; il avait été lieutenant-colonel du régiment de Saxe-Cavalerie et « ami intime du maréchal de Saxe. » — Voy. les *Mémoires de Diderot*, I, 197.

M. Dieskau mécontenta tout le monde en Canada ; il traita ses troupes à l'allemande, et se livra entièrement à un M. Péan, personnage peu honorable dont on parlera plus loin.

Avec le baron Dieskau partirent quelques hommes qui ont figuré honorablement dans la guerre d'Amérique ; l'un d'eux est M. André Doreil, commissaire des guerres. Il était malade et crachait le sang ; il venait de perdre sa mère et sa femme, et laissait en France deux jeunes enfants et des affaires en désordre ; malgré tout, cet homme intègre et dévoué obéit à l'ordre qu'il reçut et partit sans réclamer. Il sera question de M. Doreil à plus d'une reprise à propos de l'administration du Canada.

2. Le chevalier de Brienne. Lettre du 3 avril 1755, dans les *Mémoires du duc de Luynes*, au 9 avril 1755.—Voy. aussi ces Mémoires à la date du 25.

3. Le temps était affreux et les chemins détestables ; les

qui m'assurèrent devant un grand nombre de personnes qui s'étoient assemblées sur la place, qu'ils auroient fait toute la route comme cela, s'ils en avoient eu le moyen, pour prouver leur zèle pour le service du Roi. Tout le régiment pense de même ; il est complet à quatorze hommes près. Il n'en a déserté que sept dans toute la route[1] ; et tous sept, soldats de recrue engagés depuis la nouvelle de l'embarquement, et n'étant pas à leur apprentissage de désertion. Tous les officiers sont ici, à la réserve d'un qui se meurt ; de sorte qu'officiers et soldats ont tous donné des preuves de la plus grande volonté. »

On a plaisir à voir ces braves gens, qui feront si bien leur devoir en Canada, partir avec autant d'entrain. Cependant la traversée n'était pas facile comme elle l'est aujourd'hui ; c'était un long voyage, pénible et dangereux, pendant lequel presque toujours des épidémies décimaient cruellement les passagers, embarqués en grand nombre sur des bâtiments où les règles de l'hygiène moderne étaient inconnues.

M. de Crémille, lieutenant général du plus grand

---

fatigues de la marche avaient produit beaucoup de maladies dans les régiments qu'on avait dirigés sur Brest.

1. Dans ces troupes levées par le racolement, et composées en grande partie de gens sans aveu, les déserteurs étaient très-nombreux. Pour beaucoup, la désertion était un moyen de regagner la prime d'engagement.

mérite, présida à l'embarquement des troupes. Le second bataillon de chacun des six régiments que nous avons nommés devait, avant de s'embarquer, former 13 compagnies, de 40 hommes chacune, dont une de grenadiers; on complétait l'effectif des seconds bataillons avec des hommes de bonne volonté choisis dans les premiers bataillons, qui devaient rester en France; mais tous voulaient partir. « On prit, écrit encore le chevalier de Brienne, on prit des soldats tirés du premier bataillon (du régiment d'Artois) pour compléter le second. La volonté des soldats étoit si grande, que l'on ne savoit auquel entendre, et que nous étions obligés de faire sortir des rangs des compagnies du second bataillon des soldats du premier qui s'y glissoient malgré nous[1]. A mesure que chaque compa-

---

1. Ce fut la même ardeur dans chaque régiment. « Tout s'est passé dans le meilleur ordre et avec une parfaite harmonie; l'esprit de ce régiment (Guyenne) est admirable; tout s'est embarqué avec joie et un empressement si décidé, qu'il n'y a pas un seul homme qui n'y soit de bonne volonté. » (*Lettre de M. Doreil au ministre de la guerre*, 4 avril 1755.) — « Le régiment de Languedoc vient de suivre parfaitement le bon exemple du régiment de Guyenne dans l'opération que j'ai faite ce matin du complétement du second bataillon; il n'y est entré que des soldats de bonne volonté, et il y a même eu bien des contestations entre eux pour la préférence qu'ils demandoient tous également. » (*Lettre de M. de Crémille au ministre*, 6 avril.) — N'est-ce pas un pieux devoir que de consacrer quelques lignes à la mémoire de ces soldats incon-

gnie fut complétée au nombre de 40, elle alla à un magasin d'armes déposer ses fusils et en reprendre d'autres à la place, qui par malheur ne sont pas beaucoup meilleurs. » Le baron Dieskau écrivait aussi, le 29 avril, au comte d'Argenson, ministre de la guerre, pour se plaindre de la qualité des armes que l'on distribuait aux troupes[1]. Quel désordre y avait-il donc dans cette administration, qui ne pouvait trouver 3150 fusils et baguettes en bon état, pour armer des hommes que l'on envoyait à 1500 lieues!

Pendant ce temps, le marquis Duquesne reprenait du service dans la marine et était remplacé comme gouverneur du Canada par le marquis de Vaudreuil, Canadien, homme faible, et qui exerça, par sa faiblesse même, une influence funeste sur les événements.

---

nus et dévoués, qui ont été gagner cinq victoires en Amérique, et qui, réduits à 2,000 hommes, manquant de poudre et cernés par 50,000 Anglais, à Montréal, voulaient encore combattre pour obliger le vainqueur à leur accorder au moins les honneurs de la guerre?

1. « Les fusils dont que j'ay eu l'honneur, Monseigneur, de vous rendre compte il y a quelque temps, se trouvent de plus en plus mauvais, j'en fais changer journellement au château du magazin de Brest, lesquels ne valent guère mieux. Cet inconvéniant est des plus ambarrassant, et je n'y vois de remède que celuy de nous en envoyer d'autres l'automne prochaine, et s'il étoit possible, que ce soit des fusils de la nouvelle façon ainsi que les baguettes, attandu que celles qu'on nous a donné cassent comme un verre. »

De leur côté, les colons anglais faisaient de grands préparatifs pour venger leur honteux échec de 1754. Le général Braddock leur fut envoyé d'Angleterre avec deux régiments, et l'arrivée de ce secours porta à son comble le désir des Américains de chasser les Français du Canada. Parmi les hommes les plus influents et qui excitaient le plus violemment les Américains à la guerre contre la France, il faut mettre en première ligne « le bonhomme Franklin. »

Franklin était membre de l'assemblée de Pensylvanie. Lorsque, en 1757, il vint en Angleterre, « il fut consulté, dit M. Sainte-Beuve qui analyse ses Mémoires, il fut consulté sur cette guerre du Canada et sur les moyens de la mieux conduire. Il ne vit point M. Pitt, ministre, qui était alors un personnage trop considérable et peu accessible ; mais il communiqua avec ses secrétaires et ne cessa d'insister auprès d'eux sur la nécessité et l'urgence d'enlever à la France le Canada, indiquant en même temps les voies et moyens pour y réussir. Il écrivit même une brochure à ce sujet. Prendre et garder le Canada, c'était pour lui la conclusion favorite, comme de détruire Carthage pour Caton... Il avait le sentiment des destinées croissantes et illimitées de la jeune Amérique ; il la voyait du Saint-Laurent au Mississipi, peuplée de sujets anglais en moins d'un siècle ; mais, si le Canada restait à la France, ce développement de l'empire anglais en Amérique serait constamment tenu en échec, et les races indiennes trouveraient un puissant auxiliaire toujours prêt à les rallier en confédération et à les lancer sur les colonies[1]. »

III

Victoire de la Belle-Rivière. — Défaite du baron Dieskau.

1755. L'escadre de M. Dubois de la Mothe, composée de 14 vaisseaux et de 4 frégates[2] et portant les troupes du baron Dieskau et des approvisionnements de toute espèce, partit de Brest le 3 mai. L'amiral Boscawen, qui croisait avec 11 vaisseaux devant le Saint-Laurent pour intercepter les secours que la France envoyait en Canada, rencontra, le 8 juin, à la hauteur du cap Race et à 25 lieues de Terre-Neuve,

---

1. Voyez les *Œuvres de Franklin*, 10 vol. in-8, 1840, Boston, publiées par J. Sparks, les *Causeries* de M. Sainte-Beuve sur Franklin, t. VII, p. 100, et les *Mémoires de Franklin*, 1 vol. in-18, Gosselin. 1841, p. 215.
2. Trois vaisseaux et 4 frégates armés en guerre; 9 vaisseaux armés en flûte pour le transport des troupes; 2 vaisseaux transformés en hôpital. (*Mémoires du duc de Luynes*, 7 mai 1755.)

trois vaisseaux français, *l'Alcide, le Lys* et *le Dauphin-Royal*, qui, depuis trois jours, étaient séparés du reste de l'escadre. Le vaisseau anglais *le Dunkerque* s'approcha de *l'Alcide* à portée de la voix.

« M. Hocquart, capitaine de *l'Alcide*, fit crier par trois fois en anglois au capitaine du *Dunkerque :* « Sommes-nous en paix ou en guerre? » On répondit : « Nous n'entendons pas. » On cria de nouveau en françois. Même réponse. M. Hocquart prit le porte-voix et lui dit par deux fois : « Sommes nous en paix ou « en guerre? » Le capitaine répondit par deux fois et très-distinctement : « La paix, la paix. — Comment « s'appelle l'amiral? — L'amiral Boscawen. — Je le « connois, il est de mes amis. — Et vous, monsieur, « votre nom? repartit l'Anglois. — Hocquart. » Le temps de prononcer ces paroles est le seul intervalle qu'il y eut entre le mot de paix et la bordée tirée qui nous a déclaré la guerre. Nous étions à la demi-portée de pistolet; les canons de l'ennemi étoient chargés à deux boulets et mitrailles de toute espèce. Cela joint à la confiance que doit donner le mot de paix prononcé par la bouche d'un capitaine nous a fait perdre beaucoup de monde[1]. »

L'Alcide fut bientôt mis hors d'état de combattre

---

1. Relation du combat du vaisseau *l'Alcide*. (Dépôt de la guerre, vol. 3417, pièce 4.)

par le feu des quatre vaisseaux avec lesquels il était aux prises. Les manœuvres et les voiles étaient hachées et criblées, les canons démontés, 85 hommes tués ou blessés, dont 5 officiers ; la barre du gouvernail avait été brisée ; M. Hocquart crut devoir se rendre. *Le Lys*, armé en flûte, n'avait que 22 canons ; attaqué par deux vaisseaux, il amena pavillon au bout de deux heures, et les huit compagnies qu'il portait furent prises. « Quant au *Dauphin-Royal*, la supériorité de sa marche procura au capitaine qui commandoit ce vaisseau, M. de Montalais, la satisfaction de mener à Louisbourg les troupes qui lui étoient confiées [1]. »

Cette attaque fut le signal de « pirateries [2] » sans exemple jusqu'alors. Bien que la guerre ne fût pas déclarée, le gouvernement anglais donna l'ordre à ses vaisseaux de courir sus à tout navire français ; 300 bâtiments de commerce, 300 millions de livres

---

[1]. La nouvelle de cette agression arriva à Compiègne, où était la cour, le 17 juillet au soir. (Voy. *Mémoires du duc de Luynes*, 18 et 19 juillet 1755.)

[2]. Expression dont se servit Louis XV dans la lettre qu'il écrivit, le 21 décembre 1755, au roi d'Angleterre, pour lui demander réparation de la conduite de ses croiseurs. (Dépôt de la Guerre, vol. 3405, p. 201.) — Voltaire parle aussi « des pirateries anglaises, » le 26 avril 1756, en écrivant à Paris-Duverney.

de ce temps, 10,000 matelots, tombèrent au pouvoir des croiseurs anglais.

Ces « actes de brigandage [1] » décidèrent enfin Louis XV à rappeler de Londres son ambassadeur, et le gouvernement français se prépara activement à la guerre.

En Amérique, les Anglais, forts de 15,000 hommes, se disposaient à nous attaquer sur trois points : en Acadie, sur le lac Champlain et sur l'Ohio. Le baron Dieskau avait sous ses ordres 7,000 hommes, dont 2,800 soldats, le reste miliciens et sauvages ; il se tint sur la défensive et laissa l'ennemi attaquer.

En Acadie, le colonel Winslow, avec plus de 2,000 hommes, assiégea les forts Gaspareaux et de Beauséjour, qui défendaient l'isthme de la presqu'île acadienne. Le premier de ces forts n'était retranché qu'avec des pieux très-écartés et n'avait que 19 hommes de garnison ; les remparts du second, gardés par 400 soldats, étaient en très-mauvais état.

Les Anglais s'emparèrent sans coup férir des deux forts, qui ne firent aucune résistance [2]. On explique

---

1. Autre expression de Louis XV, dans la lettre déjà citée.
2. M. de Villeray, qui commandait le fort des Gaspareaux, capitula sans attendre l'attaque. M. Vergor ou Verçors-Duchambon, qui commandait à Beauséjour, se défendit un peu. En 1757 on traduisit ces deux officiers devant un conseil de guerre pour rendre compte de leur conduite peu honorable :

8.

cette conduite de nos troupes en disant que les soldats étaient des Acadiens qui n'osaient pas se battre contre le roi d'Angleterre, leur souverain, de peur d'être fusillés s'ils étaient faits prisonniers. Quant aux officiers, ils appartenaient aux troupes de la colonie et ne comptaient ni parmi les plus braves ni parmi les plus honnêtes.

Après avoir été enlevé par l'ennemi, Beauséjour devint le fort Cumberland et assura aux vainqueurs le libre passage de l'isthme acadien.

En même temps les Anglais prirent la résolution de chasser de l'Acadie toute la population française, sur laquelle ils ne pouvaient pas compter. On somma les Acadiens de prêter serment de fidélité au roi d'Angleterre et de se reconnaître ses sujets. En bons Français qu'ils étaient, les Acadiens refusèrent de renoncer à leur nationalité, et, en leur qualité d'honnêtes gens, ils ne voulurent point prêter un serment qui répugnait à leur conscience. Alors 7,000 habitants de tout sexe et de tout âge furent cernés et arrêtés par l'armée anglaise; on les embarqua pour les déporter à la Nouvelle-Angleterre; mais l'embarquement se fit dans le plus grand désordre, et beaucoup de

---

ils furent acquittés. (*Dépôt de la guerre*, Canada, 1757 pièce 176.) M. Duchambon était ami et complice de l'intendant Bigot.

familles furent dispersées; on cite un notaire qui mourut, à Philadelphie, de désespoir de ne pouvoir retrouver ses enfants. Les terres, les maisons et les bestiaux des Acadiens furent confisqués au profit de la couronne, qui les distribua à de nouveaux colons. Les malheureux Acadiens s'établirent en petit nombre à la Nouvelle-Angleterre ; beaucoup sur les rives du Saint-John, à la frontière du Maine, quelques-uns à la Louisiane, à Bayou-la-Fourche (Donaldsonville); d'autres allèrent en Guyane; enfin quelques-uns vinrent dans les landes du duché de Châtellerault, habiter un canton qui prit le nom d'Acadie [1]. « Il n'y a pas d'exemple dans les temps modernes, dit M. Garneau, de châtiment infligé sur un peuple paisible et inoffensif, avec autant de calcul, de barbarie et de sang-froid, que celui dont il est ici question. »

Nous avions été plus heureux à notre droite, dans la vallée de l'Ohio.

Le général Braddock marchait avec 2,000 hommes contre le fort Duquesne : à 3 lieues du fort, après avoir passé la Monongahéla, son armée rencontra, le 9 juillet, les troupes françaises commandées par M. de Beaujeu, et composées de 600 sauvages et de 250 Canadiens et soldats. M. de Beaujeu mit ses Canadiens, tous adroits tireurs, au centre, et déploya en

---

1. *Mémoires du marquis d'Argenson*, édit. Jannet, IV, 255.

demi-cercle ses sauvages aux deux ailes. Le combat s'engagea et dura cinq heures; nos tirailleurs firent reculer l'armée anglaise, malgré son artillerie. Braddock battit en retraite, en désordre; alors les sauvages chargèrent l'ennemi à coups de hache, le mirent en fuite, massacrèrent les fuyards et les jetèrent à la Monongahéla, où ils se noyèrent. Braddock perdit 1,300 hommes sur 2,000, c'est-à-dire les deux tiers de son monde, et 63 officiers sur 86. Washington et ses miliciens se battirent mieux que les réguliers, et assurèrent la retraite de ceux qui échappèrent à ce désastre. « Nous avons été battus, battus honteusement par une poignée de Français, » écrivait Washington. Braddock fut blessé mortellement [1] et M. de Beaujeu tué [2]. A la première comme à la dernière bataille de cette guerre, les généraux des deux armées périrent tous les deux. Nous ne perdîmes pas plus de 40 hommes [3]. La victoire de la Belle-Rivière ou de la Monongahéla nous donna un immense butin, 15 pièces de canon, la caisse, les armes, les munitions et les

---

1. Le général Braddock eut cinq chevaux tués sous lui; il reçut un coup de feu qui lui traversa les bras et les poumons, et dont il mourut le quatrième jour.
2. M. de Beaujeu fut tué presque au commencement de l'affaire et remplacé par M. Dumas, capitaine dans les troupes de la colonie.
3. Voyez à la fin du volume les pièces 1 et 2, contenant le récit de la bataille de la Belle-Rivière.

papiers de l'ennemi[1]. La vallée de l'Ohio nous resta, au moins pour cette année; et nos sauvages entrèrent de ce côté dans les colonies anglaises, où ils portèrent l'épouvante « en levant des chevelures sur l'Anglois. »

Les principales opérations de la campagne se firent au centre, vers le lac Saint-Sacrement; et, de ce côté, le général Lyman et le colonel Johnson commandaient à 4 ou 5,000 hommes. Le baron Dieskau, avec 3,000, leur était opposé et occupait le fort Saint-Frédéric et le passage si important de Carillon[2].

Le colonel Johnson, qui était parti d'Albany sur l'Hudson avec 2,500 hommes, construisit au coude de cette rivière le fort Lydius ou Édouard pour y établir des magasins et avoir une base d'opérations au milieu de ces forêts; il se proposait, après avoir élevé le fort

---

1. La nouvelle de la victoire de la Belle-Rivière arriva à Versailles le 29 août, par la voie d'Angleterre. « On n'a encore, dit le duc de Luynes, le 2 septembre, aucunes nouvelles directes de ce combat, *parce que les Anglois, étant maîtres de toutes les contrées maritimes de l'Amérique, sont bien plus à portée que nous d'en avoir des nouvelles.* »

2. Le succès remporté à la Belle-Rivière avait exalté les imaginations en Canada. M. Doreil, écrivant de Québec au ministre de la guerre, le 12 août 1755, et lui annonçant le départ de Dieskau avec les régiments de la Reine et de Languedoc contre les Anglais de Johnson, lui disait : « Je regarde comme certain, par le mépris que l'on a pour eux, qu'ils seront battus partout. »

Édouard, d'enlever le fort Saint-Frédéric, clef de la route de New-York à Montréal.

Le baron Dieskau, avec 1,500 hommes, marcha contre le colonel Johnson et le rencontra sur le lac Saint-Sacrement, au point où fut élevé depuis le fort William-Henry. Le 8 septembre, Dieskau attaqua et battit les Anglais en avant de leur camp, et le 11 il essaya de l'enlever ; mais ses Canadiens attaquèrent en se dispersant, les sauvages refusèrent de donner, et, malgré la furie de ses soldats, Dieskau ne put forcer les retranchements anglais. Il fut grièvement blessé, pris, et sa troupe obligée de battre en retraite[1]. Malgré notre échec, les Anglais n'osèrent pas marcher contre Saint-Frédéric ; ils laissèrent une garnison au fort Édouard et retournèrent dans la Nouvelle-Angleterre.

Le marquis de Vaudreuil, à qui les opérations de cette campagne avaient fait reconnaître l'importance de la position de Carillon, y fit élever un fort, trop petit à la vérité, mais qui, tel qu'il était, couvrait les

---

1. Voyez à la fin du volume les pièces 3 à 10.—La nouvelle de la défaite du baron Dieskau arriva au gouvernement français, le 6 novembre, par la voie d'Angleterre. Au milieu de décembre, la frégate *la Sirène* apporta enfin les nouvelles de la bataille. Dès 1755, les communications sont difficiles entre la France et le Canada ; on a vu pourquoi dans la note 1 de la page précédente.

approches du fort Saint-Frédéric, nous assurait la navigation du lac Champlain et fermait aux Anglais la principale entrée de cette frontière du Canada.

Puis on lança sur la Nouvelle-Angleterre les bandes canadiennes et sauvages qui y firent de terribles ravages, massacrèrent plus de mille colons anglais, et forcèrent par la terreur tous les autres à émigrer et à se réfugier dans les grandes villes du littoral.

IV

Victoire de Chouegen.

1756. Pendant l'hiver, la rigueur de la saison rendant la guerre impossible, les opérations militaires se trouvèrent suspendues, et des deux côtés on se prépara à la campagne prochaine. Le gouverneur, M. de Vaudreuil, demanda des renforts; M. Doreil, le commissaire des guerres, écrivit que la colonie « couroit les plus grands risques » et que sa situation exigeait « de prompts et puissants secours. » Le Roi envoya des vivres, des munitions, 1,300,000 livres et un millier d'hommes [1] qui arrivèrent en Canada au mois de

---

[1]. Ces troupes se composaient d'un bataillon du régiment

mai. Le marquis de Montcalm vint remplacer le baron Dieskau au commandement de l'armée. M. de Montcalm, quoiqu'il ne fût que maréchal de camp, avait les pouvoirs et les fonctions de lieutenant général des armées du roi [1].

M. de Montcalm était né en 1712, au château de Candiac, près de Nîmes, et appartenait à une des grandes familles du Rouergue. Il avait reçu une brillante éducation et acquis des connaissances sérieuses dans les lettres et dans les langues ; il aimait le travail et l'étude, et était doué d'une prodigieuse mémoire ; il conserva ses goûts studieux dans le service militaire, et comptait, à sa retraite, devenir membre de l'académie des inscriptions et belles-lettres ; ce qui ne l'empêcha pas d'apporter dans les grades inférieurs une application à ses devoirs qui le fit remarquer autant que son intelligence. « Son régiment étoit resté en France pendant la guerre de Bohême ; le marquis de Montcalm partit du fond du Languedoc et alla faire toute cette guerre comme aide de camp de M. de la Fare. » Il était colonel du régiment Auxerrois-infanterie à la bataille de Plaisance (1746), où il reçut trois

---

de la Sarre et d'un bataillon de Royal-Roussillon, chacun de 13 compagnies de 40 hommes. Notre armée régulière fut formée alors de 8 bataillons, comptant environ 3,800 hommes.

1. Il avait 36,840 livres de solde par an pour lui, et 11,160 pour ses aides de camp.

blessures, pour la guérison desquelles il se rendit à Montpellier; mais, apprenant que son régiment marchait avec M. le chevalier de Belle-Isle en Piémont, il alla se mettre à sa tête, se battit bravement au col de l'Assiette, tout malade qu'il était, et reçut à cette affaire deux nouvelles blessures [1].

Avec M. de Montcalm étaient aussi arrivés plusieurs officiers: M. le chevalier de Lévis, depuis duc de Lévis et maréchal de France, alors brigadier, officier de grande distinction, « très-habile homme, d'un ton très-militaire et qui sait prendre un parti. » Montcalm disait encore, en parlant de lui, qu'il était infatigable, courageux et d'une bonne routine militaire [2];

---

[1]. Entré au service à treize ans dans le régiment de Hainaut où son père était lieutenant-colonel, le marquis de Montcalm fut nommé capitaine en 1729, colonel d'Auxerrois-Infanterie en 1743, brigadier en 1747, mestre de camp d'un régiment de cavalerie de son nom en 1749, maréchal de camp en 1756, lieutenant général en 1758. — Voy. dans le *Mercure de France,* janvier 1760, une biographie de Montcalm. Cette notice, fort bien faite, me paraît être de M. Doreil, très-dévoué à M. de Montcalm.

[2]. François Gaston, chevalier de Lévis, puis marquis de Lévis en 1762, et enfin duc de Lévis en 1784, naquit à Ajac, dans le diocèse de Narbonne, le 20 août 1719. Il entra au service en 1735 comme lieutenant dans le régiment de la Marine; il fut nommé capitaine en 1737, colonel et brigadier en 1756, maréchal de camp en 1758, lieutenant général en 1761, maréchal de France en 1783. Le chevalier de Lévis fit la campagne et la retraite de Bohême en 1741-42; il se

146   VICTOIRE DE CHOUEGEN.

— M. de Bougainville, aide de camp de Montcalm, alors capitaine de dragons, qui plus tard deviendra une de nos illustrations maritimes : « Tout en s'occupant de son métier, dit Montcalm, il pense à l'Académie des sciences. » — M. de Bourlamaque, colonel d'infanterie et ingénieur, « trop minutieux, » mais qui gagnera « furieusement » dans l'esprit de tout le

---

trouva à la bataille de Dettingen en 1743 ; il fit toutes les campagnes du Rhin de 1743 à 1746 ; puis les campagnes d'Italie, de Provence et du comté de Nice en 1746-47, et se distingua à l'affaire de Montalban. Il fit ensuite les campagnes du Canada de 1756 à 1760. Par la capitulation de Montréal, le chevalier de Lévis ne pouvait servir de toute la guerre ; mais, le roi d'Angleterre, par considération, lui ayant permis de servir en Europe seulement, le chevalier de Lévis, nommé lieutenant général, fut envoyé à l'armée du Rhin et prit part aux batailles de Villinghausen et de Johannisberg. La cour ne fut pas ingrate envers ce général ; il fut nommé capitaine des gardes de Monsieur en 1771, chevalier des ordres du Roi en 1776, gouverneur d'Artois et d'Arras en 1780, maréchal de France en 1783, duc en 1784, etc. Il avait 97,470 livres de rente en bienfaits du roi, dont suit le tableau :

Gouverneur et lieutenant général en Artois.	25,000 liv.
Pension sur le trésor royal.	11,200
Commandant en chef en Artois.	20,748
Gratification annuelle sur l'extraordinaire des guerres.	15,000
Gouverneur d'Arras.	12,000
Appointements de maréchal de France.	13,522 10
Total.	97,470 10 s.

Le duc de Lévis mourut en 1787.

monde pendant la campagne de 1757, et dont on disait en 1758, quand il fut nommé brigadier : « C'est un officier du premier mérite, qui a des talens supérieurs, beaucoup de décence, de fermeté et le meilleur ton, et qui a joué depuis qu'il est en Amérique un rôle principal[1]. »

Le marquis de Montcalm n'eut qu'à se féliciter de ses premières relations avec le gouverneur du Canada. « Le gouverneur général, écrit-il le 12 juin [2], me comble de politesses ; je le crois content de ma conduite à son égard, et je pense qu'elle le persuade qu'il peut se trouver en France des officiers généraux qui se porteront au bien sous ses ordres, sans prévention et sans primeur. Il connoît le pays, il a l'autorité et les moyens en main, il est à la tête de la besogne ; c'est à lui de la déterminer, à moi de le soulager des détails relatifs à nos troupes, pour la discipline et l'exécution de ses projets. L'article de la discipline, ajoute-t-il, exige l'entière attention d'un officier général dans un pays où le soldat a trop d'argent et voit des exemples contagieux. »

---

1. Ces divers jugements sont extraits des lettres de Montcalm au ministre, que nous publions sous les nos 12 et 29 ; d'une autre lettre de Montcalm du 18 septembre 1757, et de la pièce 200 du 2e volume de l'année 1758, campagnes du Canada, Dépôt de la guerre.

2. Dépôt de la guerre, vol. 3417, p. 139.

M. de Montcalm n'avait pas tardé à reconnaître les abus nombreux qui existaient en Canada; il s'en plaignit et se brouilla bientôt avec M. de Vaudreuil[1]. Peu de temps après l'arrivée du nouveau général et des officiers que l'on vient de nommer, on voit dans leur correspondance les premières indications de faits graves qui se révéleront peu à peu : un désordre considérable dans toutes les parties de l'administration; l'improbité de la plupart des fonctionnaires de la colonie; la faiblesse du gouverneur; les luttes des officiers de l'armée de terre [2] contre les officiers des troupes de la colonie et ceux de la milice; les « prévarications » de l'intendant et de ses complices; les luttes du civil et du militaire; la formation de deux partis dans la colonie; la difficulté de faire la guerre dans un pays immense, sans routes, partout couvert de bois, et avec si peu de forces[3].

---

1. Dans une lettre du mois de novembre, M. de Montcalm se plaint déjà de M. de Vaudreuil.

2. C'est-à-dire des officiers venus de France et appartenant à l'armée de terre et au ministère de la guerre; tandis que les troupes de la colonie dépendaient du ministère de la marine.

3. M. de Lévis, en écrivant au ministre, le 17 juillet 1756, disait : « Toutes les entreprises sont dans ce pays très-difficiles, on en doit presque toujours le succès au hasard; toutes les positions que l'on peut prendre sont critiques; les attaques et les retraites sont difficiles à faire; on ne voyage que dans les bois ou par les rivières; il faut user des plus grandes précautions et avoir la plus grande patience avec les sau-

VICTOIRE DE CHOUEGEN.

Dans une lettre du chevalier de Montreuil, aide major général de l'armée[1], on lit ce qui suit :

« ..... Les officiers de la colonie n'aiment pas les officiers de terre ; il est incroyable combien de luxe règne dans ce pays-ci, et combien le roi est volé par la mauvaise administration des affaires ; tous les François qui arrivent ici sont révoltés de la consommation qui se fait ici ; le gouverneur et l'intendant sont trop doux et trop relâchés, dans un pays où il faudroit user d'une plus grande sévérité que partout ailleurs. Il n'y a point de police ; le Canadien est indépendant, méchant, menteur, glorieux, fort propre pour la petite guerre, très-brave derrière un arbre et fort timide lorsqu'il est à découvert. » Une autre lettre nous donne la contre-partie de ce qui précède ; on y déplore que « le militaire soit parvenu au comble du despotisme[2]. »

Le ministre de la marine crut devoir écrire au marquis de Montcalm à ce sujet, et lui recommanda

---

vages, qui ne font que leurs volontés, à laquelle, dans bien des circonstances, il faut nécessairement céder. » (Dépôt de la guerre, Canada, 1756, pièce 186.)—« On n'a, dit le marquis de Montcalm, d'autres chemins que des rivières remplies de saults et de rapides, et des lacs que la violence des vagues rend souvent impraticables aux bateaux. » (Archives de la Marine.)

1. Voyez la pièce 10, à la fin du volume.
2. Archives de la marine, cartons du Canada.

de ménager les Canadiens et les fonctionnaires de son département, que la « morgue » des officiers venus de France avait froissés et mécontentés.

De son côté, M. de Montcalm, en écrivant au ministre de la guerre, après la victoire de Chouegen[1], se moquait de la vanité des Canadiens et du gouverneur, et signalait l'indiscipline des milices. « C'est une troupe, disait-il, qui ne connoît ni discipline ni subordination ; j'en ferois dans six mois des grenadiers, et actuellement je me garderois bien d'y faire autant de fond que le malheureux M. de Dieskau y en a fait pour avoir trop écouté les propos avantageux des Canadiens qui se croient sur tous points la première nation du monde ; et mon respectable gouverneur général est né dans le pays...... Les Canadiens sont contens de moi[2] ; leurs officiers m'estiment, me craignent et voudroient bien qu'on pût se passer des François et de leur général, et moi aussi. »

La disposition générale adoptée pour les opérations de l'armée française en 1756 fut de se tenir sur la

---

1. Lettre du 28 août 1756. (Dépôt de la guerre.)
2. Une autre fois, le 18 septembre 1757, le marquis de Montcalm écrivait au ministre de la guerre : « J'ai acquis au dernier point la confiance du Canadien et du sauvage ; vis-à-vis des premiers, quand je voyage ou dans les camps, j'ai l'air d'un tribun du peuple. »

défensive, de faire quelques courses[1] et de surprendre le fort Chouegen[2]

On forma un camp à Carillon, pour observer et contenir l'armée anglaise qui devait sortir du fort Édouard et s'avancer par le lac Champlain; M. de Lévis le commandait. Un autre camp, aux ordres de M. de Bourlamaque, fut établi à Frontenac, pour contenir le corps anglais du fort Chouegen et observer la route du lac Ontario, par laquelle on pouvait attaquer à revers Montréal. On fortifia Niagara pour assurer nos communications avec les forts de l'Ohio, et on y plaça M. Pouchot, capitaine au régiment de Béarn; cet officier « possédoit parfaitement toutes les parties relatives au génie, » et a écrit d'assez curieux mémoires sur la guerre d'Amérique.

Gaspé, à l'entrée du Saint-Laurent, possède un mouillage très-sûr et très-important; tous les bâtiments qui remontent le fleuve passent à sa vue; on y mit des troupes. Les garnisons de Louisbourg et du

---

1. La principale de ces courses est celle que dirigea M. de Léry, officier des troupes de la colonie, avec un détachement de 500 sauvages et soldats. Il enleva, le 27 mars, un fort près de Chouegen, passa les 92 hommes qui composaient la garnison au fil de l'épée, prit une quantité considérable de vivres et de poudre, et fit sauter le fort. (Dépôt de la guerre, vol. 3417, pièce 136.)

2. Le fort Chouegen est aussi appelé le fort Oswego.

fort Duquesne furent augmentées; on envoya un détachement sur la frontière acadienne; on se tint prêt partout.

Du côté de l'ennemi, le comte de Loudoun, général en chef des forces anglaises, reprit les plans de 1755; le gros de ses troupes fut dirigé contre le fort Saint-Frédéric, afin d'occuper cette position et s'ouvrir ainsi un passage sur Montréal par le lac Champlain; un second corps dut se porter sur Niagara, pour couper nos communications avec la vallée de l'Ohio; un autre devait agir contre le fort Duquesne; un quatrième devait se diriger sur Québec par les rivières Kennebec et Chaudière, pour faire une diversion de ce côté.

M. de Montcalm se porta de sa personne à Carillon pour attirer toute l'attention de l'ennemi sur ce point. Pendant ce temps (août), un corps expéditionnaire de 3,000 hommes, soldats, miliciens et sauvages, se rassemblait à Frontenac par les soins de M. de Bourlamaque; il était destiné à aller prendre Chouegen. En enlevant aux Anglais cette position avancée, on les rejetait dans le bassin de l'Hudson.

Pour tromper l'ennemi, M. de Montcalm laissa le chevalier de Lévis à Carillon avec 3,000 hommes contre les 8,000 de Loudoun. M. de Lévis fit de fréquents détachements « qui avoient un air d'offensive. » « Tout cela, dit-il, les a si fort occupés, et je les ai observés de si près, qu'ils n'ont pu rien entreprendre sur moi, ni envoyer du secours à Chouegen. »

Pendant ce temps, M. de Montcalm s'avançait de Frontenac sur Chouegen, dont les fortifications se composaient du fort Oswego, du fort Ontario et du fort George; 1,800 hommes aux ordres du colonel Mercer les défendaient. Les Français arrivèrent par le lac Ontario le 10 août, et débarquèrent à une demi-lieue du fort Ontario. Le colonel Bourlamaque, chargé de la direction du siége, ouvrit la tranchée à 90 toises, et força, le 13, les Anglais à évacuer le fort Ontario, qu'il occupa. Le 14 au matin, M. Rigaud de Vaudreuil, frère du gouverneur et officier des milices, passa à la nage, avec ses Canadiens et ses sauvages, une rivière qui séparait les deux forts Ontario et Oswego; malgré le feu le plus vif, il alla couper les communications entre les forts Oswego et George, et occuper les hauteurs qui dominaient Oswego. On y éleva promptement une batterie, qui obligea le lendemain les Anglais à capituler, parce qu'ils ne pouvaient plus tenir contre nos feux plongeants. « Le colonel Mercer venoit d'être tué; ce qui, joint à la crainte de tomber entre les mains de nos sauvages, détermina son successeur à envoyer prier M. de Rigaud de faire cesser le feu des Canadiens et sauvages. » On fit dire au commandant qu'il devait se rendre prisonnier de

9.

guerre, et on ne lui donna qu'une heure pour se décider. « Les cris, les menaces et les hurlemens affreux de nos Canadiens et sauvages les firent promptement décider [1]. » Les Anglais n'avaient encore perdu que 150 hommes. Cette prompte capitulation étonna M. de Montcalm : « Il faut croire, écrivit-il au ministre de la guerre, que les Anglois transplantés ne sont plus les mêmes qu'en Europe. »

On fit 1640 prisonniers ; on prit 113 bouches à feu, d'immenses approvisionnemēnts d'armes, de munitions et de vivres, qui servirent à notre armée, 5 bâtiments de guerre portant 52 canons, 200 bateaux, etc.; ce fut une perte de 15 millions pour l'Angleterre [2]. M. de Montcalm détruisit les fortifi-

---

[1]. Lettre du marquis de Vaudreuil au comte d'Argenson, ministre de la guerre, du 30 août 1756. (Dépôt de la guerre, vol. 3417, pièce 214.)

[2]. Les capitulations étaient toujours d'une exécution difficile en Canada. On lit dans une lettre de Montcalm, du 28 août 1756 (Dépôt de la guerre) : « Jamais capitulation ne donnera autant de peine pour la maintenir ; les sauvages vouloient la violer. J'ai terminé cette affaire ; il en coûtera au roi de 8 à 10,000 livres qui nous conserveront plus que jamais l'affection des nations sauvages ; et il n'y a rien que je n'eusse accordé plutôt que de faire une démarche contraire à la bonne foi françoise. » Un peu plus loin il ajoute : « Vous trouverez aussi un état de l'artillerie, munitions et vivres. Je ne vous dissimulerai pas qu'il y a eu un peu de pillage, qu'il a fallu même le tolérer. Nous ne sommes pas en Europe, et

cations de Chouegen et revint à Carillon où il s'occupa de terminer les travaux de défense de ce fort.

La prise de Chouegen nous avait coûté 30 hommes tués ou blessés; elle dérangea les plans des Anglais et nous donna tout le bénéfice de la campagne.

Cette affaire fut conduite avec beaucoup de vigueur; M. de Montcalm se crut obligé d'excuser son audace auprès du ministre. « Les dispositions que j'avois arrêtées vis-à-vis 1,800 hommes sont si fort contre les règles ordinaires, que l'audace qui a été mise dans cette entreprise doit passer pour témérité en Europe; aussi je vous supplie, Monseigneur, pour toute grâce, d'assurer S. M. que si jamais elle veut, comme je l'espère, m'employer dans ses armées, je me conduirai sur des principes différens....... » Et plus loin : « C'est peut-être la première fois qu'avec 3,000 hommes et moins d'artillerie, on en a assiégé 1,800, qui pouvoient être promptement secourus par 2,000 et qui pouvoient s'opposer à notre débarquement, ayant une supériorité de marine sur le lac

---

il est bien difficile d'empêcher 300 sauvages et 1,500 Canadiens de faire une curée; d'ailleurs, c'est l'usage de part et d'autre dans les colonies; mais les effets des officiers anglois ont été conservés, ainsi que les munitions de guerre et de bouche. »

M. de Montcalm fut moins heureux en 1757, lors de la capitulation de William-Henry.

Ontario; le succès a été au delà de toute attente....[1] »

Pour obliger les colons anglais à désirer la paix, on continua à faire ravager impitoyablement la Nouvelle-Angleterre par des partis de Canadiens et de sauvages, dont le fort Duquesne était la base d'opérations. « Les Anglois avoient fait mourir avec cruauté quelques-uns des chefs de deux nations, qui étoient allés en espèce d'ambassade. » Les sauvages exaspérés firent d'affreux ravages dans la Pensylvanie et la Virginie; les colons furent refoulés à plus de 40 lieues des Alléghanis, abandonnant maisons, récoltes et bestiaux. Un de nos sauvages, nommé Ochik, qui avait tué par mégarde, au siège de Chouegen, un ingénieur français, se distingua dans ces courses pour obtenir son pardon; il scalpa 33 Anglais, dont le plus grand nombre, il faut se hâter de le dire, étaient des « partisans équipés et coiffés en sauvages, » courant avec des sauvages à eux et scalpant les nôtres[2]. Le chevalier de Villiers, lieutenant des troupes de la colonie, avec un détachement de 55 hommes, alla prendre le fort Grenville à 20 lieues de Philadelphie; « tout y a été brûlé, tué ou fait prisonnier. »

---

1. Lettre du 28 août 1756. — La nouvelle de la victoire de Chouegen arriva en France le 9 octobre, par la voie de Londres et d'Ostende.
2. Pouchot, *Mémoires*, I, 88.

Malgré ces divers succès, l'esprit clairvoyant de M. de Lévis ne se faisait pas illusion ; il écrivait au ministre : « Malgré les succès de cette campagne où, s'il y a eu du bien joué, il n'a pas laissé que d'y avoir du bonheur, la paix est à désirer... » En effet, la disette se faisait déjà sentir ; les habitants de Québec n'avaient que quelques onces de pain par jour, et on commençait à manger de la viande de cheval. La rigueur extrême de l'hiver avait détruit les récoltes, et la présence continuelle de presque tous les colons dans les rangs de la milice, depuis 1755, suspendait les travaux de l'agriculture. La peuplade des Abénaquis, nos fidèles alliés, était détruite par la petite vérole. M. de Vaudreuil demanda des vivres et des soldats au cabinet de Versailles.

Mais de graves complications étaient survenues en Europe pendant que tout ceci se passait en Canada. La guerre entre la France et l'Angleterre, toute maritime et coloniale, était fort activement conduite en Amérique, où l'on a vu nos victoires, et en Europe, où le duc de Richelieu prenait Minorque et Port-Mahon, où M. de la Galissonnière battait, en vue de Minorque, la flotte de l'amiral Byng, où le maréchal d'Estrées battait les Anglais en Hanovre, à Hastenbeck. Notre marine, grâce aux soins de M. de Machault, était en état de soutenir le premier choc de l'ennemi. Il aurait fallu, pour sortir victorieux de cette lutte, ne pas la compliquer d'une guerre continentale, et lui consacrer toutes les forces de la France. Louis XV, sous l'influence de la marquise de Pompadour, suivit une ligne de conduite différente; il s'allia avec l'Autriche [1] contre la Prusse et prit part à la guerre de Sept-Ans, bien que la France n'y eût aucun intérêt. La guerre continentale absorba bientôt toutes les ressources du gouvernement français, et la guerre d'Amérique, qui était la principale, fut non-seule-

---

1. L'alliance avec l'Autriche se fit par les deux traités de Versailles. Le premier, conclu en juin 1756, était l'œuvre personnelle de Louis XV; les négociations avaient été faites par lettres autographes du roi. à l'insu de son ministre des affaires étrangères, M. Rouillé. Madame de Pompadour et l'abbé de Bernis avaient été les confidents et les conseillers de Louis XV. La cour de Vienne, alliée ordinaire de l'Angleterre, s'engageait à la neutralité. Cet avantage apparent séduisit tout le monde, y compris les politiques à courte vue qui signèrent le traité. La neutralité de l'Autriche, complétée par celle de la Hollande, qui fut obtenue à la même époque, devait, disait-on, permettre à la France de donner tous ses soins à la guerre maritime. Mais Louis XV et Marie-Thérèse s'engageaient, en cas d'attaque de leurs États, à se donner un secours de 24,000 hommes. Attaquée par Frédéric, Marie-Thérèse réclama le concours de 24,000 Français; le prince de Soubise, qui les commandait, ayant été battu à Rosbach, il fallut venger l'honneur compromis. On signa le second traité de Versailles, et la neutralité en Europe se transforma en une guerre européenne, dans laquelle l'habileté de Marie-Thérèse sut nous entraîner, malgré nos intérêts les plus évidents et les plus essentiels.

ment négligée, mais regardée comme un obstacle à la guerre d'Allemagne.

On ne comprenait pas en France l'importance de ce qui se passait en Amérique, et on ne voyait pas les conséquences de la victoire qu'on abandonnait à l'Angleterre. Ni les hommes politiques ni le public ne s'intéressaient au Canada ; Voltaire écrivait à M. de Moncrif, le 27 mars 1757 : « On plaint ce pauvre genre humain qui s'égorge dans notre continent à propos de quelques arpents de glace au Canada. » La guerre d'Amérique, au contraire, était populaire en Angleterre; on y devinait les résultats qu'elle devait produire et qui sont si évidents aujourd'hui.

Lorsque M. de Vaudreuil demanda au cabinet de Versailles des vivres et des soldats pour le Canada, il le trouva effrayé des dépenses que l'on faisait pour cette colonie[1], tout occupé de ses armées d'Allemagne et peu disposé à envoyer les secours nécessaires en Amérique. Le transport des troupes à 1,500 lieues est en effet très-coûteux; il fallait de nombreux bâtiments ; on était obligé de disputer le passage aux Anglais; il fallait faire une guerre maritime pour conserver la Nouvelle-France, et le gouvernement s'était

---

1. Les dépenses, qui étaient de 2 millions en 1750, s'élevèrent à 11 millions en 1756. La marine coûtait 100 millions par an depuis le commencement de la guerre.

laissé entraîner à faire la guerre continentale ; aussi on n'accorda à M. de Vaudreuil que 1,500 hommes.

Pendant ce temps, Pitt devenait ministre et savait profiter des embarras et de la faiblesse de la France. Résolu à ne pas laisser échapper une occasion si avantageuse pour les intérêts britanniques, il fit d'immenses préparatifs ; de formidables escadres couvrirent les mers, transportèrent 10,000 soldats en Amérique et se préparèrent à couper toute communication entre la France et le Canada.

V

L'administration du Canada. — L'intendant Bigot.

D'ordinaire le Canada coûtait au trésor environ un million par an ; depuis la guerre, les dépenses s'étaient élevées à 6 millions en 1755 et à 11 millions en 1756 ; elles allaient atteindre le chiffre énorme de 19 millions en 1757 [1]. Cette augmentation était en grande partie le résultat des malversations de l'inten-

---

1. On trouve dans l'*Espion dévalisé* (par Beaudouin de Guémadeuc), 1 vol. in-8, Londres, 1782, p. 128, des indications détaillées sur les dépenses du Canada. De 1755 à 1760, le

dant du Canada, M. Bigot. Nous avons déjà vu cet homme à Louisbourg, et l'on sait que les vols qu'il y commit avaient fait révolter la garnison ; au lieu d'être puni, il était devenu intendant de la Nouvelle-France. Il continua ses manœuvres et ses spéculations dans son nouveau poste, ne considérant ses hautes fonctions et le pouvoir immense dont il était revêtu que comme des moyens de s'enrichir facilement. Pour lui, la guerre, la famine et la désolation de la colonie ne furent que des circonstances heureuses qui lui permettaient de spéculer, de gagner de l'argent et de voler impunément l'État.

Dans leur correspondance avec le ministre de la guerre, MM. de Montcalm, de Lévis, de Bougainville, de Montreuil, de Pontleroy, Doreil, signalent à l'envi les rapines de l'intendant et du munitionnaire ou fournisseur général des vivres [1].

« Je ne blâme pas seulement le munitionnaire, écrit M. Doreil [2] ; il y auroit tant de choses à dire là-dessus, que je prends, par prudence, le parti de me taire. Je gémis de voir une colonie si intéressante et les troupes qui la défendent exposées par la cupidité de certaines

---

gouvernement dépensa 104 millions pour le Canada, sur lesquels, en 1764, il devait encore 80 millions.

1. Ce munitionnaire, complice principal de Bigot, s'appelait Cadet.

2. Commissaire-ordonnateur des guerres.

personnes à mourir de faim et de misère. M. le marquis de Montcalm s'étendra peut-être davantage, je lui en laisse le soin. Rien n'échappe à sa prévoyance ni à son zèle. Mais que peut-il faire, ainsi que moi? des représentations contre lesquelles on [1] est toujours en garde et qui ne sont presque jamais écoutées. »

Quelques jours après, M. Doreil écrit de nouveau au ministre au sujet des abus qu'il lui avait fait connaître ; il signale la conduite coupable du munitionnaire et déclare que « les remèdes doivent être puissants et prompts..... Je n'aspire, continue-t-il, qu'au moment heureux où, avec la permission du roi, je pourrai repasser en France et n'être plus spectateur inutile de choses aussi monstrueuses que celles qui se passent sous nos yeux... M. de Moras, ministre de la marine, ignore la véritable cause de notre triste situation ; il ne convient ni à M. de Montcalm ni à moi de tenter de l'en instruire, d'autant plus que nos représentations ne parviendroient vraisemblablement pas jusqu'à lui [2]. »

---

1. Lettre du 22 octobre 1757. (Dépôt de la guerre.) — Le mot *on* désigne M. de Vaudreuil, tenu en garde contre les représentations du marquis de Montcalm par Bigot lui-même, qui disposait entièrement de l'esprit du trop faible gouverneur.

2. Lettre au ministre, du 25 octobre 1757. (Dépôt de la guerre.) — M. de Moras était plus instruit que ne le supposait M. Doreil. Il écrivait à M. Bigot, le 27 mai 1757, pour l'avertir

M. de Bougainville, dans une dépêche adressée au ministre de la guerre [1], déplore que le munitionnaire n'ait acheté que beaucoup d'eau-de-vie et de vin, et très-peu de farine, « parce qu'il y a plus à gagner sur l'eau-de-vie et le vin...; mais, ajoute-t-il, couvrons cette matière d'un voile épais; elle intéresseroit peut-être les premières têtes d'ici... Je conclus de ce que m'a dit à Paris, avant mon départ, M. de Gournay (intendant du commerce), qu'il est instruit de ce que je ne veux pas écrire..... » Bougainville se plaint ensuite des abus dans les travaux de fortification : « Que d'abus, dit-il, aura à réformer M. de Pontleroy [2] dans sa partie, et quelle partie ne demande pas à l'être? »

---

qu'il avait examiné avec une attention particulière le marché qu'il avait passé avec l'entrepreneur Cadet; que ce n'était pas sans la plus grande surprise qu'il avait vu les conditions accordées à cet entrepreneur; que, quoique le Roi fût prévenu depuis quelques années sur l'excès de ces sortes de dépenses, Sa Majesté ne s'était pas attendue que, dans un marché réglé, les vivres dussent être portés à de si hauts prix... (Cette lettre est analysée à la p. 55 du jugement rendu contre Bigot et ses complices, 1 vol. in-4, 1763.)

On verra plus loin, à l'article de M. de la Porte, commis principal au ministère de la marine, pourquoi M. Doreil croyait que M. de Moras ne recevrait pas les avis de M. de Montcalm; il pensait que M. de la Porte intercepterait les lettres adressées au ministre sur ce sujet.

1. Du 4 novembre 1757. (Dépôt de la guerre.)
2. Ingénieur en chef de la Nouvelle-France, arrivé en Canada, en 1757, avec le grade de lieutenant-colonel.

« M. de Pontleroy et M. Desandrouins sont deux ingénieurs très-appliqués, disait le marquis de Montcalm ; leur conduite désintéressée est à louer, mais a l'air de faire une épigramme dans cette colonie. »

Le 30 juillet 1758, M. Doreil écrivait encore à propos de ces scandales : « C'est ainsi que tout se fait en Canada, sans principes, sans ordre et sans règle. » Puis, le lendemain, il se décidait à rédiger une longue dépêche chiffrée [1], dans laquelle il sortit enfin des généralités où il s'était tenu renfermé jusqu'alors, et aborda franchement la question. Il commence par déplorer encore la négligence, la lenteur, l'ignorance et l'opiniâtreté qui ont pensé perdre la colonie ; puis il s'écrie : « La paix, la paix, n'importe à quel prix, pour les limites, autrement la colonie est aux Anglois l'année prochaine, quoi qu'on fasse... Il y a nécessité de changer de suite l'administration ; car l'ineptie, l'intrigue, le mensonge et l'avidité perdront dans peu cette colonie... M. de Vaudreuil a fait faire le fort Carillon à un parent ignorant, qui y a fait sa fortune ; le fort ne vaut rien. »

Quelques jours après, le 12 août, M. Doreil adressait au ministre une nouvelle dépêche dans laquelle il parle d'un officier des troupes de la colonie, aide-major de Québec, M. Péan : « Il est vendu, dit-il, à

---

1. Voyez, à la fin du volume, la pièce 24.

M. de Vaudreuil et à M. Bigot[1]; il est attaché à la partie des subsistances...; il a fait une fortune si rapide depuis huit ans, qu'on lui donne deux millions[2]. »

— « Regardez-le, dit encore M. Doreil[3], comme une des premières causes de la mauvaise administration et de la perte de ce malheureux pays. Je vous ai dit qu'il étoit riche de deux millions; je n'ai osé dire quatre, quoique, d'après tout le public, je le pouvois. »

Dans le même moment, le marquis de Vaudreuil, complétement abusé, faisait l'éloge de M. Péan, et disait de lui au ministre de la guerre[4]: « C'est l'officier qui connoît le mieux cette colonie, et c'est en lui que j'ai le plus de confiance. »

Une pièce, conservée aux Archives de la marine, datée de décembre 1758 et non signée, entre dans le vif de l'affaire. C'est une accusation en règle, qui fait connaître en détail au ministre de la marine les causes des dépenses énormes du Canada. Il y est dit que toute la finance est entre les mains de Bigot qui agit sans juge, sans contrôle, sans surveillant, et dans le seul but de s'enrichir, et pour cela use de toute son autorité, presque despotique. « Son complice est l'œil

---

1. Voyez : Pouchot, *Mémoires*, t. I, p. 8.
2. Voyez la pièce 26, à la fin du volume.
3. Voyez la pièce 27, à la fin du volume.
4. Lettre du 6 août 1758. (Dépôt de la guerre.)

même du ministre. » Ce complice était M. de la Porte, commis principal de la marine, administrateur plus intelligent qu'honnête, qui était chargé des colonies; il avait eu la confiance de M. de Maurepas, puis celle de M. Rouillé, qui, ignorant absolument le détail du ministère de la marine, s'en rapportait entièrement à ses commis principaux. « M. de Machault, dit le duc de Luynes dans ses Mémoires, avoit reçu des plaintes, mais apparemment qu'il ne les avoit pas trouvées suffisamment fondées. M. de Moras [1], ayant voulu examiner plus à fond, a demandé des détails à M. de la Porte, qui a été longtemps à les lui donner et a paru ne s'y prêter qu'avec peine. M. de Moras en a rendu compte au roi. » M. de la Porte fut renvoyé le 27 janvier 1758; mais on lui conserva 9,000 livres de pen-

---

[1]. Ministre de la marine, sage, intelligent et honnête; il avait résisté autant que possible à la politique qui jetait la France dans la guerre d'Allemagne et avait voulu conserver à la guerre d'Amérique et à la défense des colonies contre l'Angleterre l'importance que l'on donna malgré lui aux affaires du continent. (Voy. *Correspondance du cardinal de Bernis avec Pâris-Duverney*, t. II, p. 26.) — M. de Moras quitta le ministère le 1er juin 1758 et fut remplacé par M. de Massiac, officier de marine de beaucoup de réputation. « M. de Moras, dit le duc de Luynes (*Mémoires*, 26 mai 1758), a représenté au Roi qu'il ne se sentoit pas assez fort pour ce département, et que celui qui le remplaceroit auroit peut-être plus de crédit que lui pour obtenir ce qui est nécessaire pour soutenir et augmenter la marine. »

sion qu'il avait déjà, auxquelles on ajouta 4,000 livres! « On prétend, ajoute le duc de Luynes, qu'il y a eu dans le détail des colonies des malversations, desquelles il auroit dû être instruit et s'y opposer [1]. »

Les correspondances que nous analysons se contentent de signaler en termes généraux les scandales qu'elles dénoncent; c'est dans le procès fait, en 1763, à Bigot et à ses complices, qu'il faut aller chercher les détails de leurs prévarications.

L'approvisionnement des forts et des magasins de la colonie en vivres, farines, vins et eau-de-vie, marchandises diverses et objets d'équipement, pour les troupes, les milices et les sauvages, était confié à l'intendant; il tirait d'Europe les denrées et marchandises dont il avait besoin et en achetait aussi une partie aux négociants du pays.

Les magasins ne servaient pas seulement de dépôt pour les vivres et objets destinés aux troupes, aux milices et aux sauvages; c'étaient aussi des marchés où l'on vendait aux soldats, et même aux particuliers, ce qu'ils voulaient acheter; quand les magasins étaient vides, l'intendant rachetait pour les remplir. Il résulta de cet usage que les affidés et les prête-noms de la société Bigot achetaient les marchandises de l'État à

---

1. *Mémoires du duc de Luynes*, 30 janvier 1758.

bon marché et les lui revendaient ensuite à des prix excessifs.

Les auteurs de ces malversations, qui figurent au procès, sont au nombre de 55 ; les plus importants sont Bigot, Péan, Bréard[1], Varin[2], Estèbe[3] et Cadet. En analysant le texte de l'arrêt rendu en 1763 contre les 55 accusés, et la requête du procureur du roi, on trouve :

Qu'il existait entre l'intendant, Péan, Bréard, Varin et Cadet des pactes illégitimes d'où il est résulté des monopoles et des prévarications sans nombre[4];

Qu'ils enflaient les mémoires et faisaient de doubles emplois d'états de rations qui, bien que faux, étaient payés comme fidèles ; que les gains qu'ils faisaient, à

---

1. Contrôleur de la marine.
2. Subdélégué de l'intendant.
3. Garde des magasins du roi à Québec.
4. Bigot faisait partie de plusieurs sociétés organisées pour voler l'État. En étudiant son procès, on constate l'existence de trois de ces associations illégitimes. Ainsi, par acte du 10 juillet 1748, une société avait été fondée entre Bigot, Bréard et les sieurs Gradis, négociants à Bordeaux. Bigot faisait venir sous le nom de Gradis les vivres et marchandises dont la colonie avait besoin et les vendait au roi à des prix excessifs. — Le traité entre Bigot et Cadet pour la fourniture des vivres est du 26 octobre 1756. — Bigot, Péan, Bréard et Estèbe étaient associés avec la maison de commerce du sieur Claverie, établie à Québec, et connue sous le nom de *la friponne*.

l'aide de ces faux et de bien d'autres malversations, se sont montés quelquefois à 250 p. 100; que Cadet et ses commis, Pénisseault, Maurin et Corpron, ont gagné, en 1757 et 1758, 12 millions sur une fourniture montant à 11 millions seulement de prix d'achat; que Cadet, en 1757 et 1758, a gagné 11 millions et demi, pour la seule partie des vivres, pour des fournitures d'une valeur de 23 à 24 millions; que Cadet a acheté 800,000 livres *le Britannia*, vaisseau anglais capturé, et a gagné 1 million sur les marchandises qui en formaient la cargaison;

Qu'à l'aide de ces gains prodigieux, Bigot et ses complices séduisaient les officiers commandant les forts pour gagner leur suffrage, et les commis et gardes-magasins pour acheter leur silence;

Que tantôt, sous prétexte d'approvisionner de vivres et de marchandises les différents forts du pays, on paraissait y faire des transports considérables qui n'existaient que sur le papier ou qui se réduisaient à peu de chose; que les frais de ces transports fictifs étaient acquis aux monopoleurs;

Qu'on faisait payer au roi triple ration pour des vivres non fournis, et quand le soldat manquait du nécessaire; qu'on faisait payer des équipements complets, quand ils ne l'étaient pas, ou même quand on ne les avait pas fournis aux troupes;

Que quand il arrivait des marchandises d'Europe

pour le compte du roi, il en était fait une vente au munitionnaire, qui les revendait ensuite au roi, à un prix plus élevé ; ainsi, une fois, le munitionnaire a acheté pour 600,000 livres de marchandises venues d'Europe pour le compte du roi, et les a revendues au roi 1,400,000 livres ;

Que les soldats et les milices manquant de tout, parce que l'administration ne leur fournissait rien, étaient obligés d'acheter au poids de l'or aux monopoleurs ce que le roi avait déjà payé pour eux deux ou trois fois, en vertu de faux états de fournitures ;

Qu'il était impossible aux opprimés d'obtenir justice et même d'élever la voix contre les fournisseurs et leurs agents, parce que l'intendant, l'administration et une partie des officiers étaient associés avec eux et tiraient profit de ces vols ;

Que les associés empêchaient les commerçants du Canada, qui n'étaient pas leurs complices, de faire des fournitures à l'État, parce que les prix étaient, en Canada, moins élevés que ceux auxquels Bigot et ses complices vendaient au roi, et parce que ces négociants honnêtes auraient vendu beaucoup moins cher ;

Que pour les ouvrages d'argenterie donnés aux sauvages et fabriqués à Québec, Bigot y faisait entrer un tiers d'alliage et les faisait payer au roi plus cher que si on les avait achetés en France et qu'ils eussent été de bon aloi ;

Que Bigot vendait au compte du roi les pelleteries et le castor à vil prix à ses prête-noms, pour profiter des bénéfices obtenus ensuite sur la revente ;

Que Bigot et Varin ont constamment fait de fausses déclarations, de faux états pour favoriser les malversations, prévarications et infidélités par eux commises, et par leurs associés, et qui n'étaient possibles que par leur complicité ; qu'ils n'ont jamais permis les enchères ; que Bigot falsifiait la comptabilité, changeait le nom et la nature des dépenses, leur objet, leur quantité, etc.

On voit ici, dans tout ce qu'ils ont de plus détestable, les résultats d'un gouvernement absolu, et ce que produit le manque de contrôle et de liberté, surtout quand les parties supérieures du pouvoir donnent l'exemple de la plus complète immoralité, comme le faisait alors Louis XV.

Les détails que l'on vient de lire expliquent les plaintes de M. Doreil et feront comprendre la lettre que M. de Montcalm envoya au duc de Belle-Isle, ministre de la guerre, le 12 avril 1759, lorsqu'il se fut décidé à écrire enfin ces choses « qu'il ne vouloit pas écrire, » disait-il deux ans plus tôt [1].

« Je n'ai aucune confiance ni en M. de Vaudreuil ni en M. Bigot. M. de Vaudreuil n'est pas en état de

---

1. Le 4 novembre 1757.

faire un projet de guerre; il n'a aucune activité; il donne sa confiance à des empiriques. M. Bigot ne paroît occupé que de faire une grande fortune pour lui et ses adhérens et complaisans... L'avidité a gagné les officiers, gardes-magasins, commis, qui sont vers l'Ohio ou auprès des sauvages dans les Pays d'en haut...; ils font des fortunes étonnantes... Un officier, engagé il y a 20 ans comme soldat, a gagné 700,000 livres... Ce n'est que certificats faux admis également; si les sauvages avoient le quart de ce que l'on suppose dépensé pour eux, le roi auroit tous ceux de l'Amérique, et les Anglois aucuns... Cet intérêt influe sur la guerre. M. de Vaudreuil, à qui les hommes sont égaux, confieroit une grande opération à son frère ou à un autre officier de la colonie, comme à M. le chevalier de Lévis... Le choix regarde ceux qui partagent le gâteau; aussi on n'a jamais voulu envoyer M. Bourlamaque ou M. Senesergues au fort Duquesne; je l'avois proposé; le roi y eût gagné. Mais quels surveillans dans un pays dont le moindre cadet et un sergent, un canonnier, reviennent avec 20 et 30,000 livres en certificats pour marchandises livrées pour les sauvages..... » M. de Montcalm parle ensuite de l'augmentation continuelle des dépenses du Canada; mais, avant d'en signaler la cause, il dit : « Il paroît que tous se hâtent de faire leur fortune avant la perte de la colonie, que plusieurs peut-être désirent comme un voile impénétrable de leur conduite. » Revenant sur les faits déjà signalés dans cette pièce anonyme de décembre 1758, M. de Montcalm parle du trafic sur les marchandises pour les sauvages, sur les transports, sur toutes choses : « On fait d'immenses accaparemens de toutes choses que l'on revend ensuite à 150 p. 100 de bénéfice pour Bigot et ses adhérens... J'ai parlé souvent avec respect sur ces dépenses à M. de Vaudreuil et à M. Bigot ; chacun en rejette la faute sur son collègue [1]. »

Dans une autre lettre du même jour, 12 avril 1759, écrite à M. le Normand, intendant des colonies, M. de Montcalm lui signalait encore les voleries des ingénieurs du pays dans les travaux de fortifications et sur la main-d'œuvre, voleries certifiées par M. de Pontleroy. Il parlait aussi des vols de M. Mercier, commandant l'artillerie, créature de Vaudreuil et Bigot; on volait dans les marchés qui concernaient l'artillerie, les forges, les charrois, les outils.

Le marquis de Vaudreuil tolérait et autorisait par sa faiblesse tous ces désordres, qu'il aurait rendus impossibles s'il avait appliqué à leur répression son autorité de gouverneur général et s'il avait voulu joindre ses efforts à ceux du marquis de Montcalm. Mais la vanité incapable de M. de Vaudreuil fut habi-

---

1. Voyez, à la fin du volume, la pièce 31.

lement exploitée par l'intendant, qui séduisit facilement le gouverneur général et le brouilla, à propos de discussions sur des questions secondaires, avec MM. de Montcalm, de Lévis, de Bougainville, Doreil, en un mot avec tous les honnêtes gens qui auraient pu l'avertir et l'éclairer. M. de Vaudreuil fut subjugué à tel point, que, par une lettre du 15 octobre 1759, il justifiait, auprès du ministre de la marine, l'intendant, qui continua librement et sans pudeur ses déprédations, sûr de l'appui du gouverneur du Canada.

La jalousie des officiers des troupes de la colonie contre les officiers venus de France était l'occasion de discussions continuelles et fort graves entre MM. de Vaudreuil et de Montcalm ; l'incapable et vaniteux M. de Vaudreuil, conseillé et excité par Bigot, transformait en sujets de plaintes essentielles les débats insignifiants qui s'élevaient sans cesse entre l'armée de terre, les milices, les sauvages et les colons. Dès 1756, M. de Vaudreuil se plaignait amèrement du marquis de Montcalm[1] : « Les troupes de terre, disait-il, sont difficilement en bonne union et intelligence avec nos Canadiens ; la façon haute dont leurs officiers traitent ceux-ci produit un très-mauvais

---

1. Lettre au ministre de la marine, du 23 octobre 1756. — Voyez, à la fin du volume, les pièces 11 et 19.

effet... Les Canadiens sont obligés de porter ces messieurs sur leurs épaules dans les eaux froides, et se déchirent les pieds sur les roches ; et si, par malheur pour eux, ils font un faux pas, ils sont traités indignement... M. de Montcalm est d'un tempérament si vif, qu'il se porte à l'extrémité de frapper les Canadiens... Les sauvages se sont plaints amèrement de la façon haute dont M. de Montcalm les a menés à Chouegen [1]... »

M. de Vaudreuil reprochait sans cesse à M. de Montcalm de traiter trop durement les sauvages ; c'est le sujet ordinaire de ses plaintes. M. de Vaudreuil, qui n'entendait rien aux opérations de la guerre, critiquait et accusait maladroitement les ordres, les mouvements et jusqu'aux victoires de M. de Montcalm, qui avait « toujours à craindre la nécessité de se justifier. » De son côté, M. de Montcalm regrettait que le gouverneur confiât trop souvent à des officiers canadiens des commandements au-dessus de leur intelligence, ce qui nuisait au service du roi.

A partir de 1758, les récriminations devinrent tellement vives, qu'il se forma en quelque sorte deux partis en Canada, celui du marquis de Vaudreuil et celui de M. de Montcalm. Le marquis de Vaudreuil

---

1. Les grenadiers de M. de Montcalm avaient voulu enlever aux sauvages « leur petit pillage. »

couvrait de son autorité l'intendant et ses complices, Varin, Bréard, Péan, Mercier, Estèbe, le munitionnaire général Cadet, ses commis et ses associés. Le marquis de Montcalm, attaqué et accusé sans cesse par le gouverneur, se défendait en s'appuyant sur les officiers principaux de l'armée de terre, MM. de Lévis, de Bourlamaque, de Bougainville, de Pontleroy, sur le commissaire des guerres, M. Doreil, et son successeur M. Bernier [1].

Le 2 août 1758, M. de Montcalm écrivit à M. de Vaudreuil pour lui reprocher sa conduite à son égard, et lui montrer les inconvénients graves qui résultaient de l'hostilité existant entre eux et entre les gens de la colonie et les officiers des troupes de terre; il disait en terminant et en faisant appel à la concorde : « J'ai déjà eu l'honneur de vous dire que nous comptions n'avoir tort ni l'un ni l'autre, il faut donc croire que nous l'avons tous deux, et qu'il faut apporter quelque changement à notre façon de procéder [2]. » En même temps, M. de Bougainville était envoyé par M. de Montcalm auprès du gouverneur, pour entrer

---

1. Les officiers des troupes de terre soutenaient hautement leur général; ils tenaient, dit M. de Vaudreuil, « des propos indécens » contre Bigot et ne ménageaient pas le gouverneur lui-même. M. de Vaudreuil s'en plaignit au ministre de la marine, le 4 novembre 1758. (Archives de la marine.)

2. Lettre du 2 août 1758. (Archives de la marine.)

en explication avec lui. Il obtint de M. de Vaudreuil la promesse de vivre en bons rapports avec son général et de tout oublier, et rétablit la bonne entente, si nécessaire entre les deux principales autorités de la colonie; malheureusement elle dura peu. M. de Bougainville, en rendant compte de sa mission au ministre [1], signale les causes de cette brouille et lui dit que ce sont « des tracasseries excitées entre les chefs par des subalternes intéressés à brouiller, » et que « les intrigans, qui ont peut-être un intérêt pécuniaire et de concussion à ce que les conseils d'un homme, citoyen aussi intègre que juge éclairé, ne soient pas crus en tout, chercheront sans doute encore à tracasser. » Malheureusement il eut raison; le faible M. de Vaudreuil retomba bientôt sous le joug de la coterie qui l'exploitait avec tant de profit pour elle.

« Il y a, dit la Bruyère, des âmes pétries de boue et d'ordure, éprises du gain et de l'intérêt, comme les belles âmes le sont de la gloire et de la vertu. » Ce que j'aime à voir, ce sont ces belles âmes, ce sont ces hommes de cœur, d'intacte probité, restant purs au milieu de cette corruption administrative, et la flétrissant sans pitié. Au milieu des scandales et des désas-

---

1. Lettre du 10 août 1758. — Voyez, à la fin du volume, la pièce 25.

tres de toutes sortes de la guerre de Sept-Ans, ces mêmes cœurs honnêtes sont les plus braves; ils savent seuls ce que c'est que faire son devoir, et tiennent si haut le drapeau militaire de la France, en Amérique, qu'on est tenté d'oublier qu'il est tombé si bas, au même temps, sur les champs de bataille européens.

VI

Victoire de William-Henry.

1757. L'expérience de deux années engagea les Anglais à modifier le plan de campagne qu'ils avaient suivi en 1755 et 1756; au lieu de diviser leurs forces, ils les concentrèrent et résolurent de prendre d'abord Louisbourg.

L'amiral Holbourne partit d'Angleterre avec 16 vaisseaux, 5 frégates et 12,500 hommes de débarquement sous les ordres du général Loudoun; mais, arrivé à Halifax, il apprit que trois escadres françaises [1] avaient gagné Louisbourg avant lui, et que

---

1. Les trois escadres étaient : 1° celle du comte Dubois de la Mothe, lieutenant général, composée de 9 vaisseaux et de

leur réunion donnait à M. Dubois de la Mothe des forces égales à celles qu'il commandait. Les projets de l'amiral Holbourne étaient déjoués ; il fallut qu'il renonçât à assiéger Louisbourg avant d'avoir battu la flotte française. Il vint croiser devant l'île Royale le 19 août, et se contenta de faire une reconnaissance ce jour-là ; mais, le 16 septembre, ayant reçu de nouveaux vaisseaux d'Angleterre, il reparut avec 22 bâtiments, décidé cette fois à combattre, et croisa plusieurs jours devant le port. M. Dubois de la Mothe ne répondit pas à cet appel, parce que ses équipages étaient décimés par une cruelle épidémie, qui mettait sa flotte hors d'état de combattre. Dans la nuit du 24 au 25 septembre, un terrible coup de vent dispersa l'escadre anglaise, jeta et brisa à la côte un vaisseau de 66 canons, démâta douze vaisseaux, et obligea les Anglais à jeter la plus grande partie de leur artillerie à la mer. Malheureusement le vent changea, sans quoi toute la flotte était brisée contre les rochers de l'île

---

4 frégates, partie de Brest le 3 mai, arrivée à Louisbourg le 20 juin ; 2° celle du chevalier de Bauffremont, chef d'escadre, composée de 5 vaisseaux et 1 frégate, partie de Brest le 31 janvier pour Saint-Domingue et arrivée à Louisbourg le 31 mai ; 3° celle de M. Durvest, capitaine de vaisseau, parti de Toulon avec 4 vaisseaux et arrivé à Louisbourg le 25 juin. (*Gazette de France*, p. 621.)

Royale[1]. L'amiral Holbourne revint en Europe.

Grâce à la flotte de M. Dubois de la Mothe, Louisbourg avait été sauvé ; mais aurait-on le même bonheur l'année suivante, et combien de temps devait-on conserver une place qui ne pouvait se nourrir qu'avec ce qu'elle recevait de France[2] ? Il était évident qu'on la perdrait aussitôt que l'ennemi bloquerait le port, ou bien quand notre marine, inférieure à la sienne, ne pourrait empêcher un débarquement de troupes et un siège.

M. Dubois de la Mothe mit à la voile après le départ de la flotte anglaise et rentra à Brest, le 23 novembre, avec 16 vaisseaux et 3 frégates, dont les équipages continuaient à être la proie de l'épidémie : 7,000 matelots étaient morts à Louisbourg ou en revenant en France[3].

---

1. Lettre adressée au duc de Luynes par un officier de l'escadre de M. Dubois de la Mothe. (*Mémoires*, 29 novembre 1757 et *Gazette de France*, 1757, p. 576.)
2. « L'île Royale ne peut se nourrir par elle-même ; elle est obligée d'attendre les secours de France pour sa subsistance ; il suffit donc de bloquer le port pour obliger la place à se rendre par famine. » (Lettre du comte de Raymond, ancien commandant de Louisbourg, 9 mars 1757. Dépôt de la guerre.)
3. Il y avait plusieurs milliers de malades à bord quand la flotte revint à Brest. M. Hocquart, intendant de la marine, avait organisé des hôpitaux provisoires et 2,000 lits dans l'église des Capucins et dans diverses maisons ; il avait pris

Pendant ce temps on se préparait en Canada à la campagne de 1757, bien que le manque de vivres, de poudre et de souliers apportât de sérieuses entraves aux opérations projetées. Les secours envoyés par le maréchal de Belle-Isle, quoique insuffisants, vinrent cependant en aide à la colonie et à l'armée; il arriva des vivres, de la farine, des souliers, des munitions, 2 bataillons du régiment de Berry, quelques artilleurs et les dragons de la Tour [1]; mais une partie des vivres et des chaussures avait été capturée par les Anglais.

MM. de Vaudreuil et de Montcalm décidèrent que l'on prendrait, cette année, le fort William-Henry, qui était établi à la tête du lac Saint-Sacrement et donnait aux Anglais le moyen de tomber à l'impro-

---

toutes les précautions pour le débarquement et l'isolement des matelots atteints de l'épidémie. Mais les capitaines et les équipages avaient une trop grande impatience de se débarrasser de leurs malades pour les débarquer avec les soins nécessaires; on les jeta à terre avec si peu de ménagements, que plusieurs en périrent. « Cette multitude de mourans exposés à toutes les injures de l'air sur le bord de la mer fit compassion aux âmes charitables qui étoient dans la ville; ils en prirent plusieurs dans leurs maisons, et c'est ce qui a introduit la contagion et a fait périr 1,500 habitans. » (*Mémoires du duc de Luynes*, 26 juin 1758.)

1. En tout, 1,314 hommes, dont 70 officiers.

viste sur les forts Saint-Frédéric et Carillon, principales défenses de cette partie de la frontière. Il était important de ne pas laisser plus longtemps l'ennemi maître d'une position offensive si dangereuse pour nous.

Déjà on avait fait, pendant l'hiver, une audacieuse pointe sur William-Henry. Malgré le froid et la neige, une colonne de 1,400 hommes, soldats, Canadiens et sauvages, commandés par M. Rigaud de Vaudreuil et M. de Longueil[1], s'était mise en marche le 23 février, et était arrivée, le 18 mars, devant le fort William-Henry, après avoir fait soixante lieues sur la neige, raquettes aux pieds, et avoir supporté d'incroyables fatigues. Le projet de M. de Rigaud était d'escalader le fort, si on pouvait surprendre les Anglais ; mais on les trouva sur leurs gardes, et M. de Rigaud se contenta de brûler les magasins qui entouraient le fort. Il fit avancer, en plein jour, une partie de son monde jusqu'au pied des remparts, ouvrit « un feu diabolique, » contre les Anglais, et, sous la protection de cette mousqueterie, il brûla les magasins et les chantiers. Il détruisit 300 barques de transport, 6 frégates, les approvisionnements de bois de construction et des quantités considérables de farine et d'objets de toutes

---

1. Lieutenant de roi de Québec.

sortes pour l'armement et l'équipement des troupes. M. de Rigaud se retira sans être inquiété, et ne perdit dans son expédition que 27 hommes tués ou blessés [1].

En juillet, le marquis de Montcalm acheva les préparatifs du siége de William-Henry, où le colonel Moore tenait garnison avec 3,000 soldats. L'armée, forte de 7,500 hommes, partit de Carillon le 30 juillet; le 4 août, M. de Bourlamaque ouvrait la tranchée devant William-Henry. « Ce fort étoit en bois, mais d'une construction très-solide, quoique inconnue en Europe. » Le 9, les Anglais capitulèrent. On prit 43 bouches à feu, 35,835 livres de poudre, des projectiles, des vivres et 29 bâtiments. Nous n'avions perdu que 58 hommes, tués et blessés [2]. On avait fait 2,296 prisonniers. L'impossibilité où l'on était de les nourrir décida M. de Montcalm à les renvoyer, à condition de ne pas servir contre la France pendant dix-huit mois.

Les Anglais se mirent en route, le 10 août au ma-

---

1. Mémoires du duc de Luynes et lettre du marquis de Montcalm, du 24 avril. (Dépôt de la guerre.) — Le succès de M. de Rigaud ne fut connu à Compiègne, où était le roi, que le 25 juillet.

2. Voyez, à la fin du volume, le rapport de Bougainville, pièce 15, et les pièces 14, 16, 17 et 18.

tin, pour rejoindre leurs avant-postes, sans attendre que l'escorte qui devait les protéger contre une attaque des Indiens fût rassemblée et prête à partir. Malgré les recommandations expresses que leur avaient faites nos généraux, les Anglais avaient donné du rhum aux sauvages, qui, devenus ivres et furieux, les attaquèrent, peu de temps après qu'ils se furent mis en marche, pour piller leurs bagages. Les Anglais avaient conservé leurs armes ; mais, au lieu de faire bonne contenance devant les Indiens, « dont ils avoient une frayeur inconcevable, » ils se sauvèrent en désordre. Les sauvages, excités par la lâcheté des fuyards, en tuèrent quelques-uns, une vingtaine peut-être, et en firent environ 600 prisonniers. Au premier bruit, MM. de Montcalm, de Lévis et de Bourlamaque accoururent avec tous leurs officiers et les soldats commandés pour l'escorte ; on apaisa les sauvages et on leur arracha d'abord 400 prisonniers, ce qui ne se fit pas sans danger, car un de nos soldats fut tué et trois grenadiers furent blessés. Les Anglais délivrés se reformèrent, et, sous la protection de notre escorte, rejoignirent les avant-postes du général Webb, qui commandait l'armée anglaise sur cette frontière. Deux cents autres prisonniers que les sauvages avaient conduits à Montréal furent rachetés plus tard, à grands frais, par M. de Vaudreuil, et ces 600 prisonniers délivrés furent reconduits également aux avant-postes du général Webb[1].

Malgré notre bonne foi évidente et l'honorable conduite que le marquis de Montcalm avait tenue dans cette affaire, le roi d'Angleterre déclara nulle la capitulation du fort William-Henry et refusa de l'exécuter[2].

---

[1]. On voit combien Fenimore Cooper, dans le Dernier des Mohicans, a exagéré ce qu'il appelle « le massacre de William-Henry, » regrettable affaire dans laquelle les Anglais furent « houspillés » et non pas massacrés. Il y eut une vingtaine d'hommes tués, et non pas 1,500. Quant à l'inaction des troupes de Montcalm qui restèrent sous les armes, ainsi que leur général, spectatrices de ce massacre, on a vu ce qu'il en était. Voici encore ce qu'écrit à ce sujet, dans son journal, M. de Malartic, un des officiers d'état-major de l'armée.

« Le 10, M. le chevalier de Lévis a fait partir les Anglois à six heures du matin, escortés par un détachement des troupes réglées, les officiers attachés aux sauvages et tous les interprètes ; ils n'ont pas eu fait une demi-lieue que les sauvages ont couru après eux, en ont tué quelques-uns, pris beaucoup, presque tous dépouillés, ont tué un soldat et blessé trois qui vouloient s'opposer à leur cruauté. M. le marquis de Montcalm y a accouru avec presque tous les officiers, leur a arraché tous les Anglois qu'il leur a vus, a fait rentrer dans le fort tous ceux qui avoient échappé à leur fureur et revenir tous ceux qui ne pouvoient pas gagner le fort Édouard sans danger. Après ce bel exploit, beaucoup de sauvages se sont embarqués avec leurs prisonniers pour Montréal. » (Dépôt de la guerre, Canada, année 1757, pièce 117.)

[2]. Lettre du marquis de Montcalm au marquis de Vau-

M. de Montcalm eût bien voulu profiter de sa victoire pour aller prendre le fort Édouard, ce qui nous aurait rendus les maîtres sur cette frontière ; mais la petite vérole s'était déclarée chez nos sauvages [1], et il était indispensable de renvoyer chez eux les miliciens, pour faire la moisson et sauver ce qui restait de la récolte, que des pluies continuelles avaient en grande partie détruite.

VII

La famine.

1758. L'hiver de 1757 à 1758 fut extrêmement long et rude, et détruisit encore la récolte de 1758 ;

---

dreuil, du 9 juillet 1758.—La prise de William-Henry fut annoncée au roi par M. de Moras ; le 11 octobre. Voyez *Mémoires du duc de Luynes.*

1. Les sauvages avaient gagné cette maladie en pillant, à William-Henry, les Anglais et leurs bagages. La petite vérole fit chez eux de nombreuses victimes. (Lettre du marquis de Montcalm, du 20 avril 1758.)

la disette se changea en famine. On lit dans une lettre de M. Doreil, du 26 février : « Le peuple périt de misère. Les Acadiens réfugiés ne mangent depuis quatre mois que du cheval où de la merluche [1] sans pain. Il en est déjà mort plus de trois cents... Le peuple canadien a un quart de livre de pain par jour... La livre de cheval vaut 6 sols ; on oblige ceux qui sont en état d'en manger de prendre de cette viande par moitié... Le soldat a demi-livre de pain par jour ; pour la semaine on lui donne 3 livres de bœuf, 3 livres de cheval, 2 livres de pois et 2 livres de morue. » Depuis le 1er avril, la famine augmentant, on ne donna plus au peuple que 2 onces de pain. Tout était d'une « horrible cherté [2]. » Au mois de mai, il n'y avait presque plus de pain ni de viande ; la livre de bœuf valut alors 25 sols ; autant la livre de farine ; « et cependant, dit M. Doreil, ils prennent leur mal en patience. »

Pendant ce temps [3], chez l'intendant Bigot, on passait le carnaval, jusqu'au mercredi des cendres,

---

1. Morue sèche.
2. Tous ces détails sont extraits des pièces 70, 85 et 105 contenues dans le volume : Canada, 1758, au Dépôt de la guerre. La pièce 70 est une lettre de M. Doreil, du 30 avril. — Notons en passant que la livre de poudre valait 4 livres.
3. Lettre de M. Doreil, du 26 février 1758.

à jouer « un jeu à faire trembler les plus déterminés joueurs. » M. Bigot y perdait plus de 200,000 livres au quinze, au passe-dix, au trente et quarante. Pendant qu'on jouait à Québec, chez M. Bigot, on jouait aussi à Montréal chez M. de Vaudreuil. Le roi avait cependant défendu les jeux de hasard; mais ses ordres étaient ouvertement violés, malgré les représentations du marquis de Montcalm, que ces scandales indignaient, et qui craignait de voir toutes les ressources de ses officiers s'engloutir dans « ces jeux de hasard poussés à l'excès. »

Enfin il arriva à Québec quelques bâtiments chargés de farine et de vivres, qui avaient échappé aux innombrables corsaires anglais; la famine diminua d'intensité.

VIII

Perte de Louisbourg. — Victoire de Carillon.

1758. L'armée du Canada se composait au mois de mai 1758, à l'ouverture de la campagne, de 5,784 soldats. Pour écraser cette poignée d'hommes, Pitt donna au nouveau général qu'il envoyait en Amérique, à sir Abercromby, 22,000 soldats et 28,000 miliciens, et fit organiser un corps de réserve de 30,000 miliciens. Des troupes aussi nombreuses semblaient assurer la victoire à l'Angleterre ; aussi lord Chesterfield écrivait-il à son fils, le 8 février : « Il est très-certain que nous sommes assez forts en Amérique pour manger les Français tout vifs au Canada, à Québec et à Louisbourg, si nous savons faire usage de nos forces avec habileté et vigueur. »

Malgré la disette, la rareté des munitions et la disproportion du nombre, le Canada ne désespérait pas de la lutte : « Nous combattrons, écrivait M. de Montcalm ; nous nous ensevelirons, s'il le faut, sous les ruines de la colonie. »

L'Angleterre se prépara à envahir le Canada par trois points ; Louisbourg devait être attaqué par

16,000 hommes; le fort Carillon par 20,000 hommes; le fort Duquesne par 9,000 hommes. Les opérations commencèrent par le siége de Louisbourg.

Dans les premiers jours de juin, l'amiral Boscawen, parti de Halifax avec 24 vaisseaux, 18 frégates et 150 transports, débarqua dans l'île Royale 15,600 soldats, 65 pièces de canon de gros calibre et 42 mortiers ; cette armée était aux ordres du général Amherst. La garnison de Louisbourg comptait 2,900 soldats [1], 1,200 sauvages et environ 2,500 miliciens, soit du Canada, soit de Louisbourg même, en tout à peu près 7,000 combattants. Un de nos meilleurs officiers de marine, M. de Beaussier, était parvenu à faire entrer à Louisbourg une escadre de 3 vaisseaux et 2 frégates, qui amena toutes les provisions nécessaires [2]. Le gouvernement avait pourvu à tous les besoins de la colonie et des troupes ; mais il n'y avait à Louisbourg que 5 vaisseaux, hors d'état de lutter

---

[1]. Sur lesquels 2,040 seulement étaient en état de combattre. — Les détails de ce siége sont extraits : d'une lettre de M. de Drucour, du 26 juillet (Dépôt de la guerre, Canada, 1758, pièce 172), du rapport de M. La Houlière, adressé au ministre de la guerre le 6 août 1758 (Dépôt de la guerre, vol. 3499, pièce 13), et de l'excellent ouvrage : *Lettres et Mémoires pour servir à l'histoire naturelle, civile et politique du cap Breton*, etc.

[2]. *Mémoires du duc de Luynes*, 26 juin 1758.

contre la flotte de Boscawen maîtresse de la mer ; de sorte que, par siége ou par blocus et famine, les Anglais devaient prendre Louisbourg, la marine française étant par sa faiblesse hors d'état de lutter contre les flottes de l'Angleterre. On commençait dès lors à subir les conséquences de notre intervention dans les luttes de Frédéric le Grand et de Marie-Thérèse ; dès 1758, la mer était aux Anglais, et la défense de nos colonies désormais impossible.

Les fortifications de Louisbourg, malgré les représentations du gouverneur de la place, M. de Drucour, étaient en mauvais état et incomplètes ; une partie était écroulée. « Rien en ce pays, dit M. La Houlière, ne tient contre les rigueurs des saisons. La terre de Louisbourg, quand elle est sèche, n'a pas plus de consistance que la tourbe et la cendre ; l'air de la mer, joint aux pluies et aux neiges, détruit toute maçonnerie si elle n'est pas revêtue de madriers [1]. »

Le 8 juin, un premier débarquement fut tenté par les Anglais ; on les repoussa ; mais quelques jours après ils réussirent sur un autre point mieux choisi, et le siége commença. Il dura deux mois. M. de Dru-

---

1. Rapport de M. La Houlière. — « Il y avoit autant à craindre, dit M. La Houlière, du détonnement de notre canon que de celui de l'ennemi, et cette raison a souvent empêché d'en tirer. »

cour y déploya la plus grande bravoure. Madame de Drucour montra beaucoup de courage pendant le siége; chaque jour elle allait aux batteries les plus exposées et mettait le feu à trois pièces de canon. Les troupes se battirent vigoureusement; mais, le 26 juillet, les remparts étaient démolis et l'artillerie hors de service; des 54 pièces opposées à l'ennemi, 42 étaient démontées et brisées; 800 soldats étaient tués ou blessés; 1,200 soldats ou matelots étaient malades. Amherst se préparait à donner l'assaut, et Boscawen, pour appuyer l'attaque faite par terre, devait forcer l'entrée du port, défendu jusqu'alors avec nos vaisseaux que les Anglais venaient d'incendier. M. de Drucour, voulant sauver les habitans et la ville, offrit de capituler; on lui répondit qu'il n'avait qu'à se rendre à discrétion; il refusa et se résolut à tout ce qui pouvait lui arriver plutôt que de se soumettre à d'aussi humiliantes conditions. Cependant, les habitants le suppliant de capituler et d'éviter ainsi la ruine complète de la ville et le sacrifice inutile des soldats qui lui restaient, il se soumit[1]. M. de Drucour

---

1. On se montra fort sévère en France sur la capitulation de Louisbourg, que l'on qualifia de honteuse. M. de Drucour, attaqué, se justifia et écrivit à un de ses amis une longue lettre dans laquelle on lit ce qui suit :

« Voilà, monsieur, comme bien des personnes parlent, raisonnent, affirment et ensuite disent : « Mais je ne sçavois

et la garnison furent prisonniers de guerre, et les habitants furent transportés en France[1].

La prise de Louisbourg laissa le Canada sans défense du côté de la mer et ouvrit le Saint-Laurent, c'est-à-dire le chemin de Québec, aux Anglais. Ils prirent et détruisirent Gaspé, à l'entrée du fleuve, et remirent à l'année suivante l'attaque sur Québec; toutefois ils restaient maîtres des entrées du Canada et interceptaient toutes communications avec la France.

Pendant que le général Amherst assiégeait Louisbourg, Abercromby commençait ses opérations. Partant du fort Édouard avec 20,000 hommes de troupes

---

« pas cela; » et, comme dit Voltaire, dans son épître à la Calomnie, *l'on est tout de feu pour appuyer un mensonge et tout de glace pour éclaircir une vérité.* Je l'ay bien éprouvé dans cette triste catastrophe de Louisbourg; mais enfin, tant de témoins de tous les états, de tous les grades, ont parlé, qu'il a fallu convenir qu'on ne pouvoit le sauver que par des forces de mer, et l'année qui a précédé la prise en fait foy. Nous avions 20 vaisseaux; l'ennemy paroît et reconnoît la position; l'ennemy s'en va. Il en eût été de même l'année dernière si le même secours eût subsisté. » (Lettre de M. de Drucour à N., 5 août 1759. Dépôt de la guerre.)—Voyez, sur la capitulation, la pièce 20, à la fin du volume.

1. On savait à Paris, dès le 22 août, la prise de Louisbourg; on l'avait apprise par la voie d'Angleterre. M. de Massiac, ministre de la marine, n'avait pas encore reçu de nouvelles à cette date. (*Mémoires du duc de Luynes*, 24 août 1758.)

anglaises et de milices américaines, il s'avança contre Carillon, pour, de là, se porter sur Montréal.

Le fort Carillon, aujourd'hui l'importante ville de Ticondéroga, était situé sur un plateau élevé et accidenté, qui est au confluent des deux rivières de la Chute et de Saint-Frédéric. En avant du fort, on avait élevé, sur une longueur de 800 toises, des retranchements très-solides, faits avec des troncs d'arbres couchés les uns sur les autres; en avant encore, on avait placé des arbres renversés, dont les branches « appointées » faisaient l'effet de chevaux de frise. De tous les autres côtés, la position était défendue par les rivières et dominée par le fort Carillon : il fallait donc que l'ennemi abordât l'abatis d'arbres et enlevât d'assaut ce rempart.

MM. de Montcalm, de Lévis et de Bourlamaque étaient à Carillon avec 3,058 hommes, dont 450 Canadiens[1].

Le 8 juillet, sur le midi, Abercromby marcha contre nos retranchements « avec une vivacité digne des meilleures troupes; » son armée était divisée en quatre grosses colonnes ; dans les intervalles étaient des troupes légères, « fusillant dans l'entre-deux des co-

---

1. La lettre écrite par Abercromby à Pitt, et dont l'analyse est dans la *Gazette de France* (1758, p. 423), dit que 15,000 Anglais attaquèrent les 6,000 hommes de Montcalm.

lonnes. » On laissa l'ennemi s'approcher jusqu'à quarante-cinq pas des retranchements, puis on l'arrêta tout court par un feu aussi juste que bien nourri. Pendant sept heures les colonnes anglaises s'acharnèrent à enlever le retranchement et firent six attaques consécutives; leur opiniâtreté se brisa contre la nôtre[1]. Enthousiasmée par le courage héroïque de Montcalm, sa petite armée se battait avec joie et avec un entrain merveilleux[2], aux cris de : « Vivent le Roi et notre général ! » Notre feu, dirigé sur des masses profondes, leur faisait éprouver de cruelles pertes. Une attaque sur leur flanc gauche fut vigoureusement exécutée par M. de Lévis ; à leur droite, la flottille anglaise de la rivière de la Chute fut repoussée par le canon de Carillon. Enfin, Abercromby battit en retraite, après le combat le plus vif et le plus opiniâtre ; il avait perdu 5,000 hommes ; quelques relations disent 6,000 ; presque tous les officiers anglais avaient

---

1. Le régiment Royal-Écossais perdit tous ses officiers et 950 soldats sur 1,400. Beaucoup d'Anglais furent tués à dix ou douze pas du retranchement. (Pouchot, I, 152.)

2. « MM. les officiers, dit le marquis de Montcalm, y ont fait des choses surprenantes, des prodiges de valeur, et leur exemple a fait faire des choses incroyables au moindre soldat. » (Lettre au marquis de Vaudreuil, du 9 juillet 1758. Dépôt de la guerre.) — Toutes les relations parlent de la gaieté de nos soldats.

été tués ou blessés. De notre côté, nous avions à regretter 377 hommes tués ou blessés, dont 37 officiers. M. de Lévis, qui commandait notre droite, avait eu ses habits criblés de balles, mais sans une seule blessure; M. de Bougainville, moins heureux, reçut un coup de feu à la tête.

Abercromby profita de l'obscurité de la nuit pour effectuer sa retraite, « qui fut plus que précipitée. » Il se rembarqua sur le lac Saint-Sacrement et revint au fort Édouard sans être poursuivi; M. de Montcalm n'avait pas assez de monde, et ses troupes étaient trop fatiguées pour pouvoir inquiéter l'ennemi dans sa retraite[1].

M. de Montcalm avait arrêté l'invasion par sa brillante victoire de Carillon; certes, il y avait de quoi s'enorgueillir. Il demeura cependant toujours aussi modeste. « Je n'ai eu, écrivait-il à M. de Vaudreuil, que la gloire de me trouver le général de troupes aussi valeureuses... Le succès de l'affaire est dû à la valeur incroyable de l'officier et du soldat. »

Le soir de la victoire, l'heureux et brillant général

---

1. Tous ces détails sont tirés du rapport de M. de Montcalm, qui est accompagné d'observations aigres, sottes et injustes de M. de Vaudreuil; des pièces 138, 176 et 182 (Dépôt de la guerre) et de diverses lettres de M. Doreil. — Voyez à la fin du volume, les pièces 21 et 22.

écrivait, sur le champ de bataille même, à M. Doreil, son ami : « L'armée, et trop petite armée du Roi, vient de battre ses ennemis. Quelle journée pour la France ! Si j'avois eu deux cents sauvages pour servir de tête à un détachement de mille hommes d'élite, dont j'aurois confié le commandement au chevalier de Lévis, il n'en seroit pas échappé beaucoup dans leur fuite. Ah ! quelles troupes, mon cher Doreil, que les nôtres ! je n'en ai jamais vu de pareilles[1]. »

Le marquis de Montcalm demanda son rappel en France, pour toute récompense de la victoire qu'il avait remportée à Carillon[2]; il était fatigué de la jalousie mesquine et du mauvais vouloir de M. de Vaudreuil[3]; les intrigues qu'on tramait sans cesse autour de lui l'irritaient; le spectacle des désordres et des abus qu'il ne pouvait réprimer, étant « aussi subordonné » qu'il l'était, tout lui faisait vivement désirer

---

1. Cette lettre, si charmante de simplicité, a été imprimée dans le *Mercure de France*, janvier 1760, p. 211.
2. Lettre au ministre de la guerre, 12 juillet 1758. (Dépôt de la guerre.)
3. « Il est dur pour un général bien intentionné, écrivait M. de Montcalm, de se trouver à 1,500 lieues, de servir hors de son département et d'avoir toujours à craindre la nécessité de se justifier. » (Lettre au ministre de la guerre, 1ᵉʳ août 1758.)

de quitter le Canada ; de plus, sa santé s'usait et sa bourse s'épuisait [1].

Quelque temps après avoir été battu à Carillon, Abercromby envoya le colonel Bradstreet, avec 3,000 hommes, attaquer Frontenac. Ce fort, ou, comme l'appelle M. Doreil, cette misérable bicoque [2]

---

1. « Ma santé s'use ; le travail, l'inquiétude et le chagrin ne peuvent que l'altérer. Au milieu des succès, j'ai à craindre qu'on ne cherche à faire désapprouver ma conduite ; et, si la fortune m'eût abandonné, on m'auroit peint comme coupable de mesures mal prises. » (Lettre au ministre de la guerre, 1er août 1758.) — Les observations que M. de Vaudreuil eut le tort grave de joindre au rapport du marquis de Montcalm sur la bataille de Carillon, justifient les appréhensions du général.

Le 11 octobre 1758, M. de Montcalm, écrivant à M. de Crémille, lui répétait ce qu'il avait dit au ministre de la guerre le 1er août : « Ma santé s'use ; ma bourse s'épuise ; je dois 10,000 écus dans une colonie où tous ceux qui sont en place ne mangent pas, pour l'ordinaire, leur bien. Cependant M. Houart, intendant, y a laissé aussi maladroitement que moi des dettes... »

2. La plupart des forts du Canada étaient mal construits et mal situés ; ils étaient dominés par les hauteurs voisines ; les murs n'avaient que deux pieds d'épaisseur, sans terre-plein, ni fossés, ni chemin couvert. « Voilà ce qu'on appelle un fort dans ce pays-ci, suffisant, à la vérité, lorsqu'on ne faisoit la guerre que contre des sauvages ou des partis sans artillerie ; mais aujourd'hui les nombreuses forces des Anglois et leur artillerie doivent bien changer le système de la guerre et par conséquent la défense des frontières. » (Lettre de M. de Pontleroy au ministre de la guerre, du 28 octobre 1758.)

était l'arsenal de la marine française sur le lac Ontario, et cette marine nous assurait la supériorité sur le lac ; tout mauvais qu'il était, il servait d'entrepôt aux vivres et aux munitions destinés aux postes des Pays d'en haut, ainsi qu'aux marchandises pour les sauvages. M. de Vaudreuil n'avait pas garni ce point important comme il eût fallu le faire ; 70 hommes seulement, aux ordres de M. de Noyan, officier des troupes de la colonie, y tenaient garnison ; et cependant il y avait 80 pièces de canon ! Notre flottille n'était pas armée et ne servit à rien. Le colonel Bradsteet, partant du fort Édouard, descendit la rivière Oswego et arriva par le lac Ontario à Frontenac, le 25 août. Le 27, M. de Noyan capitula ; les Anglais détruisirent Frontenac, brûlèrent notre marine et emmenèrent notre artillerie, puis de là se retirèrent au fort de Bull, position bien choisie, sur la haute rivière Oswego, entre le lac Ontario et le fort Édouard. Après la retraite des Anglais, M. de Vaudreuil ordonna de relever les fortifications de Frontenac.

Pendant que la droite de l'armée anglaise prenait Louisbourg et que son centre était vaincu à Carillon et vainqueur à Frontenac, la gauche des Anglais était victorieuse sur l'Ohio.

De ce côté, le général Forbes et 6,000 hommes, soldats et miliciens de la Virginie, ces derniers aux ordres de Washington, alors colonel, partirent de la

Pensylvanie et s'avancèrent contre le fort Duquesne. Forbes envoya une avant-garde de 1,000 hommes pour reconnaître la place. Le commandant du fort, M. de Lignery, officier des troupes de la colonie, fit attaquer les Anglais, qui furent repoussés avec une perte de 150 hommes (23 octobre); mais M. de Lignery, manquant de vivres, fut obligé après sa victoire de renvoyer une grande partie de son monde et ne garda que 200 hommes et 100 sauvages[1]. Forbes, pendant ce temps, s'avançait avec le gros de ses forces, et le 23 novembre il était à 3 lieues du fort Duquesne. M. de Lignery, hors d'état de résister, évacua le fort, le brûla, envoya son artillerie par la Belle-Rivière au fort des Illinois, et se retira avec sa garnison au fort Machault[2]. Le général Forbes donna le nom de Pittsbourg aux ruines qu'il occupa après notre départ. M. de Vaudreuil[3] paraît être responsable de cet échec; dès le commencement de la campagne, il n'avait rien fait pour mettre Fort-Duquesne en état de défense; il avait même donné l'ordre de l'évacuer : « Cet ordre a été public, si public, que les Anglois l'ont su. »

---

1. Dépôt de la guerre, Canada, 1758, pièces 197 et 213.
2. Lettre de M. de Malartic au ministre (Dépôt de la guerre, Canada, 1758, pièce 39) et lettre du marquis de Montcalm. (Même Dépôt, Canada, 1758, pièce 40.)
3. Lettre du marquis de Montcalm, du 12 avril 1759. (Dépôt de la guerre.)

En somme, l'avantage de la campagne de 1758 demeurait aux Anglais. Ils avaient pris Louisbourg; détruit le fort Frontenac et occupaient la vallée de l'Ohio; la victoire de Carillon avait seulement arrêté le mouvement offensif de leur centre et retardé encore d'un an la grande attaque qu'ils préparaient contre le Canada.

Les sauvages voyaient notre domination chanceler; une partie quittait déjà notre alliance et passait aux Anglais. Le prise de Frontenac fut le signal de la défection. M. Doreil, en rendant compte au ministre de la destruction de ce fort, lui disait : « Les sauvages *ont frappé* sur nous; ils se sont emparés sur le lac Ontario de trois canots qui descendoient chargés de pelleteries et en ont égorgé les équipages, triste avant-coureur de ce que nous avons à craindre de leur part. La paix, la paix, Monseigneur; pardonnez-moi, je ne puis trop me répéter à cet égard. »

IX

Abandon du Canada par le gouvernement français.

Le gouvernement français, après la victoire de Carillon, donna de grandes récompenses à son armée du Canada. M. de Montcalm, qui avait été fait commandeur de Saint-Louis en 1757, fut nommé lieutenant général ; M. de Lévis devint maréchal de camp ; M. de Bougainville, colonel et chevalier de Saint-Louis ; M. de Bourlamaque, brigadier ; M. de Vaudreuil eut la grand'croix de Saint-Louis. Beaucoup de croix et de grades furent donnés aux officiers qui s'étaient le plus distingués, parmi lesquels nous citerons M. de Sénezergues, lieutenant-colonel commandant l'un des bataillons venus de France, officier du plus grand mérite, qui fut nommé brigadier. On chanta à Paris un *Te Deum* en l'honneur de « la victoire de M. de Montcalm en Amérique, » et on inséra le rapport de M. de Vaudreuil sur la glorieuse affaire de Carillon dans la *Gazette de France*. Nous croyons utile de rappeler ces faits, malgré leur peu d'importance apparente, parce que les journaux de ce temps, la *Gazette* et le *Mercure*, si remplis des nouvelles relatives aux armées d'Allemagne, et même à celle de l'Inde, ne parlent presque pas des affaires d'Amérique. Cette guerre, à son temps, ne fut pas connue du public, qui n'en sut jamais les admirables détails.

Avant de commencer l'histoire de l'année 1759, il faut encore parler de la famine. Les colons étant sans cesse sous les armes dans les rangs de la milice, une partie des terres demeurait sans culture et le reste était mal cultivé ; dès la fin de 1758, le prix des denrées devint excessif. On trouve dans une pièce du Dépôt de la guerre [1], datée du 1er novembre, que la barrique de vin vaut 700 livres ; le pain 8 sols la livre, la livre de bœuf 20 sols, la livre de veau 25 sols, la livre de mouton 25 sols, la livre de lard 40 sols. Les légumes sont arrivés à un prix incroyable ; un chou vaut 20 sols, le cent d'oignons, 10 et 12 livres ; la douzaine d'œufs coûte 50 sols, le pot de lait 30 sols, la livre de beurre 40 sols. Cette même pièce donne le prix d'une paire de souliers, c'était 20 livres ; le cuir était aussi rare que le bétail. « On mange les bœufs de labour, écrivait-on en 1759, avec quoi labourera-t-on en 1760 ? »

MM. de Vaudreuil et de Montcalm écrivirent aux ministres pour leur demander des secours et leur faire connaître la situation de la colonie, qui allait

---

[1]. Dépôt de la guerre, Canada, année 1758, pièce 189-*bis*.

périr par la faim et la guerre si on ne lui envoyait des vivres et des soldats. En même temps, MM. de Bougainville et Doreil[1] s'embarquaient pour la France, afin d'appuyer les demandes de leurs chefs.

Le gouvernement de Louis XV était alors tout occupé à réparer les échecs continuels que ses armées éprouvaient en Allemagne; il était sans finances, sans marine; il vivait d'expédients, frappant monnaie avec l'argenterie que le patriotisme des Français lui donnait[2]. Il était servi par une administration inintelligente, détraquée et corrompue, par des généraux, des amiraux et des officiers plus que malhabiles et indisciplinés; il était aux prises avec l'opinion soulevée contre lui; il était battu sur terre et sur mer, en Allemagne, aux Indes, au Sénégal, aux Antilles. L'armée du Canada seule avait été presque constamment victorieuse; mais elle avait besoin de secours,

---

1. M. de Vaudreuil écrivait au ministre de la guerre, en parlant de M. Doreil, dont nous connaissons l'opinion sur le gouverneur du Canada : « J'y ai pleine confiance et toute croyance peut lui être donnée. » (Lettre du 11 octobre 1758; Dépôt de la guerre.) Ceci prouve l'honnêteté de M. de Vaudreuil. — M. Doreil fut remplacé par M. Bernier, qui était depuis quelque temps en Canada. Ce M. Bernier est l'ancien aide de camp du baron Dieskau, fait prisonnier avec son général.

2. Les listes de ces dons ont été publiées dans le *Mercure.*

et on ne pouvait lui en envoyer de suffisants, la mer étant aux Anglais et les finances de la France étant complétement épuisées.

Aussi le maréchal de Belle-Isle, ministre de la guerre, répondit, le 19 février 1759, aux demandes de secours que lui adressait M. de Montcalm, en lui disant qu'il ne devait pas compter recevoir des troupes de renfort. « Outre qu'elles augmenteroient la disette des vivres que vous n'avez que trop éprouvée jusqu'à présent, il seroit fort à craindre qu'elles ne fussent interceptées par les Anglois dans le passage; et, comme le Roi ne pourroit jamais vous envoyer des secours proportionnés aux forces que les Anglois sont en état de vous opposer, les efforts que l'on feroit ici pour vous en procurer n'auroient d'autre effet que d'exciter le ministère de Londres à en faire de plus considérables pour conserver la supériorité qu'il s'est acquise dans cette partie du continent. »

C'était renoncer au Canada que de prendre une telle résolution; cependant le maréchal de Belle-Isle donna l'ordre de continuer la guerre et de conserver à tout prix « un pied » dans l'Amérique septentrionale.

« Comme il faut s'attendre que tout l'effort des Anglois va se porter sur le Canada et qu'ils nous attaqueront par les différens côtés à la fois, il est nécessaire que vous borniez votre plan de défensive aux points les plus essentiels et les plus rapprochés, afin qu'étant rassemblés dans un plus petit espace de pays, vous soyez toujours à portée de vous entresecourir, vous communiquer et vous soutenir. Il est de la dernière importance de conserver un pied dans le Canada. Quelque médiocre qu'en soit l'espace que vous pouviez conserver, il est indispensable de conserver un pied dans l'Amérique septentrionale, car si nous l'avions une fois perdue en entier, il seroit comme impossible de la ravoir. C'est pour remplir cet objet que le Roi compte, monsieur, sur votre zèle, votre courage et votre opiniâtreté, et que vous mettrez en œuvre toute votre industrie, et que vous communiquerez les mêmes sentimens aux officiers principaux, et tous ensemble aux troupes qui sont sous vos ordres.

« M. Berryer[1] donne les mêmes ordres à M. de Vaudreuil et lui prescrit de se conduire avec vous dans le plus grand concert. Vous devez en sentir, l'un et l'autre, toute la nécessité et toute la conséquence. J'ai répondu de vous au Roi, et je suis bien assuré que vous ne me démentirez pas, et que pour le bien de l'État, la gloire de la nation et votre propre conservation, vous vous porterez aux plus grandes extrémités, plutôt que de jamais subir des conditions aussi honteuses qu'on a fait à Louisbourg, dont vous effacerez le souvenir.

---

1. Ministre de la marine.

Voilà, monsieur, en substance quelles sont les instructions du Roi, et sa confiance est entière dans votre personne et toutes les qualités qu'il vous connoît. J'y ai bien confirmé Sa Majesté par les témoignages que je lui ai rendus. Je vous souhaite, monsieur, une parfaite santé; je ne suis point en peine du reste; soyez assuré aussi, monsieur, de tous les sentimens que j'ai pour vous et du désir que j'ai de me trouver à portée de vous en donner des marques [1]. »

Le gouvernement français envoya cependant quelques secours au Canada : 600 recrues, 15 bâtimens chargés de vivres et de diverses marchandises. C'était peu, « mais le peu est précieux à qui n'a rien, » disait Montcalm en annonçant au maréchal de Belle-Isle l'arrivée de cette flottille, qu'un audacieux et habile marin, le capitaine Canon, avait fait passer au travers des escadres anglaises. En même temps il assurait le ministre de son entier dévouement : « J'ose vous répondre d'un entier dévouement à sauver cette malheureuse colonie, ou périr. » Le chevalier de Lévis et Bougainville tenaient le même langage. « Je pense qu'il faudra nous défendre pied à pied, écrivait le premier [2], et nous battre jusqu'à extinction; il sera,

---

[1]. Dépôt de la guerre, vol. 3540, pièce 16. — De la main du maréchal.

[2]. Lettre au ministre de la guerre, du 13 mai 1759.

s'il le faut, encore plus avantageux pour le service du Roi que nous périssions les armes à la main que de souffrir une capitulation aussi honteuse que celle de l'Ile-Royale. J'inspirerai partout où je serai les mêmes sentimens. » M. de Bougainville disait : « Les Anglois se disposent à nous attaquer incessamment et de plusieurs côtés ; on connoît l'énormité de leurs forces, et cette connoissance ne fait qu'augmenter le zèle des troupes[1]. »

Quant à l'intendant, le nouveau ministre de la marine, l'incapable mais honnête M. Berryer, lui écrivit plusieurs lettres menaçantes et envoya un commissaire pour examiner ses comptes. Il aurait dû le rappeler et le mettre aussitôt en jugement ; mais, si Bigot était accusé par M. de Montcalm et M. Dorcil, il était fort énergiquement soutenu par M. de Vaudreuil. Au milieu de ces intrigues lointaines, il était difficile de démêler la vérité à Versailles. C'est précisément cet appui donné à Bigot par M. de Vaudreuil qui soutint et sauva cet impudent voleur, en trompant le ministre. Bigot, cependant, était démasqué et dut mettre plus de prudence et de réserve dans sa conduite, après avoir reçu la lettre que M. Berryer lui écrivit le 19 janvier 1759, et qui se terminait ainsi : « On vous attribue directement d'avoir gêné le commerce

---

1. Lettre au ministre de la guerre, du 16 mai 1759.

dans le libre approvisionnement de la colonie ; le munitionnaire général s'est rendu maître de tout, et donne à tout le prix qu'il veut ; vous avez vous-même fait acheter pour le compte du roi, de la seconde et troisième main, ce que vous auriez pu vous procurer de la première, à moitié meilleur marché ; vous avez fait la fortune des personnes qui ont des relations avec vous par les intérêts que vous avez fait prendre dans ces achats ou dans d'autres entreprises; vous tenez l'état le plus splendide et le plus grand jeu au milieu de la misère publique..... Je vous prie de faire de très-sérieuses réflexions sur la façon dont l'administration qui vous est confiée a été conduite jusqu'à présent. Cela est plus important que peut-être vous ne le pensez [1]. »

X

M. de Bougainville à Versailles.

Pendant son séjour à Versailles, en 1759, M. de Bougainville fut reçu le 8 avril par Louis XV et eut

---

[1]. Ce fragment de lettre de M. Berryer est extrait de l'*Histoire du Canada*, par M. Garneau.

l'honneur de lui présenter la carte et les plans des forts du Canada, qui avaient été levés par un officier du régiment de la Sarre, M. de Crèvecœur. Le roi donna la croix de Saint-Louis au premier aide de camp de M. de Montcalm. Avant sa présentation, M. de Bougainville avait remis au ministre quatre mémoires[1] fort importants, qui exposaient la situation de la colonie, ses ressources et ses besoins. Le ministre de la marine, Berryer, reçut fort mal l'envoyé du marquis de Montcalm, et lui dit : « Eh ! monsieur, quand le feu est à la maison, on ne s'occupe pas des écuries. — On ne dira pas du moins, monsieur, que vous parlez comme un cheval, » répliqua Bougainville.

Le premier des quatre mémoires remis au ministre de la marine contenait l'état des troupes du Canada ; elles se composaient de 3,500 hommes de troupes de terre, de 1,200 à 1,500 hommes de la marine et de 5 à 6,000 Canadiens, « très-braves dans le bois, bons pour l'attaque et dans le succès, mais qui se découragent dans l'infortune et qui n'ont pas le courage de constance. » Le but de ce mémoire était de faire observer au ministre qu'il y avait trois vastes

---

[1]. Ces mémoires, conservés aux Archives de la marine, portent la date du 29 décembre 1758.

frontières à défendre avec 10,000 hommes au plus, manquant de tout, de vivres, de munitions et de chaussures, contre 60,000 Anglais abondamment pourvus de tout.

Dans le second et le troisième mémoire, M. de Bougainville demandait l'envoi au Canada du strict nécessaire pour résister, « car, disait-il aussi, on ne peut plus rétablir l'équilibre entre les deux armées. » Il faut envoyer, ajoutait-il, de la poudre en abondance, des armes, des artilleurs, des vivres, une escadre pour défendre l'entrée du Saint-Laurent, de l'artillerie et des soldats pour établir un camp retranché à Gaspé et des batteries aux points principaux. On sait quelle fut la réponse du maréchal de Belle-Isle à toutes ces demandes.

Le quatrième mémoire semble avoir été rédigé en prévision de l'abandon du Canada par le gouvernement. M. de Bougainville établit que, dans le cas où Québec tomberait au pouvoir de l'ennemi, le Canada serait perdu; mais il ne croit pas que dans ce cas désespéré l'armée doive capituler; il expose un plan de retraite sur la Louisiane. On concentrera d'abord la défense sur les lacs, on se repliera sur la Louisiane par le Mississipi, et les mille lieues de retraite accomplies, on continuera à se battre dans la Louisiane, en s'appuyant sur le Mexique, qui est à l'Espagne, notre alliée contre l'Angleterre. C'est ainsi que l'on parviendra « à conserver un pied dans l'Amérique septentrionale. »

XI

Victoire de Montmorency. — Première bataille de Québec. — Mort du marquis de Montcalm.

En 1759, les Anglais attaquèrent encore le Canada par trois points, comme dans la campagne précédente. Le général Wolf, à la tête de 11,000 hommes, devait se porter de Louisbourg sur Québec avec une flotte de 20 vaisseaux, 10 frégates et 18 bâtiments inférieurs, montés par 18,000 marins. Le général Amherst, successeur d'Abercromby, avait l'ordre de marcher sur Montréal par le lac Champlain et la rivière Richelieu, avec 12,000 hommes, et devait manœuvrer par sa droite pour se joindre à l'armée de Wolf. Le général Prideaux, avec l'armée qui avait pris le fort Duquesne, devait s'avancer vers les lacs, occuper Niagara, couper nos communications avec la Louisiane, descendre le lac Ontario et le Saint-Laurent et venir se joindre aux deux armées précédentes, à Montréal, où ils comptaient cerner et détruire enfin l'armée française.

40,000 hommes allaient nous attaquer, soutenus en arrière par 20,000 hommes de réserve. On avait à leur opposer 5,500 soldats et la milice; peu de sauvages. Les Indiens, voyant la partie perdue pour nous, tâchaient de s'accommoder avec l'Angleterre et abandonnaient presque tous notre alliance; seuls, les Indiens catholiques nous restèrent fidèles jusqu'à la fin.

La milice était donc la principale ressource de la défense. M. de Vaudreuil fit une levée en masse de toute la population mâle de seize à soixante ans. On adressa des prières publiques à Dieu pour lui demander la victoire, et l'enthousiasme de nos Canadiens fut tel pour repousser la conquête étrangère, que des enfants de douze ans et des vieillards de quatre-vingts ans vinrent en grand nombre grossir les rangs des compagnies de milice; il ne resta plus aux champs que des femmes et des enfants. On eut ainsi plus de 15,000 combattants, assez bons pour la guerre défensive que l'on allait faire, presque tous adroits tireurs.

La population du Canada était alors de 82,000 âmes; c'est à peu près le chiffre total des armées ennemies qui se jetaient sur notre colonie. Il est sans exemple qu'il ait jamais fallu, pendant deux ans, des armées aussi nombreuses que la population du pays à conquérir, pour parvenir à le soumettre.

Les forces furent ainsi disposées : à notre droite,

le capitaine Pouchot fut envoyé à Niagara avec 300 hommes; M. de Corbière, à Frontenac, pour en achever les fortifications; M. de la Corne fut chargé, avec 1,200 hommes, de défendre le lac Ontario. Au centre, on plaça sur les lacs Saint-Sacrement et Champlain M. de Bourlamaque, avec 2,600 hommes. A la gauche, MM. de Montcalm, de Lévis et de Bougainville, avec 14,000 hommes[1], se réservèrent le soin de défendre Québec contre l'armée de Wolf. Le rendez-vous de toutes ces troupes, en cas d'échec, était à Montréal.

Les hostilités commencèrent sur le Saint-Laurent. James Wolf, major général de l'armée britannique, s'embarqua à Louisbourg au mois de mai et fit voile sur Québec. Ce général n'était âgé que de trente-trois ans; il s'était de bonne heure livré à de fortes études qu'il avait sans cesse continuées avec ardeur; sa vie avait toujours été sévère. Il se distingua si particulièrement à la prise de Louisbourg par son intrépidité et son intelligence, que le général Amherst, en rendant compte de la victoire au ministre, l'attribua au courage du jeune brigadier. Pitt le nomma major gé-

---

1. Dont 1,600 hommes de troupes de terre, 600 hommes de troupes de la colonie, 10,400 Canadiens, 918 sauvages, 200 hommes de cavalerie; total 13,718 (chiffre officiel). — Voyez. à la fin du volume, sur la campagne de 1759, le mémoire de M. Joannès, pièce 35.

néral, comptant trouver enfin dans cet homme ardent et adoré du soldat le général qui lui était nécessaire pour vaincre la résistance des Canadiens. On ne pouvait, en effet, opposer un plus digne adversaire à M. de Montcalm.

Wolf était en vue de Québec le 25 juin avec 20 vaisseaux, 20 frégates, 20,000 hommes d'équipage et plus de 10,000 soldats. Sa flotte avait été guidée par le capitaine d'une frégate française, Denis de Vitré, qu'on avait fait prisonnier et qui fut largement récompensé de sa trahison. Ajoutons encore que l'illustre Cook servait à bord de cette flotte avec un grade subalterne, et qu'il rendit à l'expédition de très-grands services par ses levés hydrographiques.

M. de Vaudreuil n'avait rien fait pour mettre Québec à l'abri d'une attaque ; les remparts étaient inachevés ; la ville n'était pas tenable. Au dernier moment, on la couvrit par un camp retranché que M. de Montcalm établit dans une forte position [1] ; le Saint-Laurent défendait le front des retranchements ; la gauche s'appuyait à la rivière Montmorency, cou-

---

1. Voyez, dans la carte qui est jointe à ce volume, le plan des environs de Québec, dressé d'après un dessin joint à un manuscrit anglais de la bibliothèque du Dépôt de la guerre. — Le titre de ce manuscrit est : *A critical, impartial and military history of the ward in Canada.*

lant dans un profond ravin; la droite se reliait à Québec par un pont jeté sur la rivière Saint-Charles. Plusieurs redoutes furent construites pour augmenter la force de la position. Le camp retranché prit le nom du village de Beauport, qui en occupait à peu près le centre.

Wolf, arrivé en vue des Français, leur envoya une sommation de se rendre. Le ton de cette pièce est arrogant et de mauvais goût; on y lit des phrases telles que celle-ci : « Le roi, mon maître, justement irrité contre la France, résolu d'en abattre la fierté et de venger les injures faites aux colonies anglaises, s'est enfin déterminé à envoyer en Canada un armement formidable... il a pour but de priver la couronné de France des établissemens considérables dont elle jouit dans le nord de l'Amérique, » etc. En lisant le texte de cette sommation [1], il est facile de se rendre compte des sentiments qu'elle souleva dans les rangs de l'armée française et parmi les habitants; elle ne pouvait avoir et n'eut aucun résultat. Dans un second manifeste, Wolf se plaignit « du peu d'égards » que les habitants du Canada avaient eu « pour son premier placard, » et il leur annonça qu'il les soumettrait aux lois les plus dures de la guerre, et

---

1. Voyez pièces 33 et 34, à la fin du volume.

que ses troupes avaient l'ordre de ne respecter ni les biens ni les personnes.

Le général Wolf essaya d'abord, par diverses manœuvres, de faire sortir M. de Montcalm de ses retranchements; il ne put y parvenir. Il débarqua alors à la pointe Lévy; il y établit de puissantes batteries, bombarda Québec, détruisit presque entièrement la basse ville et en fit ravager impitoyablement les environs: 1,400 maisons furent brûlées. Montcalm ne bougeait pas de sa position.

Le général Amherst devait se joindre à Wolf sous les murs de Québec, mais il était retardé dans sa marche. En l'attendant, Wolf établit à la gauche du ravin de Montmorency, à côté du village de l'Ange-Gardien, un camp qu'il retrancha fortement, et enfin il se décida à agir seul. Le 31 juillet, il lança ses troupes et 118 pièces de canon contre les Français. Une partie de son armée attaqua le camp de Beauport par le ravin de Montmorency, et avec le gros de ses forces il essaya d'enlever nos retranchements du côté du Saint-Laurent; partout les Anglais furent repoussés. M. de Lévis fit des merveilles. Nous n'avions que 10 pièces de canon à opposer aux 118 de l'ennemi. Mais rien ne décourageait nos soldats; les chasseurs canadiens tuèrent les artilleurs anglais à coups de carabine. Wolf, vaincu, se retira dans son camp de l'Ange-Gardien. En même temps il apprit que le général Amherst était arrêté par M. de Bourlamaque et qu'il ne pouvait se joindre à lui.

La victoire de Montmorency semblait terminer la campagne. « Le 12 de septembre, dit M. Bernier, chacun regardoit la campagne comme finie avec gloire pour nous. » Wolf n'en jugeait pas ainsi ; il essaya de tourner la position inexpugnable que M. de Montcalm occupait à Beauport. Malgré sa défaite, Wolf, à l'aide de sa flotte puissante, restait le maître de la navigation du Saint-Laurent ; il remonta le fleuve au-dessus de Québec pour examiner s'il ne découvrirait pas, au milieu des falaises qui bordent sa rive gauche, un lieu propre à un débarquement ; il le trouva à l'anse du Foulon, à un quart de lieue au-dessus de Québec.

M. de Montcalm avait envoyé M. de Bougainville, avec une colonne de 3,000 hommes, observer les mouvements de l'ennemi ; on ne sut pas deviner ses projets ; on manqua de coup d'œil, de vigilance, et on se laissa surprendre par Wolf, qui cacha avec habileté le but de ses manœuvres. Pour donner le change à M. de Bougainville, il remonta le Saint-Laurent jusqu'au cap Rouge, à 3 lieues au-dessus de Québec ; et, dans la nuit du 12 septembre, après avoir fatigué les Français par de continuelles allées et venues, il redescendit le fleuve, trompa quelques sentinelles[1] peu

---

1. Des déserteurs avaient communiqué les mots d'ordre aux Anglais.

vigilantes, débarqua ses troupes à l'improviste dans l'anse du Foulon[1], gravit librement les falaises, du haut desquelles il eût été si facile de le repousser[2], et le 13 septembre au matin les têtes de colonne de l'armée anglaise arrivaient sur les hauteurs d'Abraham, aux portes de Québec[3].

La nouvelle en fut portée trop tard à M. de Montcalm, qui, se croyant couvert par M. de Bougainville, ne s'attendait pas à être tourné et attaqué du côté de Québec. Son armée était alors fort réduite; une partie des Canadiens étaient retournés aux champs, après la victoire de Montmorency, pour faire la moisson; M. de Lévis était détaché avec 800 hommes, M. de Bougainville avec 3,000; il fallait garder le camp de Beauport. Aussi M. de Montcalm ne put lancer contre Wolf que 4,500 hommes, avec lesquels il résolut

---

1. Voy. la lettre de Bigot (à la fin du volume, pièce 38), en se tenant en garde contre les insinuations perfides qu'elle contient.

2. Il y avait un poste à l'anse du Foulon; mais l'officier qui le commandait ne se gardait pas et fut pris dans son lit. Cet officier était M. Vergor-Duchambon, capitaine des troupes de la marine, ami intime de Bigot, fort corrompu, et qui avait déjà rendu le fort Beauséjour sans combat. — Voy. p. 137.

3. Ces hauteurs sont l'extrémité d'un plateau qui se termine à Québec, dont une partie, la ville haute, est située sur le plateau même. Elles tirent leur nom d'un pilote, Abraham Martin, qui possédait une maison sur ce plateau.

d'attaquer sans tarder les 5,000 Anglais qui s'étaient déjà formés en bataille avec du canon. Attendre le retour de M. de Bougainville[1] eût été plus prudent, mais c'était donner à l'ennemi le temps de rassembler toutes ses troupes et de se fortifier sur le plateau d'Abraham. M. de Vaudreuil, toujours injuste dans ses appréciations sur les opérations du général, dit que Montcalm « jugea que ce n'étoit qu'un détachement, et qu'emporté par son zèle et sa grande vivacité, il attaqua tout de suite... [2] »

« Le choc fut vif, écrit M. Bernier, et finit par une déroute entière de notre côté ; et, ce qu'on n'avoit peut-être pas vu encore, les premiers généraux de part et d'autre y furent tués ou blessés. » Wolf, blessé à mort, dit en apprenant que ses troupes étaient victorieuses : « Je meurs content[3]. » Montcalm fut cou-

---

1. Bougainville était à quatre lieues de Québec lorsqu'il apprit, à neuf heures du matin, le débarquement des Anglais ; il n'arriva sur le champ de bataille, c'est-à-dire sur les derrières de l'ennemi, qu'après la défaite de Montcalm et battit aussitôt en retraite.
2. M. de Vaudreuil et Bigot disent que l'armée française fut mise en déroute à la première décharge. C'est une honte pour ces deux hommes que tous les rapports anglais donnent un formel démenti à leurs relations. L'ennemi a été plus juste pour M. de Montcalm.
3. L'Angleterre prodigua au général Wolf tous les trésors de sa reconnaissance. Le parlement retentit de son éloge ;

vert de blessures et succomba le lendemain[1]; lui aussi fut heureux de mourir : « Au moins je ne verrai pas, disait-il, les Anglais dans Québec. » Ses soldats l'en-

---

Pitt prononça à la gloire « du jeune héros » un discours célèbre et proposa qu'on lui élevât un mausolée, ce qui fut décidé d'enthousiasme et agréé par le roi George II. Le corps de Wolf, amené de Québec, fut, au milieu d'une pompe magnifique, déposé à Greenwich, dans le monument que l'Angleterre lui avait élevé. West fit un tableau représentant la mort du jeune général, où se trouve son portrait fort ressemblant, et ce tableau fut gravé par Woollett.

En 1827, lord Dalhousie, gouverneur du Canada, érigea dans le jardin public de Québec un obélisque de granit, sur une des faces duquel on inscrivit le nom de Wolf, et sur une autre le nom de Montcalm. On y grava aussi l'inscription suivante :

Mortem virtus, communem famam historia,
monumentum posteritas dedit.

Leur courage leur donna la mort, l'histoire une gloire commune, la postérité ce monument.

En 1832, lord Aylmer, gouverneur du Canada, consacra à Wolf, à l'endroit même où il avait reçu sa dernière blessure, un nouveau monument qui tomba presque aussitôt en ruine, et sur l'emplacement duquel l'armée anglaise éleva en 1849 une colonne. — Ces divers monuments sont gravés dans le *Magasin pittoresque* de 1861.

1. Le marquis de Montcalm laissa une veuve et cinq enfants, deux garçons et trois filles. Le roi conserva à la marquise de Montcalm une partie de la pension de 4,000 livres dont jouissait son mari; chacun des enfants eut 900 livres de pension; l'aîné des fils obtint le régiment de son père, et le cadet, qui était chevalier de Malte, une compagnie dans le régiment de son frère (4 janvier 1760). En 1773, le roi ac-

terrèrent simplement dans un trou de bombe, « fosse digne de l'honneur de nos armes[1]. »

« La mort de MM. de Montcalm et de Senezergues, jointe à l'absence de M. le chevalier de Lévis et de M. de Bougainville, jeta une terreur et une consternation universelles. » On se retira à Québec en désordre[2], et un conseil de guerre y fut rassemblé. M. de Lévis étant absent, personne, parmi les membres du conseil, n'était assez intelligent et assez ferme pour décider ce qu'il y avait à faire ; on prit le plus mauvais parti : on arrêta que l'armée et le gouverneur abandonneraient Québec, qui n'était pas, disait-on, susceptible d'une défense sérieuse, et qu'on se retirerait à Jacques-Cartier. On laissa à Québec une garnison de 1,760 hommes, presque tous miliciens, aux ordres d'un M. de Ramsay ou Ramezay, qui ne méritait pas cet

---

corda à l'une des filles de M. de Montcalm, qui allait épouser le chevalier de Damas, une pension de 4,000 livres.

Le portrait du marquis de Montcalm, peint par J.-B. Massé, a été gravé par A. de la Live et par J. Barbié.

1. Chateaubriand. — Les dépouilles de Montcalm sont actuellement dans l'église des Ursulines de Québec. On trouvera à la fin du volume la traduction de l'inscription latine que l'on a placée sur son tombeau, en 1859, dans une grande cérémonie célébrée le jour du centième anniversaire de la mort du général français. A cette occasion le P. Martin prononça l'éloge funèbre du marquis de Montcalm.

2. Voyez, à la fin du volume, les pièces 35 à 39.

honneur[1]. La ville était presque dépourvue de vivres et de munitions, et les milices étaient entièrement démoralisées. Les instructions que M. de Vaudreuil donna à M. de Ramezay lui prescrivaient « de ne pas attendre que l'ennemi l'emportât d'assaut[2]. »

M. de Lévis rejoignit enfin l'armée à Jacques-Cartier et en prit le commandement. Après la victoire de Montmorency, au succès de laquelle il avait eu la plus grande part, M. de Lévis avait été envoyé au lac Champlain où de graves événements, dont on parlera tout à l'heure, nécessitaient sa présence; en apprenant la défaite et la mort de M. de Montcalm, il était revenu en toute hâte se mettre à la tête de l'armée. Il ordonna aussitôt de marcher sur Québec, afin d'empêcher que la capitale ne tombât au pouvoir des Anglais. On se mit en marche et on arriva le 19 à la rivière Saint-Charles, à quelques lieues de Québec, cinq jours seulement après la bataille d'Abraham; là, on apprit que M. de Ramezay avait capitulé le 18.

En effet, M. de Ramezay avait livré Québec sans

---

1. C'était un officier de la colonie, créature de M. de Vaudreuil, « qui n'avoit jamais vu la guerre que dans un bois, » et qui était incapable de remplir la mission qu'on lui confiait; « il ne savoit pas seulement donner l'ordre, » dit le capitaine Pouchot (*Mémoires*, I, 32).

2. Dépôt de la guerre, Canada, année 1759, pièce 76.

être attaqué. Dans le mémoire justificatif qu'il présenta au ministre, il dit que les habitants, après la retraite de l'armée, éclatèrent en murmures, en se voyant abandonnés sans vivres et sans munitions, et que, sachant que leur ville n'était pas susceptible de défense, ils voulurent capituler tout de suite. « La milice, dit-il encore, refusoit de combattre [1]. » Il eût fallu, au milieu de ce désordre, un homme de tête et de cœur qui sût calmer les inquiétudes si légitimes de cette population qu'on abandonnait, et qui lui montrât les conséquences de la lâcheté qu'elle voulait commettre. Il ne semble pas qu'il ait dû être difficile de relever le courage, un moment abattu, de ces malheureux Canadiens. Il eût suffi même d'un homme seulement décidé à exécuter les ordres qu'il avait reçus; en effet, M. de Vaudreuil, sachant dans quel état on laissait Québec, avait ordonné à M. de Ramezay « de ne pas attendre que l'ennemi l'emportât d'assaut, » mais évidemment de tenir jusque-là. Cependant M. de Ramezay, entraîné par le découragement général, avait arboré le pavillon blanc le 18, au grand étonnement

---

[1]. M. Joannès, major de Québec, fut obligé de « tomber à coups d'épée » sur deux officiers des miliciens dont « les mauvais propos excitoient la mauvaise volonté » déjà trop grande de leurs hommes; « ils ne menaçoient rien moins que d'abandonner leur poste et de le faire abandonner à leurs troupes. »

des Anglais, qui n'avaient pas encore commencé le siége de Québec. Il fut stipulé que la garnison serait embarquée pour la France, que les habitants conserveraient leurs biens, leur religion, et ne seraient point « transférés » comme les Acadiens.

Ainsi la lâcheté ou l'incapacité d'un subalterne livra à l'ennemi, sans combat et au moment même où elle allait être secourue [1], une place forte qui rendait enfin l'Angleterre maîtresse du Canada.

A cette nouvelle, M. de Lévis fit replier, pour la seconde fois, l'armée sur Jacques-Cartier. Quant à l'armée anglaise, elle revint à Louisbourg, après avoir laissé à Québec 8,000 hommes de garnison avec le général Murray.

Nous avons souvent parlé de la détresse du Canada et de l'infortune de nos malheureux colons; il faut en reparler encore une fois. Québec et ses environs étaient particulièrement en proie à la misère, à la famine, à toutes les calamités; une partie de la ville bombardée et brûlée; toutes les habitations de la campagne brûlées, pillées; plus de pain, plus de bestiaux; rien à manger; plus d'abris; les familles décimées par la guerre et par les maladies; partout

---

[1]. Soixante cavaliers qui précédaient l'avant-garde de M. de Lévis étaient déjà entrés à Québec quand M. de Ramezay capitula.

des femmes et des enfants implorant la charité publique. L'évêque de Québec lui-même adressa, le 9 novembre 1759, au ministre de la marine, une lettre touchante, pour lui demander « que l'on fît quelque charité aux pauvres Canadiens sans abris et sans ressources [1]. »

Pendant que les événements que nous venons de raconter s'accomplissaient autour de Québec, le centre et la gauche de l'armée anglaise agissaient sur le lac Champlain et sur le lac Ontario.

On se rappelle que le centre des forces anglaises, commandé par le général Amherst, devait s'avancer, avec au moins 12,000 hommes, sur Montréal, par le lac Champlain, et que M. de Bourlamaque, avec 2,300 hommes, était chargé de lui barrer le passage ; enfin, que la gauche des Anglais, aux ordres du général Prideaux, devait agir contre Niagara, et que là on avait placé le capitaine Pouchot. On sait aussi que les généraux Amherst et Prideaux avaient ordre de faire tous leurs efforts pour se joindre au général Wolf, surtout le premier, sans la coopération duquel Wolf ne pensait pas pouvoir enlever Québec.

---

1. On n'envoya rien aux Canadiens. Cent ans après cependant, cette généreuse population a donné 125,000 fr. aux veuves et aux orphelins de nos soldats morts à l'Alma. (Voir le *Moniteur* du 2 mars 1855.)

Le général Amherst arriva le 6 juin au fort Édouard, quartier général des troupes anglaises de ce côté de leurs frontières; averti par les défaites des années précédentes, il redoubla de précautions et fit construire à la tête du lac Saint-Sacrement un nouveau fort, le fort George, à la place même du fort William-Henry, que nous avions détruit en 1757. Il marcha ensuite sur Carillon, que les Français firent sauter (26 juillet); Amherst le rétablit sous le nom de Ticondéroga et s'avança sur le fort Saint-Frédéric, que les Français firent aussi sauter (4 août), et que les Anglais rebâtirent aussitôt sous le nom de Crown-Point. M. de Bourlamaque, attaqué par des forces sextuples, craignant d'être tourné et coupé de ses communications avec Montréal, avait battu en retraite devant les Anglais; mais, arrivé au fort de l'Ile-aux-Noix, à l'entrée de la rivière Richelieu, il s'y arrêta et s'y retrancha si fortement, que le général Amherst n'osa pas l'attaquer et ne bougea plus de sa position de Crown-Point, laissant Wolf agir seul sur Québec.

Pendant ce temps, le général Prideaux marchait contre Niagara, où M. Pouchot commandait 500 hommes; il en avait augmenté les fortifications, mais ses travaux n'étaient pas achevés lorsque, le 6 juillet, les Anglais qui s'étaient embarqués sur le lac Ontario, à Chouegen, parurent devant Niagara. M. Pouchot donna l'ordre aux commandants des forts Machault, Venango, Presqu'île, Rivière-aux-Bœufs et Détroit, de se replier avec toutes leurs troupes sur Niagara et de venir à son secours; en effet, MM. de Lignery et Aubry se mirent en marche avec 1,600 hommes, dont 1,000 sauvages.

Le général Prideaux mit le siége devant Niagara, où le capitaine Pouchot se défendit comme un tel homme pouvait le faire. Malgré la mort du général Prideaux, qui fut remplacé par le colonel Johnson, le siége continua avec vigueur; les bastions étaient en ruines, les batteries rasées, la brèche praticable. « On né dormoit plus depuis dix-neuf jours. » M. Pouchot tenait ferme cependant, attendant l'arrivée de MM. de Lignery et Aubry. Mais ceux-ci, trahis par les Indiens qui leur servaient de guides, tombèrent dans une embuscade que Johnson leur avait tendue entre la cataracte et le fort; nos Indiens ne voulurent pas combattre contre les Indiens anglais; les 600 Français furent écrasés et leurs chefs pris; quelques débris se replièrent sur Détroit. Alors le capitaine Pouchot capitula, étant absolument hors d'état de prolonger d'un jour une aussi vigoureuse résistance (25 juillet).

La prise de Niagara coupa de Montréal les Pays d'en haut et leurs garnisons, et amena les Anglais jusqu'à l'entrée du Saint-Laurent, que le fort Lévis seul fermait de ce côté, Fort-Frontenac n'étant pas encore remis en état de soutenir un siége.

XII

Victoire de Québec. — Capitulation de Montréal.

1760. On crut d'abord en Europe que la prise de Québec allait terminer la guerre d'Amérique. « Personne n'imaginait, dit Raynal, qu'une poignée de Français qui manquaient de tout, à qui la fortune même semblait interdire jusqu'à l'espérance, osassent songer à retarder une destinée inévitable. » En effet, le Canada n'avait plus de communications avec la France et était épuisé par cinq années de famine ; on manquait de munitions ; on était attaqué par trois armées anglaises aussi nombreuses que la population canadienne tout entière, qu'elles ne parvenaient pas à dompter ; il ne fallait point attendre de secours de la France, épuisée elle-même, ruinée [1], vaincue en Alle-

---

1. Malgré la détresse, le gaspillage des deniers publics était

magne et n'ayant plus de marine; cependant M. de Lévis voulut continuer la guerre et décida qu'on reprendrait Québec. Il comptait empêcher ainsi les Anglais d'exécuter les projets qu'ils avaient formés pour se rendre maîtres du Canada cette année. Il rassembla à Montréal environ 3,000 soldats et 2,000 Canadiens et sauvages; et, le 28 avril, il parut devant Québec. Le général Murray avait chassé toute la population de la ville pour éviter qu'elle ne se soulevât contre lui pendant qu'il serait aux prises avec les Français; sûr de ses derrières, il vint avec 4 ou 5,000 hommes livrer bataille à M. de Lévis, sur le plateau d'Abraham, à l'endroit même où Wolf et Montcalm s'étaient déjà rencontrés. Les troupes de notre aile gauche, obligées de se former sous le feu meurtrier de l'artillerie anglaise, hésitaient, lorsque M. de Bourlamaque les rallia et les mena sans tirer sur l'ennemi,

---

porté à son comble; Mme de Pompadour recevait, pendant les dix-neuf années que dura « sa faveur, » l'énorme somme de 36,924,140 livres de ce temps. (Voyez le *Relevé des dépenses de madame de Pompadour*, manuscrit des archives de la préfecture de Versailles, publié par M. Le Roi dans les *Mémoires de la Société des sciences morales et politiques de Versailles.*) Aussi le paysan canadien n'a point pardonné, même de nos jours, à la politique de Louis XV; et, personnifiant dans un nom cette politique désastreuse qui lui a fait perdre sa nationalité, il accuse encore « la Pompadour. » (Voy. Ampère, *Promenade en Amérique.*)

qu'elles culbutèrent à coups de baïonnette ; alors M. de Lévis donna à la droite l'ordre d'attaquer. Les Anglais ne purent résister ; ils furent enfoncés, obligés de se retirer dans Québec, et perdirent toute leur artillerie (20 canons, 2 obusiers) et environ 800 hommes, tués ou blessés, presque tous de coups de baïonnette. La victoire nous avait coûté 700 hommes ; tous nos grenadiers avaient été tués par la mitraille des Anglais et avaient payé de leur sang le dernier triomphe du drapeau français en Canada.

Aussitôt M. de Lévis assiégea Québec. Il avait pris aux Anglais, à la bataille du 28, une grande quantité d'outils avec lesquels on fit les tranchées ; et, le 11 mai, les Français ouvrirent le feu contre la ville avec quelques mauvaises pièces de fer. Comme la poudre était rare, nos artilleurs eurent ordre de ne tirer que vingt coups par pièce, par vingt-quatre heures, et, tout en canonnant la place, on attendit les secours qu'on espérait voir venir de France. « Une seule frégate arrivée avant la flotte anglaise eût décidé la reddition de Québec et assuré la Nouvelle-France pour cette année [1]. »

Le 15 mai, vers le soir, assiégeants et assiégés

---

1. Lettre du chevalier de Lévis au ministre de la guerre, 30 juin 1760. — Voyez, sur la seconde bataille de Québec et sur le siége de Québec, les pièces 40 et 41 à la fin du volume.

aperçurent quelques vaisseaux à l'horizon : si c'était une flotte française, Québec revenait à la France; sinon, M. de Lévis était obligé de lever le siége. Aussi tout le monde, dit l'historien anglais Knox, tournait-il avec la plus grande anxiété les yeux vers le bas du fleuve, d'où chacun espérait voir venir son salut. C'était l'avant-garde de la flotte anglaise. « Nous restâmes quelque temps en suspens, n'ayant pas assez d'yeux pour la regarder, dit Knox..... L'on ne peut exprimer l'allégresse qui transporta alors la garnison. Officiers et soldats montèrent sur les remparts faisant face aux Français, et poussèrent pendant plus d'une heure des hourras continuels en élevant leurs chapeaux en l'air..... Enfin, il est impossible de se faire une idée de notre joie, si l'on n'a pas souffert les extrémités d'un siége, et si l'on ne s'est pas vu avec de braves amis et de braves compatriotes voué à une mort cruelle..... »

Aussitôt M. de Lévis, « extraordinairement agité, » leva le siége de Québec, et le 16 mai il se replia sur Montréal avec 3,600 hommes [1]. Il ne pouvait, en effet,

---

1. Le ministre de la marine avait envoyé au secours du Canada six bâtiments chargés de troupes et de munitions; mais on ne les fit partir de Bordeaux que le 12 avril : c'était trop tard. Les Anglais, aussitôt la débâcle des glaces accomplie, vers le commencement de mai, établissaient chaque année leur

rester devant Québec, les Anglais étant maîtres, avec leur flotte, du cours du Saint-Laurent, et pouvant lui couper sa retraite sur Montréal. Deux frégates, presque sans artillerie, composaient alors toutes nos forces maritimes sous Québec : elles furent prises, le 16, après un combat de deux heures; leur commandant, M. de Vauquelin, et ses officiers refusèrent d'amener leur pavillon et se firent tuer. Tous les bâtiments de transport, destinés à faire le service entre Québec et Montréal, pour porter l'artillerie, les vivres et les bagages, et absolument nécessaires dans un pays qui manquait de routes, parce que tous les transports se faisaient par eau, tous ces bâtiments furent brûlés par les Anglais ou submergés par une tempête.

Après la retraite de M. de Lévis, les Anglais firent converger leurs trois armées sur Montréal pour y cerner les Français et les forcer à capituler : le général Murray remonta le Saint-Laurent avec la flotte; le brigadier Haviland partit de Saint-Frédéric; Amherst s'avança de Chouegen sur le fort Lévis.

M. de Lévis, décidé à tenir jusqu'au bout, écrivait

---

croisière à l'entrée du Saint-Laurent; il fallait arriver avant eux. Nos bâtiments, venus trop tard, furent pris ou obligés de débarquer les troupes, les vivres et les munitions dont ils étaient chargés, dans la baie des Chaleurs, à l'entrée du fleuve, si bien que le secours fut absolument inutile.

au ministre : « Nous tâcherons de rassembler nos forces ; si les ennemis ne mesurent pas leurs mouvemens, nous en profiterons pour combattre le corps de leurs troupes qui avancera le premier : c'est l'unique ressource qui nous reste. Nous sommes hors d'état de tenir la campagne : vivres, munitions, tout manque ; il est surprenant que nous existions encore [1]. » Et quelques jours après : « Je n'ai point négligé de profiter de la confiance que me témoignent les Canadiens pour ranimer leur zèle, leur courage, et calmer leurs alarmes sur les lettres de change et ordonnances, et de les engager à fournir des vivres. Nous sommes obligés de les combattre pour nous défendre, d'achever de leur enlever de force le peu d'animaux qui leur restent pour leur vie, étant à la dernière extrémité à ce sujet. La récolte paroît belle ; mais il reste à savoir si nous y arriverons, si nous pourrons la couper, et qui la mangera. Nous n'avons de poudre que pour un combat. Nous n'avons encore aucune nouvelle des ennemis. Nous sommes à des événemens qui décideront du pays ; jugez, Monseigneur, de notre situation, de celle des Canadiens. Telle qu'elle soit, je vous supplie d'assurer le Roi que je mettrai en usage tous les moyens de faire tout

---

1. Lettre du 30 juin. (Dépôt de la guerre.)

ce qu'il sera possible pour la gloire de ses armes et lui conserver cette colonie [1]..... »

L'armée manquait de pain et d'argent, et les colons ne voulaient plus de papier-monnaie. M. de Lévis obtint de ses officiers et de ses soldats qu'ils livrassent toute la monnaie qu'ils avaient, et avec cet argent il acheta de la farine et s'assura du pain pour un mois; puis on se prépara pour la dernière lutte.

M. Dumas, avec 1,500 hommes, fut chargé de défendre la route de Québec à Montréal contre Murray; M. de Bougainville, appuyé sur le fort de l'Ile-aux-Noix, à l'entrée de la rivière Richelieu, fut opposé, avec 1,200 hommes, au brigadier Haviland; le capitaine Pouchot, avec 200 hommes, fut chargé de défendre le fort Lévis, à l'entrée supérieure du Saint-Laurent, et le chevalier de la Corne, avec 800 hommes, fut placé au sault Saint-Louis. M. de Lévis avait encore 3,100 soldats et quelques centaines de miliciens et de sauvages à opposer à toutes les forces de l'ennemi, qui se montaient à plus de 40,000 combattants.

Les miliciens, ruinés, épuisés de fatigue, manquant de vivres, désertaient; et, les Anglais incen-

---

1. Lettre au ministre de la guerre, du 14 juillet. (Dépôt de la guerre.)

diant les villages dont les habitants ne mettaient pas bas les armes, on se soumettait partout sur leur passage. Le découragement des colons était au comble : ils venaient d'apprendre que le cabinet de Versailles suspendait le payement des lettres de change tirées par le Canada. On devait 40 millions aux colons; tous étaient créanciers de l'État. « Ils ont tout sacrifié pour la conservation du Canada, écrivait M. de Lévis au ministre ; ils se trouvent actuellement ruinés, sans ressources... » Cette hideuse banqueroute était la récompense que le colon recevait ; ce fut le dernier acte du gouvernement de Louis XV en Canada.

M. de Bourlamaque ne put empêcher la flotte de Murray de forcer le passage devant Sorel; M. de Bougainville fut obligé, le 27 août, d'évacuer le fort de l'Ile-aux-Noix. Murray et Haviland arrivèrent à Longueil, presque en vue de Montréal, où ils firent leur jonction. Le général Amherst fut arrêté dans sa marche par le fort Lévis, dans lequel le capitaine Pouchot se défendit pendant douze jours, avec ses 200 soldats, contre les 11,000 Anglais qui l'assiégeaient ; il ne se rendit, le 25 août, qu'après que les remparts du fort eurent été détruits et toutes ses pièces mises hors de service; tous ses officiers et le tiers de la garnison avaient été tués ou blessés [1]. En

---

[1]. « Le 26 au matin, lorsque les ennemis furent entrés, ils

prenant le fort Lévis, le général Amherst avait coupé à l'armée française sa retraite sur la Louisiane, et avait ainsi complété l'investissement de Montréal. Amherst, repoussant M. de la Corne devant lui, descendit le Saint-Laurent, et arriva, le 6 septembre, à la Chine, village situé dans le sud de l'île de Montréal.

Le 8 septembre, les trois armées anglaises, comptant sur ce point plus de 20,000 hommes [1] et une nombreuse artillerie, se préparèrent à attaquer Montréal. Cette ville n'était revêtue que d'une simple chemise ou mur de deux à trois pieds d'épaisseur, avec fossé, pour la mettre à l'abri d'une surprise des Iroquois ; elle n'était donc pas en état de tenir contre les Anglais, sans quoi M. de Lévis l'eût défendue, bien qu'il ne disposât que de six pièces d'artillerie, de quinze jours de vivres et de 3,500 hommes, et que les habitants de Montréal, pour sauver ce qui leur restait de biens, ne voulussent plus continuer à se battre.

---

furent extrêmement surpris de ne voir que quelques soldats dispersés dans les postes qu'ils remettoient, et une soixantaine de miliciens ; ils demandoient à M. Pouchot où étoit donc sa garnison ; il leur répondit qu'ils la voyoient toute. » (Pouchot, *Mémoires*, II, 281.)

1. Lettres de M. Bernier au ministre, du 12 et du 25 septembre. (Dépôt de la guerre, Canada, 1760, pièces 102 et 111. — La pièce 102 est imprimée dans les pièces justificatives de ce volume sous le n° 46.)

M. de Vaudreuil tint un conseil de guerre, dans lequel on résolut à l'unanimité de capituler, afin d'obtenir au moins quelques conditions avantageuses pour les colons, que l'on ne pouvait plus sauver du joug anglais. Le général Amherst accorda la capitulation qu'on lui proposa, mais il refusa les honneurs de la guerre pour les troupes françaises. Il semble que le général anglais, qui avait été obligé de mettre bas les armes à la honteuse capitulation de Closter-Severn, en Allemagne, ait voulu prendre sa revanche en Canada. M. de Lévis, indigné, se retira dans l'île de Sainte-Hélène avec les 2,200 hommes qui lui restaient, et se prépara à combattre, ne voulant pas rendre honteusement son épée.

Mais le salut de la colonie et de ses pauvres habitants l'emporta sur le point d'honneur militaire dans le cœur de cet héroïque vaincu ; il finit par obéir à l'ordre formel de M. de Vaudreuil et posa les armes le 8 septembre 1760, en protestant pour lui et pour son armée contre « le traitement fait aux troupes françoises, qui auroient dû mériter plus d'attention de la part de M. de Vaudreuil et plus d'estime de celle du général Amherst [1]. »

Le 8 septembre 1760, le Canada devint colonie

---

1. Lettre de M. de Lévis au ministre de la guerre, du 27 novembre 1760. Voyez, à la fin du volume, la pièce 48.

anglaise. Ses habitants conservèrent le libre exercice de leur religion, leurs lois et leurs propriétés.

Le gouverneur, l'intendant, les fonctionnaires de l'administration civile et militaire, M. de Lévis et 185 officiers, 2,400 soldats et artilleurs, 500 matelots et les colons les plus marquants quittèrent la colonie.

Quelques esprits distingués, parmi lesquels il faut placer M. Bernier, commissaire des guerres en Canada, comprirent l'étendue de la perte que faisait la France. « Si ce pays ne doit plus rentrer sous la domination de la France, écrivait M. Bernier au maréchal de Belle-Isle en lui annonçant la capitulation du 8 septembre, c'est une perte infinie. » Mais en général on fut d'un avis différent. « Si j'osais, écrivait Voltaire au marquis de Chauvelin [1], je vous conjurerais à genoux de débarrasser pour jamais du Canada le ministère de France. Si vous le perdez, vous ne perdez presque rien ; si vous voulez qu'on vous le rende, on ne vous rend qu'une cause éternelle de guerre et d'humiliations. Songez que les Anglais sont au moins cinquante contre un dans l'Amérique septentrionale. »

On ne comprenait pas que perdre l'Amérique, c'était pour la France, pour sa religion et sa civili-

---

1. Le 3 octobre 1760.

sation, passer au second rang, et que c'était livrer à la race anglaise et à la civilisation qu'elle représente le nouveau monde tout entier. Les Anglais, au contraire, appréciaient exactement l'importance de leur conquête [1]. Hume, en 1767, blâmait Gibbon d'écrire en français les *Révolutions de la Suisse :* « Laissez, lui disait-il, laissez les Français triompher de ce que leur langage est aujourd'hui répandu partout. Nos solides établissements d'Amérique, qui croissent sans cesse, promettent à la langue anglaise bien plus de stabilité et de durée. »

XIII

Condamnation de l'intendant Bigot et de ses complices.

Un arrêt du conseil d'État, rendu le 12 décembre 1761 et contre-signé par le duc de Choiseul, et des lettres patentes de Louis XV, du 17 décembre, sur

---

[1]. On lit dans une lettre de lord Chesterfield, du 13 novembre 1762, que les Anglais avaient dépensé 2 milliards pour s'emparer du Canada : « A tout prendre, dit Chesterfield, l'acquisition du Canada nous a donc coûté 80 millions sterling. »

ledit arrêt, ordonnaient que « le procès seroit fait aux auteurs des monopoles, abus, vexations et prévarications qui avoient été commis en Canada. » Une commission présidée par M. de Sartine, lieutenant général de police, et composée de vingt-sept juges au Châtelet, fut chargée de juger souverainement et en dernier ressort le procès ordonné par S. M. Le 19 décembre, M. Dupont, conseiller, fut nommé rapporteur ; puis le procureur général présenta sa requête « contenant plainte des prévarications commises en Canada. » MM. de Vaudreuil, Bigot, Varin, Péan, Cadet, etc., furent « arrêtés et recommandés sous le bon plaisir du Roi à la Bastille. » L'instruction dura quinze mois ; « elle a été, dit Barbier, très-longue et difficile par la vérification de leurs papiers et pour entendre tous les témoins dont on a eu besoin. » Le nombre des accusés était de cinquante-cinq ; c'étaient :

Bigot, intendant du Canada ;
Varin, subdélégué de l'intendant du Canada ;
Bréard, contrôleur de la marine ;
Estèbe, conseiller honoraire du conseil supérieur de Québec, garde des magasins du roi de ladite ville ;
Martel de Saint-Antoine,
La Barthe,
Fayolle,
} gardes des magasins du roi à Montréal ;
Cadet, munitionnaire général des vivres en Canada ;
Corpron, négociant, associé et commis dudit Cadet dans ses bureaux de Québec ;

Maurin, Pénisseault, négociants, associés et commis dudit Cadet dans ses bureaux de Montréal;

Pierre Rigaud, marquis de Vaudreuil, gouverneur de la Nouvelle-France;

Péan, capitaine, aide-major des troupes de la marine en Canada;

Le Mercier, commandant de l'artillerie en Canada;

Deschamps de Boishébert, capitaine des troupes de la colonie, commandant au poste de Miramichy;

Desmeloizes, capitaine, aide-major des troupes en Canada;

Payen de Noyan, lieutenant de roi de la ville des Trois-Rivières, commandant à Fort-Frontenac;

Vassan, commandant le second bataillon de la marine et au fort Niagara;

Chabert, lieutenant des troupes de la marine, commandant au portage de Niagara;

Duvergé de Saint-Blin, lieutenant des troupes de la marine, commandant au fort de la Rivière-aux-Bœufs;

Perrault, major des milices du Canada;

Tous présents, et :

Deschenaux, secrétaire de Bigot;

Saint-Sauveur, secrétaire du marquis de Vaudreuil;

Lemoine-Despins, négociant, chargé de la fourniture des vivres à Montréal;

Landriève, commissaire de la marine au fort Carillon;

Sermet, écrivain de la marine, faisant fonction de commissaire au fort Saint-Frédéric;

Martel, commissaire de la marine, faisant fonction d'ordonnateur à Montréal;

Papin, garde-magasin à Fort-Frontenac;

DE FERRIÈRES, garde-magasin à Saint-Frédéric;

DUMOULIN, VILLEFRANCHE,} gardes-magasin successivement au fort Chambly;

HAUTRAYE, BILLEAU,} gardes-magasin successivement au fort Saint-Jean;

HÉGUY, garde-magasin à Carillon;

GAMELIN, garde-magasin à la Présentation;

CUROT aîné, CUROT jeune,} gardes-magasin successivement au fort Niagara;

GARREAU, garde-magasin au fort Duquesne;

MARTEL 3e, garde-magasin au fort Machault;

LE GRAS, garde-magasin au portage de Niagara;

FERRAND, garde-magasin au fort de la Rivière-aux-Bœufs;

POISSET, garde-magasin au poste de Miramichy;

LAPLACE, commis du munitionnaire au fort Machault;

ROUSTAU ou ROUSTAN, commis du munitionnaire au fort Duquesne;

SAINT-GERMAIN, commis du munitionnaire au portage de Niagara;

SALVAT, commis du munitionnaire dans les bureaux de Montréal;

DE L'ESPERVANCHE, DE LA CHAUVIGNERIE,} commandants successivement au fort Machault;

ROUVILLE, commandant au fort Chambly;

SACQUESPÉE, commandant au fort Saint-Jean;

DARTIGNY, commandant au poste de la Chine;

LORIMIER, commandant au fort de la Présentation;

DOUVILLE, commandant au fort de Toronto;

VILLEBON, commandant au fort de la mer du West;

D'AUTERIVE, écrivain de la marine;

Absents.

Le 10 décembre 1763, le lieutenant de police et les conseillers au Châtelet, commissaires du roi en cette partie, rendirent leur jugement sur cette affaire, « qui faisoit la curiosité du public. » Voici le résumé de ce jugement :

BIGOT, banni à perpétuité du royaume, ses biens confisqués, 1,000 livres d'amende, condamné à 1,500,000 livres de restitution ;

VARIN, banni à perpétuité du royaume, ses biens confisqués, 1,000 livres d'amende, condamné à 800,000 livres de restitution ;

BRÉARD, banni pour neuf ans de Paris, 500 livres d'amende, 300,000 livres de restitution ;

CADET, banni pour neuf ans de Paris, 500 livres d'amende, 6 millions de restitution [1] ;

PÉNISSEAULT, banni pour neuf ans de Paris, 500 livres d'amende, 600,000 livres de restitution [2] ;

MAURIN, banni pour neuf ans de Paris, 500 livres d'amende, 600,000 livres de restitution ;

CORPRON, condamné à être admonesté en la chambre, 6 livres d'aumône, 600,000 livres de restitution ;

ESTÈBE, condamné à être admonesté en la chambre, 6 livres d'aumône, 30,000 livres de restitution ;

---

1. Cadet réclamait au gouvernement 10 ou 11 millions qui lui étaient dus ; pour être quitte, on le réhabilita. (SOULAVIE.)

2. On dit que madame Pénisseault, ayant su gagner les bonnes grâces du duc de Choiseul, obtint de ce ministre des lettres de justification pour son mari et lui conserva les gains frauduleux qu'il avait été condamné à rendre. (SOULAVIE.)

MARTEL DE SAINT-ANTOINE, condamné à être admonesté en la chambre, 6 livres d'aumône, 100,000 livres de restitution ;

DE NOYAN, condamné à être admonesté en la chambre, 6 livres d'aumône.

Il est ordonné que ces neuf condamnés garderont prison au château de la Bastille jusqu'au payement des restitutions ci-dessus prononcées.

VASSAN, CHABERT, SAINT-BLIN, déclarés coupables d'avoir visé inconsidérément et sans examen les inventaires des vivres dans les forts où ils commandaient ; il leur est fait défense de récidiver ;

LA BARTHE, mis hors de cour[1] ;

PÉAN. — La commission prononça un plus amplement informé pendant six mois et déclara qu'il resterait à la Bastille en attendant. Le 25 juin 1764, il fut jugé sur le plus ample informé de six mois ; Péan fut mis hors de cour, « et cependant, attendu les gains illégitimes par lui faits dans les différentes sociétés dans lesquelles il étoit intéressé, il fut condamné à restituer à S. M. la

---

1. En matière criminelle, le *hors de cour* signifie qu'il n'y a pas assez de preuves pour asseoir une condamnation. Il y a une grande différence entre le jugement qui prononce un *hors de cour* et celui qui renvoie l'accusé absous et le décharge de l'accusation. Dans le premier cas, l'on peut dire qu'il manque quelque chose au rétablissement de son honneur. (*Répertoire de jurisprudence*, par Guyot.)

somme de 600,000 livres et à garder prison au château de la Bastille jusqu'à ladite restitution[1]. »

Marquis de Vaudreuil,
Boishébert,
Le Mercier,
Desmeloizes,
Perrault,
Fayolle,
} déchargés de l'accusation.

Les contumaces dont les noms suivent, qui ont reçu des présents, signé de faux états et fabriqué ou signé de faux billets de vivres non fournis et payés, sont condamnés :

Landrièvre, banni pour neuf ans de Paris, 500 livres d'amende, 100,000 livres de restitution ;

Deschenaux, banni pour cinq ans de Paris, 50 livres d'amende, 300,000 livres de restitution ;

Dumoulin,
Villefranche,
Hautraye,
} bannis pour cinq ans de Paris, 50 livres d'amende ;

Rouville,
Sacquespée,
} bannis de Paris pour trois ans, 20 livres d'amende.

« Sera la présente condamnation transcrite sur un tableau, lequel sera attaché à un poteau qui, à cet

---

[1]. Ce jugement est tiré du recueil des lettres de M. Moreau, procureur du roi au Châtelet. Cette correspondance est conservée aux archives de la préfecture de Police de Paris.

effet, sera planté par l'exécuteur de la haute justice en place de Grève.

« Disons qu'il sera plus amplement informé contre :

Saint-Sauveur,	Les deux Curot,	Salvat,
Lemoine-Despins,	Garreau,	De l'Espervanche,
Sermet,	Martel 3e,	De la Chauvignerie,
Martel, commissaire,	Le Gras,	Dartigny,
Papin,	Ferrand,	Lorimier,
De Ferrières,	Poisset,	Douville,
Billeau,	Laplace,	Villebon,
Héguy,	Roustau,	D'Auterive[1]. »
Gamelin,	Saint-Germain,	

Bigot avait fait un mémoire justificatif, dans lequel il avait eu l'impudeur d'attaquer le marquis de Montcalm. La mère et la veuve de Montcalm, celle-ci en son nom et au nom de ses enfants, portèrent plainte contre le calomniateur. La commission, « faisant droit sur les requêtes des dames mère et veuve du sieur marquis de Montcalm, » ordonna « que les termes

---

[1]. En avril 1765, six contumaces se constituent volontairement prisonniers et sont jugés comme il suit : Martel, commissaire, Sermet, d'Auterive, Billeau, sont déchargés de l'accusation; Salvat et Saint-Sauveur sont mis hors de cour.— De la Chauvignerie, Roustau, se constituèrent prisonniers à la fin d'avril 1765, Laplace en 1767; mais je n'ai pu trouver ce qui fut statué à leur égard. (*Correspondance de Moreau*, procureur du roi au Châtelet, lettre du 3 avril 1765, etc.)

injurieux à la mémoire du marquis de Montcalm insérés dans les mémoires dudit Bigot, et notamment le terme de *délateur*, demeureront supprimés comme calomnieux. » Il fut permis aux dames de Montcalm de faire imprimer cette partie du jugement de la commission.

Le 11 janvier 1764, par ordre de la commission, et suivant les coutumes de l'époque, « le jugement fut lu et publié à son de trompe et cri public, en tous les lieux et endroits ordinaires et accoutumés, par l'huissier à verge et de police au Châtelet de Paris, et seul juré crieur ordinaire du Roi, des Cours et juridictions de la ville, prévôté et vicomté de Paris, accompagné de trois jurés-trompettes [1]. »

---

[1]. Voyez : Jugement rendu souverainement et en dernier ressort dans l'affaire du Canada par MM. le lieutenant général de police, lieutenant particulier et conseillers au Châtelet et siége présidial de Paris, commissaires du Roi en cette partie, du 10 décembre 1763, 1 vol. in-4, accompagné des requêtes du procureur du Roi. (*Archives de l'empire*, collection Rondonneau, ₴ 3, et collection chronologique.)

XIV

Traité de Paris. — Perte du Canada. — Les Français chassés d'Amérique.

L'année même où fut prononcé le jugement contre Bigot et ses complices, le traité de Paris cédait à l'Angleterre toutes les possessions de la France dans l'Amérique du Nord. « Les politiques du temps se croyaient sûrs d'une revanche prochaine : Nous les tenons! s'écria M. de Choiseul le jour où la paix fut signée. On sentait que les colonies anglaises, animées par la victoire, et n'étant plus contenues par la crainte des Français et le besoin d'un appui, ne se soumettraient pas longtemps aux gênes qui étouffaient leur commerce et leur industrie, non plus qu'aux prétentions hautaines que l'Angleterre avait déjà plus d'une fois affichées. Mais si ce fut la pensée qui décida M. de Choiseul à signer l'abandon du Canada, quelle fausse et médiocre politique! Sans doute il était bien de prévoir que les colonies, en grandissant, se détacheraient de l'Angleterre et briseraient un jour sa toute-puissance maritime; mais ce qu'il était aussi aisé de comprendre, c'est que dans cet immense territoire s'établirait bientôt un empire aussi grand et aussi peuplé que l'Europe, et un empire anglais de mœurs, d'idées, de langage, de religion. Un homme d'État eût risqué la France pour sauver le Canada et conserver à la civilisation latine une part du nouveau continent. Céder, c'était signer l'affaiblissement de notre race ; la part que la France a prise à la révolution d'Amérique a bien pu laver son injure, mais elle n'a pas relevé sa puissance abattue [1]. »

En effet, vingt ans après le traité de Paris, en 1783, le traité de Versailles consacrait l'indépendance des anciennes colonies anglaises devenues la république des États-Unis. Le but des Anglo-Américains était atteint : ils s'étaient servis de l'Angleterre pour vaincre la France et lui enlever toutes les terres qu'elle possédait au sud du Saint-Laurent et des lacs ; puis ils s'étaient servis de la France pour vaincre l'Angleterre :

Sic vos non vobis...

---

1. Ed. Laboulaye, article sur le premier volume de l'*Histoire de la révolution américaine*, de G. Bancroft, inséré dans le *Journal des Débats* du 28 mai 1852.

FIN

PIÈCES JUSTIFICATIVES

I

RELATION DE LA BATAILLE DE LA BELLE-RIVIÈRE,

livrée le 9 juillet 1755 par M. de Beaujeu [1].

M. de Contrecœur, capitaine d'infanterie, commandant au fort Duquesne, sur la Belle-Rivière [2], ayant été informé que les Anglois armoient dans la Virginie pour le venir attaquer, fut averti peu de temps après qu'ils étoient en marche. Il mit des découvreurs en campagne qui l'informèrent fidèlement de leur route. Le 7 du courant [3], il fut averti que leur armée, composée de 3,000 hommes de troupes de la Vieille-Angleterre, étoient à 6 lieues de ce fort; cet officier employa le lendemain à faire ses dispositions, et le 9 il détacha M. de Beaujeu et lui donna pour seconds MM. Dumas et de Lignery, tous trois capitaines, avec 4 lieutenants, 6 enseignes, 20 cadets, 100 soldats, 100 Canadiens et 600 sauvages, avec ordre de s'aller embusquer dans un lieu favorable qu'il avoit fait connoître la

---

1. Voyez aussi sur cette affaire la pièce n° 7.
2. L'Ohio.
3. Le 7 juillet.

veille. Le détachement se trouva en présence de l'ennemi, à 3 lieues de ce fort, avant d'avoir pu gagner son poste. M. de Beaujeu, voyant son embuscade manquée, prit le parti d'attaquer ; il le fit avec tant de vivacité, que les ennemis, qui nous attendoient dans le meilleur ordre du monde, en parurent étonnés ; mais, leur artillerie chargée à cartouches ayant commencé à faire feu, notre troupe fut ébranlée à son tour. Les sauvages, aussi épouvantés par le bruit du canon plutôt que par le mal qu'il pouvoit faire, commençoient à perdre leur terrain, lorsque M. de Beaujeu fut tué. M. Dumas s'appliqua aussitôt à ranimer son détachement ; il ordonna aux officiers qui conduisoient les sauvages de s'étendre sur les ailes pour prendre l'ennemi en flanc, dans le temps que lui, M. de Lignery et les autres officiers qui étoient à la tête des François, attaqueroient de front. Cet ordre fut exécuté si promptement, que les ennemis qui poussoient déjà leurs cris de *Vive le Roi !* ne furent plus occupés que de bien se défendre. Le combat fut opiniâtre de part et d'autre, et le succès longtemps douteux, mais enfin l'ennemi plia ; il chercha inutilement de mettre quelque ordre dans sa retraite. Les cris des sauvages, dont les bois retentissoient, portèrent l'épouvante dans tous les cœurs des ennemis. La déroute fut complète ; le champ de bataille nous resta avec 6 pièces de canon de fonte de 12 et de 6, 4 affûts à bombe de 50, 11 petits mortiers à grenade royale, toutes leurs munitions et généralement tous leurs bagages. Quelques déserteurs qui nous sont venus depuis nous ont dit que nous n'avions eu affaire qu'à 2,000 hommes, le reste de l'armée étant à 4 lieues plus loin. Ces mêmes déserteurs nous ont dit que les ennemis se retiroient en Virginie ; et les découvreurs qu'on a envoyés presque à la hauteur des terres nous l'ont confirmé en nous rapportant que les 1,000 hommes qui n'avoient point combattu avoient également pris l'épouvante et abandonné vivres et munitions en chemin. Sur cette nouvelle, l'on a envoyé un détachement sur la route, qui a détruit ou brûlé tout ce qui pouvoit rester en nature. Les ennemis ont laissé plus de 1,000 hommes sur le champ de bataille. Ils ont perdu une grande quantité d'artillerie, de munitions et de vivres, ainsi que leur général nommé M. Braddock et presque tous leurs officiers. Nous avons eu 3 officiers de tués et 2 de blessés, 2 cadets blessés. Un tel succès, que l'on n'avoit pas lieu de se promettre, vu l'inégalité des forces, est le fruit de l'expérience de M. Dumas, et de l'activité et de la valeur des officiers qu'il avoit sous ses ordres.

Dépôt de la guerre, vol. 3404, pièce 189. — Non signé.

2

AUTRE RELATION DE LA BATAILLE DE LA BELLE-RIVIÈRE.

Les ennemis avoient trois corps d'armée : l'un étoit destiné pour les Trois-Rivières, où ils ont échoué ; le corps étoit de 3,000 hommes, commandés par le général Braddock. Leur intention étoit de faire le siége du fort Duquesne; ils avoient beaucoup d'artillerie, beaucoup plus qu'il n'en faut pour faire le siége des forts de ce pays. La plupart ne valent rien, quoiqu'ils aient beaucoup coûté au Roi. M. de Beaujeu, qui commandoit dans ce fort, prévenu de leur marche et fort embarrassé de pouvoir, avec le peu de monde qu'il avoit, empêcher ce siége, se détermina à aller au-devant de l'ennemi ; il le proposa aux sauvages qui étoient avec lui, qui d'abord rejetèrent son avis et lui dirent : « Quoi ! mon père, tu veux donc mourir et nous sacrifier ! les Anglois sont plus de 4,000 hommes et nous autres nous ne sommes que 800, et tu veux les aller attaquer ! tu vois bien que tu n'as pas d'esprit ; nous te demandons jusqu'à demain pour nous déterminer. » Ils tinrent conseil entre eux : ils ne marchent jamais qu'ils ne fassent de même. Le lendemain matin, M. de Beaujeu sortit de son fort avec le peu de troupes qu'il avoit, et demanda aux sauvages quelle avoit été leur délibération ; ils lui répondirent qu'ils ne pouvoient marcher. M. de Beaujeu, qui étoit bon, affable, et qui avoit de l'esprit, leur dit : « Je suis déterminé à aller au-devant des ennemis. Quoi ! laisserez-vous aller votre père seul ? je suis sûr de les vaincre. » Ils se décidèrent alors à le suivre. Ce détachement étoit composé de 72 hommes de troupes, de 146 Canadiens et 637 sauvages. La rencontre s'est faite à 4 lieues du fort, le 9 de juillet, à une heure après midi. L'affaire a duré jusqu'à cinq. M. de Beaujeu a été tué à la première décharge. Les sauvages, qui l'aimoient beaucoup, vengèrent sa mort avec toute la bravoure imaginable ; ils obligèrent l'ennemi à prendre la fuite après une perte considérable. Cela n'est pas extraordinaire : leur façon de se battre est bien différente de celle de nous autres Européens, laquelle ne vaut rien en ce pays. Les Anglois se mirent en bataille, présentèrent un front, à qui ? à des hommes cachés derrière des arbres, qui, chaque coup de fusil, en culbutoient un ou deux ; c'est ainsi qu'ils défirent entièrement les Anglois, et cela presque tous de vieilles troupes qui avoient passé l'hiver dernier. On fait monter la perte des ennemis à 1,500 hommes. M. Braddock, leur général, y a été tué et quantité d'officiers. On leur a pris 13 pièces d'artillerie, beaucoup de boulets et de bombes, cartouches et poudre, et farine, 100 bœufs, 400 chevaux tués ou pris, tous leurs chariots pris ou cassés. Si nos sauvages ne s'étoient pas amusés à piller, il ne s'en seroit pas retourné un. Il y a grande apparence qu'ils ne tenteront plus rien pour cette partie, puisqu'en se retirant ils ont brûlé un fort qu'ils avoient établi pour leur retraite. Nous avons perdu 3 officiers, dont M. de Beaujeu, 25 soldats, Canadiens ou sauvages, environ autant de blessés.

Extrait de la pièce 106, vol. 3405, archives du Dépôt de la guerre.

5

LETTRE DU BARON DE DIESKAU AU COMTE D'ARGENSON,

Pour lui rendre compte de sa défaite et de sa captivité.

Au camp de l'armée angloise, sur le lac du Saint-Sacrement,
le 14 septembre 1755.

Monseigneur, j'ai eu l'honneur de vous rendre compte de tout ce qui intéressoit le service jusques à mon départ pour le fort de Saint-Frédéric.

Sur des nouvelles assez incertaines des desseins des Anglois de ce côté-là, je m'y portai avec 3,000 hommes, dont 700 de troupes réglées, 1,600 Canadiens et 700 sauvages; j'arrivai au fort Saint-Frédéric le 16 ou le 17 d'août; une partie des troupes m'avoient devancé, le reste m'y joignit aussitôt.

Avant de partir de Montréal, j'avois déjà plusieurs raisons qui me faisoient suspecter la fidélité des Iroquois domiciliés, tant du sault Saint-Louis que du lac des Deux-Montagnes, dont le nombre passoit 300 et faisoit la moitié des sauvages qu'on m'avoit donnés; je le représentai plusieurs fois à M. de Vaudreuil, qui ne voulut jamais en convenir; mais à peine fus-je arrivé au fort Saint-Frédéric, que j'eus occasion de lui en fournir des preuves encore plus claires.

Pendant plus de quinze jours que je fus campé sous ce fort, je n'eus que des mauvaises difficultés à essuyer de la part des sauvages; les bons étoient gâtés par les Iroquois. Jamais je ne pus obtenir d'eux une découverte fidèle : tantôt ils refusoient d'en faire, tantôt faisant semblant de m'obéir, ils partoient; mais, à quelques lieues du camp, ils renvoyoient les François que je leur avois joints, et revenoient peu de jours après sans m'apporter aucune nouvelle. Telle a été la conduite des sauvages causée par les Iroquois; mes lettres du fort Saint-Frédéric à M. de Vaudreuil et à M. Bigot développent suffisamment le détail de leurs mauvaises menées.

Enfin, le 27 d'août, un nommé Boileau, Canadien, arriva de la découverte et m'apprit que 3,000 Anglois environ étoient campés à la maison de Lydius[1], où ils construisoient un fort, qui étoit déjà très-avancé. Sur-le-champ, je pris le parti d'aller en avant et de me poster dans un lieu avantageux, soit pour attendre l'ennemi s'il avançoit, ou pour le prévenir moi-même en allant le chercher.

En arrivant à ce poste, quelques Abénaquis, qui avoient

---

1. M. de Dieskau écrit *Ledius*.

été à la découverte à l'insu des Iroquois, m'amenèrent un prisonnier anglois, qui me dit que le gros de l'armée angloise étoit décampé de la maison de Lydius, et qu'il n'y étoit resté que 500 hommes pour achever le fort, mais qu'on y attendoit 2,400 hommes qui devoient aller au lac Saint-Sacrement y construire aussi un fort.

Sur cet avis, je me déterminai à laisser le gros de l'armée dans le lieu où j'étois, et de prendre avec moi un corps d'élite, pour marcher à la légère, venir surprendre le fort de Lydius et enlever les 500 hommes qui étoient campés sous ce fort, hors de l'enceinte. Mon détachement étoit composé de 600 sauvages, 600 Canadiens et 200 hommes de troupes réglées de la Reine et de Languedoc. J'avois quatre jours de marche, soit par eau ou au travers des bois, pour me rendre à la maison de Lydius. Tous montroient une ardeur qui répondoit du succès; mais le quatrième jour, qui devoit être favorable aux armes du Roi, fut le commencement de notre malheur.

Les Iroquois refusèrent net de marcher pour attaquer le fort, ou plutôt le camp des 500 Anglois; mais, voyant que j'étois résolu de me passer d'eux, et que les autres sauvages étoient disposés à me suivre, ils firent semblant de revenir de leur dessein, me firent faire des excuses et se mirent aussitôt les premiers à l'avant-garde, comme pour parade de zèle.

Ma marche étoit combinée : je devois arriver à l'entrée de la nuit à ce fort et brusquer l'attaque; mais les Iroquois, qui s'étoient mis les premiers de la marche sous prétexte de zèle, firent prendre une fausse route, et, quand on vint me le dire, il n'étoit plus temps d'y remédier; en sorte que, la nuit venue, j'étois à une lieue de ce fort, sur le chemin qui conduit de là au lac Saint-Sacrement.

Un courrier qui fut tué et dont on m'apporta la dépêche, et quelques prisonniers qu'on m'amena, m'apprirent qu'il y avoit auprès du lac environ 3,000 Anglois de campés, et qu'on n'y savoit que confusément l'état de mes forces. Je fis proposer aussitôt aux sauvages le choix d'aller le lendemain attaquer le fort, ou d'aller combattre cette armée. La voix des Iroquois, qui prévalut, fit déterminer au dernier parti.

Le lendemain, 8 septembre, je me mis en marche. Après avoir fait environ 5 lieues, vers les dix heures, les coureurs me rapportèrent qu'ils avoient vu un gros de troupes qui marchoit au fort; un prisonnier fait sur l'heure me le confirma. C'étoient 1,000 hommes au plus, partis du camp pour aller au secours du fort. Je fis à l'instant mes dispositions : j'ordonnai aux sauvages de se jeter dans la profondeur du bois, de les laisser passer pour les prendre par derrière; aux Canadiens de les prendre en flanc, tandis qu'avec les troupes réglées je les attendrois de front.

C'est ici le moment de la trahison : les Iroquois, qui étoient à la gauche, se montrèrent avant le temps et ne tirèrent point; les Abénaquis, qui étoient à la droite, se voyant découverts, attaquèrent seuls, avec quelques Canadiens, l'ennemi en front et le mirent en fuite. Je me pressai aussitôt de les joindre, pour entrer avec les fuyards dans leur camp, quoique j'en fusse encore à plus d'une lieue.

Cependant les Iroquois s'attroupèrent sur une hauteur, sans vouloir avancer; quelques-uns voulurent même contraindre les Abénaquis à relâcher trois Agniers qu'ils avoient pris dès le commencement du choc. J'ignore les suites de cette dispute; mais les Abénaquis, voyant les Iroquois immobiles, s'arrêtèrent aussi, et les Canadiens, voyant la retraite des uns et des autres, en furent intimidés.

Comme j'étois près du camp ennemi, et en face du canon, je m'avançai avec les 200 hommes de troupes réglées pour m'en saisir, persuadé que les Canadiens ne m'abandonneroient pas, et que les sauvages reviendroient peut-être, mais inutilement. Les troupes réglées eurent sur elles tout le feu ennemi et y périrent presque toutes; je fus jeté à terre par trois coups de feu, dont aucun n'étoit mortel; mais j'en reçus un quatrième qui passe d'une cuisse à l'autre en traversant la vessie.

J'ignore dans ce moment quel sera mon sort. Je reçois tous les secours possibles de M. de Johnson, général de l'armée angloise, tels qu'on peut attendre d'un galant homme, plein d'honneur et de sentiment. Le sieur Bernier, mon aide de camp, est prisonnier avec moi; il a été assez heureux pour n'avoir qu'une légère contusion d'un éclat envoyé par le canon. Je ne sache pas qu'il y ait d'autre officier de pris.

Si l'état de mes blessures m'ôtoit l'espérance de retourner en Europe, et que le sieur Bernier y aille, il pourra vous donner, Monseigneur, un détail plus ample de cette affaire et de tout ce que ma situation ne me permet pas de vous exposer.

Je vous supplie, Monseigneur, d'avoir égard à son zèle pour le service et à l'attachement qu'il a eu pour moi. J'ai l'honneur d'être, etc.

LE BARON DE DIESKAU.

Dépôt de la guerre, vol. 3405, pièce 80. — Original.

4

LETTRE DU BARON DE DIESKAU
A M. LE MARQUIS DE VAUDREUIL, GOUVERNEUR DU CANADA,

Pour lui donner avis de sa défaite et de sa captivité.

*Au camp de l'armée angloise, sur le lac Saint-Sacrement,
ce 15 septembre 1755.*

Monsieur, je suis défait; mon détachement est en déroute; nombre de gens de tués, et 30 ou 40 de prisonniers, m'a-t-on dit, du nombre desquels je suis avec M. Bernier, mon aide de camp. J'ai eu pour ma part quatre coups de feu, dont un est mortel. C'est la trahison des Iroquois qui m'a attiré ce malheur. Notre affaire avoit très-bien commencé; mais, dès que les Iroquois ont vu des Agniers, ils se sont arrêtés tout court. Les Abénaquis et les autres sauvages ont continué quelque temps, mais insensiblement ils ont disparu aussi, ce qui a fait perdre contenance aux Canadiens; en sorte que je me suis trouvé engagé dans l'attaque avec presque les seules troupes de France. Je l'ai soutenue, croyant faire revenir les Canadiens et peut-être les sauvages, ce qui n'a point réussi. Tout le feu et le canon ennemi est tombé sur les troupes réglées, et elles ont été presque toutes écharpées. Je vous avois prédit d'avance, Monsieur, que les Iroquois me joueroient quelque mauvais tour; il est malheureux pour moi d'avoir été si bon prophète. Je ne puis trop reconnoître les bontés et les attentions de M. de Johnson pour moi; il doit me faire transporter demain à Orange[1]. J'ignore mon

---
1. Aujourd'hui Albany.

sort, soit par rapport à ma santé, soit par rapport à la disposition qu'on fera de ma personne.

<small>Dépôt de la guerre, vol. 3405, pièce 84. — Copie de l'époque.</small>

5

FRAGMENT D'UN DIALOGUE ENTRE LE MARÉCHAL DE SAXE
ET LE BARON DE DIESKAU, AUX CHAMPS-ÉLYSÉES.

LE BARON DE DIESKAU AU MARÉCHAL DE SAXE.

Les Anglois ayant fait les premières hostilités, tant sur mer que sur terre, il fut conclu dans un conseil de guerre tenu à Québec que j'irois faire le siége de Chouagen[1]. Ma petite armée devoit être de 4,000 hommes, composée de François, de Canadiens, de sauvages et de 12 pièces de canon. Au bout de quatre semaines tout étoit prêt; 2,000 hommes étoient déjà embarqués sur le fleuve Saint-Laurent et partis pour le fort Frontenac[2], où étoit le rendez-vous général. Je devois partir deux jours après avec le reste des troupes, et le coup étoit immanquable; quand pour mon malheur, le gouverneur général du Canada (sous les ordres duquel j'étois) reçut un exprès du fort Saint-Jean par un nommé Varin, commissaire de la marine, qui lui donna le faux avis que le général Johnson,

---

1. Le fort Chouegen, Chouagen ou Oswego, était situé sur la rive méridionale du lac Ontario.
2. Situé sur la rive septentrionale du lac Ontario, à l'endroit où le Saint-Laurent sort du lac.

à la tête de 3,000 hommes, n'étoit qu'à deux jours de marche du fort Frédéric pour s'en emparer. Sur quoi ce gouverneur m'ayant communiqué la lettre et témoigné son embarras, je lui représentai que cet avis, vrai ou faux, ne devoit pas l'inquiéter ni empêcher mon expédition sur Chouagen, vu que ledit fort Frédéric étant à plus de 60 lieues de Montréal, les chemins impraticables pour le canon, plusieurs portages à faire allant par le lac Champlain, et de plus les forts Frédéric, de Saint-Jean et de Chambly[1] à prendre, j'aurois tout le temps de faire mon siége et de marcher ensuite contre le général anglois pour le combattre avant de pouvoir venir à Montréal; que d'ailleurs je ne voyois aucune certitude à cet avis, vu que le commandant du fort Frédéric ne lui en disoit rien. Sur quoi il me répondit que l'avis n'étoit que trop certain; que Varin lui assuroit la chose si positivement, qu'il n'en falloit pas douter; que c'étoit un homme si prudent et intelligent, qu'il ne lui auroit pas donné un pareil avis, s'il n'étoit sûr de son fait; qu'il falloit absolument remettre l'expédition sur Chouagen, et qu'il n'étoit question que de savoir à qui l'on donneroit la commission de marcher contre le général Johnson. Voyant donc que son parti étoit pris et que la crainte de voir les Anglois à Montréal l'emportoit sur mes représentations, je m'offris de m'en charger, ce qui fut résolu, et je partis quelques jours après à la tête de 3,000 hommes, tant sauvages que Canadiens et troupes réglées.

En arrivant au fort Frédéric, j'appris par les espions que

---

1. Il y a Chamblain dans le manuscrit; c'est une erreur. Les forts Chambly et Saint-Jean étaient sur la rivière Richelieu, qui réunit le lac Champlain au Saint-Laurent.

le commandant de ce fort avoit envoyés, que la nouvelle dudit Varin étoit entièrement fausse ; que le général Johnson étoit parti depuis dix jours du fort Édouard avec 3,000 hommes de milice ; qu'il n'avoit pas un seul homme de troupes réglées ni des sauvages, et qu'il s'étoit avancé jusqu'au lac Saint-Sacrement, où il construisoit un fort pour s'assurer une retraite et marcher ensuite pour attaquer le fort Frédéric ; de plus, qu'il n'avoit que très-peu de vivres dans son camp, tirant toutes ses subsistances du fort Édouard, qui en est à 6 lieues ; que ce dit fort n'étoit pas entièrement entouré de palissades, et que l'on pourroit s'en emparer d'un coup de main ; qu'il y avoit beaucoup de canons, mais point d'affûts, auxquels on travailloit seulement ; que d'ailleurs il y avoit 500 hommes de campés hors du fort, tous miliciens, qui, par parenthèse, sont si mauvais soldats qu'un seul sauvage en feroit fuir dix. Ayant donc reçu toutes ces connoissances, je formai mon projet de marcher au fort Édouard ; d'attaquer les 500 hommes campés dehors, à la pointe du jour ; de me rendre maître, s'il étoit possible, dudit fort et de couper par conséquent la subsistance au général anglois. Ceci étant combiné et résolu, je partis du fort Frédéric et me campai le premier jour à Carillon, d'où je partis deux jours après avec 1,500 hommes choisis, dont 600 sauvages, 600 Canadiens et 300 hommes de troupes réglées, laissant une partie des autres 1,500 hommes audit Carillon, et le reste au poste nommé les Deux-Rochers, pour m'assurer une retraite en cas de besoin. Je pris pour huit jours de vivres, ayant calculé que mon expédition, qui n'étoit qu'un coup de main, devoit être faite au bout de ce temps-là.

Étant donc arrivé le quatrième jour à une lieue du fort Édouard, je couchai au bivouac dans le bois, dans l'intention de marcher le lendemain de façon à pouvoir attaquer les 500 hommes et le fort à la pointe du jour; sur quoi ayant fait assembler les chefs des sauvages pour leur communiquer mon projet, ils me demandèrent une heure de temps pour se consulter et pour en faire part à leurs sauvages; j'y consentis, et, plus de deux heures après, les chefs des Algonkins, des Nipisingues et des Abénaquis vinrent me dire que pour leur part ils ne demandoient pas mieux que de faire tout ce que je voudrois, mais que les Iroquois du Sault (au nombre de 300) se refusoient absolument; et comme ils étoient considérés par les autres sauvages comme les plus anciens et les premiers, ils seroient obligés de faire comme eux. Sur quoi je me rendis chez les chefs desdits Iroquois, et les assurai que je ne les exposerois pas au feu du fort; que je ne leur demandois que de commencer une fausse attaque vers la partie gauche dudit fort, hors de la portée du fusil, pour attirer la garnison de ce côté-là, et que pendant ce temps-là j'attaquerois les 500 hommes et le fort avec les François et les Canadiens. Sur quoi ils me dirent nettement qu'ils étoient résolus de ne point agir contre les Anglois dans les territoires qui leur appartenoient de droit, et que je n'avois qu'à les mener contre eux toutes les fois qu'ils viendroient sur notre terrain. Sur cela je voulus leur faire comprendre que, le fort Édouard étant construit sur le nôtre, nous étions en droit de les en chasser; mais ils ne voulurent jamais entendre raison là-dessus.

Voyant donc que je ne pouvois rien gagner sur eux, je leur demandai ce qu'ils prétendoient donc que je fasse, et s'il n'étoit pas honteux d'être venus à la barbe de l'ennemi pour nous en retourner sans rien entreprendre. Ils répondirent que, le camp des Anglois étant sur notre terrain, je n'avois qu'à l'attaquer, qu'ils m'y suivroient et que je pouvois compter sur eux. Je leur demandai encore si c'étoit là leur dernière résolution et s'ils ne changeroient pas de sentiment au moment de l'attaque. Sur quoi, m'ayant assuré qu'ils me suivroient et combattroient, je pris le parti d'aller de ce côté-là, ce que je fis le lendemain à la pointe du jour, marchant sur trois colonnes, les Canadiens à la droite, les sauvages à la gauche et les François dans le centre, sur un beau chemin que les Anglois avoient fait pour communiquer du fort Édouard à leur camp. Après quelques heures de marche, on m'amena un prisonnier, duquel j'appris que le général Johnson, ayant eu avis de ma marche contre le fort Édouard, avoit détaché 1,000 hommes de son camp pour le renforcer; que, lui prisonnier, ne croyant pas que nous étions si près, avoit gagné les devants, et que la troupe pouvoit être aux environs d'une demi-lieue de là.

Sur cet avis, j'ordonnai aux sauvages et Canadiens de marcher environ trois cents pas en avant, de se mettre ensuite ventre à terre pour ne pas être découverts et de ne pas faire le moindre bruit, ni tirer un seul coup de fusil avant d'avoir entendu tirer la colonne des François, mais alors de se lever brusquement pour prendre l'ennemi en flanc. De mon côté, je fis faire halte à la colonne du centre, de sorte que ma disposition avoit la figure d'un cul-de-sac, dans lequel je comptois d'attirer les Anglois;

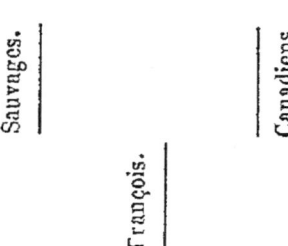

et il n'est pas douteux que, si mes ordres avoient été suivis, il n'en seroit pas réchappé un seul. Mais, pour mon malheur, quelques sauvages, plus curieux que les autres, s'étant levés et ayant reconnu que les Anglois avoient un corps d'Agniers avec eux, en avertirent les autres ; sur quoi tous les Iroquois se levèrent et tirèrent en l'air pour avertir qu'il y avoit une embuscade. Voyant donc que la mèche étoit découverte, je fis attaquer l'ennemi par les François et les Canadiens ; les sauvages firent de même, excepté les Iroquois, qui ne bougèrent point. Les Anglois furent pliés comme un jeu de cartes et se sauvèrent à vau de route dans leur retranchement, qui n'en étoit alors qu'à une petite lieue ou environ ; je les suivis de près avec les François et les Canadiens, ne croyant pas que les sauvages me laisseroient là. Je me trompois cependant : ils ne suivirent que de loin, et, lorsqu'ils entendirent ronfler le canon du retranchement, ils s'arrêtèrent tout court ; sur quoi je leur envoyai dire qu'il n'y avoit rien à craindre pour eux du canon, que je ferois attaquer l'unique batterie qu'il y avoit par les François et attirerois par conséquent tout le feu sur eux, et que pendant ce temps-là ils n'auroient qu'à foncer dans le retranchement, lequel n'étoit autre chose qu'une espèce de barricade, de fort peu de hauteur.

Ayant donc continué à marcher sur ladite batterie dans la confiance que les sauvages n'oseroient m'abandonner me voyant si fort avancé, je m'aperçus que les Canadiens, au lieu de marcher de leur côté au retranchement, s'éparpilloient à droite et à gauche, faisant le coup de fusil à la sauvage, et que les sauvages n'avançoient point ; sur quoi m'étant écarté un peu vers la gauche pour leur faire signe d'avancer, je m'approchai, sans m'en apercevoir, si près du retranchement, que je reçus dans un instant trois coups de fusil dans les jambes et un à travers le genou droit qui me fit tomber près d'un arbre, derrière lequel je me traînai avec l'aide du chevalier de Montreuil qui m'avoit suivi, lequel étant le plus ancien après moi et ne voulant pas m'abandonner, je lui ordonnai, de par le Roi, d'aller prendre le commandement, et, s'il en voyoit la nécessité, de faire la retraite le mieux qu'il pourroit, mais de m'envoyer quelques hommes pour m'enlever. Peu de temps après vinrent deux Canadiens de sa part, dont l'un fut tué roide et me tomba sur les jambes, ce qui m'embarrassa beaucoup; et, l'autre ne le pouvant pas faire seul, je lui dis de m'amener quelques hommes de plus. Mais peu de temps après j'entendis battre la retraite sans rien voir, étant assis dans un terrain un peu bas, le dos appuyé contre un arbre; et, ayant resté dans cette situation environ une demi-heure, je vis, à dix à douze pas de moi, un soldat des ennemis me coucher en joue derrière un arbre, auquel je fis signe de la main de ne pas tirer; mais il ne laissa pas que de lâcher son coup, qui me traversa les deux cuisses, et, sautant en même temps sur moi, il me dit en très-bon françois : « Rendez-vous ! » Je lui dis : « Misérable ! pourquoi me tires-tu? tu vois un homme couché à terre baigné dans son sang et tu tires! — Ah! répondit-il, que sais-je, moi? vous pouviez avoir un pistolet : j'aime mieux tuer le diable que si le diable me tuoit. — Tu es donc François? lui dis-je. — Oui, répliqua-t-il; il y a plus de dix ans que j'ai déserté du Canada. » Sur cela plusieurs autres tombèrent sur moi et me dépouillèrent; je leur dis de me porter chez leur général, ce qu'ils firent; lequel, ayant appris qui j'étois, me fit mettre sur son lit et envoya chercher des chirurgiens pour me panser; et, quoiqu'il fût blessé lui-même, il ne voulut pas être pansé avant que je le fusse. Peu de temps après, entrèrent dans sa tente plusieurs sauvages, lesquels me regardoient d'un air furieux et lui parlèrent longtemps et fort vivement. Lorsqu'ils furent sortis, je lui dis : « Ces gens-là m'ont regardé d'un air qui ne dénote pas beaucoup de compassion. — Rien moins que cela, me répondit-il : car ils veulent m'obliger de vous livrer à eux, afin de vous brûler pour venger la mort de leurs camarades et de trois chefs qui ont été tués dans le combat, et me menacent de me quitter si je ne vous livre pas. Ne vous inquiétez cependant point : vous êtes en sûreté chez moi. »

Quelque temps après, les mêmes sauvages rentrèrent dans la tente ; la conversation me parut vive au commencement et s'apaisa à la fin ; ils prirent un air riant, me donnant la main en signe d'amitié et se retirèrent ensuite. Le général Johnson me dit qu'il avoit fait ma paix avec eux et qu'ils se désistoient de leurs prétentions. Je lui dis qu'étant blessé lui-même, je craignois l'incommoder, et que je le priois de me faire porter ailleurs. « Je n'ose encore, répondit-il : car, si je le faisois, les sauvages vous massacreroient ; il faut leur donner le temps de se coucher. » Vers les onze heures de nuit, je fus transporté, et escorté par un capitaine et 50 hommes, dans la tente d'un colonel où je passai la nuit. La garde avoit ordre de ne laisser approcher aucun sauvage de moi ; cependant le lendemain matin un d'eux approcha de la tente, et la sentinelle, voyant qu'il n'étoit pas armé, le laissa entrer ; mais, dès qu'il y fut, il tira un sabre nu de dessous une espèce de manteau dont il étoit couvert et vint sur moi pour me sabrer ; sur quoi le colonel dans la tente duquel j'étois se jeta au-devant de moi, le désarma et le mit dehors.

Je restai dans le camp des Anglois pendant neuf jours ; et le général Johnson, ayant fait construire un brancard, me fit transporter à Orange, dans sa maison, et au bout de quatre semaines, à la Nouvelle-York, où je tombai entre les mains de fort mauvais chirurgiens. Voilà tout ce que je peux vous dire de ma malheureuse expédition, laquelle n'a été infortunée que pour moi seul, les Anglois ayant perdu beaucoup plus de monde que moi, sans gagner un pouce de terrain.

Dépôt de la guerre, vol. 3404, pièce 157.

6

LETTRE DU BARON DE DIESKAU AU COMTE D'ARGENSON.

A la Nouvelle-York, ce 22 juin 1756.

Monseigneur, j'ai reçu le 15 de juin la lettre que vous avez eu la bonté de m'écrire le 17 février, et je profite du départ d'un vaisseau pour Londres, pour avoir l'honneur de vous informer que mes blessures commencent à prendre un assez bon train, étant déjà guéri de trois, et n'y ayant que la quatrième (qui étoit mortelle) laquelle me tient encore le plus souvent au lit et ne me permet que de me traîner de temps en temps avec des béquilles dans ma chambre. Je compte cependant, suivant les promesses des chirurgiens, que dans deux ou trois mois d'ici je pourrai être en état de profiter du départ de quelque vaisseau, si l'occasion se présente, pour aller à Londres, où je solliciterai la permission d'aller en France.

J'ai fait partir dans le mois de février le sieur Bernier, mon aide de camp, pour Londres, dans l'espérance qu'il pourroit y obtenir la permission de se rendre en France, où je compte qu'il sera arrivé et vous aura rendu compte, Monseigneur, d'une action qui auroit dû me combler de gloire, si la trahison ne s'en étoit pas mêlée, mon projet étant immanquable, et le coup auroit été décisif. Malheureusement pour moi l'événement n'y a pas répondu; mais j'espère que dans d'autres occasions la fortune me sera plus favorable, ayant de grandes espérances que mes blessures ne me mettront pas hors d'état de continuer à servir Sa Majesté.

Je ne doute pas que ledit sieur Bernier ne vous ait rendu compte aussi, Monseigneur, des obligations infinies que j'ai à M. le chevalier de Johnson, général des troupes angloises, par lesquelles j'ai été fait prisonnier, attendu que sans lui j'aurois été infailliblement brûlé à petit feu par les Iroquois, lesquels le vouloient obliger de me livrer à eux pour venger la mort de trois de leurs chefs tués dans l'action. Ce général a fait l'impossible pour m'éviter un sort si cruel; et il n'y a que l'attachement que cette nation a pour lui personnellement qui m'a sauvé, étant certain que, si ces barbares avoient persisté dans leurs sentimens, il auroit été obligé de me livrer, attendu qu'ils l'avoient menacé que toute la nation l'abandonneroit, s'il ne la satisfaisoit pas. Ce général a poussé son attention si loin, qu'il m'a toujours fait garder par un détachement de 50 hommes tant que j'ai resté dans son camp, de crainte qu'ils ne me jouent quelque mauvais tour. Cependant toutes ces précautions n'ont point empêché que le lendemain un d'eux ne soit entré dans ma tente le sabre à la main pour m'expédier; mais un officier anglois, s'y étant trouvé par hasard, s'est jeté au-devant de moi en appelant la garde à mon secours, ce qui a obligé M. le chevalier de Johnson de me faire transporter malgré le mauvais état de ma santé à Orange.

J'ose vous supplier, Monseigneur, de me continuer toujours vos bontés et l'honneur de votre protection. Je suis avec le plus profond respect, Monseigneur, votre très-humble et très-obéissant serviteur.

Dépôt de la guerre, vol. 3417, pièce 170. — Autographe.

7

PREMIÈRE LETTRE DE M. DE MONTREUIL [1],

Sur le mauvais état des affaires en Canada et sur le baron de Dieskau.

De Montréal, ce 10 octobre 1755.

La colonie menace ruine; beaucoup d'Anglois à combattre; les magasins dépourvus; la terreur dans le pays; beaucoup de brigues. M. Dieskau ne travailloit aux opérations de la campagne qu'avec MM. Péan et Mercier, officiers de la colonie; il avoit fait le premier, major des troupes de la colonie, et le second, maréchal des logis de l'armée. M. Dieskau, ambitieux, n'a cru de réussir qu'en s'en rapportant à eux seuls pour le conseil et le soin de faire subsister; cette unique confiance avoit mécontenté les

---

1. Le chevalier de Montreuil était aide-major général de l'armée; il devint major général.

commandans et les officiers, qu'il menoit un peu à l'allemande. Il n'est regretté de personne. J'avois redoublé mes soins auprès de lui. La colonie a besoin d'un commandant doux, incorruptible, incapable de se laisser mener par personne, égal pour tout le monde. Il n'y auroit pas trop de deux commandans de ce caractère. M. Dieskau étoit un vrai grenadier; il n'a eu que moi à l'accompagner aux coups de fusil. Je vous prie d'assurer à M. d'Argenson qu'il n'a jamais voulu se laisser emporter; il étoit en avant des Canadiens; le détachement de troupes réglées qui étoit à la droite n'étoit pas à portée de l'enlever. M. Dieskau, par complaisance pour les officiers de la colonie, donnoit l'ordre signé de lui au major des troupes de la colonie; il m'avoit défendu d'avoir aucune inspection sur les Canadiens ou sur les troupes de la colonie; je lui ai toujours laissé faire ce qu'il a voulu, mon brevet n'est que pour les troupes de France. Il y a beaucoup de jalousie entre les officiers de la colonie et les officiers de France à l'égard du traitement.

Dépôt de la guerre, vol. 3417, pièce 10. — Copie de l'époque, faite par M. d'Abadie.

8

SECONDE LETTRE DE M. DE MONTREUIL,

Sur le mauvais état des affaires en Canada et sur le baron de Dieskau.

A Montréal, ce 2 novembre 1755.

MM. Mercier et Péan, officiers de la colonie, sont la cause de nos malheurs. Ils ont bouleversé la colonie par les conseils qu'ils ont donnés à M. Dieskau; ils étoient les seuls qui avoient du pouvoir sur son esprit; il a été la victime de la confiance aveugle qu'il avoit en eux. Je ne sais pas comment il s'excusera à la Cour d'avoir si mal opéré et de s'être laissé prendre, pendant qu'il a été à même plusieurs fois, durant l'affaire, de se faire emporter au quartier des blessés. Il étoit humilié de s'être laissé mener comme un écolier; il est à croire, par sa manœuvre après ses blessures, qu'il désiroit d'être prisonnier pour ne plus servir dans cette colonie. Celui qui commande ici à sa place n'est pas dans les bonnes grâces de M. de Vaudreuil. Priez M. d'Argenson de faire le même bien aux personnes dont je lui rends compte; je serois fâché de faire tort à mon prochain; c'est dans cette espérance que je vous informe de tout.

Dépôt de la guerre, vol. 3417, pièce 14. — Copie de l'époque, faite par M. d'Abadie.

9

EXTRAIT D'UNE LETTRE DE M. DOREIL[1] A M. LE MARQUIS DE PAULMY[2],

Sur les désordres qui existent dans l'administration du Canada, et sur MM. de Vaudreuil, de Montreuil et de Dieskau.

Montréal, le 28 octobre 1755.

... Vous verrez, Monseigneur, par ce que j'ai glissé dans ma lettre à M. le comte d'Argenson, que les intérêts du Roi ne sont pas ici trop bien ménagés; ceux de la colonie ne le sont pas davantage: le commerce languit, l'habitant est vexé, mais il en résulte que les personnes qui ont la manutention des affaires et ceux qui leur sont affidés font des fortunes immenses; et, comme elles réunissent toute l'autorité, elles agissent assez ouvertement. Depuis longtemps les particuliers lésés usent de plaintes, qui jusqu'à présent ont été inutiles et n'ont servi qu'à leur occasionner des désagrémens et souvent des pertes.

M. de Vaudreuil est bien éloigné d'approuver ce qui se passe; il n'en ignore pas la moindre chose; il s'est ouvert à moi jusqu'à m'en parler en détail; il en gémit, mais je conçois qu'à moins d'un éclat, ce sera toujours de même: il veut se maintenir[3]. D'ailleurs il lui est défendu de se

---

1. Commissaire des guerres.
2. Neveu du ministre de la guerre. Il fut adjoint à son oncle, M. le comte d'Argenson, de 1754 à 1756, et devint ministre de la guerre en 1757.
3. On voit que M. de Vaudreuil connaissait et déplorait les abus et les scandales dont nous avons parlé précédemment. Nous sommes donc restés au-dessous de la vérité quand nous l'avons présenté comme abusé, subjugué et ex-

mêler de la partie de la finance et de quelqu'autres qui y sont intimement réunies. C'est un général qui a les intentions bonnes, droites, qui est doux, bienfaisant, d'un abord facile et d'une politesse toujours prévenante, mais les circonstances et la besogne présente sont un peu trop fortes pour sa tête ; il a besoin d'un conseiller dégagé de vues particulières et qui lui suggère le courage d'esprit. Il paroît agir avec moi de bonne foi ; je l'aiderai si je puis, et je serai un peu débarrassé si le commandant qui nous sera envoyé le printemps prochain est d'un esprit liant et d'un caractère doux : il gouvernera le gouverneur. M. de Dieskau n'avoit rien de ce qu'il falloit pour cela, et ils n'auroient pas manqué de se brouiller.

Notre état-major a été privé, à ce qu'il paroît, de ce qu'il avoit de mieux, suivant les apparences, en perdant M. de Rostaing. Ç'auroit été une vraie consolation pour moi et ma seule ressource ; il ne m'en reste aucune : car, soit dit sans vouloir faire tort à personne, nous avons dans l'aide-major général[1] un bien foible homme. J'ose dire que, si je ne me chargeois un peu de tout, la besogne seroit bien plus mal faite. C'est un fort honnête garçon, rempli de bonne volonté, mais si neuf, que je m'étonne, permettez-moi de vous le dire, Monseigneur, qu'on ait songé à lui ; il a donné une cruelle preuve de son peu d'expérience à l'affaire du 8 septembre dernier, en faisant sa retraite sans enlever M. de Dieskau. Je suis cependant

---

ploité par M. Bigot ; M. de Vaudreuil était informé de tout en détail, et cependant il defendait Bigot auprès des ministres. Était-il donc son complice, ou sa faiblesse était-elle décidément incurable ? On verra aussi, page 277, que M. de Vaudreuil n'aimait pas qu'on rendît compte à la Cour « de ce qui se passoit » au Canada.

1. M. le chevalier de Montreuil.

convaincu qu'il n'y a pas eu de mauvaise volonté; il en est incapable, mais sa tête ne comporte pas plusieurs soins contraires à la fois. Ce n'est pas, Monseigneur, que M. de Dieskau n'ait eu tort de s'aventurer comme il a fait; je parle sans aucune partialité; je lui étois attaché; il le montroit par ses attentions pour moi; mais le bien du service m'oblige de vous dire à vous seul, Monseigneur, qu'il paroît qu'il étoit plus propre à être à la tête d'une troupe légère pour faire usage de son intrépidité sous les ordres d'un général qui l'auroit suivi de l'œil, qu'à commander en chef. Je le plains sincèrement; je connoissois ses intentions, elles étoient droites et bonnes; son zèle étoit infatigable, et il n'avoit que trop d'ardeur. Je vous avouerai, Monseigneur, qu'avec mon gros bon sens je l'avois jugé dès Brest; M. de Crémille[1] pourroit vous le dire; et, lorsque j'appris sa défaite, je n'en fus pas surpris; je tremblois même depuis qu'il m'avoit envoyé son projet de marche et d'attaque; je lui en témoignai mes craintes par une lettre qui se trouvera sans doute dans ses papiers, à la levée des scellés. Tous nos malheurs et ceux dont nous sommes menacés me font désirer un bon commandant l'année prochaine, et des troupes d'augmentation. La nécessité est urgente, d'autant plus que nos 4 bataillons sont actuellement réduits à 1,680 hommes effectifs, et que ceux qui les commandent ne sont pas en état de commander le tout, quoique fort bons officiers en particulier.

Dépôt de la guerre, vol. 3405, pièce 143. — Lettre chiffrée et toute confidentielle.

---

[1]. Lieutenant général qui fut chargé de fonctions et de missions importantes, jusqu'à ce qu'il eût été adjoint au maréchal de Belle-Isle, ministre de la guerre.

10

LETTRE DE M. DE MONTREUIL,

Sur l'état de la colonie et sur le baron de Dieskau.

A Montréal, ce 12 juin 1756.

Je suis très-content de M. de Montcalm ; je ferai l'impossible pour mériter sa confiance ; je lui ai parlé dans les mêmes termes qu'à M. Dieskau, les voici : *Ne vous en rapportez jamais qu'aux troupes de terre pour une expédition, mais aux Canadiens et sauvages pour inquiéter les ennemis ; envoyez-moi porter vos ordres dans les endroits périlleux, ne vous exposez point.* M. de Vaudreuil est prévenu contre M. Doreil, commissaire ordonnateur, et moi, parce qu'il croit que nous rendons compte à la Cour de ce qui se passe ; je vais toujours mon train en prenant les précautions possibles ; je lui fais continuellement ma cour. Les officiers de la colonie n'aiment pas les officiers de terre. Il est incroyable combien le luxe règne dans ce pays-ci, et combien le Roi est volé par la mauvaise administration des affaires. Tous les François qui arrivent ici sont révoltés de la consommation qui se fait ici ; le gouverneur et l'intendant sont trop doux et trop relâchés dans un pays où il faudroit user d'une plus grande sévérité que partout ailleurs. Il n'y a point de police. Le Canadien est indépendant, méchant, menteur, glorieux, fort propre pour la petite guerre, très-brave derrière un arbre et fort timide lorsqu'il est à découvert. Je crois qu'on sera sur la défensive de part et d'autre. M. de Montcalm ne me paroît pas avoir envie d'attaquer les ennemis ; je crois qu'il a raison : dans ce pays-ci 1,000 hommes en arrêteroient 3,000 ; les ennemis sont plus nombreux que nous de 3,000 hommes au moins. Je compte partir dans le courant de juillet avec M. de Montcalm. J'ai reçu vos deux lettres par duplicata et une autre d'une écriture ordinaire ; je serois inconsolable si vous me désapprouviez. Dans le fond de votre cœur, vous ne pouvez pas me donner une preuve plus certaine de votre amitié que de me reprendre quand j'ai tort. Il étoit moralement sûr que le détachement étoit entièrement détruit, si j'eusse retourné à M. Dieskau ; je l'aurois enlevé de force si j'avois eu quatre hommes avec moi lorsqu'il fut blessé aux deux cuisses, mais j'étois seul avec lui ; j'appelai deux Canadiens qui étoient les seuls à portée de nous : l'un fut tué auprès de M. Dieskau et de moi, et l'autre fut blessé. Je venois aussi de l'être au bras. Je lui envoyai ses valets en allant à l'attaque de la droite ; il les renvoya après avoir fait mettre à côté de lui sa redingote et sa veste ; il ne tenoit qu'à lu de s'éloigner après sa première blessure, qui étoit légère, et je l'y exhortai beaucoup. M. Dieskau, dit-on, se porte bien. Les trois commandans sont arrivés de France avec le renfort. Je ne serai jaloux que de bien faire ; je ne m'arrêterai point aux minuties ; personne n'est plus appliqué que moi à son métier. J'espère que cette campagne me donnera occasion de mériter bon jour. J'ai reçu une lettre de M. le comte d'Argenson, pleine de bontés ; j'ai eu l'honneur de lui écrire. On ne peut pas vous aimer plus que je vous aime ; je vous embrasse mille et mille fois. Je suis déjà très-bien avec M. de Montcalm ; j'entrerai en campagne avec lui dans le courant de juillet ; je ferai en sorte qu'il soit content de moi. Il me donne beaucoup plus d'occupation que ne faisoit M. Dieskau; je ne suis jamais plus content que quand j'ai beaucoup d'ouvrage.

Dépôt de la guerre, vôl. 3417, pièce 140. — Original chiffré, non signé.

11

LETTRE DE M. LE MARQUIS DE VAUDREUIL, GOUVERNEUR DU CANADA, A M. DE MACHAULT, MINISTRE DE LA MARINE.

M. de Vaudreuil se plaint des mauvais traitements qu'endurent les milices canadiennes et les sauvages de la part de M. de Montcalm et des officiers des troupes de France.

Le 23 octobre 1756.

Je n'ai pas grand'chose à avoir l'honneur de vous dire à l'égard des troupes de terre qui sont dans la colonie: elles sont généralement bonnes, et je suis bien persuadé que dans une action elles combattroient avec distinction; mais jusqu'à présent elles ne se sont pas absolument signalées. Je leur rends cependant la justice qui est due à la fermeté avec laquelle elles se sont comportées pendant l'expédition de Chouagen; mais l'ennemi ne leur a pas donné le temps d'opérer ni même de tirer un seul coup de fusil; c'est seulement une partie des troupes de la colonie, des Canadiens et des sauvages, qui a attaqué les forts. Notre artillerie a été dirigée par M. le chevalier Lemercier et M. Frémont, et elle n'a été servie que par nos canonniers bombardiers et nos canonniers de milice.

MM. les officiers des troupes de terre sont plus portés pour la défensive que pour l'offensive; ils ont même dit qu'ils ne faisoient jamais la petite guerre, qu'ils n'étoient pas venus dans la colonie pour cela; les propos qu'ils ont tenus n'ont pas même laissé de faire quelque impression. Bien loin de faire la moindre dépense, ils épargnent leurs appointemens. Les rafraîchissemens qu'ils ont eus par le passé (qu'on a été obligé de leur payer en argent, la colonie ne pouvant les fournir) leur ont fait une somme après la campagne; ils économisent aussi sur leurs vivres; ils s'en font délivrer des certificats sous des noms empruntés, et en recouvreront le payement à leur retour.

Il en est de même des soldats : ils ont été équipés chaque fois qu'ils ont entré en campagne; ils vendent également leurs vivres au Roi et en reçoivent le payement.

J'ai travaillé conjointement avec M. Bigot à remédier à tous ces abus; le règlement que nous avons fait, conformément aux ordres du Roi, diminue considérablement les dépenses que S. M. a faites à ce sujet; M. le marquis de Montcalm a beaucoup réclamé de ce règlement, mais il n'est pas possible d'y rien changer [1].

Les troupes de terre sont difficilement en bonne union et intelligence avec nos Canadiens; la façon haute dont leurs officiers traitent ceux-ci produit un très-mauvais effet. Que peuvent penser des Canadiens les soldats qui voient

---

[1]. « Le marquis de Vaudreuil et M. Bigot m'ont communiqué un ordre qu'ils ont reçu de M. le Garde des sceaux, par lequel on doit retrancher, la campagne prochaine, tout le traitement qu'on a accordé aux officiers pour subsistances, même le vin, et les réduire à la simple ration comme le soldat, sauf à eux à se pourvoir, comme bon leur semblera, pour le surplus. » (*Extrait d'une lettre du marquis de Montcalm.*)

leurs officiers le bâton ou l'épée à la main sur eux, chaque fois que l'envie leur prend d'aller à terre? Les Canadiens sont obligés de porter ces messieurs sur leurs épaules dans les eaux froides, en se déchirant les pieds sur les roches, et, si par malheur pour eux ils font un faux pas, ils sont traités indignement. Est-il de condition plus dure? Enfin M. de Montcalm est d'un tempérament si vif, qu'il se porte à l'extrémité de frapper les Canadiens. Je lui avois recommandé instamment d'avoir attention que MM. les officiers des troupes de terre n'eussent aucun mauvais procédé envers eux; mais comment contiendroit-il ces officiers, puisqu'il ne peut pas lui-même modérer ses vivacités? Est-il d'exemple plus contagieux? Voilà de quelle façon nos Canadiens sont menés. Ils mériteroient un traitement bien plus doux : ils n'ont jamais manqué de sentiment; ils ont donné dans toutes les occasions des preuves surprenantes de leur bravoure; ils font toutes les découvertes et les campagnes les plus pénibles; si dans la quantité des vivres il s'en trouve de mauvais, ils sont obligés de les manger, tandis que les troupes en ont qui sont bons; ils abandonnent leurs terres et leurs familles pour la défense de la colonie; ils épuisent la vigueur de leur tempérament à mener les bateaux pour les transports des troupes, approvisionner les armées et les postes, et cela sans marquer la moindre répugnance. Ils sont toujours prêts et d'une bonne volonté merveilleuse; mais ils m'ont témoigné leur mécontentement, et il ne faut rien moins que leur aveugle soumission à tout ce que je leur commande pour que, dans bien des occasions, et principalement à Chouagen, plusieurs d'entre eux n'aient marqué leur sensibilité. Je puis, Monseigneur, vous assurer qu'ils se comporteront toujours avec le même zèle, par le soin que j'aurai de les piquer d'honneur et leur assurer un traitement plus doux dans les suites.

Autant les Canadiens sont d'un caractère doux et soumis, autant les sauvages sont-ils susceptibles. Ils se sont plaints amèrement de la façon haute dont M. de Montcalm les a menés à Chouagen. Sans mon frère, les sauvages, qui se voyoient obligés d'abandonner leur petit pillage à l'avidité des grenadiers, auroient pris un parti très-contraire aux intérêts de la colonie.

Tous les sauvages, et même les Abénaquis, Nipissingues et Algonkins, de Saint-François et de Bekancourt, qui de tout temps ont été nos plus fidèles alliés, n'hésitèrent pas à me dire, après la campagne de Chouagen, qu'ils iroient partout où je les envoyerois, pourvu que je ne les misse pas sous les ordres de M. de Montcalm. Cependant vous avez vu que j'en avois fait passer environ 600 à Carillon; mais ils sont revenus plus pressés qu'ils ne l'avoient été; ils m'ont dit positivement qu'ils ne pouvoient supporter les vivacités de M. de Montcalm; il n'a voulu écouter aucune de leurs représentations; en vain les chefs lui proposoient d'aller en parti (sur les connoissances qu'ils avoient du lac Saint-Sacrement) dans les lieux où ils seroient le plus à portée de frapper ou de faire des prisonniers; il ne vouloit pas les écouter. Je maintiendrai toujours la plus parfaite union et intelligence avec M. le marquis de Montcalm; mais je serai obligé, la campagne prochaine, de prendre des arrangemens pour que nos Canadiens et sauvages soient traités avec le ménagement dont leur zèle et leurs services les rendent dignes [1].

Dépôt de la guerre, vol. 3457, pièce 163. — Copie.

---

1. Il est bon de mettre le lecteur en garde contre la perfidie de cette lettre

12

EXTRAITS D'UNE LETTRE DU MARQUIS DE MONTCALM
AU COMTE D'ARGENSON, MINISTRE DE LA GUERRE,

Sur MM. de Lévis, de Bourlamaque, de Bougainville et de Montreuil; sur le fort Carillon et la situation critique de la colonie et sur la trahison de l'otage anglais Robert Stobo.

A Montréal, le 1ᵉʳ novembre 1756.

..... M. le chevalier de Lévis a fort bien pris avec les troupes. Il a un ton très-militaire, de la routine de commandement; il n'est pas étonné; il sait prendre un parti, être ferme à s'écarter d'ordres donnés de soixante lieues, quand il les croit contraires au bien, par des circonstances qu'un général éloigné n'a pu prévoir. Il a fait un bon choix du sieur de Fonbrune, lieutenant de grenadiers de la Marine, que vous lui avez permis d'amener et que vous avez fait capitaine réformé : c'est un homme de guerre, de bon sens, laborieux et très-utile à M. le chevalier de Lévis.....

M. de Bourlamaque, qui a dû quitter hier l'armée, avec la première division, se rendra à Québec ; il l'a même désiré à cause de sa mauvaise santé. « Point de crainte sur « cet article, auquel on ne croit pas; il vouloit que je vous « en écrivisse pour vous préparer à la demande de son

---

et les insinuations mensongères qu'elle contient contre le manque de courage, l'avarice et la cupidité des officiers venus de France. Si l'on croyait M. de Vaudreuil, ce serait lui et M. Bigot qui auraient fait leurs efforts pour arrêter les prévarications de M. de Montcalm et de ses officiers !

« retour. Il n'a pas encore le ton du commandement;
« trop pour la minutie; trop à la lettre pour des ordres
« donnés par un général, de 80 lieues, qui ne sait pas
« parler guerre [1]. M. le chevalier de Lévis reçoit comme
« moi des ordres, lettres écrites avec duplicité qu'on ne
« peut excuser; cependant, dans le cas d'échec, on pour-
« roit nous blâmer; ce n'est pas plainte, car je n'en écris
« rien à M. de Machault [2]; mais vous devez savoir le criti-
« que de ma position, que M. le chevalier de Lévis a mar-
« qué beaucoup à ses parens [3]. »

J'ai l'honneur de vous envoyer un plan du fort de Carillon que M. Germain, capitaine au régiment de la Reine, a fait pour vous être présenté de sa part. « Ce fort, rempli
« de défauts, sert à enrichir l'ingénieur du pays, parent
« de M. de Vaudreuil. L'ennemi a toujours l'avantage d'un
« mois de campagne où nous ne pourrons le secourir.
« Notre situation est critique, manque de vivres; la récolte
« a manqué, ce qui oblige de mettre de l'avoine avec le
« blé. M. de Vaudreuil et M. Bigot ont écrit fortement à
« M. de Machault, reprochant de n'avoir pas envoyé les
« vivres demandés l'hiver dernier; s'il n'en vient pas de
« bonne heure, on ne pourra rien faire contre l'ennemi. »

J'ai fait avec attention la revue de nos six bataillons; j'en joins l'extrait à cette lettre. Vous y verrez, Monseigneur, le nombre de recrues qu'il nous faut. M. le marquis de Vaudreuil demande une augmentation de troupes de terre; et, comme il est encore indécis sur le nombre et sur la forme, je vous en écrirai séparément. « Il de-

---

1. Montcalm fait allusion au marquis de Vaudreuil.
2. Ministre de la marine.
3. Nous mettons entre « » ce qui était en chiffres dans l'original.

« mande beaucoup en même temps.de quoi les nourrir,
« et que, manque de vivres, il renverroit deux des six ba-
« taillons ; par cette raison on a envoyé nombre de prison-
« niers en Angleterre et en France..... M. de Montreuil,
« brave homme ; point de détail ni de talent pour l'état
« de major général. »

M. de Bougainville vous regarde comme son protecteur à la guerre et son Mécène dans la république des lettres ; s'occupant beaucoup de son métier, il ne perd pas de vue l'Académie des sciences ; il a vu par les nouvelles publiques qu'il y vaquoit une place de géomètre à laquelle il auroit cru pouvoir aspirer par vos bontés et son ouvrage, s'il eût resté en France ; est-ce que d'être en Amérique passagèrement et pour le service du Roi lui en donneroit l'exclusion ? Ne pourroit-on pas la lui conserver en la laissant vacante, comme vous avez la bonté de faire pour les lieutenances colonelles ? Je vous en serois bien obligé en mon particulier.

..... Nous avons ici les otages anglois donnés pour l'exécution de la capitulation du fort de la Nécessité. Vous avez vu par les pièces prises au général Braddock que le capitaine Robert Stobo, l'un d'eux, envoyoit des plans. On instruit leur procès par ordre du Roi ; on suspendra l'exécution du jugement. M. de Vaudreuil tiendra avec des officiers de la colonie le conseil de guerre qui doit les juger.....

Dépôt de la guerre, vol. 3417, pièce 288. — Original en partie chiffré.

15

LETTRE DU CHEVALIER DE LÉVIS AU MARQUIS DE PAULMY,
MINISTRE DE LA GUERRE.

Il expose quelles sont ses règles de conduite et fait connaître le plan général des opérations pour la campagne de 1757.

A Montréal, le 30 juin 1757.

Monseigneur, M. le comte d'Argenson m'a toujours honoré de ses bontés; quoique je me flatte de les retrouver en vous, je ne puis qu'être très-fâché de sa disgrâce; permettez-moi, Monseigneur, d'avoir l'honneur de vous témoigner la part que j'y prends, comme celle de vous le voir remplacer dans toutes ses charges; permettez-moi de mettre sous votre enveloppe une lettre pour lui que je vous supplie de lui faire passer.

J'ai l'honneur de vous envoyer aussi les duplicata de la dernière lettre que je lui ai écrite.

M. le marquis de Montcalm m'a communiqué le compte qu'il vous rend de la situation de cette colonie et de l'état de nos troupes de terre; je n'ai rien à y ajouter, et il est conforme en tout à ma façon de penser. Je puis vous assurer que nous vivons dans la plus grande intelligence, et que nous ne négligeons rien de ce qui peut tendre au bien du service. Je ne puis aussi que me louer de M. le marquis de Vaudreuil; quand on est aussi éloigné, il faut toujours être d'accord avec tout le monde, lever les difficultés et n'avoir à cœur que le bien du maître; je me conduis sur ces principes, dont je ne m'écarterai jamais.

Je vous supplie d'en être bien persuadé et d'en assurer Sa Majesté.

Nous sommes au moment, Monseigneur, de commencer nos opérations et d'agir offensivement sur la frontière du lac Saint-Sacrement; le manque de vivres nous a empêchés de les commencer plus tôt, et nous ignorions aussi de quel côté les ennemis dirigeoient leurs forces. Il paroît qu'ils ont formé le projet de faire le siége de Louisbourg; ils nous donnent en même temps quelques inquiétudes pour Québec; il nous sera facile de nous opposer à ce dernier et d'y porter nos forces, mais pour Louisbourg, nous ne pouvons y faire passer que de faibles secours; il doit tout attendre de nos forces navales d'Europe. Si les ennemis s'étoient portés du côté de la Belle-Rivière, je devois y marcher avec un assez gros corps de troupes; mais, comme ils ne font aucun mouvement sur cette partie, nous assemblons nos plus grandes forces pour agir sur les frontières de la Nouvelle-Angleterre et de la Nouvelle-York; nous avons quantité de sauvages de toutes les nations. Je partirai dans deux jours pour me rendre au lac Saint-Sacrement; je trouverai M. de Bourlamaque au camp de Carillon; M. de Montcalm me joindra dans peu de jours avec les dernières troupes. Je vais d'avance tout disposer et faire passer de l'artillerie et des bateaux dans le lac Saint-Sacrement. Si les circonstances nous permettent de faire le siége du fort George, je commanderai le corps de troupes qui fera l'avant-garde et qui sera en observation pour couvrir le siége; il sera composé de tous les sauvages, des Canadiens et des meilleurs marcheurs des troupes de terre et de celles de la marine. L'incertitude du sort de ma lettre fait que je n'ose pas entrer dans de plus grands détails.

J'espère que cette expédition me mettra à portée de mériter de nouvelles grâces du Roi; je ne les attends, Monseigneur, que de vos bontés et de votre protection.

Dépôt de la guerre, vol. 3457, pièce 77. — Original.

14

LETTRE DU MARQUIS DE MONTCALM AU MINISTRE DE LA GUERRE [1],

Pour l'informer de la prise du fort William-Henry.

Au camp, sous les ruines du fort William-Henry, appelé par les François le fort George, ce 15 août 1757.

Monseigneur, S. M. m'avoit trop bien traité à mon départ d'Europe et je n'avois pas assez fait pour son service pour attendre aucune grâce : aussi suis-je pénétré de la plus vive reconnoissance de celle que vous m'avez obtenue en m'honorant d'une place de commandeur dans l'ordre de Saint-Louis, et je le suis encore plus de l'approbation que vous voulez bien donner à ma conduite. M. le marquis de Vaudreuil m'a employé l'année dernière à l'expédition de Chouagen, qui tranquillise entièrement la colonie sur la frontière du lac Ontario; celle que je viens de faire par ses ordres, avec plus de difficultés à surmonter, n'est pas moins brillante pour les troupes et les Canadiens, et met à couvert la frontière du lac Saint-Sacrement. Sans la nécessité de renvoyer les sauvages des Pays d'en haut et les Canadiens faire leur récolte, j'eusse pu entreprendre

---

1. M. le marquis de Paulmy.

d'aller plus loin ; mais c'eût été sacrifier la colonie pour des exploits incertains, et où il y auroit eu plus d'envie de faire parler de soi que de rendre service à la colonie. Cette prise est suivie de la démolition de leur fort et camp retranché ; elle nous procure un amas de vivres pour faire subsister 6,000 hommes pendant six semaines, une trentaine de pièces d'artillerie, plus de munitions que nous n'en avons employé à un siége considérable pour l'Amérique, puisque la place ne s'est rendue qu'au bout de six jours d'investissement et cinq jours de tranchée ouverte. La célérité de nos travaux étonne toujours l'ennemi.

J'avois à prendre un fort soutenu par un camp retranché, et dans l'un et l'autre il y avoit 2,400 hommes de troupes que j'eusse faits prisonniers si la colonie avoit eu des vivres. La clause de ne pas servir de dix-huit mois lui est plus avantageuse. J'avois à craindre le secours du général Webb, qui avoit rassemblé 6,000 hommes à 6 lieues d'ici ; et j'ai été obligé de faire combler en plein jour un bout de marais pour mener le canon à une quatrième batterie établie au pied du glacis. Ce que j'estime davantage dans cette opération, dans une colonie où les hommes sont si rares, [c'est que] nous n'avons eu que 53 hommes tués ou blessés. Dès la prise du fort, j'ai dépêché M. de Bougainville, l'un de mes aides de camp, à M. le marquis de Vaudreuil, pour qu'il pût de suite informer la Cour de cet événement ; je n'ai pas eu le temps de vous écrire et je m'en rapporte au détail qu'il vous enverra. Je ne puis que me louer également du zèle des troupes de terre, de la marine et des Canadiens ; j'ai été très-bien secondé par MM. de Lévis, de Rigaud de Vaudreuil et de Bourlamaque. J'aurai l'honneur, dans ma première, de vous en écrire plus en détail.

Je ne puis vous dissimuler que la capitulation a malheureusement souffert quelques infractions de la part des sauvages; mais ce qui seroit une infraction en Europe ne peut-être regardé comme tel en Amérique, et j'en ai écrit avec fermeté au général Webb et à mylord Lawdon pour leur ôter toute envie de ne la pas tenir sous un léger prétexte.

En même temps que j'ai reçu la lettre dont vous m'avez honoré pour m'apprendre que j'avois une place de commandeur dans l'ordre de Saint-Louis, j'ai reçu l'état des grâces accordées au corps de troupes que j'ai l'honneur de commander; je vous en fais mes remercîments. Je me réserve de vous écrire à la fin de la campagne en détail sur cet article et de vous proposer celles dont je crois susceptibles les officiers de nos bataillons, et je vous supplie d'être favorable à mes demandes. Il importe au service du Roi que des troupes expatriées soient bien traitées, surtout quand elles servent avec autant de zèle et qu'elles se prêtent à tout : guerre, travaux, réduction de vivres, marches, expéditions avec la peau d'ours, détachemens d'hiver sur les glaces.

Nos bataillons vont s'occuper le reste de la campagne, suivant les intentions de M. le marquis de Vaudreuil, à divers travaux de fortifications et grands chemins nécessaires en temps de guerre et utiles en temps de paix.

Soyez persuadé, Monseigneur, de toute la reconnoissance que j'ai de vos bontés; je vous en demande la continuation pour moi et pour mon fils. J'y compte aussi essentiellement que sur celles dont m'honoroit M. le comte d'Argenson; comptez aussi sur un attachement inviolable; j'y joins un respect infini, avec lequel je suis, Monseigneur, votre très-humble et très-obéissant serviteur.

Nos officiers du corps royal, nouvellement arrivés, ont servi avec grande distinction et utilité.

15

LETTRE DE M. DE BOUGAINVILLE AU MINISTRE DE LA GUERRE,

Contenant la relation de la prise du fort George ou William-Henry.

A Montréal, le 19 août 1757.

Les deux dernières lettres de M. le marquis de Montcalm, en date du mois de juillet, vous préparoient des événemens importants : l'une vous annonçoit son départ de Montréal le 12 juillet, pour aller faire le siége du fort George, construit par les Anglois en 1755 et 1756 au fond du lac Saint-Sacrement et appelé par eux Guillaume-Henry ; l'autre, écrite de Carillon, vous rendoit compte de la course de M. Marin, lieutenant des troupes de la colonie, sur le fort Lydius, que les Anglois nomment Édouard, et du combat sur le lac Saint-Sacrement, dans lequel M. de Corbière, lieutenant des mêmes troupes, à la tête d'un corps de sauvages, avoit entièrement défait un détachement anglois de 350 hommes. Le fort Guillaume-Henry est pris, et M. le marquis de Montcalm, occupé des suites de cette conquête, m'a chargé d'en apporter la nouvelle à M. le marquis de Vaudreuil, et en même temps de vous rendre compte de tous les détails relatifs à cette expédition.

M. le marquis de Montcalm, suivant les intentions de M. de Vaudreuil, avoit, aussitôt après son arrivée à Carillon, divisé les milices par brigades, distribuées par compagnies et mêlées de quelques soldats de la marine et commandées par des officiers de ce corps. Cet arrangement mettoit plus d'ordre et de facilité dans leur service. Il avoit aussi, des compagnies détachées de la marine, formé un bataillon semblable aux nôtres et destiné à rouler avec eux. Son attention avoit été de placer dans ce bataillon les officiers les moins propres, par leur âge ou par la diminution de leurs forces, à faire les courses de pied avec les Canadiens et les sauvages. Le sieur de Villiers, capitaine des troupes de la marine, connu par le rôle qu'il a joué dans la campagne dernière, étoit à la tête d'un corps de 300 volontaires canadiens.

L'armée ne fut entièrement rassemblée à Carillon que dans les derniers jours de juillet. Telles en étoient la force et la composition.....[1]

---

[1]. Nous résumons dans cette note de longs tableaux desquels il résulte que l'armée du roi sur le lac Saint-Sacrement se composait de 8,013 hommes, savoir :

Troupes réglées, 7 bataillons, 3,081.. divisées en 3 brig. (comptant 5,500
Milices, 7 brigades, 2,946... divisées en 7 brig. (hommes présents.
Artillerie, 188

Sauvages de 33 nations.
- domiciliés....... 820 avec 10 officiers français.
- 6 interprètes.
- 3 missionnaires.
- des Pays d'en haut.. 986 avec 7 officiers français.
- 5 interprètes.

Les brigades des troupes réglées étaient :
La brigade de la Reine, composée de 3 bataillons des régiments de la Reine, de Languedoc et de la Marine.—La brigade de la Sarre, composée de 2 bataillons des régiments de la Sarre et de Guyenne. — La brigade de Roussillon, composée de 2 bataillons des régiments de Royal-Roussillon et de Béarn.

Les brigades des milices étaient aux ordres de MM. de la Corne, de Vassan, de Saint-Ours, de Répentigny, de Courtemanche, de Gaspé et de Villiers.

Avant le départ pour le fort Guillaume-Henry, l'armée étoit distribuée de la façon suivante : M. de Rigaud occupoit la tête du portage et quelques postes avancés avec le bataillon de la marine, les milices et les sauvages; les bataillons de la Reine, la Sarre, Languedoc et Guyenne, campoient trois quarts de lieues plus bas, à la chute des eaux du lac Saint-Sacrement, aux ordres de M. le chevalier de Lévis; ceux de Royal-Roussillon et de Béarn étoient à Carillon, où ils avoient ouvert la campagne avec M. de Bourlamaque.

Le 25 juillet, M. le marquis de Montcalm s'établit de sa personne à la tête du portage pour en accélérer les travaux; avec toute l'activité imaginable de la part des chefs, le plus grand zèle de la part des troupes, ce portage d'une artillerie considérable, de munitions de guerre de toutes espèces, de vivres pour nourrir l'armée pendant près d'un mois, de 250 bateaux, de 200 canots, ne put être achevé que dans la nuit du 31 juillet au 1ᵉʳ août : nous n'avions ni bœufs ni chevaux; tout se faisoit à bras d'hommes et, dans les derniers jours, les brigades entières, leurs lieutenants-colonels à la tête, se relevoient pour cet ouvrage aussi long que pénible.

Comme la quantité de bateaux n'eût pas été suffisante pour embarquer toute l'armée, que d'ailleurs il étoit nécessaire que les bois le long desquels elle devoit naviguer eussent été fouillés, que les débarquemens fussent sûrs et reconnus, M. le marquis de Montcalm prit ses mesures pour qu'un corps de 2,000 hommes, non compris les sauvages, marchât par terre aux ordres de M. le chevalier de Lévis; et que, comme il auroit près de 10 lieues à faire dans des bois et des montagnes presque inaccessibles, il partît deux jours auparavant l'armée, afin d'arriver en même temps qu'elle à la baie de Ganaouské, située à 4 lieues du fort Guillaume-Henry, et marquée, d'après l'avis de Kanactagon, fameux chasseur iroquois, pour être le premier point de réunion.

Ces dispositions étant faites, M. le marquis de Montcalm les communiqua le 26 aux chefs des nations sauvages, afin qu'ils en conférassent entre eux et qu'ils fussent en état de lui en dire leur avis dans le conseil général indiqué au lendemain. Dans ce conseil, auquel les Nations se placèrent suivant les rangs établis entre elles, il leur présenta, au nom du Roi, un collier de 6,000 grains pour lier tous ces peuples différens entre eux et avec lui, en sorte qu'ils agissent de concert et qu'ils ne pussent se séparer, ni le quitter avant la fin de l'expédition. Cet acte solennel et d'usage étoit dans la circonstance présente plus important que jamais : car depuis plusieurs jours à peine pouvoit-on retenir ceux qui avoient eu part au combat sur le lac Saint-Sacrement, ces peuples se faisant un scrupule de courir encore les hasards de la guerre après un succès, prétendant que c'est tenter le maître de la vie et s'attirer de mauvais présages. Les Iroquois, à qui le collier de réunion appartenoit de droit, comme étant de toutes les nations présentes à l'armée la plus nombreuse, en firent les honneurs en leur nom et celui des autres sauvages domiciliés, aux Nations d'en haut, par égard pour leur qualité d'étrangers.

Dans ce même conseil, le marquis de Montcalm demanda aux Nations la réponse aux propositions que la veille il avoit faites à leurs chefs au sujet de la marche de l'armée, de la route à tenir dans les bois, du jour du départ et de ses autres dispositions : car ces peuples indépendants, dont le secours est purement volontaire, exigent qu'on les consulte, qu'on leur fasse part de tout, et souvent leurs opinions ou leurs caprices sont une loi pour nous.

Les Iroquois, originairement propriétaires de cette contrée, le théâtre de la guerre, que par conséquent ils connoissent parfaitement, s'offrirent à servir de guides à M. le chevalier de Lévis; les sauvages consentirent à ce qu'environ un tiers d'entre eux marchât par terre avec lui, quoique, dirent-ils, cette marche fût très-pénible, et ils s'en remirent pour le temps du départ à la volonté de M. le marquis de Montcalm. Le 29 au soir, la division de M. le chevalier de Lévis[1] se mit en mouvement et fut camper environ à une demi-lieue du portage en avant, à un lieu nommé le Camp brûlé, sur la rive gauche du lac Saint-Sacrement.....

Le 30 au matin, ce détachement partit du Camp brûlé, sans tentes, marmites ni équipages; les volontaires de Villiers et des sauvages faisant l'avant-garde; les Canadiens et le reste des sauvages marchant sur les flancs, les troupes dans le centre sur trois colonnes, c'est-à-dire files. Le même jour, la brigade de Royal-Roussillon vint de Carillon, avec M. de Bourlamaque, se camper à la tête du portage, et les brigades de la Reine et de la Sarre occupèrent le Camp brûlé, que venoit de quitter M. le chevalier de Lévis.

Le 31 au soir, les troupes destinées à aller par eau par-

---

1. Composée de 2,490 hommes, savoir :

    700 hommes de troupes réglées.
   1,290 Canadiens, dont 300 volontaires de Villiers.
    500 sauvages environ.

(Note extraite d'un tableau contenu dans cette lettre et que nous avons supprimé après l'avoir résumé.)

tirent et furent attendre l'armée à 3 lieues du portage ; ils s'ennuyèrent de leur oisiveté dans un camp où il n'y avoit à boire ni eau-de-vie ni vin ; nos domiciliés[1], à la vérité enfans de la prière, y donnoient de l'occupation aux missionnaires[2], auxquels la journée suffisoit à peine pour les confesser ; mais cet exercice pieux n'étoit pas pour les nations des Pays d'en haut, dont l'esprit superstitieux et inquiet à l'excès jongloit, rêvoit et se figuroit que tout délai pouvoit leur porter malheur. En partant, ces nations laissèrent suspendu un équipement complet en sacrifice au Manitou pour se le rendre favorable.

Le 1er août, à deux heures après-midi, l'armée s'embarqua dans 250 bateaux et mit à la voile dans l'ordre suivant : un bateau monté d'un canon de 12, construit par M. Jacquot, lieutenant d'artillerie; la brigade de la Reine, celle de la Sarre, celle de Courtemanche (milice), l'artillerie, et sur ses pontons[3] la brigade de Saint-Ours (milice), pour les conduire, et celle de Royal-Roussillon pour les escorter ; les bateaux des vivres conduits par la brigade de Gaspé, l'hôpital ambulant, et enfin deux piquets faisant l'arrière-garde. M. le marquis de Montcalm avoit laissé à Carillon une garnison de 100 hommes avec 100 travailleurs armés aux ordres de M. Dalquier, capitaine de grenadiers au régiment de Béarn, 50 hommes à la Chute occupant

---

1. Sauvages sédentaires et catholiques.
2. L'abbé Mataret, l'abbé Piquet, sulpiciens; le P. Aubal, jésuite.
3. « Ces pontons n'étoient autre chose que deux bateaux accouplés et liés ensemble par une plate-forme, qui portoit la pièce de canon ou le mortier monté sur son affût : espèce de ponton d'un très-bon usage pour toute sorte de rencontre dans un lac tel que le lac Saint-Sacrement, dont les eaux ne s'élèvent jamais, la chaîne de montagnes qui le borde des deux côtés le mettant à l'abri des coups de vent. » (*Note de M. de Bougainville.*)

une redoute faite au milieu de la chute même, et 150 hommes à la tête du portage, où étoit une partie de notre dépôt de vivres.

A cinq heures, on fit halte à une pointe au-dessus de l'Ile-à-la-barque, où les sauvages qui nous attendoient prirent l'avant-garde dans 150 canots d'écorce. Le 2, à trois heures du matin, l'armée arriva à la baie de Ganaouské. Trois feux allumés sur le rivage, qui étoient le signal convenu, nous avertirent que M. le chevalier de Lévis y avoit pris poste. Il y étoit arrivé la veille, à quatre heures du soir, après une marche que les chaleurs excessives, les montagnes continuelles, les arbres renversés, la nécessité de porter tout sur soi, avoient rendue pénible aux sauvages même. Il se remit en marche à dix heures du matin, se porta à une anse éloignée de la baie de Ganaouské d'environ 3 lieues, et fit sur-le-champ reconnoître les environs du fort, sa position, celle des ennemis et le débarquement convenable pour l'artillerie. L'armée arriva le soir à cette même anse. Dans la nuit, deux barques angloises, étant venues à la découverte, furent aperçues par les sauvages, qui leur donnèrent la chasse et firent trois prisonniers. Ces prisonniers, interrogés sur-le-champ, nous dirent que les ennemis étoient au nombre de 3,000 hommes, dont 500 dans le fort, le reste dans un camp retranché sur une hauteur, à portée du fort et d'en rafraîchir tous les jours la garnison; qu'au signal d'un coup de canon, toutes les troupes avoient ordre de prendre les armes et de marcher à notre rencontre. Le 3, à deux heures après minuit, on entendit un coup de canon tiré du fort, et des découvreurs Abénaquis avertirent en même temps que tout étoit en mouvement dans le camp anglois. Aussitôt M. le marquis de Montcalm donna l'ordre pour s'approcher du fort, et cet ordre fut double pour recevoir l'ennemi en cas qu'il vînt à nous, et, dans le cas où il ne viendroit pas, faire l'investissement de la place et même l'attaque du camp retranché, s'il étoit jugé susceptible d'être emporté de vive force. La brigade de Saint-Ours, attachée à l'artillerie, demeura pour la garder; et pour la garde des bateaux, on laissa deux hommes par bateau, le tout aux ordres de M. de Privat, lieutenant-colonel. L'armée s'ébranla à la pointe du jour : M. le chevalier de Lévis faisoit l'avant-garde avec son détachement et tous les sauvages; les brigades marchoient ensuite en colonnes par bataillons, M. de Rigaud à la droite, avec les Canadiens des brigades de Courtemanche et de Gaspé; M. de Bourlamaque à la gauche, et M. de Montcalm dans le centre. A dix heures du matin, M. le chevalier de Lévis prit poste sur le chemin du fort Guillaume-Henry ou fort Édouard, investissant la place dans toute cette partie, et le corps d'armée forma le reste de l'investissement. M. le marquis de Montcalm, s'étant de sa personne porté à l'avant-garde, reconnut qu'on ne pouvoit attaquer le retranchement des ennemis sans compromettre toutes les forces de la colonie; en même temps, comme le poste occupé par l'avant-garde, quoique le meilleur possible pour bloquer absolument les Anglois de ce côté, n'étoit pas un poste de guerre, que d'ailleurs il se trouvoit trop éloigné du siége, des vivres et autres munitions, il envoya ordre à M. de Bourlamaque d'asseoir le camp de l'armée, la gauche appuyée au lac, la droite à des ravins inabordables, et d'y conduire sur-le-champ les brigades de la Sarre et de Royal-Roussillon; pour lui, avec la brigade de la Reine et celle de Gaspé, il passa la nuit au bivouac, à portée de soutenir le corps de M. le chevalier de Lévis. Les sauvages, pendant cette journée, fusillèrent dans le désert[1] du fort, manœuvre qu'ils ont continuée pendant tout le siége, et tuèrent tous les chevaux, bœufs et autres bestiaux des ennemis. On envoya aussi sommer le commandant de se rendre, en l'avertissant qu'une fois nos batteries établies et le canon tiré, peut-être ne seroit-il plus en notre pouvoir de mettre un frein à la cruauté des sauvages, et cette sommation fut sans effet.

Le 4, à la pointe du jour, les troupes postées sur le chemin du fort Édouard se rapprochèrent du lac. M. le marquis de Montcalm ramena la brigade de la Reine et celle de Gaspé prendre leur place dans le camp marqué par M. de Bourlamaque; les compagnies de grenadiers et les piquets du détachement de M. le chevalier de Lévis rentrèrent dans leur camp, et l'armée du siége, duquel M. de Bourlamaque eut la direction, fut composée des 7 bataillons et des brigades de Saint-Ours et de Gaspé. M. le chevalier de Lévis, avec celles de la Corne, Vassan, Répentigny, Courtemanche, les volontaires de Villiers et tous les sauvages, fut chargé de couvrir notre droite; d'envoyer les découvertes sur le chemin du fort Édouard, d'observer les ennemis de ce côté et de leur donner lieu de croire, par des mouvemens continuels, que nous occupions encore cette communication : car il eût été impossible, à moins d'une armée trois fois plus nombreuse que la nôtre, d'investir entièrement la place.

A onze heures du matin, l'armée fut toute établie, et M. le marquis de Montcalm, ayant résolu d'ouvrir la tranchée cette nuit même, alla reconnoître avec les ingénieurs et M. Mercier, commandant de l'artillerie, le côté de l'attaque et l'emplacement des batteries. Il fut décidé qu'on

---

1. On appelait désert le découvert d'un fort.

attaqueroit le fort du nord-ouest (*sic*), et sur-le-champ on commanda des travailleurs pour faire les fascines, gabions et saucissons nécessaires, établir le dépôt de la tranchée et pratiquer un chemin du camp au dépôt. A l'égard du débarquement de l'artillerie, ce qui fut jugé le plus facile et de la plus prompte expédition, fut d'amener et décharger la nuit les pontons à une petite anse, à laquelle aboutissoit le dépôt, à mesure qu'on en auroit besoin.

La nuit du 4 au 5, 800 travailleurs, soutenus par 6 piquets, ouvrirent, à 350 toises du fort, une espèce de première parallèle, commencèrent deux batteries, l'une à la droite, l'autre à la gauche, et les boyaux de communication de ces batteries à la parallèle. Malgré la difficulté que présentoit partout un terrain embarrassé de troncs d'arbres et d'abattis, qui forçoient à se servir de la hache et de la scie, l'ouvrage avança rapidement, et à la pointe du jour on étoit enterré partout, excepté à la batterie de la droite, où le travail avoit été plus lent, parce que le terrain étoit le plus mauvais. On débarqua aussi dans cette nuit 12 pièces de canon, quelques mortiers et les munitions nécessaires pour leur service. Les travailleurs de jour perfectionnèrent les boyaux commencés et avancèrent beaucoup les batteries de la gauche; ils ne purent continuer celle de la droite, sa communication avec la parallèle n'étant point finie.

Comme la garnison étoit de 2,500 hommes, fort en état par conséquent de faire des sorties, que les chemins dans les bois sont difficiles, on s'étoit campé près de la tranchée, afin d'être à portée de la soutenir; cependant les troupes étant dans cette position trop exposées au feu de la place, dont les bombes et les boulets avoient tué du monde dans les tentes, M. le marquis de Montcalm fit reculer le camp des brigades de la Sarre et de Royal-Roussillon ; celle de la Reine, qui formoit la droite, resta dans son premier terrain.

Ce même jour, les sauvages interceptèrent une lettre du général Webb, commandant sur cette frontière, datée du fort Édouard le 4 à minuit, par laquelle il mandoit au gouverneur du fort Guillaume-Henry qu'il ne pouvoit marcher à son secours pour le dégager, ni lui faire passer aucun renfort jusqu'à l'arrivée des milices des provinces, auxquelles il avoit envoyé ordre de venir le joindre sur-le-champ ; que, si ces milices arrivoient trop tard pour le mettre en état de s'avancer et de combattre l'armée françoise, le commandant vît à obtenir les meilleures conditions qu'il lui seroit possible.

Cette lettre détermina M. le marquis de Montcalm à diligenter encore la construction des batteries, convaincu que de la célérité des travaux du siége dépendoit le succès de l'expédition, et en conséquence le nombre des travailleurs fut augmenté ; il assembla aussi les sauvages pour leur reprocher que, plus occupés des fusillades peu utiles autour du fort que de l'objet essentiel des découvertes, ils négligeoient la volonté de leur père ; que la plus grande partie d'entre eux demeuroit oisive auprès de leurs canots, et qu'à peine un petit nombre s'étoit établi au camp de M. le chevalier de Lévis, ainsi qu'ils en étoient convenus et que le bien des affaires l'exigeoit. De leur côté, les sauvages se plaignirent de ce qu'on paroissoit les mépriser, en ne les consultant pas sur les opérations actuelles, et en voulant les faire marcher sans s'être concerté avec leurs chefs. Il fut aisé au marquis de Montcalm de leur faire comprendre que le sujet de leur plainte étoit imaginaire et sans fondement, et qu'en tout cas il ne pourroit être que l'effet et la suite de quelques-unes de ces méprises inévitables dans le tumulte des grandes occupations. Aussi deux colliers et dix branches de porcelaine suffirent-ils pour effacer les mauvaises idées, éclaircir la vue, nettoyer le cœur et remettre l'esprit. Les sauvages promirent de s'établir le soir même au camp de M. le chevalier de Lévis et de suivre sa volonté pour les découvertes. M. le marquis de Montcalm leur fit ensuite part des nouvelles, du contenu de la lettre du général Webb, des mesures qu'il comptoit prendre en conséquence, et finit en leur disant que les gros fusils (ainsi nomment-ils les canons) tireroient le lendemain; ce qui répandit une grande joie dans l'assemblée.

La nuit du 5 au 6, nos travailleurs finirent la batterie de la gauche, achevèrent la communication de la parallèle à la batterie de la droite, et avancèrent beaucoup cette batterie. A six heures du matin, la première, qui étoit de 8 pièces de canon, dont 3 de 18, et d'un mortier de 9 pouces, commença à tirer. Elle battoit, soit parallèlement, soit en écharpant, les défenses du front du lac, du front de l'ouest et la rade des barques.

La nuit du 6 au 7, nos travailleurs conduisirent un boyau de 150 toises en avant sur la capitale du bastion de l'ouest et achevèrent la batterie de la droite, qui fut démasquée à la pointe du jour. Cette batterie de 8 pièces de canon, dont 2 de 18, 5 de 12, 1 de 8, de deux obusiers de 7 pouces et d'un mortier de 6, battoit en écharpant le front d'attaque, et à ricochets le camp retranché.

A neuf heures du matin, après une double salve des batteries de la droite et de la gauche, qui furent accompagnées de grands cris de la part de tous les sauvages, M. le marquis de Montcalm m'envoya porter au commandant la lettre du général Webb interceptée deux jours auparavant. La lecture de cette lettre, dans un moment où nos ouvrages étoient aussi avancés, pouvoit le déterminer à se rendre, et les sauvages avoient demandé qu'on fît cette démarche.

Ce même jour, M. le marquis de Montcalm reçut, avec l'état des grâces accordées aux troupes françoises, la lettre par laquelle vous lui annoncez, Monseigneur, que le Roi l'a honoré du cordon rouge. Tout le monde en sentit redoubler son zèle pour le service de S. M. Les sauvages eux-mêmes vinrent complimenter notre général, et lui dirent qu'ils étoient charmés de la grâce dont *le grand Ononthio*[1] venoit de le décorer, parce qu'ils savoient combien il y étoit sensible ; que pour eux, ils ne l'en aimoient ni ne l'en estimoient pas davantage, attendu que c'étoit sa personne qu'ils aimoient et qu'ils estimoient, et non tout ce qu'on pouvoit ajouter à son extérieur. Il est vrai, Monseigneur, que M. le marquis de Montcalm a su gagner leur affection ; ils disent eux-mêmes qu'il connoît leurs usages et leurs manières, comme s'il avoit été élevé au milieu de leurs cabanes ; et, chose presque sans exemple, il est venu à bout de les conduire pendant toute cette expédition sans leur donner ni eau-de-vie, ni vin, ni même d'équipement, dont ils avoient le plus grand besoin, mais dont on manquoit à l'armée. Il a pris à la vérité le plus grand soin de leurs malades et blessés, et il leur a sacrifié ses provisions pour contribuer à leur rétablissement.

La nuit du 7 au 8, nous continuâmes le boyau commencé la veille, qui fut poussé jusqu'à 100 toises environ du fossé de la place ; on ouvrit aussi, à l'extrémité de ce boyau, un

---

1. Le roi.

crochet pour y établir une troisième batterie et y loger de la mousqueterie. La garde de la tranchée avoit été augmentée : elle étoit de 3 compagnies de grenadiers et de 7 piquets. Environ à minuit, deux déserteurs, qui venoient à notre camp, tombèrent dans une embuscade de sauvages, qu'on avoit placés ventre à terre, en avant des travailleurs, et qui firent feu sur eux ; au bruit de cette décharge, toutes les montagnes qui environnent le fort, retentirent des cris des sauvages qui s'appeloient et se répondoient, ce qui vraisemblablement dégoûta les assiégés de tenter une sortie, qu'ils étoient fort à portée de faire.

L'ouvrage de la nuit nous conduisit à un marais d'environ 50 toises de passage, bordé par un coteau qui le mettoit à couvert des batteries de la place, à l'exception de 8 à 10 toises exposées à leur feu. Quoiqu'en plein jour, M. le marquis de Montcalm, pour accélérer les travaux, ordonna qu'on fît ce passage, comme celui d'un fossé de place rempli d'eau. Les sapeurs s'y portèrent avec tant de vivacité, qu'il fut exécuté dans la matinée même, malgré le feu très-vif du canon et de la mousqueterie des ennemis ; ce qui nous donna la facilité de pratiquer, avant la nuit, dans le marais, à force de rondins et de fascines, une chaussée capable de supporter l'artillerie.

Sur les quatre heures du soir, des sauvages découvreurs rapportèrent qu'un corps considérable marchoit au secours de la place par le grand chemin du fort Édouard. M. le chevalier de Lévis s'y porta aussitôt avec la plus grande partie des Canadiens et tous les sauvages. M. le marquis de Montcalm le suivit à la tête de la brigade de la Reine, de celle de Gaspé et de 3 compagnies de grenadiers ; les trois autres, les brigades de la Sarre, de Royal-Roussillon et celle de Saint-Ours (milice), restèrent aux ordres de M. de Bourlamaque pour couvrir nos tranchées, nos bateaux et le camp. A six heures, M. le marquis de Montcalm étoit rendu sur le chemin du fort Édouard, où il se joignit à M. le chevalier de Lévis; malheureusement la nouvelle de la marche des ennemis étoit fausse : un Abénaquis avoit eu peur et crut voir. La promptitude de notre mouvement, qui étonna les sauvages, servit au moins à augmenter encore la confiance qu'ils ont en nous, et à leur montrer qu'avec raison ils comptoient autant sur la vigilance que sur la valeur des troupes françoises, qu'ils appellent leur *mur d'appui*. Avant la fin du jour, toutes les troupes étoient rentrées dans leur camp, et le travail du siége ne fut en rien dérangé.

La nuit du 8 au 9, on déboucha du marais par un boyau servant de communication à la seconde parallèle, qui fut ouverte sur la crête du côteau. C'est de cette parallèle qu'on devoit partir pour établir les batteries de brèche, et, en la continuant, envelopper le fort et lui fermer la communication avec le camp retranché, laquelle jusqu'alors avoit été libre. Ce travail fut très-avancé dans la nuit même, quoique le feu de la place n'eût pas encore été aussi vif. La garde de la tranchée étoit, comme la nuit précédente, de 3 compagnies de grenadiers et de 7 piquets.

Le 9, à huit heures du matin, les assiégés arborèrent un pavillon blanc, et le colonel Young, commandant d'un des bataillons du régiment Royal-Américain, fut envoyé par le gouverneur pour proposer les articles de la capitulation. M. le marquis de Montcalm, après être convenu avec lui des points principaux, l'avertit qu'il ne pouvoit donner sa parole pour aucun d'eux, qu'auparavant les sauvages ne les eussent acceptés; à cet effet, il assembla sur-le-champ un conseil général et y exposa les conditions auxquelles les Anglois offroient de se rendre et celles qu'il étoit résolu de leur accorder; il demanda aux chefs leur consentement et s'ils pouvoient leur répondre que leurs jeunes gens ne les enfreindroient pas. Les chefs l'assurèrent unanimement qu'ils approuvoient tout ce qu'il feroit et qu'ils empêcheroient leurs jeunes gens de commettre aucun désordre.

Après cette parole donnée solennellement par les chefs de toutes les nations, M. le marquis de Montcalm m'envoya pour rédiger la capitulation dont la copie est jointe à cette lettre. Il eût pu exiger que la garnison se rendît prisonnière de guerre, et vraisemblablement elle en eût passé par cette condition; mais comment la colonie auroit-elle nourri 2,500 hommes de plus, tandis que les habitans de Québec sont réduits à un quarteron de pain par jour?

Avant que de retourner à la tranchée, j'eus, suivant les instructions que j'avois reçues, la plus grande attention à faire jeter le vin, l'eau-de-vie, toutes les liqueurs enivrantes; et les Anglois sentirent aisément de quelle conséquence il étoit pour eux de prendre cette précaution. A midi, la garnison sortit du fort avec ses effets et se retira, ainsi qu'on en étoit convenu, dans le camp retranché, dans lequel on fit passer un détachement de nos troupes demandé par les Anglois même. M. de Montcalm ordonna aussi aux officiers et interprètes attachés aux sauvages d'y demeurer jusqu'au départ des Anglois. M. de Bourlamaque prit possession du fort avec les troupes de la tranchée. Il se contenta de placer des gardes à la poudrière et aux magasins des vivres; le reste fut abandonné au pillage : il eût été impossible de l'empêcher.

Malgré toutes les précautions qu'on avoit prises, les sauvages, entrés dans les retranchemens des Anglois, vouloient piller leurs coffres; ceux-ci s'y opposant, il étoit à craindre qu'il ne s'ensuivît quelque grand désordre. M. le marquis de Montcalm y accourut sur-le-champ : prières, menaces, caresses, conseils avec les chefs, entremise des officiers et interprètes, qui ont sur ces barbares quelque autorité, il employa tout pour les arrêter et les contenir. Enfin, à neuf heures du soir, il parut en être venu à bout; il obtint même qu'outre le détachement de 300 hommes, les officiers et interprètes stipulés par la capitulation, il marcheroit avec les Anglois pour les escorter jusqu'auprès du fort Édouard, deux chefs par nation. Ce ne fut qu'après cet arrangement, qu'il me fit partir pour Montréal.

Tels sont, Monseigneur, les principaux détails de cette expédition. Vous recevrez par le premier bâtiment le plan du fort et des attaques, l'état de la garnison, de l'artillerie et des munitions de guerre et de bouche qu'on y a prises. Il ne m'appartient pas d'apprécier le mérite d'une opération dans laquelle 5,500 combattants, non compris les sauvages, ont pris un fort et un camp retranché, défendu par près de 3,000 hommes et à portée d'être secourus par toutes les forces des colonies angloises. C'est aussi à mon général à vous rendre compte du zèle et de l'ardeur que tout le monde a témoignés dans cette occasion. Je sais seulement que, tant que le siége a duré, toute l'armée a été de service, soit au camp, soit dans le bois, pour les fascines, gabions et saucissons, soit à la tranchée; qu'on y a fait 600 toises d'ouvrages; les boyaux ayant assez de largeur pour y charroyer deux pièces de canon de front : ce qui étoit indispensable, attendu que les abatis dont le terrain étoit couvert ne permettoient pas de faire passer l'artillerie sur les revers.

Si les ennemis eussent tardé à se rendre, on eût été en état de battre en brèche le 11; et le projet de M. le marquis de Montcalm étoit de faire en même temps donner l'assaut au fort et attaquer le camp retranché. M. de Bourlamaque eût été chargé de la première opération, M. le chevalier de Lévis de la seconde, et M. le marquis de Montcalm se fût tenu entre deux, à portée de soutenir l'un et l'autre. Nous avons eu environ 60 hommes tués ou blessés; du côté des Anglois, on compte environ 200 hommes tués et 150 blessés.

L'extrême difficulté d'un portage de 6 lieues à faire sans bœufs ni chevaux, avec une armée presque épuisée par la fatigue et la mauvaise nourriture, le défaut de munitions de guerre et de bouche, la nécessité de renvoyer les Canadiens à leurs récoltes déjà mûres, le départ de tous les sauvages des Pays d'en haut et de presque tous les domiciliés : voilà les obstacles invincibles qui ne nous ont pas permis de marcher sur-le-champ au fort Édouard. M. le marquis de Montcalm s'occupe maintenant à démolir le fort et le retranchement, à évacuer, déblayer et faire le portage à Carillon, d'où il ne compte pas être de retour avant la fin de ce mois. Vraisemblablement nous y finirons la campagne sur la défensive avec 2 bataillons; les quatre autres seront employés à continuer les travaux commencés à Saint-Jean, le chemin de ce fort à la Prairie, et celui de Sainte-Thérèse à Chambly.

Les deux bataillons de Berry sont arrivés à Québec en fort mauvais état; une maladie épidémique, contractée dans les vaisseaux, a fait périr beaucoup de soldats et plusieurs officiers, et cette maladie n'est pas encore passée.

Permettez-moi, Monseigneur, de vous assurer que je cherche avec empressement toutes les occasions de me rendre de quelque utilité à mon général et à ma patrie, et que mon plus grand désir est de mériter vos bontés et les grâces qu'elles pourront me procurer.

P. S. Nous venons, Monseigneur, d'apprendre la nouvelle des violences commises le 10 au matin par les sauvages. Les Anglois, qui en ont une frayeur inconcevable, impatiens de s'éloigner d'eux, voulurent se mettre en marche avant que notre escorte fût rassemblée et disposée; quelques-uns de leurs soldats leur avoient, malgré tous les avis donnés à ce sujet, fait boire du rhum. Et qui dans le monde pourroit contenir 2,000 sauvages de 32 nations différentes, quand ils ont bu? Le désordre commença par des Abénaquis de Panaouské, en Acadie, qui prétendent avoir essuyé de mauvais procédés de la part des Anglois; leur exemple entraîna les autres. Ils se jetèrent sur la garnison, laquelle, au lieu de faire bonne contenance, prit l'épouvante, ce qui les enhardit, la pillèrent, tuèrent une vingtaine de soldats et en emmenèrent cinq ou six cents; tous les officiers, accourus au bruit de ce désordre, firent les plus grands efforts pour l'arrêter, jusquelà qu'il y eut quelques grenadiers de notre escorte qui furent blessés par les sauvages. Les Anglois publient eux-mêmes que M. le marquis de Montcalm, MM. de Lévis, de Bourlamaque et plusieurs autres ont couru risque de leur vie pour les sauver: car, dans des cas pareils, les sauvages ne respectent rien. Enfin, on les apaisa, et M. le marquis de Montcalm retira sur-le-champ environ 400 de ceux qui avoient été pris, qu'il fit habiller, et que depuis, après le départ des Nations, il a renvoyés au fort Édouard avec une escorte. Ceux que les sauvages ont amenés à Montréal ont été rachetés de leurs mains par M. le marquis de Vaudreuil, à grands frais et aux dépens du Roi, et ils seront incessamment renvoyés à Halifax par un bâtiment expédié en paquebot. M. le marquis de Montcalm a écrit deux lettres, l'une au général Webb, l'autre à mylord London, pour les prévenir que ce désordre involontaire de la part des François ne devoit pas être pour les Anglois un prétexte de ne pas tenir la capitulation, et qu'il attendoit de leur bonne foi qu'ils l'observeroient dans tous sés points. Vous trouverez ci-jointe, Monseigneur, une copie de ces deux lettres.

Dépôt de la guerre, vol. 3457, pièce 121. — Original.

16

LETTRE DU MARQUIS DE MONTCALM AU GÉNÉRAL WEBB,

Pour l'informer du massacre de quelques Anglais par les sauvages.

Le 14 août 1757.

Monsieur, la défense honorable du colonel Mourow[1] m'a déterminé à lui accorder et à sa garnison une capitulation honorable ; elle n'auroit pas souffert la moindre altération, si vos soldats n'avoient donné du rhum, si cette troupe avoit voulu sortir avec plus d'ordre et exécuter ce que je lui avois fait prescrire, et si les Abénaquis de Panaouské, en Acadie, n'avoient cru avoir à se plaindre de quelques mauvais traitemens. Vous savez ce que c'est que de contenir 3,000 sauvages de 33 nations différentes, et je n'en avois que trop de crainte, que je n'avois pas laissé ignorer dans ma sommation au commandant du fort. Je m'estime heureux que le désordre n'ait pas eu des suites

---

1. Moore.

aussi fâcheuses que j'étois en droit de le craindre; je me sais gré de m'être exposé personnellement, ainsi que mes officiers, pour la défense des vôtres, qui rendent justice à tout ce que j'ai fait dans cette occasion. Je vous ferai conduire demain les prisonniers et vos officiers que j'ai rassemblés et repris des mains des sauvages; ils seront escortés par 2 compagnies de grenadiers et 200 volontaires; ils seront conduits jusqu'au ruisseau qui est au milieu du chemin. Je vous prie d'y faire trouver un pareil détachement pour les recevoir, qui ramènera le détachement que je vous envoie pour la sûreté du sieur-Hamilton.

Tous les blessés, parmi lesquels deux officiers, devant être à ma garde, sont partis avec un de mes chirurgiens et tous les secours possibles, pour se rendre à Montréal. J'ai dépêché un courrier à M. le marquis de Vaudreuil, gouverneur général de la Nouvelle-France, pour reprendre des sauvages tous les prisonniers de votre garnison; et, lorsque je les aurai fait rassembler, ils seront envoyés, par un bâtiment armé en paquebot, pour leur plus grande sûreté, à Louisbourg; le commandant de cette place les enverra à celui d'Halifax. Lorsque l'on aura rassemblé, conformément à la capitulation, le peu de François et Canadiens que vous pouvez avoir prisonniers depuis le commencement de cette guerre, je vous demande de les faire conduire à Halifax pour être échangés avec les vôtres que j'enverrai à Louisbourg. La communication de Carillon à votre frontière est toujours trop infestée de nos partis sauvages aux uns et aux autres pour qu'il y ait sûreté. J'ai gardé les prisonniers et vos officiers que j'avois rassemblés jusques à aujourd'hui, pour laisser calmer la fureur des sauvages. J'ai l'honneur de vous adresser des lettres pour Son Excellence milord Lawdon, à qui je rends compte de ce qui s'est passé. Je n'enverrai demain aucun parti sauvage à la guerre.

Dépôt de la guerre, vol. 3457, pièce 123.

17

LETTRE DU MARQUIS DE MONTCALM A MILORD LAWDON, GÉNÉRAL EN CHEF DES FORCES ANGLAISES,

Pour l'informer du massacre de quelques Anglais par les sauvages.

14 août 1757.

Milord, la défense honorable du lieutenant-colonel Mourow[1] m'a déterminé à lui accorder et à sa garnison une capitulation honorable; elle n'auroit pas souffert la moindre altération, si vos soldats n'avoient donné du rhum, si cette troupe avoit voulu sortir avec plus d'ordre et ne pas prendre une terreur de nos sauvages, qui a enhardi ces derniers, en un mot, s'ils avoient voulu faire exécuter ce que je leur avois fait prescrire pour leur propre avantage. Je regarde comme un vrai malheur d'avoir eu avec moi les Abénaquis de Panaouské en Acadie[2], qui avoient cru avoir

---

1. Moore.
2. « Cette année même, les Abénaquis de Panaouské, dans l'Acadie, ont voulu entrer en pourparlers avec les Anglois pour la neutralité, et se sont rendus à un petit fort George, qui est dans l'Acadie. Les Anglois, mécontens de ce qu'ils ne vouloient pas se déclarer contre nous, ont fait tuer les ambassadeurs. » (*Note du manuscrit.*)

à se plaindre de quelques mauvais traitemens; vous savez ce que c'est que de contenir 3,000 sauvages de 33 nations différentes, et je n'en avois que trop de crainte que je n'avois pas laissé ignorer au commandant du fort dans ma sommation. Je m'estime heureux que le désordre n'ait pas eu de suites aussi fâcheuses que j'étois en droit de le craindre. Je me sais gré de m'être exposé personnellement, ainsi que mes officiers, pour la défense des vôtres, qui rendent justice à tout ce que j'ai fait dans cette occasion. Ainsi, Milord, je vous prie de faire exécuter la capitulation dans tous ses points; la moindre inexécution sous le plus léger prétexte seroit d'une conséquence encore plus fâcheuse pour vous que pour nous. J'ai retiré des sauvages plus de 400 prisonniers, et le peu qui reste entre leurs mains sera rassemblé par M. le marquis de Vaudreuil, à qui j'ai dépêché un courrier, et seront envoyés, par un bâtiment armé en paquebot, pour leur plus grande sûreté, à Louisbourg; le commandant de cette place les enverra à celui d'Halifax, lorsque l'on aura rassemblé, conformément à la capitulation, le peu de François et Canadiens que vous pouvez avoir prisonniers depuis le commencement de cette guerre; je m'en rapporte sur le nombre à vôtre bonne foi, et je réclame nommément La Force, Canadien, qui auroit dû être renvoyé par la capitulation du fort de La Nécessité[1]; je vous demande de les faire conduire à Halifax pour être échangés avec les vôtres que j'enverrai à Louisbourg. J'aurai grand soin du capitaine Fesch, qui est resté pour otage de la capitulation, ainsi que du

---

1. C'était un des prisonniers faits quand Washington avait assassiné M. de Jumonville.

capitaine blessé que j'ai déjà envoyé à Montréal avec un chirurgien et tous les secours possibles. Je joins à cette lettre une que j'ai l'honneur de vous écrire à l'occasion du lieutenant-colonel Young, ce qui vous prouvera la haute estime que j'ai pour Votre Excellence.

Dépôt de la guerre, vol. 3457, pièce 124.

18

LETTRE DU MARQUIS DE VAUDREUIL A M. DE PAULMY,
MINISTRE DE LA MARINE,

Sur la capitulation du fort William-Henry.

A Montréal, le ... septembre 1757.

Monseigneur, je n'ai pu que vous informer succinctement, par ma lettre du ....., de tout ce qui a rapport à la capitulation accordée par le marquis de Montcalm au fort Guillaume-Henry.

Si les Anglois ont le moindre esprit de justice, ils ne pourront nous faire aucun reproche à cette occasion; ils en croiront leurs officiers particuliers qui se louent de nos procédés à leur égard, et la capitulation sera de leur part respectée dans tous les points. Comme cependant cette nation, qui ne nous a que trop donné de preuves de sa mauvaise foi, pourroit vouloir ne pas l'exécuter, et même chercher à s'autoriser par des reproches mal fondés, j'ai cru devoir vous mettre en état de prouver à toute l'Europe, s'il le falloit, que la conduite des troupes, de leur général et la mienne est entièrement irréprochable et peut même mériter quelque éloge. La simple exposition des faits suffit, sans aller récriminer que les Anglois ont violé presque toutes les capitulations faites en Amérique, nommément au fort de La Nécessité pris par nous en 1754, au fort de Beauséjour pris par eux, et sans entrer dans le détail de toutes leurs trahisons à l'égard des sauvages, peuples qui n'oublient et ne pardonnent rien.

Le marquis de Montcalm, qui avoit déjà éprouvé les difficultés de faire observer aux sauvages les lois exactes d'une capitulation lors de la prise de Chouagen, craignit qu'il ne fût encore moins le maître de les contenir à un siége où il en avoit 2,000 de 33 nations différentes; aussi, dès le premier jour de l'investissement du fort George, il fit sommer le commandant. Vous verrez, par sa lettre, qui est jointe à ce mémoire, qu'il y fut déterminé par l'humanité, et qu'il ne lui dissimula point la crainte que lui donnoit la cruauté des sauvages. Le commandant du fort lui ayant envoyé, le 9 au matin, le lieutenant-colonel Yonck, commandant d'un bataillon du régiment de Royal-Américain, pour offrir de capituler, et le marquis de Montcalm étant convenu des articles avec lui, il lui dit que le désir sincère où il étoit de tenir sa capitulation, les inquiétudes que lui donnoient les sauvages à cet égard, sa bonne foi, ne lui permettoient pas de lui rien promettre avant que d'avoir tenu conseil avec ces nations et d'en avoir tiré parole. Sur-le-champ il convoqua, en présence de cet officier, les Nations à un conseil général; il y exposa les conditions auxquelles les Anglois offroient de se rendre et celles qu'il étoit résolu de leur accorder; il demanda aux chefs leur consentement, et s'ils pouvoient lui répondre que leurs jeunes gens ne les enfreindroient pas; les chefs l'assurèrent unanimement qu'ils approuveroient tout ce qu'il feroit, et qu'ils empêcheroient leurs jeunes gens de commettre aucun désordre.

D'après cette parole donnée solennellement par tous les chefs, la capitulation fut signée. Le marquis de Montcalm, pour ne rien omettre de ce que la prudence exigeoit dans cette occasion, avoit ordonné au sieur de Bougainville, son aide de camp, de prier le lieutenant-colonel Mourow, commandant du fort, de faire répandre le vin, l'eau-de-vie, le rhum et toutes les liqueurs enivrantes, de contenir ses troupes dans le camp retranché où elles devoient rester, suivant la capitulation, jusqu'au lendemain qu'on devoit les conduire au fort Édouard, l'avertissant qu'autrement il ne lui seroit pas possible de contenir cette multitude de sauvages, précaution dont, pour peu que l'on eût servi en Amérique, on devoit sentir la conséquence. Il envoya au retranchement, pour la sûreté des Anglois, ainsi qu'on en étoit convenu, un lieutenant-colonel avec 200 hommes; enfin il ordonna aux officiers et interprètes attachés aux sauvages d'y demeurer jusqu'au départ des Anglois. Tel étoit l'état des choses le 9 à midi. Le lieutenant-colonel Yonck ayant, lors de la capitulation, dit au marquis de Montcalm qu'il avoit l'honneur d'appartenir à milord Lawdon, et qu'il craignoit que la clause de ne pas servir de dix-huit mois ne nuisît à son avancement, devant être gouverneur de la Virginie, le marquis de Montcalm, qui a prévenu en cela mes intentions, lui remit une lettre pour milord Lawdon, dont je vous envoie copie, pour lui permettre, nonobstant la capitulation, de pouvoir exercer ses fonctions civiles de gouverneur de la Virginie. Dans l'après-midi du 9, le marquis de Montcalm, averti que les sauvages vouloient piller les coffres des officiers anglois, et que ces derniers en avoient enivré plusieurs avec du rhum, courut au retranchement; prières, menaces, caresses, conseils avec les chefs, entremise des officiers et interprètes qui ont sur ces barbares quelque autorité, il employa tout pour les arrêter et les contenir. Ce commencement de désordre parut enfin apaisé, et le marquis de Montcalm se retira à son camp à neuf heures du soir, après être convenu que les Anglois partiroient à la pointe du jour avec une escorte, tous les officiers et interprètes attachés aux sauvages et deux chefs par nation pour contenir les jeunes gens, précaution qui fut ajoutée à toutes celles prises le matin.

Pendant la nuit, plusieurs sauvages s'enivrèrent avec le rhum que les Anglois, malgré tout ce qu'on avoit pu leur recommander, avoient donné, croyant se rendre plus favorables ces peuples dont ils ont une frayeur inconcevable; la même frayeur les détermina à se mettre en marche, avant que notre escorte fût entièrement rassemblée et disposée. Les Abénaquis de Panaouské, en Acadie, qui prétendent avoir essuyé cette année même de mauvais procédés de la part des Anglois, accoururent pour les insulter; à peine eurent-ils fait leurs cris, que les troupes angloises, au lieu de faire bonne contenance, prirent l'épouvante et s'enfuirent à la débandade, jetant armes, bagages et même leurs habits. Le grand nombre de femmes que cette garnison ramenoit avec elle ne contribua pas peu à augmenter la terreur. Les sauvages, enhardis à l'excès par cette frayeur même des Anglois, se mirent à les piller, et je ne sais ce qu'il en seroit arrivé sans la promptitude avec laquelle tous les officiers accoururent. L'escorte, qui commençoit à se rassembler, s'y opposa; nous y avons eu même quelques grenadiers blessés. Les Anglois publient eux-mêmes que le marquis de Montcalm, le chevalier de Lévis, M. de Rigaud de Vaudreuil, M. de Bourlamaque et plusieurs autres ont couru risque de leur vie pour les sauver, car dans des cas pareils les sauvages ne respectent rien. Enfin, le marquis de Montcalm calma l'émeute, fit mettre en marche toute cette garnison un peu houspillée, et fit conduire, dès le même jour 10, au fort Édouard, plus de 1,400 Anglois, avec très-peu d'officiers à la vérité, car la crainte des sauvages fut cause que tous, à commencer par le commandant, préférèrent à rester dans son camp. Il reprit aussi le même jour et se fit rendre par les sauvages environ 400 Anglois ; la plupart des Nations les lui ramenèrent avec les plus grandes soumissions et les plus grandes excuses de la part des chefs. Le marquis de Montcalm fit racheter sur-le-champ tout ce qu'il put rassembler d'habits pour équiper ces Anglois. Il envoya, conformément à l'article 7 de la capitulation, tous les blessés à Carillon, et l'on en a eu le plus grand soin. Il me dépêcha de suite pour me donner avis de ce qui venoit d'arriver, et m'avertit que celles des Nations qui n'avoient pas voulu lui rendre les Anglois étoient même parties, contre l'usage, sans prendre congé, et les emmenoient à Montréal. Il a gardé les Anglois qu'il avoit repris et tous leurs officiers, le 11, le 12, le 13, pour laisser calmer la fureur des sauvages ; il a eu, pendant ce temps-là, tous les procédés pour cette garnison, que vous devez attendre de quelqu'un qui pense comme le marquis de Montcalm ; mais je puis vous dire, de l'aveu des Anglois, qu'il a été bien secondé par tous les officiers.

Le 14, tout lui paroissant tranquille, et n'y ayant plus que quelques domiciliés à l'armée, il envoya le sieur Hamilton, officier anglois, sous l'escorte de 38 grenadiers, commandés par le sieur Savournin, lieutenant au régiment de la Sarre, avec les sieurs de Saint-Luc[1] et Marin, officiers attachés aux sauvages, et deux interprètes, et les chargea de deux lettres, l'une pour le général Webb, qui étoit au fort Édouard, et l'autre pour la faire passer à milord Lawdon. J'ai l'honneur de vous en adresser les copies avec celle de la réponse du général Webb. Les Anglois et tous les officiers que le marquis de Montcalm avoit repris des sauvages partirent le lendemain 15, sous l'escorte de 250 hommes, commandés par le sieur de Poulhariès, capitaine de grenadiers du régiment de Royal-Roussillon, qui les remit à pareil détachement envoyé à moitié chemin par le général Webb; ces troupes emmenèrent la pièce de canon qui leur avoit été accordée conformément à l'article 9 de la capitulation.

Le marquis de Montcalm demanda au lieutenant-colonel Mourow de lui donner un officier anglois qu'il pût m'envoyer à Montréal pour y être témoin de mon exactitude à observer la capitulation en rassemblant tous ceux que les sauvages auroient pu y avoir amenés. Le sieur Fesch, capitaine dans Royal-Américain, fut choisi et me fut envoyé de suite; cet officier a vu avec quel zèle j'ai racheté tous les Anglois, non-seulement ceux de la capitulation du fort George, mais même tous ceux de cette même garnison qui avoient été précédemment pris dans le combat qu'il y a eu sur le lac Saint-Sacrement, le 24 juillet; ces derniers étoient incontestablement prisonniers de guerre, et appartenoient même aux sauvages, suivant les lois de la guerre établies chez les nations les plus policées. Il en coûte cher

---

[1]. M. de la Corne Saint-Luc, commandant en chef les contingents des Nations.

au Roi; mais je connois trop les intentions d'un Roi qui s'est toujours attiré le respect et l'admiration de ses ennemis par sa modération au milieu de ses triomphes, pour ne pas avoir tout employé pour faire observer la capitulation accordée par le marquis de Montcalm, et donner des preuves de l'exactitude à tenir sa parole, de la générosité, de l'humanité qui semble faire, s'il m'est permis de le dire, le caractère particulier de notre nation.

Il avoit été convenu, par l'article 1ᵉʳ de la capitulation, de renvoyer les Anglois au fort Édouard; mais, sur leur demande et pour plus grande sûreté, je viens d'armer un bâtiment en paquebot et les envoyer à Halifax avec le capitaine Fesch. Il ne me reste plus de cette garnison qu'un capitaine blessé et environ 50 malades ou blessés, dont j'aurai grand soin, en attendant qu'ils soient en état d'être renvoyés, conformément à l'article 7 de la capitulation. Les Anglois, bien loin de se plaindre, doivent avoir d'autant plus de reconnoissance de tout ce que nous avons fait dans cette occasion, que tous ceux de cette garnison que les sauvages avoient pris leur sont remis, et que, grâce à l'activité du marquis de Montcalm et de tous les officiers, le désordre a été arrêté promptement, et qu'il n'y a eu que 6 ou 7 soldats anglois de tués. Je joins à cette lettre la copie de celles que je viens d'écrire, en renvoyant le sieur Fesch, au commandant d'Halifax et à milord Lawdon, la copie de celle que le marquis de Montcalm écrit à ce général, celle du reçu du sieur Fesch, en lui remettant les Anglois à conduire, et une note pour vous expliquer le procédé dont les Abénaquis de Panaouské se plaignent et qui a été une des principales causes de l'événement dont je viens de vous détailler toutes les particularités.

Dépôt de la guerre, vol. 3457, pièce 134. — Copie.

19

LETTRE DU MARQUIS DE MONTCALM A M. DE MORAS,
MINISTRE DE LA MARINE,

Sur l'état de la colonie.

A Québec, le 19 fevrier 1758.

Monseigneur, j'ai eu l'honneur de vous marquer, par mes dernières lettres, en date du 4 novembre, que je n'en avois reçu aucune des vôtres. Je profite de la première occasion par Louisbourg pour vous accuser la réception de celles que vous m'avez fait l'honneur de m'écrire, l'une, en date du 27 mai, pour répondre à ma correspondance de l'année 1756 avec M. de Machault; l'autre, en date du 3 août, pour m'accuser la réception de ma lettre du 25 avril. Dans la première, vous m'exaltez la valeur des Canadiens, vous m'y donnez des leçons sur la conduite à tenir vis-à-vis d'eux et des sauvages. Vous ajoutez avec bonté que ce n'est pas par rapport à moi; mais que des relations particulières parlent de la dureté avec laquelle quelques-uns de nos officiers traitent les uns et les autres. Je me suis bien gardé de montrer cette lettre; elle auroit affligé nos officiers, qui ne sont que trop persuadés, et ce n'est pas sans fondement, qu'on n'est occupé dans la colonie, par un esprit de basse jalousie, qu'à les dépriser. Ces imputations sont fausses. Ces relations dont vous me parlez, Monseigneur, ont été écrites par des personnes aussi mal instruites que mal intentionnées. J'en appelle à M. le marquis de Vaudreuil et à M. Bigot, qui m'ont paru peinés de votre lettre, et qui m'ont assuré l'un et l'autre qu'ils vous détromperoient[1]. Les Canadiens et les sauvages se louent du petit nombre de nos officiers qui ont été avec eux, et M. Pouchot, capitaine au régiment de Béarn, qui a commandé à Niagara, est regretté par les derniers.

Pour ce qui me regarde personnellement, je ne changerai point de conduite. Le Canadien, le simple habitant, me respecte et m'aime; pour ce qui est des sauvages, j'ose croire avoir saisi leur génie et leurs mœurs. Je dois peut-être plus leur confiance à mes succès qu'à mes foibles talens; mais dans ce moment-ci j'ose assurer que, même dans les Pays d'en haut, mon nom seul fera autant d'impression que ceux que l'on croit l'idole de ces peuples[2]. Ils ont pour principe de considérer autant le chef de guerre que le chef de cabane. A l'égard de la valeur canadienne, nul ne leur rend plus de justice que moi et les François; mais une nation accoutumée à se vanter aura beau s'exalter elle-même, je n'aurai jamais la malheureuse confiance de M. Dieskaw; je ne les emploierai que dans leur genre, et je chercherai à étayer leur bravoure de l'avantage des bois et de celle des troupes réglées; par ce mot, j'entends les troupes de terre et de la marine que j'estime également.

Les recrues arrivées cette année sont en partie de la mauvaise espèce; elles exigent sévérité et fréquence d'exemples. Je crains la désertion pendant la campagne.

---

1. C'était cependant M. de Vaudreuil qui avait fait ces plaintes sur M. de Montcalm. Voyez sa lettre au ministre, page 279.

2. Allusion à M. de Vaudreuil.

Vous avez vu, par mes lettres du mois de novembre, la force de nos troupes, et que les augmentations, pour celles de terre, n'ont pu avoir lieu faute d'étoffe. Les maladies ayant cessé, la perte de l'hiver est un petit objet.

Je ne puis vous rien annoncer encore sur la campagne prochaine; les opérations dépendront de la prompte arrivée des vivres et du bien ou mal joué de l'ennemi. L'article des vivres me fait frémir. Malgré les réductions faites sur la ration, la disette est plus grande que nous ne l'aurions cru. Je quitte Québec pour rejoindre M. le marquis de Vaudreuil à Montréal, après avoir réglé avec M. Bigot ce qui regarde les besoins de nos troupes. Je me louerai toujours de son zèle pour le service, de sa facilité et de ses ressources; mais il ne peut qu'être souvent embarrassé et à plaindre d'être chargé d'une besogne aussi difficile. Veuillez assurer une fois pour toutes S. M., car je n'aurai plus l'honneur de vous en écrire, que, quelque conduite que l'on puisse avoir à mon égard, j'écarterai toujours tout ce qui pourroit nuire à son service, et que j'aurai sans cesse une modération et une patience dont je donne des preuves journellement. Je proposerai tout ce que je croirai utile ; je tâcherai d'exécuter de mon mieux ce qui sera arrêté, et de suppléer, au risque d'être désapprouvé si le succès n'en suivoit pas, à des ordres obscurs et quelquefois captieux [1].

Suivant votre lettre, Monseigneur, S. M. ne veut pas revenir sur le retranchement du traitement accordé aux officiers des troupes de terre pendant les campagnes de 1755 et 1756. Je me borne à vous représenter qu'il est douloureux qu'à mesure que la cherté des vivres augmente,

---

1. Allusion à la mauvaise foi de M. de Vaudreuil.

leur traitement diminue. D'être payé en papier, au lieu de l'être en espèces, comme M. de Machault[1] l'avoit arrêté avec M. de Séchelles[2], fait une diminution considérable dans leur traitement. J'ai déjà eu l'honneur de vous en écrire dans ma lettre du 4 novembre de l'année dernière, et de vous proposer de continuer à les faire payer en papier (ce qui sera avantageux au Roi, qui n'aura plus d'espèces à hasarder), mais en même temps de porter les appointemens du capitaine, qui sont à 2,760 livres, à 1,000 écus, et les autres en proportion. Les lieutenans, plus à plaindre, ne peuvent plus vivre avec leurs appointemens. Qu'on ne compare pas leurs appointemens avec la modicité de ceux des officiers de la colonie, qui ont les ressources de donner dans le commerce, dans les entreprises, et d'espérer part aux profits de la traite et dans l'habitude de tirer parti de leurs courses avec les sauvages.

Pour ce qui me regarde, Monseigneur, M. de Machault m'avoit assuré que le Roi m'aideroit et me mettroit en état de vivre d'une façon convenable ; la nécessité d'obtenir de la considération, de répondre à l'honneur d'être le commandant d'un corps de plus de 250 officiers, de vivre avec ceux de la colonie pour entretenir cette union si recommandée, l'honneur de commander les uns et les autres dans des camps où je dois leur faire voir que, si je leur donne l'exemple de la frugalité dans les marches et les opérations, je sais dans les camps stables vivre avec dignité, ces motifs m'obligent à faire pour ma table une dépense à peu près égale à celle du gouverneur général ; cependant ses appointemens sont bien au-dessus des miens, et ses émo-

---

1. Ministre de la marine.
2. Contrôleur général des finances.

lumens et ses moyens au-dessus même de ses appointemens. Si vous ne venez, Monseigneur, à mon secours et que je serve encore quelques années dans la colonie, je serai obligé de vendre le patrimoine de mes enfans. M. Bigot a bien voulu autoriser le trésorier de la marine à m'avancer 12,000 francs que je lui dois; et plus j'irai, plus je lui devrai.

M. de Vaudreuil vous aura sûrement instruit du succès du détachement de M. de Belhêtre, lieutenant des troupes de la colonie, qui a surpris un village habité par des émigrans du Palatinat, à environ 16 lieues de Carlas[1]. Ces courses éloignées, sans être jamais décisives au fond, ni aussi considérables que les relations du pays les font, sont toujours d'un merveilleux effet pour augmenter la confiance du Canadien et du sauvage, et la terreur que les Anglois en ont.

Quoique la façon de parler du pays soit toujours d'avoir emporté, l'épée à la main, des forts; valeur intrinsèque, c'est la surprise, l'incendie, le pillage d'un gros village ouvert de toutes parts, à portée de commercer avec les Cinq-Nations, et l'enlèvement de tous ses habitans. Le fort de Quaris, qui en étoit à trois quarts de lieue, avec une garnison de 300 hommes, a été laissé sans être attaqué; et ce ne pouvoit être autrement.

Nous avons actuellement deux partis à la guerre pour tenir l'ennemi en haleine et avoir de ses nouvelles; l'un du côté du fort Lydius, commandé par M. de Langis-Montégron, officier de la colonie, et l'autre, vers Carlas, n'est composé que des sauvages de La Présentation. Quelques

---

1. Sans doute Carlack ou Sheneclady.

petits partis, d'ici à l'entrée de campagne, se succéderont ; c'est tout ce que l'on peut faire, vu la rareté des vivres.

Les Anglois sont plusieurs fois venus en nombre très-considérable à Carillon. M. d'Herbecourt[1], capitaine au régiment de la Reine, que j'y ai laissé pour y commander pendant l'hiver, a toujours été très-attentif à ne s'occuper que de la conservation de son fort et à ne pas donner dans les piéges qu'on lui tendoit ; aussi les expéditions des Anglois ont abouti à faire prisonnier un malheureux soldat ; sa garnison a été très-alerte, et j'en ai été content pour l'exactitude du service, quoiqu'elle eût témoigné un peu de mutinerie sur le retard de quelque équipement qui leur revenoit. M. d'Herbecourt s'est trouvé dans un moment critique ; il s'en est tiré avec beaucoup de fermeté et de prudence. Sous prétexte d'escorter un munitionnaire, envoyé par M. l'intendant à Carillon, je lui ai fait passer sans affectation un détachement de sergens et soldats sûrs. La réduction de la ration et le changement de nourriture n'a pas laissé que d'occasionner de la fermentation dans les esprits ; le bon ton et le bon exemple ont tout prévu à Québec. A Montréal, où le peuple est moins docile, il y a eu quelques difficultés de sa part ; cet esprit gagnoit les troupes de la colonie ; et les soldats de Béarn qui y sont en garnison avoient bien quelque légère disposition à le prendre ; mais je dois à la vérité, et à M. le chevalier de Lévis, de vous écrire qu'on lui a quelque obligation dans cette occasion ; et, quoique nous n'ayons aucune autorité pour la discipline sur les troupes de la colonie dans les places, le ton qu'il a employé vis-à-vis d'elles les a fait sur-le-champ

---

1. Appelé d'Hébécourt dans d'autres relations.

rentrer dans le devoir et a contenu les nôtres. Tout est de la plus grande tranquillité depuis plus de deux mois, et les troupes attendent avec patience et sans murmurer qu'on puisse les mieux traiter.

Dépôt de la guerre, vol. 3498, pièce 14.

20

REPRÉSENTATIONS FAITES A M. LE CHEVALIER DE DRUCOUR,

au conseil de guerre tenu à Louisbourg, le 26 juillet 1758,

PAR M. PRÉVOST,

commissaire général de la marine, ordonnateur à l'île Royale.

Le mémoire présenté ce matin au Conseil, par M. Franquet, en date du 24 de ce mois, ne porte en substance qu'un état apprécié suivant lui, et celui actuel des fortifications de cette place; mais, quoique le supplément qu'il y a joint aujourd'hui fasse mention d'une plus grande dégradation dans les ouvrages et à la brèche, il a paru que le Conseil pensoit encore plus désavantageusement sur la situation générale de ces objets. Car, suivant le sentiment de tous les membres de ce Conseil, le bastion du Roi est fort maltraité, et la brèche du bastion Dauphin très-praticable, et on a unanimement jugé que l'escalade étoit encore aisée en plusieurs autres endroits; d'ailleurs il a été reconnu aussi par le Conseil que le reste de la garnison, excédé de fatigues depuis le mois de mai, n'étoit plus dans un nombre suffisant pour défendre une attaque que les assiégeans peuvent exécuter maintenant par terre et par mer, eu égard au triste événement arrivé cette nuit dernière aux deux vaisseaux du Roi, *le Prudent* et *le Bienfaisant*[1]. Ces considérations vous ont déterminé, Monsieur, à arborer à dix heures, ce matin, le drapeau sur la brèche du bastion Dauphin, et à dépêcher un officier pour demander au général des troupes angloises[2] une suspension d'armes, afin de traiter de la capitulation. Ce général des assiégeans, qui a fait répondre qu'il ne donnoit qu'une heure pour que toute la garnison se rendît prisonnière de guerre, a occasionné un autre Conseil, où il a été décidé de soutenir plutôt l'attaque générale par terre et par mer, que MM. Boscawen et Amherst annoncent par leur lettre commune, que d'accepter des conditions aussi dures; et cette résolution a été prise, quoique le Conseil ait reconnu et avoué que les forces à opposer à l'ennemi étoient impuissantes et la réussite dans ses desseins certaine.

Une telle décision, Monsieur, m'a paru extrême au premier moment, et m'a fait naître des idées qui lui sont opposées, sur lesquelles cependant j'ai gardé le silence, lorsque j'ai vu qu'on envoyoit de nouveau vers les généraux ennemis M. Dauthonay[3], lieutenant-colonel des volontaires étrangers; mais le retour de cet officier, qui n'a rien pu gagner sur les esprits, le parti violent que le Con-

---

1. 600 Anglais, venus de leur escadre sur des barques avaient profité d'une brume épaisse pour entrer dans le port, escalader ces deux vaisseaux, brûler *le Prudent* et emmener *le Bienfaisant*, malgré les coups de fusil et de canon qu'on leur tira.

2. Amherst. C'était un des généraux anglais qui avaient capitulé à Closter-Severn, dans le Hanovre. Amherst semblait vouloir, par sa dureté, prendre sa revanche en Canada.

3. Appelé dans d'autres relations Daubenay et d'Aubernay.

seil continue de prendre, m'oblige, pour le bien de l'État, pour la conservation des sujets du Roi et pour épargner des horreurs à l'humanité, de vous mettre sous les yeux ce qui en pourra résulter.

Si dans l'attaque générale que les ennemis menacent de faire, et qu'ils peuvent effectuer à présent par la grande supériorité de leurs forces, il y avoit espérance de la soutenir avec quelque espèce de succès, je me donnerois bien garde, Monsieur, de vous faire les plus petites représentations; mais le Conseil reconnoît qu'on sera forcé infailliblement de quelque côté; il a été arrêté que, faute d'un réduit, les troupes qui resteront en état d'agir, se retireront derrière le petit étang du demi-bastion Princesse, endroit découvert, sans aucune ressource et au bout de la ville. Soit qu'on puisse parvenir à une capitulation, soit qu'on y soit forcé et détruit, ce qui est plus probable, que deviendront environ 4,000 âmes qui composent les familles de cette ville, 1,000 à 1,200 malades abandonnés dans différens hôpitaux, sous des tentes, et les équipages en officiers, mariniers et matelots qui restent de nos cinq infortunés vaisseaux[1] et des navires particuliers? Ils seront tous exposés au sang et au carnage, aux horreurs que peuvent commettre des soldats effrénés, entraînés à ces horreurs par un prétendu ressentiment de ce qui s'est passé en Canada[2] et par l'appât du pillage. Ils seront donc tous détruits, et la mémoire en sera conservée éternellement dans toutes les colonies. Car, Monsieur, il ne faut pas considérer seulement celle de l'île Royale dans cet instant, puisque, de quelque façon que les choses tournent, elle est perdue

---

1. Ces cinq vaisseaux avaient été brûlés.
2. A la capitulation du fort William-Henry.

pour S. M., mais aussi toutes celles qui sont sous sa puissance, et plus encore les établissemens que le Roi voudra faire dans la suite; parce que, si Louisbourg subit un sort aussi cruel, il deviendra une barrière de terreur insurmontable pour tous les négocians, à qui il viendra dans l'idée de faire le commerce dans les colonies établies et dans celles naissantes, encore plus pour tous les habitans, ouvriers ou cultivateurs auxquels il seroit suscité d'y passer, même avec des avantages.

Voilà les considérations, Monsieur, que je vous expose et dont je rendrai compte au Roi notre maître et à son ministre, dans le même esprit que celui du tableau que je vous fais, très-persuadé que son service et le bien de l'État les exigent.

Il me reste encore, Monsieur, à vous faire observer que les conseils que vous avez tenus jusqu'à présent n'ont été composés que de militaires. Je ne suis point surpris conséquemment de leurs opinions; la gloire des armes du Roi, leur honneur et celui des corps qu'ils commandent les ont suscités; mais il n'y a que vous et moi, Monsieur, chargés de l'administration de la colonie et des sujets du Roi qui la composent; aussi ces messieurs, dans leurs voix, n'y ont aucun égard; ils ne considèrent qu'eux et leurs troupes, faits pour être exposés aux dernières extrémités. Cela est d'autant plus beau et plus louable, que le moment critique assure pour toujours leurs sentimens. Mais remarquez en même temps, Monsieur, ainsi qu'ils l'ont dit eux-mêmes, qu'ils ne peuvent ni ne doivent opiner autrement, quoiqu'ils reconnoissent néanmoins en votre présence la justice des raisons que je vous expose en faveur de la vie d'un peuple aussi nombreux.

C'est, Monsieur, à la demande de ce peuple intimidé

parce qu'il a appris qu'on étoit décidé à soutenir l'assaut général des assiégeans, que j'ai résumé les raisons spécifiées dans ce mémoire et que j'ai l'honneur de vous le donner par écrit, comme vous le désirez.

Dépôt de la guerre, vol. 3498, pièce 174. — Copie non signée.

21

RELATION DE LA VICTOIRE REMPORTÉE SUR LES ANGLOIS,

le 8 juillet 1758,

par l'armée du Roi, commandée par le marquis de Montcalm.

(*Victoire de Carillon.*)

Le marquis de Vaudreuil, incertain des mouvemens de l'ennemi, ne l'avoit pas cru en état d'agir également vers Louisbourg et sur la frontière du lac Saint-Sacrement[1]; en conséquence, il s'étoit déterminé à partager ses forces et à charger le chevalier de Lévis d'une expédition particulière avec un corps de 1,600 hommes d'élite, dont 400 choisis dans nos bataillons formoient 6 piquets de 64 hommes, chacun avec doubles officiers; ce gros détachement entraînoit avec lui la plus grande partie des sauvages.

Le marquis de Montcalm, destiné à défendre la frontière du lac Saint-Sacrement, arriva le 30 juin à Carillon, avec le sieur de Pontleroy, capitaine du corps royal et ingénieur en chef de la Nouvelle-France, et le sieur Desandrouins,

---

1. Voyez, p. 342, la lettre de Montcalm du 12 juillet 1758.

aussi capitaine du corps royal et ingénieur à la suite des troupes de terre. Le corps de troupes qu'il y trouva rassemblé consistoit en 8 bataillons des troupes de terre et, ce qu'on aura peine à croire, 15 sauvages, circonstance fâcheuse qui peut-être n'arrivera jamais.

Jusqu'au 8, jour de l'affaire, il n'a reçu d'autre renfort de la colonie qu'environ 400 soldats de la marine ou Canadiens commandés par M.-de Raymond, capitaine des troupes de la marine.

Le sieur de Bourlamaque, colonel, qui commandoit à Carillon, instruisit le marquis de Montcalm des nouvelles qu'il venoit d'apprendre des ennemis par les prisonniers. D'après leur rapport, il ne fut plus permis de douter que les Anglois n'eussent assemblé au fond du lac Saint-Sacrement, près les ruines du fort Guillaume-Henry, une armée composée de 20,000 hommes de milice du pays, et d'un corps de 6,000 hommes de troupes de la Vieille-Angleterre formé par 2 bataillons de Royal-Américain, 1 régiment de montagnards écossois et les régimens de Murray, Blakeney, de mylord How, sous les ordres du général major Abercromby; et que cette armée, munie d'un nombre de berges et d'un train d'artillerie proportionné, ne dût se mettre en mouvement pour venir attaquer dans les premiers jours de juillet. Le marquis de Montcalm dépêcha plusieurs courriers au marquis de Vaudreuil pour lui rendre compte de ces nouvelles, et lui demander de hâter le secours que la colonie pouvoit fournir. En même temps, il ne balança pas à faire occuper, par les bataillons de la Reine, Guyenne et Béarn, aux ordres du sieur de Bourlamaque, la tête du portage sur les bords du lac Saint-Sacrement; il fit aussi avancer le bataillon de Royal-Roussillon et le premier de Berry à la droite de la Chute, et les bataillons de la Sarre et de Languedoc à la gauche de cette rivière, et il s'y établit de sa personne pour être également à portée de toutes les parties. Il laissa à Carillon le sieur de Trécesson, avec le second bataillon de Berry, pour y commander.

Cette manœuvre audacieuse, qui présentoit l'apparence de forces plus considérables que celles que nous avions, a retardé de quelques jours les mouvemens des ennemis. Suivant le rapport des prisonniers, leur premier projet avoit été d'établir au portage, sous les ordres de mylord How, une tête que le corps de l'armée n'auroit suivie que quelques jours après; notre mouvement en avant les détermina à faire marcher l'armée tout entière, ce qui a retardé leur opération jusqu'au 5.

Le marquis de Montcalm, en même temps, fut reconnoître et déterminer la position qu'il vouloit prendre pour la défense du fort de Carillon, en occupant les hauteurs qui le dominent.

Du 1er au 4 on envoya beaucoup de petits partis à la guerre pour avoir des nouvelles de l'ennemi; et, comme on n'avoit point de sauvages, on forma deux compagnies de volontaires tirées dans le corps des troupes de terre, dont le commandement fut donné au sieur Bernard, capitaine au régiment de Béarn, et au sieur Duprat, capitaine au régiment de la Sarre.

Le 4, le marquis de Montcalm fit un détachement de 130 volontaires aux ordres du sieur de Langis-Montégron, enseigne des troupes de la colonie, officier de la plus grande réputation. Le marquis de Montcalm ayant demandé pour ce détachement des officiers de bonne volonté, les prévenant qu'ils seroient sous les ordres du sieur de Langis, de quelque grade qu'ils fussent, tous vouloient marcher, et il fut obligé d'en fixer le nombre à un officier par bataillon. Le détachement, parti le 4 au soir, en bateau, sur le lac Saint-Sacrement, rentra le 5, sur les quatre heures après midi, ayant découvert sur le lac l'avant-garde de l'armée angloise conduite par le colonel Brandstrick[1] et le major Roger, chef de leurs coureurs des bois[2]. Le marquis de Montcalm ordonna aussitôt que la retraite servant de générale fût battue, les troupes prissent les armes, passassent la nuit au bivouac, et qu'on déblayât les équipages. Le sieur de Bourlamaque reçut ordre de tenir des détachemens du côté du sud et du nord pour éclairer le débarquement des ennemis, et les volontaires de Duprat de se porter sur une rivière qui vient entre les montagnes dont ce pays est couvert se jeter dans celle de la Chute, de crainte que l'ennemi ne cherchât à nous tourner par le derrière de ces montagnes : ils s'y portèrent sur-le-champ, et le sieur de Langis fut envoyé par le sieur de Bourlamaque, à l'entrée de la nuit, pour occuper la montagne Pelée avec un détachement de 130 volontaires soutenu par 3 piquets aux ordres du sieur de Trépezée, capitaine au régiment de Béarn, qui devoit faire avec lui sa retraite en suivant la rive gauche du lac Saint-Sacrement.

Le 6, à quatre heures du matin, le marquis de Montcalm, instruit que l'on voyoit au large une grande quantité de berges, envoya aussitôt ordre : au sieur de Pontleroy d'abandonner tous travaux, pour tracer des retranchemens et abatis sur le terrain déterminé le 1er du mois; au sieur de Trécesson d'y faire travailler le second bataillon de Berry avec les drapeaux; à 200 hommes des

---

1. Bradsteet.
2. C'était un partisan célèbre.

troupes de la colonie arrivés la veille de venir le joindre aux hauteurs de la Chute.

Sur les neuf heures, les ennemis débarquèrent à un demi-quart de lieue du portage; nos postes avancés fusillèrent leurs premières troupes et se replièrent sur le corps du sieur de Bourlamaque qui s'étant rejoint au marquis de Montcalm, les cinq bataillons réunis passèrent le défilé de la rivière de la Chute, en rompirent le pont et se mirent avec les deux bataillons de la Sarre et de Languedoc en bataille sur les hauteurs qui la bordent. Cette retraite se fit en présence de l'ennemi, sans perdre un seul homme; mais, par une vraie fatalité, le détachement dont le sieur de Langis avoit la conduite, et dont la retraite étoit assurée par le côté du nord, fut abandonné du petit nombre de sauvages qui lui servoit de guide, s'égara et vint tomber dans une colonne de l'armée ennemie qui marchoit vers la rivière de la Chute.

Sur les quatre heures du soir, nous entendîmes un feu considérable et nous aperçûmes les débris de ce malheureux détachement poursuivi par les Anglois; quelques compagnies de grenadiers bordèrent aussitôt le rapide de la Chute pour ralentir la poursuite de l'ennemi, et plusieurs de nos gens, favorisés par leur feu, le passèrent à la nage. Nous avons eu, de ce détachement composé d'environ 300 hommes, 2 officiers tués, 4 prisonniers, ainsi que 184 soldats ou Canadiens tués ou prisonniers. Le marquis de Montcalm se retira le soir au camp devant Carillon. L'armée se trouva alors d'environ 2,800 hommes de troupes de terre, 450 hommes des troupes de la colonie, sans aucun sauvage; et sur ce nombre il falloit distraire un des bataillons de Berry, lequel, à l'exception de sa compagnie de grenadiers qui fit le même service que les autres grenadiers de l'armée, fut occupé à la garde et au service du fort.

Le 7 au matin, l'armée fut tout employée au travail des abatis sous la protection des compagnies de grenadiers et des volontaires qui la couvroient; les officiers eux-mêmes, la hache à la main, donnoient l'exemple, et les drapeaux étoient plantés sur l'ouvrage. Il avoit été tracé, la veille, par les sieurs de Pontleroy et Desandrouins, sur les hauteurs, à peu près à 550 toises du fort de Carillon. La gauche, occupée par les bataillons de la Sarre et de Languedoc, appuyoit aux escarpemens distans de 80 toises de la rivière de la Chute et dont le sommet étoit couronné par un abatis. Cet abatis flanquoit une trouée que gardoient de front les deux compagnies de volontaires de Bernard et de Duprat, derrière laquelle on devoit placer 6 pièces de canon pour la battre, ainsi que la rivière. La droite, gardée par la Reine, Béarn et Guyenne, appuyoit également à une hauteur dont la pente n'étoit pas si roide que celle de la gauche. Dans la plaine, entre cette hauteur et la rivière de Saint-Frédéric, furent postées les troupes de la colonie et les Canadiens, qui s'y retranchèrent aussi avec des abatis. Elle étoit flanquée par la partie des retranchemens occupée par le régiment de la Reine et devoit l'être le lendemain par une batterie de 4 pièces de canon; de plus, le canon du fort étoit dirigé sur cette partie, ainsi que sur le débarquement qui pouvoit se faire à la gauche de nos retranchemens. Le centre suivoit les sinuosités du terrain, conservant le sommet des hauteurs, et toutes les parties se flanquoient réciproquement. Plusieurs à la vérité y furent, ainsi qu'à la droite, battues en écharpe par les ennemis; mais c'est qu'ils ne nous laissèrent pas le temps d'y faire des traverses. Le centre étoit occupé par les bataillons de Royal-Roussillon et le premier de Berry, auxquels on avoit joint des piquets arrivés la veille avec le chevalier de Lévis. Dans tout le front de la ligne, chaque bataillon avoit derrière lui une compagnie de grenadiers et un piquet en réserve, tant pour soutenir leur bataillon que pour se porter où il seroit nécessaire. Ces espèces de retranchemens étoient faits de troncs d'arbres couchés les uns sur les autres, ayant en avant des arbres renversés, dont les branches coupées et appointées faisoient l'effet de chevaux de frise.

Le 7 au soir, les 400 hommes d'élite de nos troupes détachées pour une expédition particulière, aux ordres du chevalier de Lévis, arrivèrent à la grande satisfaction de notre petite armée; la joie en fut d'autant plus grande qu'ils annoncèrent la personne du chevalier de Lévis; en effet, il arriva dans la nuit avec le sieur de Senezergues, lieutenant-colonel du régiment de la Sarre. Le marquis de Montcalm le chargea de la défense de la droite, le sieur de Bourlamaque de celle de la gauche; il se réserva de rester au centre pour être plus à portée de donner également partout ses ordres. L'armée coucha au bivouac. Le 8, à la pointe du jour, on battit la générale pour que toutes les troupes pussent connoître leurs postes suivant la disposition réglée. Après ce mouvement, elles travaillèrent de suite, partie à perfectionner l'abatis, le reste à construire les deux batteries mentionnées ci-dessus et une redoute qui devoit encore protéger la droite.

Sur les dix heures du matin, les troupes légères de l'ennemi parurent de l'autre côté de la rivière et firent une grande fusillade, si éloignée que l'on continua le travail sans leur répondre.

A midi et demi, leur armée déboucha sur nous. Nos

gardes avancées, les volontaires et compagnies de grenadiers, se replièrent en bon ordre et rentrèrent dans la ligne sans avoir perdu un seul homme. Dans le moment même, au signal convenu, les travailleurs, ainsi que toutes les troupes, furent à leurs armes et à leur poste. La gauche fut la première attaquée par deux colonnes, dont l'une cherchoit à tourner le retranchement et se trouva sous le feu du régiment de la Sarre; l'autre dirigea ses efforts sur un saillant entre Languedoc et Berry. Le centre, où étoit Royal-Roussillon, fut attaqué presque en même temps par une troisième colonne, et une quatrième porta son attaque vers la droite entre Béarn et la Reine. L'ennemi avoit, le 7, fait passer des berges et pontons à la Chute; on en vit déboucher sur cette rivière environ une vingtaine. Les volontaires de Bernard et de Duprat, qui y étoient postés, les reçurent de bonne grâce. Le sieur de Ponlhaviès, à la tête d'une compagnie de grenadiers et d'un piquet de Royal-Roussillon, s'y présenta aussi, et, le canon d'une de nos batteries du fort commandée par le sieur de Louvicou, lieutenant du corps royal, en ayant brisé deux, elles n'ont plus paru de toute l'action. Comme les Canadiens et troupes de la colonie ne furent point attaqués, ils dirigèrent, à l'abri du retranchement qui les couvroit, leur feu sur la colonne qui attaquoit notre droite et qui quelquefois se trouvoit à portée d'eux. Le chevalier de Lévis envoya successivement le sieur d'Hert, aide-major, et le sieur Denoës, capitaine au régiment de la Reine, pour ordonner aux plus ingambes d'entre eux de faire deux sorties et de prendre cette colonne en flanc; le sieur de Raymond, ancien capitaine des troupes de la colonie, qui étoit leur commandant, se mit toujours à la tête de ces sorties. Les différentes attaques de l'ennemi furent presque toute l'après-midi et presque partout d'une égale vivacité.

Sur les cinq heures, la colonne qui avoit attaqué vivement Royal-Roussillon s'étoit rejetée sur le saillant défendu par le bataillon de Guyenne et par la gauche de celui de Béarn. La colonne qui avoit attaqué la Reine et Béarn avec le plus grand acharnement s'y rejeta aussi, en sorte que le danger devint urgent à cette attaque. Le chevalier de Lévis s'y porta avec quelques troupes de la droite que les ennemis ne faisoient plus que fusiller. Le marquis de Montcalm y accourut aussi avec quelques troupes de réserve, et les ennemis éprouvèrent une résistance qui ralentit enfin leur ardeur. La gauche soutenoit toujours le feu des deux colonnes qui tentoient de percer par cette partie, dans laquelle même étoit leur dépôt. Le sieur de Bourlamaque y avoit été blessé sur les trois heures, et les sieurs de Senezergues et de Privast, lieutenants-colonels commandant les régimens de la Sarre et de Languedoc, avoient suppléé à son absence en continuant à y donner les meilleurs ordres. Le marquis de Montcalm s'y porta plusieurs fois et fut attentif à y faire passer du renfort dans tous les momens de crise; car, pendant toute l'affaire, les compagnies de grenadiers et les piquets de réserve accoururent toujours aux endroits les plus pressés.

Sur les six heures, les deux colonnes de la droite abandonnèrent l'attaque de Guyenne, vinrent faire encore une tentative au centre contre Royal-Roussillon et Berry, et successivement un dernier effort à la gauche. De six à sept heures, l'armée ennemie s'occupa de sa retraite, favorisée par le feu des troupes légères qui s'entretint jusqu'à la nuit.

Pendant l'action, le feu prit en plusieurs endroits de nos abatis, mais il fut éteint sur-le-champ, les soldats passant courageusement par-dessus le revers pour en arrêter les progrès. Outre les munitions en poudres et en balles, on envoyoit continuellement du fort des barriques pleines d'eau, et le sieur de Trécesson, commandant du second bataillon de Berry, et qui l'étoit aussi du fort, a rendu dans cette occasion les plus grands services, par son activité à nous faire passer les munitions et rafraîchissemens si nécessaires dans un combat aussi long et aussi opiniâtre.

L'obscurité de la nuit, l'épuisement et le petit nombre de nos troupes, les forces de l'ennemi qui, malgré sa défaite, étoient encore infiniment supérieures aux nôtres, la nature de ces bois dans lesquels on ne pouvoit, sans sauvages, s'engager contre une armée qui en avoit 4 ou 500 ; plusieurs retranchemens que les ennemis avoient formés les uns derrière les autres depuis le champ de bataille jusqu'à leur camp, voilà les obstacles insurmontables qui nous ont empêchés de les suivre dans leurs retranchemens. Nous comptions même qu'ils voudroient le lendemain tenter de prendre leur revanche, et en conséquence nous travaillâmes toute la nuit à nous défiler des hauteurs voisines par des traverses, à perfectionner l'abatis des Canadiens, et à finir les batteries de la droite et de la gauche commencées le matin.

Le 9, nos compagnies de volontaires sortirent et s'avancèrent jusqu'à la Chute. Sur les nouvelles qu'ils nous donnèrent qu'il paroissoit que les ennemis avoient abandonné les postes de la Chute et du portage, le marquis de Montcalm ordonna au chevalier de Lévis de marcher le lendemain à la pointe du jour, avec nos volontaires, 8 compagnies de grenadiers et une cinquantaine de Canadiens, pour reconnoître avec précaution ce qu'étoit devenue l'armée ennemie.

Le chevalier de Lévis s'avança jusqu'au delà du portage; il trouva partout les traces d'une fuite précipitée : des blessés, des quarts de farine, des équipages abandonnés, des chaussures laissées dans les endroits marécageux, les débris de berges brûlées, preuve incontestable de la grande perte que les ennemis ont faite. Nous l'estimons, d'après leurs prisonniers mêmes et ce que nous avons vu, à 4,000 hommes tués ou blessés; s'il en falloit croire quelques-uns d'entre eux, et la promptitude de leur retraite, leur perte seroit encore plus considérable. La nôtre a été de 11 officiers tués, 25 blessés, 92 soldats tués et 248 blessés. Les ennemis ont perdu plusieurs de leurs officiers principaux, entre autres mylord How, qui a été[1]..., le 6, par notre détachement qui se retiroit de la montagne Pelée, le sieur Spiltall, major général des troupes réglées, et le commandant en chef des forces de la Nouvelle-York.

Cinq cents sauvages Tchactas, Loups et des Cinq-Nations étoient arrivés, le 8 au matin, avec le colonel Johnson; quelques-uns d'eux ont paru pendant l'affaire, mais le plus grand nombre, surtout ceux des Cinq-Nations, ont resté à la queue des colonnes dans l'inaction; ils attendoient sans doute, pour se décider, l'événement d'un combat qui ne paroissoit pas douteux aux Anglois...

Le succès de cette journée est dû à la valeur incroyable de l'officier et du soldat. Le chevalier de Lévis s'y est très-distingué; il a eu plusieurs coups de fusil dans ses habits. Le sieur de Bougainville, aide-maréchal général des logis de l'armée, et le sieur de Langis, officier de la colonie, ont été blessés à ses côtés. Le sieur de Bourlamaque mérite

---

1. Il y a un mot passé dans le manuscrit.

aussi de grands éloges par sa bonne conduite et sa fermeté. Le chevalier de Montreuil, aide-major général, a fait passer avec un zèle infatigable les ordres et les munitions aux diverses attaques où il s'est porté lui-même. Tous les officiers qui composoient cette armée ont donné de si grandes marques de courage, que chacun d'eux mériteroit un éloge particulier.

Dépôt de la guerre, vol. 3498, pièce 138.

22

LETTRE DU MARQUIS DE MONTCALM
AU MARÉCHAL DE BELLE-ISLE, MINISTRE DE LA GUERRE.

Sur la victoire de Carillon et pour demander son retour en France.

A Carillon, le 12 juillet 1758.

Monseigneur, M. le marquis de Vaudreuil voulant rester persuadé, malgré l'unanimité des dépositions des prisonniers, que les ennemis ne rassembloient pas 25,000 hommes à la tête du lac Saint-Sacrement, il m'a fallu partir le 24 de juin pour prendre le commandement de 8 bataillons dont il avoit tiré 400 hommes d'élite. J'avois le 30, jour de mon arrivée au camp de Carillon, 2,970 hommes de nos troupes, ce que l'on ne croira pas, 16 sauvages seulement (il y en a 800 domiciliés dans la colonie), 35 Canadiens, 37 hommes de la marine. C'est avec ce corps que j'ai osé faire un mouvement en avant qui, en donnant de la considération à l'ennemi, a retardé de quatre jours sa marche sur moi. Du 1er juillet au 6, je n'ai reçu d'autre renfort que 400 soldats de troupes de la marine ou Canadiens. Le marquis de Vaudreuil m'en avoit promis par écrit 1,200 et beaucoup de sauvages. Le 6, j'ai fait ma retraite et replié tous mes postes sans confusion et sans perdre un seul homme, mes gardes avancées ayant fusillé au débarquement de 6,000 hommes, et cette journée n'eût rien laissé à désirer si un détachement de 300 hommes, à la tête duquel j'avois mis pour guide un des officiers de la colonie les plus accoutumés à aller dans le bois, ne s'étoit égaré et n'étoit tombé dans une colonne angloise ; j'ai eu 6 officiers de tués ou prisonniers et 187 soldats, y compris quelques Canadiens. Je vins camper le soir même sur les hauteurs de Carillon. La journée du 7 fut employée par toutes les troupes à former un abatis, et leur travail est incroyable. Les 400 hommes d'élite de nos troupes qui étoient restés avec M. le chevalier de Lévis arrivèrent le soir, et M. le chevalier de Lévis arriva lui-même dans la nuit du 7 au 8. Comme je n'avois aucun sauvage, deux compagnies de volontaires, que j'avois tirées de nos bataillons, fusillèrent avec les gardes avancées de l'ennemi tout le 8 au matin. A midi et demi, l'armée des ennemis, au moins de 20,000 hommes, et suivant beaucoup de prisonniers de 25, composée de troupes d'élite, déboucha sur nos gardes et compagnies de grenadiers qui rentrèrent. Dans l'instant, toutes les troupes furent à leur poste. A une heure, les ennemis nous attaquèrent avec vivacité sur quatre colonnes, entremêlées de leurs troupes irrégulières et meilleurs tireurs. Le feu a été, de part et d'autre, comme à la bataille de Parme[1] ; le

---

1. Livrée le 29 juin 1734, et gagnée par le maréchal de Coigny sur les Impériaux.

combat a duré jusqu'à huit heures du soir. S. M. a dû, dans ce moment, le succès de cette journée à la valeur incroyable de ses troupes. L'ennemi s'est retiré la nuit même en désordre, se rembarquant sur le lac Saint-Sacrement, après avoir brûlé des berges qu'il avoit fait passer à la Chute; et ce qui me flatte le plus dans cette affaire, c'est que les troupes de terre n'en partagent pour ainsi dire la gloire avec personne. Les secours annoncés et promis par M. le marquis de Vaudreuil ont commencé à arriver le 11. Ce gouverneur général se retranchera sur le défaut des vivres; que de choses à dire sur cet article!

Nous estimons, d'après ce que nous avons vu et leur fuite précipitée, la perte des ennemis à environ 5,000 hommes tués ou blessés. La nôtre est de 12 officiers tués, 23 blessés, 92 soldats tués, 248 blessés. M. le chevalier de Lévis et M. de Bourlamaque ont eu la plus grande part à la gloire de cette journée; le dernier est blessé dangereusement.

Je vois par une lettre de M. le marquis de Paulmy, du 26 février, qu'il n'avoit point reçu mes paquets du 4 novembre qui contenoient mes mémoires de nomination et ceux pour les grâces de nos troupes; je suis en droit d'en conclure qu'ils ont été arrêtés et interceptés au bureau de la marine; c'étoit du temps de M. de la Porte. Si l'on en doit agir ainsi, il est inutile que j'aie l'honneur de vous écrire. J'aurai l'honneur de vous adresser une relation détaillée, mais je me hâte de vous écrire ces lignes dans la crainte que le gouverneur général ne fasse partir un bâtiment de Québec à mon insu. Si jamais il y a eu un corps de troupes digne de grâces, c'est celui que j'ai l'honneur de commander; aussi je vous supplie, Monseigneur, de l'en combler et de lui accorder toutes celles que j'aurai l'honneur de vous proposer. Pour moi, je ne vous en demande d'autre que de me faire accorder par le Roi mon retour; ma santé s'use, ma bourse s'épuise; je devrai, à la fin de l'année, 10,000 écus au trésorier de la colonie; et, plus que tout encore, les désagrémens, les contradictions que j'éprouve, l'impossibilité où je suis de faire le bien et d'empêcher le mal, me déterminent de supplier avec instance S. M. de m'accorder cette grâce, la seule que j'ambitionne. Je suis, etc.

P. S. Je ne dois pas vous laisser ignorer, Monseigneur, que le colonel Johnson étoit le jour de l'affaire à la queue des colonnes angloises avec 500 sauvages, dont une grande partie des Cinq-Nations. Ils n'ont pas frappé parce que nous avons été vainqueurs, et j'ose croire que la victoire des troupes du Roi avancera plus la négociation secrète de M. le marquis de Vaudreuil avec ces peuples que tous les négociateurs et partis envoyés à leur village.

Dépôt de la guerre, vol. 3498, pièce 143. — Original.

23

LETTRE ÉCRITE AU MINISTRE DE LA MARINE [1], PAR M. LE MARQUIS DE MONTCALM, ET CHIFFRÉE PAR M. DOREIL, POUR ÊTRE ENVOYEE A MONSEIGNEUR LE MARÉCHAL DUC DE BELLE-ISLE, MINISTRE DE LA GUERRE.

Sur la situation de la colonie.

Monseigneur, la situation de la colonie est des plus critiques si la paix ne vient au secours. Les Anglois réunissent avec les troupes de leurs colonies mieux de 50,000 hommes; nonobstant l'entreprise de Louisbourg, ils en ont eu 30,000 qui ont agi cette campagne vis-à-vis le Canada. Qu'opposer à cela? Huit bataillons qui font 3,200 hommes; le reste, troupes de la colonie, dont 1,200 seulement en campagne, le surplus à Québec, Montréal, la Belle-Rivière [2], Pays d'en haut, et les Canadiens. Il n'y en a eu cette année en campagne, soit ici ou à la Belle-Rivière, qu'environ 1,200. J'appelle en campagne ceux qui l'ont faite entière. On a prêté 2,400 Canadiens depuis le 13 juillet, qu'on n'en avoit plus besoin, jusqu'au 12 août, qu'on les a redemandés pour la récolte. Pourroit-on tirer meilleur parti des Canadiens? je le crois; cependant on n'en pourra jamais tenir toute la campagne au delà de 3,000 sans ruiner le pays. Au reste ces peuples, comme les sauvages, ne sont propres qu'à des courses et ne savent ce que c'est que de rester cinq

---

1. M. de Massiac.
2. L'Ohio.

mois en campagne. Les sauvages, bons pour des courses ; il ne faut pas compter sur eux pour le fonds d'une armée. Avec si peu de forces, comment garder sans miracle, depuis la Belle-Rivière jusqu'au lac Saint-Sacrement, et s'occuper de la descente à Québec, chose possible? Qui écrira le contraire de ce que j'avance trompera le Roi ; quelque peu agréable que cela soit, je dois l'écrire comme citoyen. Ce n'est pas découragement de ma part ni de celle des troupes, résolus de nous ensevelir sous les ruines de la colonie. Il faudroit 1,500 hommes de recrues de la bonne espèce.... avec des vivres pour nourrir ces troupes pendant un an. En proposant le seul moyen pour parer aux forces immenses des Anglois, je ne crains que trop qu'il ne soit pas possible à la France d'envoyer ce secours, vu la supériorité de la marine angloise ; mais les Anglois mettent sur pied trop de forces dans ce continent, pour croire que les nôtres y résistent et attendre une continuation de miracles qui sauve la colonie de trois attaques. J'apprends, dans le moment, qu'ils ont pénétré à Frontenac ; je le craignois depuis longtemps. La colonie sera coupée en deux. Je suis, etc.

Dépôt de la guerre, vol. 3498, pièce 183. — Duplicata chiffré.

24

LETTRE SECRÈTE DE M. DOREIL
AU MARÉCHAL DE BELLE-ISLE, MINISTRE DE LA GUERRE.

Sur la situation de la colonie et les abus qui la perdent.

A Québec, le 31 juillet 1758.

Monseigneur, voici une lettre encore plus importante que celles que je viens d'avoir l'honneur de vous écrire en date des 28 et 30 de ce mois; j'y joindrois une relation détaillée des opérations de cette campagne, et principalement de la glorieuse journée du 8, si je n'étois certain que M. le marquis de Montcalm a l'honneur de vous en envoyer une qui ne laisse rien à désirer. Mais ce que ce général ne dit pas par modestie, je ne dois pas le taire. Tout ce qu'il a fait depuis qu'il est en Amérique, pour ainsi parler, sans forces et sans moyens, est admirable, et même incroyable dans toutes ses circonstances à qui ne les a pas vues de près. Ce qu'il vient de faire en sauvant le Canada au moment qu'il étoit le plus en danger est si fort au-dessus de tout éloge, que je me borne à deux articles qui m'ont frappé d'admiration. M. le marquis de Montcalm, écrivant le 6 à M. le marquis de Vaudreuil pour lui exposer le danger de sa situation et lui réitérer ses instances pour qu'il lui envoyât du renfort, avoit cependant le ton du vainqueur; il lui disoit: «J'espère beaucoup de la volonté et de la valeur des troupes françoises. Je vois que ces gens-là marchent avec précaution et tâtonnent : s'ils me donnent le temps de gagner la position que j'ai choisie sur les hauteurs de Carillon, *je les battrai!* » etc. Et dans sa lettre où il informe ce gouverneur général de son étonnante victoire, après avoir fait l'éloge de presque tous les officiers en particulier, il a la modestie de dire de lui : « Pour moi, je n'ai que le mérite de m'être trouvé le général de troupes aussi valeureuses. » Que cela est beau, Monseigneur! Qui croiroit néanmoins qu'un tel chef sert avec tant de désagrément, qu'il est forcé de demander son rappel? Ayant laissé son chiffre à Montréal, il ne peut, Monseigneur, avoir l'honneur de vous écrire comme il le désireroit, et il me charge d'y suppléer. Je me sers pour y satisfaire du chiffre qui me fut remis à mon départ par M. le comte d'Argenson, dont le double est au bureau de M. Fumeron; je m'en sers aussi avec M. de Crémille. Voici ce dont il me charge de vous rendre compte[1].

La négligence, la lenteur, l'ignorance et l'opiniâtreté ont pensé perdre la colonie sans ressource; il a fallu pour la sauver un miracle et la valeur surnaturelle des troupes françoises. Après un si grand événement, il[2] ne peut chercher à s'excuser que sur le manque de vivres. Le premier envoi de Bordeaux, d'environ 10,000 quarts de farine, étoit cependant arrivé à Québec le 19 mai, et il y en avoit quantité au fort de Chambly et à celui de Saint-Jean avant la fin de juin. M. de Vaudreuil n'est pas pardonnable d'avoir retenu inutilement à Montréal les troupes de la colonie et les milices et sauvages, puisque le chevalier de Lévis arriva le 8 juillet au matin à Chiboutou, précédé le 7 au soir des 400 hommes d'élite des troupes françoises de son détachement; au moins les 400 hommes de troupes de la

---

1. Tout ce qui suit est chiffré dans la dépêche.
2. M. de Vaudreuil.

colonie, et les 800 auprès des Canadiens qui avoient la même destination, ainsi que les sauvages assemblés à Montréal, pouvoient bien faire la même diligence pour joindre le marquis de Montcalm, s'ils en avoient eu l'ordre. Cette grande preuve est assez forte pour n'en pas donner d'autres. Les sauvages mêmes se sont plaints, et quelques-uns de la colonie ont murmuré de perdre leur temps à Montréal et à des séjours affectés qu'on leur a fait faire à la prairie de la Magdeleine, à Saint-Jean et ailleurs. Depuis la bataille, M. de Vaudreuil envoie trop de Canadiens (ils n'ont commencé d'arriver que le 13), et cela pour écrire au ministre de la marine que le marquis de Montcalm n'a pas su profiter de sa victoire. Comme si l'on pouvoit aller en étourdi avec environ 6,000 hommes, dont 2,000 de milices, suivre un ennémi qui a encore 14 à 15,000 hommes retranchés dans un seul camp et dix jours devant lui.

On peut se persuader qu'il en est capable, puisqu'il a bien osé écrire l'année dernière que le marquis de Montcalm, après la prise du fort Guillaume-Henry, auroit pu entreprendre le siége du fort Lydius ou Édouard, où l'ennemi en avoit 6 à 7,000, et où il pouvoit dans deux fois vingt-quatre heures en faire passer le double d'Orange, tandis que M. le marquis de Montcalm, qui avoit 6,000 hommes au plus, étoit obligé sur ce nombre de renvoyer les Canadiens pour la récolte, que tous les sauvages des Pays d'en haut étoient partis, et qu'il y avoit un portage de 6 lieues à faire pour arriver sur l'objet, sans chevaux ni voitures. C'est une noirceur qui n'a pas d'exemple, après laquelle on doit s'attendre à de beaucoup plus grandes perfidies.

Le fort de Carillon ne vaut rien à tous égards, et il coûte au Roi autant que Brisach. C'est un ignorant qui l'a fait, parent de M. de Vaudreuil, auquel on a voulu faire faire fortune, et il l'a faite. Voyez à ce sujet le mémoire de M. de Pontleroy que j'ai chiffré. L'ineptie, l'intrigue, le mensonge, l'avidité, perdront dans peu cette colonie, qui coûte si cher au Roi. Si elle échappe cette année, ce qui n'est pas encore certain, l'ennemi pouvant revenir avec de plus grandes forces et plus de précautions, il est absolument nécessaire de faire la paix cet hiver, Monseigneur, ou elle sera aux Anglois l'année prochaine. Quelque chose que M. de Vaudreuil puisse écrire, et faire écrire ou dire, il est de la plus grande importance de changer toute l'administration aussitôt la paix faite ; si elle devoit tarder à se faire, changer dès à présent le gouvernement, sans quoi le marquis de Montcalm aura soutenu cette machine toujours prête à s'écrouler pour la voir périr enfin, et peut-être en être l'injuste victime. Il y a deux ans qu'il ne cesse de parler de l'entreprise et de la descente que l'ennemi peut faire à Québec; on ne veut ni rien prévoir ni rien ordonner. Il use sa santé, ruine sa bourse, voit tout le mal, en est pénétré; ne pouvant y remédier ni faire le bien, il demande son rappel et sert en attendant à son ordinaire. Il devra 10,000 écus au 1er janvier; son désintéressement fait la critique, excite la jalousie et attire l'inimitié. Il a eu beaucoup de peine à calmer l'officier et le soldat françois qui enfin, après plus de trois ans de souffrances, ont éclaté. Les derniers, pendant l'action du 8, ont tenu plusieurs propos dignes d'être recueillis; en voici un entre autres : « M. de Vaudreuil a vendu le pays, mais nous ne souffrirons pas qu'il le livre; il nous a sacrifiés pour nous faire couper les oreilles; défendons-les! Vive le Roi et notre général! »

La paix, la paix, Monseigneur, n'importe à quel prix

pour les limites ; on y gagnera même si l'on travaille bien lorsqu'elle sera conclue. Il importe que le marquis de Montcalm informe son ministre, pour le mettre en état d'instruire le Roi. Il continuera de lui rendre compte ; mais peut-être il se flatte que ses dépêches lui parviennent ; les principales de l'année dernière ont été interceptées ou arrêtées au bureau de la marine. Il n'écrira plus au ministre de la marine que pour la forme et par pure bienséance, sans nuls détails ; aussi bien ses lettres ne peuvent-elles jamais cadrer avec celles de M. de Vaudreuil. Cette interruption ou rétention de dépêches du marquis de Montcalm est cause qu'aucun officier françois susceptible de grâces demandées n'en a reçu, tandis que les officiers de la colonie ont reçu les leurs ; cela est triste et touchant pour les troupes qui servent si bien et qui ont fait des miracles. M. le marquis de Paulmy a eu la bonté de témoigner son regret de n'avoir pas reçu les propositions.

Après ces détails de la part de M. le marquis de Montcalm, permettez, Monseigneur, que j'y ajoute de mon chef des instances pour la paix, sans quoi ce pays-ci est perdu. Il a été soutenu par miracle jusqu'à présent, et avec rien, par la conduite, les talens et la vertu de M. le marquis de Montcalm, secondé par MM. de Lévis, de Bourlamaque, par la valeur de MM. les officiers particuliers, par la bonté du soldat françois et par la grande docilité de nous tous. Nous sommes venus défendre le pays ; nous nous y ruinons la santé et la bourse ; nous n'avons éprouvé en revanche que d'indignes préférences, des injustices sans fin, des noirceurs, des perfidies ; nous avons souffert par sagesse et par l'amour du bien, de la paix ; nous avons tout sacrifié par zèle pour le service du

Roi et pour parvenir à une bonne harmonie; trois ans révolus dans cette cruelle situation lassent enfin la patience; la mesure est comblée. M. le marquis de Montcalm n'a à se reprocher que trop de bonté et de déférence. Il vous demande son rappel, Monseigneur; je suis étonné qu'il ne l'ait pas demandé plus tôt. Je vous supplie à genoux de m'accorder le mien que je sollicite en vain depuis longtemps. J'ai abandonné des enfants au berceau et toutes mes affaires en France; elles périclitent depuis plus de trois ans, m'occasionnent des pertes considérables et y achèvent ma ruine ici. Il est impossible de vivre depuis deux ans avec le traitement du Roi. Les 12,000 livres que j'ai font l'équivalent de 3,000 en France; jugez, Monseigneur, s'il est possible de se soutenir avec une maison montée. J'espère à cet égard tout de votre justice et de votre bonté. Je m'arrangerai dès cet hiver de manière que le service ne pourra souffrir de mon départ, et je mettrai M. le marquis de Montcalm dans le cas de vous en assurer. Si la guerre doit durer encore ou non, si l'on veut sauver ou établir le Canada solidement, que S. M. en confie le gouvernement général à M. le marquis de Montcalm; il possède la science politique comme les talens militaires; homme de cabinet et de détails, grand travailleur, juste, désintéressé jusqu'au scrupule, clairvoyant, actif et n'ayant en vue que le bien; en un mot homme vertueux et universel. Je ne sais si cette place seroit de son goût, et peut-être me sauroit-il bien mauvais gré s'il imaginoit que je hasarde cette proposition. Je ne la fais, Monseigneur, que pour le bien et par zèle pour le service du Roi. Quand M. de Vaudreuil auroit de pareils talens en partage, il auroit toujours un défaut original : il est Canadien. Cette qualité tire plus à conséquence que je ne puis le dire. M. le marquis de Montcalm connoît à présent à fond ce que comporte le pays mieux que M. de Vaudreuil ; il sait la manière de traiter avec les sauvages, de se les attacher et de les faire agir suivant les circonstances. Ils le connoissent, l'aiment, le respectent et le craignent. C'étoit une erreur populaire d'imaginer qu'il falloit M. de Vaudreuil en Canada uniquement à cause des sauvages. Il seroit fort à souhaiter que M. Duquesne y fût resté jusqu'à présent ; agissant de concert avec M. le marquis de Montcalm son ami, ils auroient fait de grandes choses. Au surplus, cette place, qui peut être bien remplie, exige un officier général de terre et non un marin. M. de Vaudreuil n'est ni l'un ni l'autre. La guerre se fait à présent ici comme en Europe, et les fonctions de gouverneur général ne regardent en aucune façon la marine ; aussi n'est-ce que depuis une trentaine d'années que la colonie est gouvernée par des marins, quoique avant ce temps-là, la guerre ne se faisoit pas comme aujourd'hui. Que vous serez sans doute bien surpris, Monseigneur, et tout le royaume le sera, de n'apprendre la nouvelle du grand événement qui vient de se passer, peut-être qu'à la fin d'octobre. La frégate *la Valeur*, choisie pour la porter, est commandée par le capitaine Canon, fameux corsaire de Dunkerque ; il est prêt à partir depuis quinze jours, et je ne serois pas surpris quand il ne seroit expédié que dans un mois. C'est avec la même lenteur que tout se fait ici ; le vaisseau qui porta la nouvelle de la prise de Chouegen, en 1756, dont la conquête fut terminée le 14 d'août, ne mit à la voile que le 22 septembre ; il y eut à peu près le même retard l'année dernière pour faire partir la nouvelle de la prise du fort Guillaume-Henry. On vient m'assurer que M. Péan, capitaine aide-major de Québec, doit passer en France sur cette frégate ;

si cela est, il sera chargé de porter la nouvelle à M. de Moras. Je prendrai toutes les mesures possibles, Monseigneur, pour que vous puissiez la recevoir en même temps, et peut-être auparavant. Cela donnera lieu à une autre lettre secrète que j'aurai l'honneur de vous écrire la veille du départ du capitaine Canon. Voilà, Monseigneur, un détail de choses bien fortes et bien importantes que je dépose dans le sein de mon respectable ministre avec pleine confiance, me flattant que je ne serai point compromis et qu'il me saura gré de mon zèle, qui est en vérité à toute épreuve. Je suis, etc.

Dépôt de la guerre, vol. 3498, pièce 191. — Original signé.

25

LETTRE DE M. DE BOUGAINVILLE, AIDE DE CAMP DU MARQUIS DE MONTCALM, AU MARÉCHAL DE BELLE-ISLE, MINISTRE DE LA GUERRE.

Pour lui donner avis du rétablissement de l'entente entre MM. de Vaudreuil et de Montcalm.

A Montréal, le 10 août 1758.

Monseigneur, des tracasseries excitées entre les chefs par des subalternes intéressés à tout brouiller, pouvoient produire un refroidissement entre eux toujours préjudiciable au plus grand bien des affaires. M. le marquis de Montcalm m'a envoyé ici avec ordre de lever toute difficulté, dissiper tout soupçon, donner toutes les explications, rétablir enfin entre M. le marquis de Vaudreuil et lui la bonne intelligence intérieure; car l'extérieure a toujours subsisté; et il a tâché que la colonie, l'État et le service ne souffrissent jamais de sa part de discussions particulières. M. le marquis de Vaudreuil m'a paru dans les meilleures dispositions du monde à cet égard. Je n'ai pas eu de peine à le convaincre de la droiture des intentions de mon général. Il m'a assuré qu'il vouloit anéantir jusqu'à la trace de tous les rapports passés, qu'il donneroit toujours à ceux qu'on lui pourra faire encore la valeur qu'ils méritent, et qu'il désiroit vivre avec M. le marquis de Montcalm, non-seulement avec la confiance parfaite due à sa place, à ses talens et à son expérience, mais encore avec l'amitié qu'on ne peut refuser à l'excellence de son cœur et à la droiture de ses intentions. Les mêmes gens qui ne peuvent attacher à leur personne que cette existence vile et basse que donnent quelquefois les tracasseries entre les gens en place, les intrigans qui les font naître, qui d'ailleurs ont peut-être un intérêt pécuniaire et de concussion à ce que les conseils d'un homme, citoyen aussi intègre que juge éclairé, ne soient pas crus en tout, chercheront sans doute encore à tracasser; ils essayeront de rompre ou d'altérer l'union qui me paroît aujourd'hui parfaitement et de bonne foi rétablie entre nos chefs. J'ai pris la liberté d'en avertir M. le marquis de Vaudreuil, qui m'a assuré qu'il n'auroit jamais ou ne croiroit jamais avoir aucun sujet de plainte contre M. le marquis de Montcalm, qu'il ne s'en expliquât sur-le-champ directement avec lui-même. C'est le moyen que le levain ne fermente pas et que la cordialité subsiste. Je suis en droit de vous assurer, Monseigneur, que de son côté mon général aura toujours la plus grande attention pour que rien ne la puisse rompre, et que même il continuera à faire toutes les avances qui lui paroîtront à cet égard nécessaires. Il m'a ordonné de vous rendre compte de ma commission; elle est, je crois, remplie, et je repars pour l'armée. J'ai été flatté qu'il ait bien voulu me la donner, mon désir unique étant d'être employé continuellement et en tout genre à tout ce qui peut être utile au bien du service. Je suis, etc.

Dépôt de la guerre, vol. 3499, pièce 24. — Original.

26

LETTRE CONFIDENTIELLE DE M. DOREIL
AU MARÉCHAL DE BELLE-ISLE, MINISTRE DE LA GUERRE.

Pour le mettre en garde contre les manœuvres de M. de Vaudreuil et de M. Péan.

A Québec, le 12 août 1758

Monseigneur, enfin la frégate va partir demain, si le vent le permet; il est temps; nous voici au trente-cinquième jour du grand événement dont elle va porter la nouvelle [1]. Je dois avoir l'honneur de vous prévenir, Monseigneur, que M. Péan, capitaine aide-major de Québec, est chargé de la porter à M. de Moras, et toutes les dépêches de M. le marquis de Vaudreuil et de M. Bigot [2], au grand regret du capitaine Canon, qui avoit compté sur cette commission.

---

1. La victoire de Carillon. Voir page 354.
2. A partir d'ici toute la dépêche est chiffrée.

J'ai pressenti ce dernier pour l'engager à devancer M. Péan à la Cour et à vous apprendre la nouvelle en même temps qu'à M. de Moras; il m'en a donné sa parole d'honneur; en conséquence, Monseigneur, je lui remets à la main une lettre pour vous, dont je lui ai donné lecture pour l'engager davantage à me tenir parole. Je lui remets de plus un ou deux paquets pour vous, Monseigneur, et pour M. de Crémille, et autant pour M. de Moras, afin qu'il soit autorisé à prendre des chevaux de poste sans retardement; j'ai mis le surplus des dépêches de M. le marquis de Montcalm et des miennes dans des paquets avec plusieurs lettres particulières pour être ouverts au lieu du débarquement et mis sans affectation au premier bureau de poste comme lettres de particuliers; j'ai cependant dit au capitaine Canon que si, sans être aperçu de M. Péan, il peut, au moment de son arrivée en France, se charger de toutes nos dépêches pour la Cour, d'ouvrir les paquets et d'en faire le triage. Je prends toutes ces précautions, Monseigneur, pour que vous soyez informé aussitôt que le ministre de la marine, que vous puissiez informer le Roi, et pour éviter l'interception ou le retard de nos dépêches au bureau de la marine, chose qui est déjà arrivée. Nous vous supplions, Monseigneur, de donner quelques marques de bonté et de satisfaction au capitaine Canon et de lui procurer quelque grâce s'il est possible.

A l'égard de M. Péan, c'est un officier vendu à M. de Vaudreuil et à M. Bigot, qui depuis que nous sommes en Canada n'a pas fait une campagne et a toujours été constamment occupé auprès d'eux de la partie des subsistances, pour laquelle il a été d'autant plus utile qu'il y est intéressé. Il va porter la nouvelle d'une action où il n'étoit pas, et dont il est sans doute chargé de parler fort en détail; sa mission s'étend vraisemblablement plus loin encore. Il passe en France sous prétexte de prendre les eaux de Barèges pour des douleurs à un bras; je crois qu'il en a besoin, mais je suis convaincu qu'on ne l'auroit pas laissé aller cette année sans quelque raison particulière. Au surplus, Monseigneur, c'est un officier qui doit vous être suspect par ce que je viens de dire, et parce qu'il a fait une fortune si rapide depuis huit ans, qu'on lui donne deux millions.

M. le marquis de Montcalm ne cesse de m'écrire, Monseigneur, pour me réitérer ses instances de vous représenter la nécessité de la paix cet hiver; sans quoi, les choses restant sur le même pied où elles sont, les Anglois auront le Canada l'année prochaine. Nous sommes comme des malades à l'agonie, de qui la providence et l'habileté du médecin prolongent les jours de quelques instans. Je compte, Monseigneur, que toutes les lettres par lesquelles j'ai l'honneur de vous rendre compte en toute confiance, et par devoir, des particularités dont il est essentiel que vous soyez informé, seront tenues dans le plus grand secret. Je suis, etc.

Dépôt de la guerre, vol. 3499, pièce 28. — Original chiffré.

27

EXTRAIT D'UNE LETTRE CONFIDENTIELLE DE M. DOREIL AU MARÉCHAL DE BELLE-ISLE, MINISTRE DE LA GUERRE.

Sur la nécessité de faire la paix comme seul moyen de sauver le Canada.

A Québec, le 31 août 1758.

Il ne s'agit plus de se flatter, Monseigneur; le Canada est perdu, si la paix ne se fait pas cet hiver. Les Anglois ont, dès à présent, au delà de 60,000 hommes de troupes réglées ou provinciales en Amérique; nous n'en avons pas 5,000 à leur opposer, terre et marine compris, dont il y en a près de 1,000 répandus dans les différens postes et garnisons; nous n'avons jamais vu plus de 2,000 Canadiens rassemblés; le surplus a toujours été employé ou dans les postes des Pays d'en haut, ou aux transports, ou à des usages également contraires aux intérêts du Roi et au bien du service. La prise de l'île Royale augmente les moyens déjà trop puissants de l'ennemi pour barrer l'entrée du fleuve Saint-Laurent et empêcher tout secours d'Europe d'arriver, et s'en venir par mer à Québec, peut-être se rendre maître de tout le pays, l'an prochain, par le haut. La prise du fort Duquesne et des postes voisins; celle du fort Frontenac, à l'entrée du lac Ontario, où est toute notre marine des lacs, Chouegen, le fort Guillaume-Henry, dès à présent lui en assurent la conquête, d'autant plus facilement qu'il peut, quand il voudra, augmenter encore ses forces considérablement. Les colonies angloises sont en état de mettre sur pied, indépendamment des troupes, plus de 200,000 hommes; et en faisant marcher le ban et l'arrière-ban du Canada on n'en rassembleroit pas 10,000 en état de porter les armes, ce qui, joint aux troupes réglées que nous avons, formeroit un total de 14 à 15,000 hommes; et pour pouvoir s'en servir à la guerre, il faudroit abandonner tous travaux, l'entretien des postes pour la traite des pelleteries, la culture des terres, par conséquent renoncer aux récoltes, seule ressource pour ne pas mourir de faim. Tel est, Monseigneur, le vrai point de vue dans lequel le Canada doit être considéré à présent. On a toujours trop flatté le ministre de la marine, et peut-être osera-t-on le flatter encore. On pourra demander 10 à 12,000 hommes de troupes, une flotte considérable de vaisseaux de guerre pour les escorter, ainsi que les vivres et munitions nécessaires; cela pourroit à la vérité nous mettre en état de nous soutenir encore quelque temps et d'éloigner notre ruine totale; mais le Roi ne seroit jamais dédommagé de la dépense énorme que ce nouveau secours occasionneroit; la guerre continuant, le Canada finiroit toujours par être pris un peu plus tard. Nous savons, à n'en pas douter, que la cour d'Angleterre, forcée par la fureur de la nation, est résolue à l'envahir à tel prix que ce soit; elle en a les moyens, elle les mettra en usage jusqu'à l'extrémité.

D'ailleurs la continuation de la guerre dans cet hémisphère est ruineuse pour le Roi, plus encore par la mauvaise administration et la grande avidité que par les dépenses indispensables. Il est donc de nécessité absolue, Monseigneur, de ne penser qu'à faire la paix sans se rendre difficile pour les limites; il seroit à souhaiter qu'on n'eût jamais pensé à les étendre en Acadie ni à l'établissement du fort Duquesne. Pardonnez, Monseigneur, toutes ces réflexions d'un bon citoyen, à mon zèle pour le service du Roi et à mon respectueux attachement pour vous ; je les écris autant de la part de M. le marquis de Montcalm que de mon chef ; et si j'étois mon maître, je partirois pour avoir l'honneur de vous en faire part de vive voix et vous instruire de mille choses très-importantes qu'il seroit trop long et trop hasardeux d'écrire. Ce seroit un des services les plus essentiels que je puisse jamais rendre à l'État. La retraite de M. de Moras, que nous venons d'apprendre, et l'avénement de M. de Massiac au ministère[1], peut favoriser le système de la paix. J'ai l'honneur d'être connu assez particulièrement du dernier pour me flatter de la confiance qu'il auroit en moi, si j'étois à portée de l'entretenir ; mais je me garderai bien de le faire par lettre. C'est à vous seul, Monseigneur, que je dois m'adresser ; je le fais en toute confiance, comptant assez sur vos bontés pour être persuadé que je ne serai pas compromis. J'ai eu l'honneur de vous annoncer M. Péan par ma lettre du 12 de ce mois ; regardez-le, Monseigneur, comme une des premières causes de la mauvaise administration et de la perte de ce malheureux pays. Je vous ai dit qu'il étoit riche de deux millions ; je n'ai osé dire quatre, quoique d'après tout le public je le pouvois. Ses richesses ne me portent pas plus d'envie que celles de beaucoup d'autres, mais j'en gémis par amour pour les intérêts et pour le service de mon maître. Permettez-moi encore une fois, Monseigneur, de vous supplier de faire garder mes lettres dans le secret de votre cabinet ; le motif qui m'engage à vous apprendre de si tristes vérités est trop louable pour que je doive craindre d'en être l'injuste victime ; d'ailleurs ayez la bonté de faire

---

1. De la marine.

attention que je suis obligé, autant par devoir que par zèle, de suppléer ce que M. le marquis de Montcalm ne peut vous écrire de l'armée où il n'a pas son chiffre. S'il veut me permettre de passer en France cet automne, ce seroit un grand bien; je vous en apprendrois davantage; rien ne souffriroit de mon absence par les arrangemens que je prendrois. Je suis, etc.

Dépôt de la guerre, vol. 3499, pièce 45. — Original chiffré.

28

LETTRE DE M. BIGOT AU MARÉCHAL DE BELLE-ISLE, MINISTRE DE LA GUERRE.

Sur la situation de la colonie.

A Quebec, le 20 octobre 1758.

Monseigneur, M. Doreil, commissaire ordonnateur des guerres à la suite des troupes de terre, m'a prié de consentir à ce qu'il passât en France, tant pour rétablir sa santé, qui est dérangée, que pour des affaires de famille; il m'a assuré qu'il reviendroit au printemps. J'y ai acquiescé et j'ai préféré en cela son avantage à ma satisfaction; je m'apercevrai de son absence; il me soulageoit dans plusieurs parties du service, que son zèle lui faisoit remplir avec celui qui le regardoit particulièrement.

Si vous n'aviez pas, Monseigneur, en Canada, un commissaire des guerres qui est chargé du détail des troupes de terre, et qui doit avoir l'honneur de vous en rendre compte, je me procurerois avec grand plaisir cet avantage.

« Vous serez parfaitement instruit, par M. le marquis de Montcalm, des forces considérables de nos ennemis dans l'Amérique septentrionale; vous l'êtes déjà des avantages qu'ils ont eus cette année sur nous, par la prise de Louisbourg. C'est une place importante pour l'État, et qui leur procure beaucoup de facilité pour intercepter ce qui entrera dans le golfe Saint-Laurent.

Les Anglois ont aussi pris le fort Frontenac, situé sur le lac Ontario; ils l'ont détruit et se sont retirés dans la rivière de Chouegen, au fort Bull qu'ils rétablissent; ils ont craint sans doute l'armée que M. le marquis de Vaudreuil avoit levée aussitôt qu'il eut appris qu'ils étoient sur le lac. Ce général fait rebâtir ce fort[1], et nous renouvelons la petite marine que nous avions sous son canon et qui a été brûlée. J'espère que le tort que nous avons essuyé sera rétabli au printemps prochain.

Vous serez, Monseigneur, également informé du nombre de troupes que M. le marquis de Vaudreuil demande à la Cour pour l'année prochaine; l'envoi en est indispensable pour la conservation du Canada; les Canadiens sont harassés, et leur nombre ne peut d'ailleurs suffire pour faire la guerre et faire les transports nécessaires pour la subsistance des armées.

La paix seroit préférable à tous les secours qui pourroient nous parvenir de France; elle seroit à souhaiter à tous égards pour le Canada. Il est épuisé en vivres; et quelque dépense que le Roi puisse faire, l'augmentation des troupes y occasionnera encore une plus grande misère et cherté de toutes choses.

Si la paix néanmoins n'a pas lieu l'année prochaine, je

---

1. Celui de Frontenac.

suis persuadé que chacun fera de son mieux pour contribuer au soutien du Canada; je ne négligerai de mon côté ni mes soins ni mes peines pour ce qui me regarde.

Je serois extrêmement flatté, Monseigneur, que vous voulussiez bien me regarder à vos ordres dans cette colonie; je vous supplie de me faire cette grâce; si vous m'en honorez, je les remplirai du mieux qu'il me sera possible. Je suis, etc.

Dépôt de la guerre, vol. 3499, pièce 141. — Original.

29

LETTRE DE M. DOREIL AU MARÉCHAL DE BELLE-ISLE, MINISTRE DE LA GUERRE.

Sur la cherté des vivres en Canada et sur la position des officiers.

A Québec, le 20 octobre 1758.

Monseigneur, pour abréger les représentations que je me crois obligé de vous faire en faveur des troupes françoises qui servent en Amérique et de l'état-major général, à l'occasion de la perte qu'elles souffrent depuis le 1er octobre 1757, par la cessation du payement en espèces; trouvez bon que j'aie l'honneur de vous envoyer ci-joint l'extrait d'une lettre que j'écrivis à M. le marquis de Paulmy le 25 octobre de l'année dernière; elle vous fera connoître, Monseigneur, les moyens que j'avois proposés à ce ministre et à celui de la marine pour les en dédommager. J'avois fait de pareilles représentations à M. le comte d'Argenson et à M. de Machault en 1756; et dès l'année 1755, j'avois adressé à ce sujet un mémoire à M. le marquis de Paulmy. M. le marquis de Montcalm écrivit de son côté, l'année dernière, aux deux ministres, et M. Bigot nous promit de le faire. Tout cela a été jusqu'à présent sans effet et même sans réponse. Cependant, Monseigneur, le sort de l'officier devient successivement plus à plaindre; et si un dixième en sus de son traitement pouvoit, lorsque je l'ai proposé, le dédommager en partie, un quart et même un tiers en sus ne le feroit pas aujourd'hui. La disette et la cherté qui en est une suite nécessaire sont sans exemple. Pour ne pas entrer dans un détail aussi triste pour nous qu'ennuyeux pour vous, Monseigneur, je me borne, pour vous donner une juste idée du prix actuel du comestible, à vous assurer que la barrique de vin commun de Bordeaux, de la contenance de 230 piutes de Paris, se vend 600 livres; une velte d'eau-de-vie 45 livres; le bœuf 20 sols la livre; le pain 8 sols: un mouton 50 livres; un veau 70 livres; ainsi du reste. Les étoffes et marchandises sèches n'ont point de prix; elles se vendent à 300 pour 100 de bénéfice; et comme l'espèce de toutes choses s'épuisera d'ici à l'arrivée des vaisseaux l'année prochaine, tous les prix augmenteront encore considérablement. Les négociants les plus au fait des révolutions sont persuadés que le prix de la barrique de vin montera au moins à 800 livres et peut-être jusqu'à 100 pistoles[1]. Je n'exagère point, Monseigneur; tel est l'état actuel du Canada par rapport à la vie. Après cela est-il possible que l'officier françois, qui n'a ni les moyens ni les ressources de ceux de la colonie, puisse se soutenir sans contracter beaucoup de dettes, et le plus

---

1. 1,000 livres.

grand nombre trouvera-t-il des crédits jusqu'à la fin? La pension la plus modique, sans pain et sans vin, est de 150 livres par mois; encore n'en trouve-t-on pas depuis l'excessive cherté. Le traitement d'un lieutenant est de 115 livres et celui des enseignes et sous-lieutenants de 100 livres. Ce sont, Monseigneur, les plus à plaindre; et si M. le marquis de Montcalm vouloit accorder toutes les permissions qui lui sont demandées pour passer en France, la plus grande partie partiroit cette année, par la seule crainte de mourir de faim.

Nous vous supplions, Monseigneur, d'avoir égard à une pareille extrémité. Personne ne connoît mieux, ni plus en détail que vous, la situation et les facultés de l'officier en général. Vous l'avez toujours protégé, soutenu; accordez, Monseigneur, de pareilles faveurs à ceux qui servent en Amérique; ils l'espèrent de votre justice comme de votre bonté; et ils se flattent que vous ne les oublierez pas non plus pour les grâces dont ils sont susceptibles et que M. le marquis de Montcalm a l'honneur de vous proposer. Ce digne et respectable général n'est pas le moins à plaindre quant au traitement; il seroit à souhaiter que ce fût la plus grande de ses peines. Qu'il seroit heureux pour lui et pour nous tous que le Roi et vous, Monseigneur, puissiez connoître la valeur et le mérite des services du Canada! Je me flatte d'avoir l'honneur de vous en rendre compte très-particulièrement cet hiver. Je suis, etc.

Dépôt de la guerre, vol. 3499, pièce 146. — Original.

30

LETTRE DU MARQUIS DE MONTCALM
AU MARÉCHAL DE BELLE-ISLE, MINISTRE DE LA GUERRE.

Sur les officiers qui servent sous ses ordres.

Au camp de Carillon, le 24 octobre 1758.

..... M. le marquis de Vaudreuil a voulu dans la circonstance envoyer un officier intelligent en état d'instruire, avec vérité de tout, le ministre de la marine. J'ai été assez heureux pour lui faire envoyer M. de Bougainville et lui faire agréer le passage de M. Doreil, commissaire ordonnateur, pour ses affaires. Il est à souhaiter que l'un et l'autre arrivent, et je vous prie d'ajouter foi à ce qu'ils vous diront. M. de Bougainville se propose de nous revenir, car son zèle pour le service ne connoît aucune difficulté. M. Doreil est un commissaire habile, désintéressé, capable de travail, l'aimant, homme de détail; je vous prie, Monseigneur, de le bien traiter. Il laisse un nouveau commissaire, le sieur Bernier, arrivé cette année; ainsi le service ne souffrira pas pour sa partie; et il est à souhaiter que tous les deux et au moins un arrive en France, car ils passent sur des bâtimens différens.

Il ne me reste, Monseigneur, qu'à vous parler des troupes et de leurs principaux officiers. Le ton du soldat est bon, malgré un peu d'indiscipline; ce qui est inévitable dans ce climat, vu l'exemple et la séparation dans les quartiers d'hiver. L'officier est à bout de ne pas voir arriver des grâces et de ne savoir comment vivre, surtout les lieutenans, et qu'on n'ait aucun égard à mes représentations. Venez, Monseigneur, à notre secours. Je les soutiens par mon exemple, mon ton, mes paroles, monnoie qui finit par s'user. M. le chevalier de Lévis est un excellent second, dont je ne saurois vous écrire trop de bien. M. de Bourlamaque, très-incommodé de sa blessure, court risque d'être hors de combat pour la campagne prochaine; c'est un officier qui a du détail, envie de bien faire, beaucoup de théorie; l'expérience le rendra très-bon, et j'ai bien à me louer de ces deux officiers. M. le chevalier de Montreuil, major général, très-estimable par son courage, son sang-froid, ses sentimens, sa façon de vivre honnête et honorable, seroit bien à la tête d'un corps; brillant un jour d'affaire; mais il lui faudroit plus d'activité et de détail pour sa place; cependant je m'en sers avec utilité, et je vous prie, Monseigneur, d'accorder à ces officiers des grâces qui puissent leur prouver les comptes exacts et vrais que j'ai l'honneur de vous rendre d'eux et de la façon distinguée dont ils servent le Roi. M. de Pontleroy et M. Desandrouins sont deux ingénieurs très-appliqués; leur conduite désintéressée est à louer, mais a l'air de faire une épigramme dans cette colonie.

Les officiers d'artillerie que l'on a envoyés de France ont été bien maltraités pour s'être expatriés; j'ai eu l'honneur de vous en écrire en détail, et j'ai celui de vous solliciter de nouveau en leur faveur. Je vous renouvelle encore mes instances pour traiter favorablement un petit corps de troupes qui, j'ose dire, sert bien et avec gloire, et qui résiste depuis trois ans à des forces bien supérieures.

Je ne vous fais, Monseigneur, aucun pronostic sur notre situation et sur la campagne prochaine; je m'en rapporte à ce que j'ai déjà eu l'honneur de vous écrire dans mes précédentes lettres, dont je vous ai adressé des expéditions par quadruplicata, et à ce que MM. de Bougainville et Doreil pourront vous dire.

Croyez, Monseigneur, que je ne négligerai jamais rien pour le succès de la commission dont le Roi m'a honoré. Ma santé a de la peine à résister aux fatigues. Heureux si je puis contribuer à conserver une colonie qui coûte autant à l'État. Je m'y dévoue entièrement; je vous prie d'en assurer S. M. et d'être garant d'un zèle sans bornes pour son service. Continuez-moi, Monseigneur, vos anciennes bontés, et me croyez avec un attachement sans bornes et un profond respect, Monseigneur, etc.

Dépôt de la guerre, vol. 3499, pièce 153. — Original.

31

LETTRE CONFIDENTIELLE ET CHIFFRÉE DU MARQUIS DE MONTCALM AU MARÉCHAL DE BELLE-ISLE, MINISTRE DE LA GUERRE.

Il lui annonce la perte prochaine de la colonie et lui dévoile les abus qui la ruinent.

12 avril 1759.

A moins d'un bonheur inattendu, d'une grande diversion sur les colonies des Anglois par mer, ou de grandes fautes de l'ennemi, le Canada sera pris cette campagne, et sûrement la campagne prochaine. Les Anglois ont 60,000 hommes, nous au plus 10 à 11,000 hommes. Notre gouvernement ne vaut rien. Le prêt et les vivres manqueront. — Faute de vivres, les Anglois primeront. Les terres à peine cultivées ; les bestiaux manquent. Les Canadiens se découragent. Nulle confiance en M. de Vaudreuil ni M. Bigot. M. de Vaudreuil n'est pas en état de faire un projet de guerre. Il n'a aucune activité ; il donne sa confiance à des empiriques plutôt qu'au général envoyé par le Roi. M. Bigot ne paroît occupé que de faire une grande fortune pour lui et ses adhérens et complaisans. L'avidité a gagné. Les officiers, gardes-magasins, commis, qui sont vers la rivière Saint-Jean, ou vers l'Ohio, ou auprès des sauvages dans les Pays d'en haut, font des fortunes étonnantes ; ce n'est que certificats faux admis également. Si les sauvages avoient le quart de ce que l'on suppose dépensé pour eux, le Roi auroit tous ceux de l'Amérique, et les Anglois aucun.

Cet intérêt influe sur la guerre. M. de Vaudreuil, à qui les hommes sont égaux, confiera une grande opération à son frère ou à un autre officier de la colonie, comme à M. le chevalier de Lévis, conduit par un secrétaire fripon et des alentours intéressés.

Le choix regarde ceux qui partagent le gâteau ; aussi on n'a jamais voulu envoyer M. de Bourlamaque ou M. de Senezergues, commandant du bataillon de la Sarre, au fort Duquesne ; je l'avois proposé ; le Roi y eût gagné ; mais quels surveillants dans un pays dont le moindre cadet, un sergent, un canonnier reviennent avec 20, 30,000 livres en certificats pour marchandises livrées pour les sauvages, pour le compte de S. M. Les dépenses qu'on a payées à Québec par le trésorier de la colonie vont à 24 millions ; l'année d'auparavant, les dépenses n'avoient été que de 12 à 13 millions ; cette année elles iront environ à 36. Il paroît que tous se hâtent de faire leur fortune avant la perte de la colonie, que plusieurs peut-être désirent comme un voile impénétrable de leur conduite. L'envie de s'enrichir influe sur la guerre, sans que M. de Vaudreuil s'en doute. Au lieu de réduire la dépense du Canada, on veut tout garder. Comment abandonner des positions qui servent de prétexte à faire des fortunes particulières?

Les transports sont donnés à des protégés. Le marché du munitionnaire m'est inconnu comme au public; on dit que ceux qui ont envahi le commerce sont de part. Le Roi a-t-il besoin d'achats, de marchandises pour les sauvages? au lieu d'acheter de la première main, on avertit un protégé qui achète à quelque prix que ce soit; de suite M. Bigot les fait porter aux magasins du Roi, en donnant 100 et même 150 pour 100 de bénéfice à des personnes qu'on a voulu favoriser. Faut-il faire marcher l'artillerie, faire des affûts, des charrettes, faire des outils? M. Mercier, qui commande l'artillerie, est entrepreneur sous d'autres noms; tout se fait mal et cher. Cet officier, venu simple soldat il y a vingt ans, sera bientôt riche d'environ 6 ou 700,000 livres, peut-être un million, si ceci dure. J'ai parlé souvent avec respect, sur ces dépenses, à M. de Vaudreuil, à M. Bigot; chacun en rejette la faute sur son collègue. Le peuple, effrayé de ces dépenses, craint une diminution sur le papier-monnoie du pays; mauvais effet; les vivres en augmentent. Les Canadiens qui n'ont pas part à ces profits illicites trahissent le gouvernement; ils ont confiance au général des François; aussi quelle consternation sur un bruit ridicule qui a couru cet hiver qu'il avoit été empoisonné. Nous avons été chassés du fort Duquesne à la fin de novembre; on pouvoit espérer que cette opération eût été différée par les Anglois jusqu'en avril; mais les ennemis savoient par leurs sauvages et nos déserteurs l'ordre trop public de M. de Vaudreuil d'abandonner. On ne m'a jamais fait part ni des instructions ni des nouvelles qui avoient rapport aux opérations de guerre dont je n'ai pas été chargé ou M. le chevalier de Lévis. Si j'ai donné souvent mon avis, même par écrit, ç'a été sur ce que j'apprenois comme le public. Malgré tout ce que l'on écrira, les sauvages des Pays d'en haut commencent à s'ébranler et à traiter avec les Anglois; les Cinq-Nations sont mal disposées. Le seul M. de Vaudreuil a voulu persuader à la Cour qu'elles étoient déclarées, et que c'étoit son ouvrage. En se conduisant mieux, on eût pu espérer la neutralité; j'ai toujours écrit que ce seroit beaucoup.

La perte du fort Frontenac est un coup fatal par la prise de notre marine sur le lac Ontario; on a mis trois mois à délibérer où l'on feroit de nouvelles barques; nous en aurons deux dans vingt jours, si les Anglois ne viennent pas les brûler; nos sauvages, les Iroquois, le craignent. On avertit et on reproche à M. de Vaudreuil, en plein conseil, qu'ils l'avoient averti trois semaines avant pour le fort Frontenac; ils lui ont dit: « Tu dors! où est notre chef de guerre? » J'étois alors à Québec. Enfin M. Pouchot, capitaine dans le bataillon de Béarn, va commander à Niagara; on auroit dû l'y envoyer dès l'automne dernier; il étoit capable et agréable pour les sauvages; on me l'avoit promis; mais comment se déterminer à relever un officier canadien, quoique peu capable et peu agréable pour les sauvages? Tous les préparatifs à Orange, Lydius, annoncent que les Anglois viendront de bonne heure à Carillon avec de grandes forces.

A Québec, l'ennemi peut venir si nous n'avons point d'escadre; et Québec pris, la colonie est perdue; cependant nulle précaution. J'ai écrit....... j'ai fait offre de mettre de l'ordre, [de prendre] une disposition pour empêcher une fausse manœuvre à la première alarme; la réponse : « Nous aurons le temps. »

Je ne sais rien des projets de M. de Vaudreuil; encore moins ce qu'il pourra mettre en campagne de Canadiens, comme nous sommes en vivres et en munitions. Le public m'apprend que nous sommes mal sur l'un et l'autre article, et ce public croit toujours la partie des vivres mal gouvernée. Je devrois m'estimer heureux dans les circonstances de n'être pas consulté; mais, dévoué au service de S. M., j'ai donné mes avis par écrit pour le mieux, et nous agirons avec courage et zèle, M. le chevalier de Lévis, M. de Bourlamaque et moi pour retarder la perte prochaine du Canada.

Mon caractère m'éloigne de blâmer M. de Vaudreuil et M. Bigot, dépositaires de l'autorité de S. M. dans le Canada. Je suis même attaché à M. Bigot, homme aimable et proche parent de M. de Puisieux et du maréchal d'Estrées, qui m'honorent de leur amitié; mais je dois écrire la vérité à mon ministre, à l'homme de l'État. J'en ai écrit à M. de Moras; je n'en écris rien au ministre actuel de la marine; c'est à mon ministre à faire usage de ce que j'écris pour le bien de l'État sans me compromettre.

Si la guerre dure, le Canada sera aux Anglois peut-être dès cette campagne ou la prochaine. Si la paix arrive, colonie perdue, si tout le gouvernement n'est pas changé.

On a enfin fini le recensement général du Canada. Quoique l'on ne me l'ait pas communiqué, je crois être sûr qu'il n'y a pas plus de 82,000 âmes, sur quoi au plus 12,000 hommes en état de combattre; et sur ce nombre, ôtant ce qui est employé aux travaux, transports, bateaux, dans les Pays d'en haut, on ne réunira jamais plus de

7,000 Canadiens; et si, faut-il que ce ne soit pas dans le temps des semences ou des récoltes; autrement, en faisant tout marcher, les terres seroient incultes, la famine s'ensuivroit. Nos huit bataillons feront 3,200 hommes; de la colonie, au plus 1,500 hommes à mettre en campagne. Qu'est-ce contre au moins 50,000 hommes qu'ont les Anglois?

Dépôt de la guerre, vol. 3540, pièce 41. — Original chiffré non signé.

52

LETTRE DU MARQUIS DE MONTCALM
AU MARÉCHAL DE BELLE-ISLE, MINISTRE DE LA GUERRE.

Il le remercie des grâces accordées par le roi.

Monseigneur, M. de Bougainville, arrivé à Québec le 10 mai, m'a remis les dépêches dont vous m'avez honoré en date du 23 septembre 1758 et 19 février de cette année, avec les expéditions contenant les grâces que S. M. a bien voulu accorder à nos bataillons, et le remplacement aux emplois vacants avec l'ordre de S. M. pour y pourvoir à l'avenir; je puis vous assurer de mon attention scrupuleuse à suivre l'ordre et la justice.

Je suis aussi comblé que reconnoissant de la grâce que S. M. m'a accordée en m'avançant au grade de lieutenant général; cette grâce ajouteroit à mon zèle pour son service, si la chose étoit possible.

Je ne suis pas moins pénétré de reconnoissance pour toutes celles que vous avez procurées à MM. de Lévis, de

Bourlamaque, de Senezergues, de Montreuil, de Bougainville et au corps de troupes que j'ai l'honneur de commander; nous ne sommes vraisemblablement pas éloignés d'événemens qui nous mettront à portée de mériter de plus en plus les bontés de S. M., et j'ose vous répondre d'un entier dévouement à sauver cette malheureuse colonie ou périr. Je vous prie d'en être le garant auprès de S. M., et de l'assurer de toute mon attention à concourir avec M. le marquis de Vaudreuil, son gouverneur général, et à écarter les plus petites choses qui pourroient altérer l'union et l'émulation entre les deux corps chargés de la défense de cette colonie et qui pourroient nuire au service de S. M. Je lui suis trop dévoué, par devoir, par affection et par amour-propre pour sa sacrée personne, pour n'avoir pas toujours présent devant les yeux tout ce qui peut intéresser la gloire de ses armes.

M. de Bougainville est arrivé comblé de vos bontés; et dès le lendemain, nous avons appris que la plus grande partie de la flotte partie de Bordeaux, sous les ordres du capitaine Canon, est en rivière; c'est toujours quelques vivres, quelques munitions, quelques hommes, des bâtimens dont on peut tirer parti si l'ennemi vient à Québec, et le peu est précieux à qui n'a rien.

Il ne me reste, en vous adressant les duplicata et triplicata de mes dépêches des 12 avril et 8 mai, que de vous renouveler les sentimens de reconnoissance qui ne finiront qu'avec ma vie. J'ai l'honneur, etc.

P. S. Soyez tranquille sur ce que M. Doreil ne revient pas; employez-le, Monseigneur, utilement; M. Bernier le remplacera bien ici.

Dépôt de la guerre, vol. 3540, pièce 60. — Original.

55

PREMIER MANIFESTE DU GÉNÉRAL WOLF,

Affiché à la porte de l'église de Beaumont.

29 juin 1759.

De par Son Excellence James Wolf, major général, colonel d'infanterie, commandant en chef les troupes de Sa Majesté Britannique sur la rivière Saint-Laurent.

Le roi, mon maître, justement irrité contre la France, résolu d'en abattre la fierté, en venger les injures faites aux colonies angloises, s'est enfin déterminé à envoyer en Canada l'armement formidable de mer et de terre que les habitant voient avancer jusque dans le centre de leur ville. Il a pour but de priver la couronne de France des établissemens les plus considérables dont elle jouit dans le nord de l'Amérique; c'est à cet effet qu'il lui a plu de m'envoyer dans ce pays à la tête de l'armée redoutable actuellement sous mes ordres. Les laborieux colons et paysans, les femmes, les enfants, ni les ministres sacrés de la religion ne sont point l'objet du courroux du roi de la Grande-Bretagne; ce n'est pas contre eux qu'il a levé le bras; il prévoit leurs calamités, plaint leur sort et leur tend une main secourable. Il est permis aux habitans de revenir avec leur famille dans leurs habitations; je leur promets ma protection et les assure qu'ils pourront, sans craindre la moindre molestation, jouir de leur bien, suivre le culte de leur religion, en un mot jouir au milieu de la guerre de toutes les douceurs de la paix, pourvu qu'ils s'engagent à ne point prendre, directement ni indirectement, aucune part à une dispute qui ne regarde que les deux couronnes. Si, au contraire, un entêtement déplacé ou une valeur imprudente et inutile leur fait prendre les armes, qu'ils s'attendent à souffrir tout ce que la guerre offre de plus cruel. Il leur est aisé de se représenter à quels excès se porte la fureur du soldat effréné; mes ordres seuls peuvent en arrêter le cours; c'est aux Canadiens, par leur conduite, à se procurer cet avantage. Ils ne peuvent ignorer leur situation présente; une flotte considérable bouche le passage aux secours dont ils pourroient se flatter du côté de l'Europe, et une armée nombreuse les presse du côté du continent. Le parti qu'ils ont à prendre ne paroît pas douteux; que peuvent-ils attendre d'une vaine et aveugle opposition? qu'ils en soient eux-mêmes les juges. Les cruautés inouïes que les François ont exercées contre les sujets de la Grande-Bretagne établis dans l'Amérique pourroient servir d'excuses aux représailles les plus sévères; mais l'Anglois dédaigne cette barbare méthode; sa religion lui prêche l'humanité, et son cœur en suit avec plaisir les préceptes. Si la folle espérance de nous résister avec succès porte les Canadiens à refuser la neutralité que je leur propose et leur donne la présomption de paroître les armes à la main, ils n'auront à s'en prendre qu'à eux-mêmes lorsqu'ils gémiront sous le poids de la misère à laquelle ils se verront exposés par leur propre choix. Il sera trop tard de regretter les efforts inutiles de leur valeur indiscrète, lorsque, pendant l'hiver, ils verront périr de faim tout ce qu'ils ont de plus cher. Quant à moi, je n'aurai rien à me reprocher. Les droits de la guerre sont connus, et l'entêtement d'un ennemi justifie les moyens dont on se sert pour le mettre à la raison. Il est permis aux habitans du

Canada de choisir ; ils voient, d'un côté, l'Angleterre qui leur tend une main puissante et secourable. Son exactitude à remplir ses engagemens est connue ; elle s'offre à maintenir ses habitans dans leurs droits et possessions. De l'autre côté, la France, incapable de secourir ses peuples, abandonne leur cause dans le moment le plus critique. Depuis le temps de la guerre, elle leur a envoyé des troupes ; à quoi leur ont-elles servi ? à leur faire sentir avec plus d'amertume le poids d'une main qui les opprime au lieu de les secourir. Que les Canadiens consultent leur prudence ; leur sort dépend de leur choix.

Donné à notre quartier général, dans la paroisse de Saint-Laurent, île d'Orléans, le 29 juin 1759.

WOLF.

Dépôt de la guerre, vol. 3540, pièce 88.

34

SECOND MANIFESTE DU GÉNÉRAL WOLF,

Affiché à la porte de l'église de Saint-Henri.

De par Son Excellence, major général, James Wolf, commandant en chef des troupes de Sa Majesté Britannique sur la rivière Saint-Laurent,

25 juillet 1759.

Son Excellence, piquée du peu d'égards que les habitans du Canada ont eu à son placard du 29 juin dernier, est résolu de ne plus écouter les sentimens d'humanité qui le portent à soulager des gens aveugles sur leur propre intérêt. Les Canadiens, par leur conduite, se montrent indignes des offres avantageuses qu'il leur faisoit. C'est pourquoi il a donné ordre aux commandans de ses troupes légères et autres officiers de s'avancer dans le pays pour y saisir et emmener les habitans et leurs troupeaux, et y détruire et renverser ce qu'ils jugeront à propos. Au reste, comme il se trouve fâché d'en venir aux barbares extrémités dont les Canadiens et les Indiens, leurs alliés, lui montrent l'exemple, il se propose de différer jusqu'au 10 d'août prochain à décider du sort des prisonniers envers lesquels il usera de représailles, à moins que, pendant cet intervalle, les Canadiens ne viennent se soumettre aux termes qu'il leur a proposés dans son placard, et par leur soumission toucher sa clémence et le porter à la douceur.

Donné à Saint-Henri, le 25 juillet 1759.

JOSEPH DALLING, major des troupes légères.

Dépôt de la guerre, vol. 3540, pièce 88 *bis*.

55

MÉMOIRE SUR LA CAMPAGNE DE 1759,

Depuis le mois de mai jusqu'en septembre, par M. JOANNÈS, major de Québec.

Dans la crainte où l'on étoit d'être prévenu par l'ennemi sur les frontières du haut de la colonie, M. le marquis de Vaudreuil avoit fait partir M. de Bourlamaque, brigadier, avec le bataillon de la Reine, les deux de Berry et un corps de 1,000 à 1,200 Canadiens, pour aller à Carillon dans les premiers jours de mai. Cet officier avoit ordre de le mettre dans le meilleur état possible, et de travailler à la réparation des retranchemens qu'on avoit élevés l'année d'auparavant, quoiqu'il eût un ordre secret pour évacuer et faire sauter ce fort, ainsi que Saint-Frédéric, à l'approche de l'ennemi, et se retirer à l'Ile-aux-Noix, à l'entrée du lac Champlain, position reconnue dès le printemps par M. le chevalier de Lévis, laquelle assuroit la communication des vivres pour cette frontière et mettoit cette partie en état d'être secourue plus efficacement, si l'ennemi s'y présentoit en forces, puisqu'elle étoit plus rapprochée de l'intérieur de la colonie.

M. le marquis de Vaudreuil avoit aussi fait partir dans le même temps M. Pouchot, capitaine au régiment de Béarn, avec trois piquets des troupes de terre et un corps de 8 à 900 sauvages ou Canadiens pour aller prendre le commandement de Niagara, poste qui couvroit notre frontière du côté du lac Ontario. Cet officier avoit ordre de M. le marquis de Vaudreuil de faire passer à M. de Lignery, capitaine des troupes de la colonie, le corps de sauvages et Canadiens qu'il emmenoit avec lui, dans le cas où l'ennemi ne paroîtroit pas en vouloir à son arrivée à Niagara ; et M. de Lignery avoit ordre, de son côté, de marcher avec ses forces et ce qu'il avoit ramené de l'évacuation du fort Duquesne pour reprendre ce poste sur l'ennemi. M. le marquis de Montcalm s'étoit opposé fortement à ce projet qui avoit pour but de reprendre la Belle-Rivière ; son intention étoit de diminuer, autant que faire se pourroit, la quantité de corps pour notre défensive, et de rapprocher du centre de la colonie les frontières ; mais e commerce des pelleteries qui se seroit trouvé interrompu empêcha vraisemblablement que son avis ne fût suivi.

La partie de Québec étoit la seule négligée. Les ennemis,

qui, depuis le commencement de cette guerre, l'avoient menacé, et dont les opérations avoient toujours été retardées, les difficultés prétendues de remonter un fleuve qu'on avoit toujours regardé comme impraticable sans le secours des pilotes côtiers qui ne passoient qu'en tremblant certains endroits de ce fleuve, et plus encore le naufrage que les Anglois avoient fait sur l'Ile-aux-OEufs, dans la dernière entreprise qu'ils avoient faite sur Québec, augmentoit la confiance et la sécurité pour cette frontière.

M. le marquis de Montcalm cependant, ainsi que M. Pontleroy, ingénieur en chef en Canada, avoient donné plusieurs mémoires à M. le marquis de Vaudreuil pour fortifier cette partie, tant par une chaîne de redoutes proposée le long de la côte de Beauport, lieu le plus facile pour un débarquement, que pour mettre Québec en état de défense ; mais ce n'est pas là la seule occasion où ses avis ont été contrariés. Enfin, tout étoit dans cet état, lorsque M. de Bougainville arriva le 14 mai avec deux frégates du Roi et une petite flotte d'environ 18 vaisseaux chargés de munitions de guerre et de bouche [1]. Cet officier, étant instruit de l'armement considérable des Anglois et de leur projet sur la capitale, y donna des alarmes en arrivant ; M. le marquis de Montcalm partit aussitôt de Montréal pour y aller mettre le plus d'ordre possible ; M. le marquis de Vaudreuil le suivit à quelques jours près ; et M. le chevalier de Lévis resta à Montréal ainsi que les troupes cantonnées, qu'on retardoit le plus qu'on pouvoit de mettre en campagne, pour épargner les subsistances, les soldats ayant été mis en pension chez les habitans pendant l'hiver. Ce

---

1. Bougainville arrivait de France avec cette flottille partie de Bordeaux.

général étoit en mesure de se porter dans les différentes frontières où l'ennemi paroîtroit le plus tôt.

Le 24 mai, on eut nouvelle que les ennemis, au nombre de 13 gros vaisseaux, paroissoient à Saint-Barnabé, 60 lieues au-dessous de Québec. M. le chevalier de Lévis reçut ordre aussitôt de se porter dans cette place avec les 5 bataillons qui étoient encore en cantonnement. Les milices des trois gouvernemens reçurent ordre aussi de s'y assembler, et l'on tint un conseil de guerre pour déterminer les mesures à prendre pour la défense de la colonie. Il y fut arrêté qu'on armeroit en brûlots plusieurs vaisseaux de la petite flotte arrivée le printemps; la construction de nombre de cajeux fut ordonnée, enfin l'on construisit de petits bateaux portant un canon sur l'avant et une batterie flottante de 12 pièces de canon. On y arrêta aussi qu'on boucheroit l'entrée de la rivière Saint-Charles par deux vieux navires qu'on y fit échouer, sur lesquels on établit des batteries. Tel fut le projet de défense pour le fleuve. Celui pour la défense par terre fut d'empêcher la descente de l'ennemi. Québec, dont on avoit fermé les parties ouvertes par de simples palissades, ayant été regardé peu susceptible de défense, ne fut occupé que comme faisant un poste à la droite de notre armée qu'on étendit depuis cette place jusqu'au ruisseau de Beauport, lequel se trouvoit guéable dans plusieurs endroits et de facile accès; ce qui engagea M. le chevalier de Lévis à s'opposer de laisser la gauche de l'armée aussi mal assurée; et ce fut sur ses instances réitérées qu'on résolut de la prolonger jusqu'à la rivière de Montmorency, beaucoup plus considérable et d'une meilleure défense.

M. de Bougainville reçut ordre dans l'instant d'aller camper à Beauport avec les grenadiers et un nombre de

Canadiens, pour commencer les travaux le long de ce rivage. M. le marquis de Vaudreuil avoit envoyé aussi plusieurs officiers des troupes de la colonie, avec ordre de faire évacuer les habitations du bas de la rivière et de faire cacher, à quelques lieues dans le bois, les femmes, les enfans et le bétail; mais les ennemis qui les découvrirent pour la plus grande partie ne manquèrent point de bœufs pendant toute la campagne, ce qui acheva de nous persuader que c'étoit assez inutilement qu'on avoit fait manger du cheval aux troupes pendant tout un hiver. Tout le mois de juin se passa de notre part à nous retrancher et à nous mettre en position d'attendre l'ennemi; il nous arriva pendant ce temps 2 ou 300 sauvages.

Les vaisseaux anglois arrivèrent cependant successivement dans la rivière; enfin le 27 de ce mois, ils débarquèrent un corps de troupes dans l'île d'Orléans. Les sauvages et Canadiens qu'on y avoit envoyés pour les harceler s'en revinrent sans y avoir fait que quelques chevelures. Le 29, les ennemis descendirent à Beaumont un corps qui surprit l'officier commandant quelques troupes légères; cet officier, contraint de fuir, y laissa les ordres qu'il avoit de M. le marquis de Vaudreuil pour faire évacuer les habitations, ce qui découvrit aux ennemis les endroits propres à tirer leur subsistance.

Le 30, les ennemis parurent à la pointe Lévis; on y envoya quelques sauvages les inquiéter dans leur établissement. Le dessein de M. le marquis de Montcalm étoit d'y faire passer, pendant la nuit, un corps pour les déposter; mais un de leurs déserteurs, ayant assuré ce général qu'il seroit attaqué cette même nuit, fit rompre le projet; l'on fit partir cependant le 28 les brûlots; mais, soit terreur ou incapacité de ceux qui les commandoient, ils ne produisirent aucun effet, le feu y ayant été mis à plus d'une lieue de la flotte angloise, qui avoit mouillé la veille à la vue de notre camp.

Les ennemis, maîtres de la pointe de Lévis, travaillèrent aussitôt à s'y retrancher et établirent de même à portée de leur camp une batterie de gros canons et de mortiers, qui, se trouvant perfectionnée le 12 du mois de juillet, ne cessa de tirer, ni jour ni nuit, boulets, bombes, carcasses et pots à feu, jusqu'au 18 de septembre. Pendant cet espace de temps, le feu a réduit en cendres plus de 240 des plus belles maisons, ruiné, bouleversé et écrasé le reste de cette ville infortunée.

M. le marquis de Montcalm n'avoit pas jugé à propos de dégarnir son front, qui, déjà trop étendu pour sa force, auroit pu laisser quelques endroits trop foibles; cependant sur les demandes réitérées des Canadiens qui prévoyoient, par l'établissement de cette batterie, la ruine de la ville, et qui voulurent se charger eux seuls de cette opération, on détacha un corps d'environ 1,500 Canadiens, pris par préférence sur les bourgeois de la ville comme les plus intéressés, et on y joignit 60 hommes de troupes réglées. Mais ce détachement, qui passa à la faveur de la nuit de l'autre côté de Québec, ne fut pas plutôt à portée de l'ennemi, qu'une terreur se répand parmi les miliciens; quelques coups de fusil se lâchent, trois ou quatre hommes en sont blessés; l'on croit être découvert et l'on rentre dans la place sans avoir rien fait.

L'ennemi cependant, qui jugea de son camp de la pointe de Lévis notre position trop avantageuse pour chercher à nous déposter de vive force, fit passer un corps de ses troupes sur la rive gauche de la rivière de Montmorency et y construisit une batterie de 50 grosses pièces d'artillerie, pour chercher à faire retirer notre gauche qu'elle enfiloit et qui étoit appuyée à la rive droite de cette même rivière. M. le chevalier de Lévis, qui commandoit dans cette partie jusqu'au ruisseau de Beauport, se contenta de faire retirer le camp et de faire élever des traverses sous le feu des batteries, et l'on y monta dès ce temps des gardes comme à la tranchée. C'est à l'aide de ces batteries et de 2 vaisseaux montés de 16 pièces de canon chacun, qu'ils firent échouer à marée haute, et d'un gros vaisseau de 74 pièces qu'ils avoient embossé, qu'ils essayèrent le 31 de juillet de nous forcer dans cette partie. L'affaire s'engagea sur les onze heures du matin par une vive canonnade de leurs vaisseaux et de leurs batteries, dont le feu se croisoit. M. le chevalier de Lévis fit prendre les armes à l'aile gauche et donna avis à MM. les marquis de Vaudreuil et de Montcalm, qui le firent renforcer de suite par les compagnies des grenadiers et le régiment de Guyenne; ce dernier général se tint en mesure avec le reste des troupes pour se porter dans l'endroit que l'ennemi paroîtroit vouloir attaquer. Sur les quatre heures du soir, le corps qui étoit campé à la pointe de Lévis parut dans des chaloupes, pendant que celui qui étoit campé au sault Montmorency paroissoit en colonne à la rive gauche de cette rivière, qui se trouve guéable à son embouchure à la marée basse. Ils attaquèrent conjointement avec les troupes qui avoient mis pied à terre sur les bassures que la mer découvre, et se dirigèrent sur une redoute qui fut évacuée; mais le feu supérieur de nos retranchemens les obligea de même de l'abandonner, après avoir perdu dans cette action 7 à 800 hommes de leurs meilleures troupes, tant tués que blessés, et nous avoir fait rester sept heures sous le feu de plus de 80 pièces d'artillerie.

Les ennemis avoient fait passer le 18 de ce mois 7 navires de toutes grandeurs au-dessus de Québec; ce qui leur facilita d'y faire une descente de troupes légères qui enlevèrent quelques femmes et des bestiaux. On détacha aussitôt après M. Dumas, major des troupes de la colonie, avec environ 1,000 à 1,200 hommes, Canadiens ou sauvages, lesquels, après avoir fait rembarquer l'ennemi, y restèrent pour observer la manœuvre de ces 7 vaisseaux, qui nous donnoient de la jalousie pour nos vivres.

On reçut à peu près dans les premiers jours d'août la nouvelle que M. de Bourlamaque avoit évacué le fort de Carillon et celui de Saint-Frédéric, conformément à l'instruction qu'il avoit reçue, à l'approche du général Amherst, après toutefois avoir fait sauter ces deux places. L'on apprit de même que M. Pouchot, commandant à Niagara, avoit capitulé après vingt-deux jours de tranchée ouverte, et après que le corps que M. de Lignery avoit amené à son secours eût été battu.

La colonie qui se trouvoit ouverte dans cette partie, n'y ayant plus de place qui protégeât la frontière, fit que M. le marquis de Vaudreuil donna ordre le 10 août, à M. le chevalier de Lévis, d'aller prendre le commandement d'un corps qui étoit au-dessus des rapides du fleuve Saint-Laurent, et de déterminer une position à retrancher, afin de pouvoir s'opposer aux efforts qu'auroit pu faire l'armée ennemie après la prise de Niagara.

Les ennemis firent remonter encore pendant la nuit, et pendant le reflux, quelques navires au-dessus de Québec; on détacha aussitôt M. de Bougainville avec quelques troupes pour aller prendre le commandement du corps qui étoit aux ordres de M. Dumas. Les ennemis, le 8, se présentèrent au-dessus de Québec, à 7 lieues, au nombre d'environ 1,500 hommes. M. de Bougainville qui les avoit suivis, les ayant chargés dans le moment qu'ils mettoient pied à terre, les obligea de se rembarquer. Le soir de cette même journée, ce même corps qui avoit profité de la marée baissante voulut tenter une seconde descente un peu plus bas; mais M. de Bougainville les força de même à pousser leurs bateaux au large avant qu'ils eussent pu mettre du monde à terre.

Le reste du mois d'août se passa en une vive canonnade de la part de l'ennemi, tant sur la gauche de notre armée que sur la ville; les carcasses et les pots à feu incendièrent plusieurs quartiers de la ville. Enfin le 3 septembre, les ennemis, après avoir ruiné, dévasté, brûlé et ravagé toutes les habitations, depuis Québec jusque dans le bas de la rivière, abandonnèrent ce camp qu'ils avoient sur la rive gauche de la rivière de Montmorency, et vinrent se joindre au camp qu'ils occupoient précédemment à la pointe de Lévis.

Il y avoit eu pendant tout le mois d'août des courses de sauvages sur l'ennemi, dans lesquelles nous avions toujours eu l'avantage, et où même nous n'avions pas laissé que de leur tuer du monde, principalement le 10 et le 15 juin, que les ennemis tentèrent de forcer les gués gardés par M. de Répentigny et les sauvages. Mais les ennemis, ayant été débarquer avec quelques troupes légères à 14 lieues au-dessus de Québec, y brûlèrent une maison servant de magasin à tous les équipages des officiers des cinq bataillons de l'armée, à qui il avoit été ordonné de les y envoyer, et de ne garder qu'une tente pour deux officiers et un très-petit porte-manteau. M. de Bougainville, qui les suivoit en les côtoyant par terre, ne put arriver assez à temps pour les empêcher de descendre; mais il les contraignit de se rembarquer et fit même quelques prisonniers sur leur arrière-garde. Le 4 septembre, le corps des ennemis qui avoit levé le camp du sault de Montmorency passa par terre au-dessus de Québec, sur la rive droite du fleuve, pour s'embarquer sur la flotte qu'ils y avoient. M. le marquis de Montcalm jugea nécessaire de renforcer le corps de M. de Bougainville des compagnies de grenadiers, d'un piquet par bataillon, et des volontaires des troupes et des Canadiens, ce qui formoit un corps d'environ 2,300 à 2,400 hommes. Ce corps, chargé de couvrir, depuis Québec jusqu'à 7 lieues et même plus haut, la rive gauche du fleuve, étoit séparé en plusieurs piquets qui occupoient les parties de ce rivage les plus faciles à un débarquement, et le reste suivoit par terre en côtoyant l'ennemi et observant les mouvemens qu'ils pouvoient faire. L'ennemi, attentif à nos démarches, ne songea d'abord qu'à fatiguer ce corps qui l'observoit ; c'est pourquoi, à l'aide de la marée, il étoit tantôt à 6 lieues et plus au-dessus de Québec, et à la marée baissante se laissoit dériver jusqu'à un quart de lieue de cette ville. Le corps d'observation suivoit exactement ses mouvemens avec une peine et une fatigue extraordinaires. Enfin étant parvenus à le fatiguer, ils ne laissèrent pas de le tenir en échec à 3 lieues au-dessus de Québec, la nuit du 12 au 13, par les 20 navires qu'ils y avoient, et profitèrent de la nuit pour embarquer leurs troupes, qui, aidées de la marée baissante et d'un vent du haut de la rivière extrêmement fort, vinrent débarquer pendant la même nuit à près d'une demi-lieue de Québec, où ils attaquèrent et enlevèrent un poste. M. de Bougainville ne fut informé que par les fuyards du débarquement des ennemis, les vaisseaux lui ayant donné jalousie, faisant mine de tenter un débarquement. Il se mit en marche aussitôt, mais il n'arriva malheureusement que dans le temps où l'affaire s'étoit décidée contre nous.

Les ennemis cependant, maîtres du débarquement, s'y formèrent aussitôt ; on avoit été averti à la ville et à l'armée de la descente de l'ennemi par les coups de fusil du poste que les ennemis avoient attaqué, et M. le chevalier de Bernets, lieutenant-colonel retiré du régiment de Royal-Roussillon, qui y commandoit depuis plus d'un mois dans l'absence de M. de Ramezay, fit sortir quelques milices de la place pour aller inquiéter l'ennemi. Le régiment de Guyenne, qui se trouvoit à la droite, laquelle avoit été renforcée aux dépens de l'aile gauche, dont la position étoit devenue moins critique depuis l'abandonnement du camp que les ennemis y avoient, se porta aussitôt du côté de la ville de Québec ; mais, trouvant l'ennemi formé en trop grand nombre, il se contenta d'étendre son front pour lui en imposer et donner à l'armée le temps de se rendre sur le champ de bataille. M. le marquis de Montcalm la fit mettre sur-le-champ en marche, laissant cependant avec M. le marquis de Vaudreuil un lieutenant-colonel et 1,500 hommes dans les différens postes de ce camp. M. le marquis de Montcalm forma ses troupes à mesure qu'elles arrivoient. Il avoit à sa droite un taillis de menus bois qui s'étendoit en avant ; à sa gauche, le pays, coupé de quelques buttes et broussailles, faisoit que ces deux terrains étoient plus propres aux Canadiens ; il détermina d'en mettre 1,500 sur sa droite et le reste sur sa gauche ; il plaça les 5 bataillons des troupes de terre au centre avec des pelotons de Canadiens en avant cachés derrière quelques bouquets. On se fusilla pendant longtemps ; enfin M. le marquis de Montcalm voyant l'ennemi se grossir de plus en plus, et quelques pièces de canon qui tiroient, jugea à propos de ne leur pas laisser le temps de se fortifier davantage; il donna le signal pour charger l'ennemi. Les troupes s'ébranlèrent avec beaucoup de légèreté ainsi que les Canadiens; mais après quelques pas en avant, le petit bouquet de bois qui s'allongeoit sur la droite servit de retraite aux Canadiens, qui laissèrent marcher seuls les cinq bataillons; les pelotons qu'ils avoient en avant eurent à peine le temps de se retirer par les intervalles et de rentrer dans leur corps, ce qui occasionna un peu de flottement; enfin, après s'être approchée à la portée du pistolet, et avoir fait et essuyé trois ou quatre décharges, la droite plia et entraîna le reste de la ligne. M. le marquis de Montcalm, qui avoit été blessé mortellement, rentra dans la ville où il mourut de ses blessures. Les Canadiens, cependant, qui s'étoient retirés sur la droite, et qui, par leur mouvement, avoient entraîné le désordre dans la ligne, furent obligés de sortir de leurs broussailles, et c'est dans cet endroit qu'ils ont eu quelques-uns de tués et de pris prisonniers.

M. le marquis de Vaudreuil qui avoit resté, comme il a été dit, au camp, jugeant par le grand feu de mousqueterie que l'affaire étoit engagée, s'y porta; mais il rencontra en chemin l'armée qui rentroit avec désordre dans son camp. Il assembla sur cela un conseil de guerre, dans lequel il fut jugé nécessaire de quitter le camp de Beauport, dont la communication des vivres étoit interceptée par la position de l'armée ennemie, et de se retirer à Jacques-Cartier.

Il est nécessaire d'observer qu'on avoit fait remonter les bâtimens arrivés de France jusqu'à 18 lieues au-dessus de Québec, pour les mettre à l'abri d'être brûlés par les ennemis; et c'est de cet endroit qu'on faisoit descendre, à mesure que la consommation s'en faisoit, les vivres nécessaires pour l'armée.

M. le marquis de Vaudreuil envoya le 13 septembre, jour même qu'il évacua le camp, une instruction à M. de Ramezay[1]. Le 15, ce commandant, qui étoit resté dans sa place le jour de l'action, assembla un conseil de guerre où il fut décidé, sur les assurances qu'il donna, que, par les comptes qu'il s'étoit fait rendre et par les recherches qu'il dit avoir fait faire avec exactitude chez les différens particuliers, il n'y avoit des vivres que pour trois ou quatre jours au plus; d'ailleurs sans espérance de secours de l'armée, dont on n'avoit point eu de nouvelles depuis l'affaire, il fut, dis-je, décidé de capituler aux conditions les plus honorables aux armes du Roi.

La communication avec l'armée n'étant pas rompue, j'ouvris l'avis de faire sortir de la place un détachement d'élite de sa garnison pour aller rejoindre l'armée; mais je fus le seul de mon avis. Les ennemis profitèrent de ces deux jours pour se retrancher dans leur nouvelle position, et ils commencèrent à travailler aux batteries à environ 300 toises du corps de la place.

Le 16 de ce mois, un détachement de cavalerie qui étoit venu à la découverte dans l'ancien camp de Beauport, nous fit donner de vive voix des espérances de secours tant en vivres qu'en troupes; car la garnison de Québec, peu nombreuse pour son enceinte, étant d'ailleurs composée pour la plupart de milices et de matelots, ne mettoit pas cette place à l'abri d'un coup de main.

Je fus dépêché à M. le marquis de Vaudreuil par M. de

---

[1]. Lieutenant de Roi de Québec, c'est-à-dire commandant la place de Québec.

Ramezay pour presser ce secours, après avoir exigé de moi ma parole d'honneur d'être de retour dans la même nuit; mais, ayant appris à 3 lieues dans le chemin, avec certitude, que M. le marquis de Vaudreuil étoit de sa personne à 10 ou 12 lieues, je ne crus pas pouvoir aller et revenir dans le temps qui m'avoit été prescrit. C'est pourquoi je pris le parti d'écrire à M. le marquis de Vaudreuil et de lui faire passer ma lettre par un cavalier d'ordonnance, avec ordre de la communiquer à M. de Bougainville, qui s'étoit tenu avec son corps à 3 lieues de Québec, pour rassembler les débris et les traîneurs de l'armée. Ce dernier écrivit à M. de Ramezay en réponse, et lui indiquoit dans Québec des endroits où il pourroit trouver de la farine à différens particuliers. M. de Ramezay avoit aussi reçu après mon départ une lettre de M. de Vaudreuil qui lui promettoit du secours. Ces deux lettres, qu'il ne communiqua à personne, ne changèrent rien dans le parti qu'il avoit pris de capituler, et ce n'est qu'au voyage que j'ai fait à l'armée après la capitulation que j'en ai appris le contenu. De retour cependant à la ville le 16 au soir, je rendis compte à ce lieutenant de Roi de la lettre que j'avois écrite à M. le marquis de Vaudreuil, dans laquelle je lui faisois part de la situation critique de la place, et de la résolution où l'on étoit de capituler le 17, si le secours ne paroissoit pas à dix heures du matin, mais qu'on pourroit peut-être retarder jusqu'au soir.

Le 17, jour où j'appris que M. de Ramezay avoit reçu les deux lettres ci-dessus sans les avoir communiquées, et sur l'ordre qu'il me donna de me tenir prêt d'aller à dix heures du matin proposer la capitulation, je protestai devant tout le monde de l'avis que j'avois donné au conseil de guerre, puisque les choses changeroient de face; et je proposai de faire par moi-même des recherches plus exactes pour trouver de la farine; on ne parla donc plus de capitulation jusqu'à quatre heures du soir; mais dans ce temps les ennemis ayant fait un mouvement dans leurs gros vaisseaux, faisant mine de venir s'embosser au nombre de 6 vis-à-vis la basse ville, on fit arborer le drapeau du côté de la rade et de la terre. Je le fis arracher, ne croyant pas qu'on eût changé d'avis; mais je reçus dans l'instant un ordre par écrit d'aller capituler, et le mémoire me fut remis en conséquence. J'avois cependant fait entendre à M. le marquis de Vaudreuil qu'on attendroit le secours jusqu'au soir; aussi ne songeai-je dès lors qu'à faire naître des difficultés pour tirer les choses en longueur, me retranchant sur le peu de pouvoirs que j'avois en sortant de Québec; je gagnai par là jusqu'à onze heures du soir, que le général anglois me prescrivit pour avoir la réponse. Je rentrai donc dans la ville et rendis compte à M. de Ramezay des difficultés que j'avois fait naître; mais je reçus un second ordre par écrit pour y retourner à onze heures du soir, le secours n'ayant pas paru encore dans ce temps. M. de la Roche-Beaucourt [1], commandant la troupe à cheval, entra peu de temps après mon départ pour la capitulation, que j'avois ordre de finir, avec 60 chevaux portant chacun un sac de biscuit et promettant du secours.

La présence de M. le chevalier de Lévis, qui venoit de rejoindre l'armée, avoit ranimé la confiance et le courage des troupes. Il leur avoit inspiré des sentimens de vigueur qui lui donnoient espérance de secourir la place, et effectivement il marcha en avant et détacha M. de Bougainville pour se jeter dans Québec avec quelques troupes d'élite.

---

1. Aide de camp du marquis de Montcalm.

M. de Ramezay ne jugea pas à propos de faire rompre la capitulation qui étoit entamée, laquelle fut signée le lendemain 18. Ce commandant, qui craignoit peut-être d'être enlevé de vive force, auroit pu, suivant qu'il lui avoit été proposé par M. de Fiedmont, officier d'artillerie, et par moi, abandonner la basse ville séparée de la haute par des coupures, et renforcer, par les troupes qu'il en auroit tirées, la haute ville, qui se trouvoit dégarnie de monde dans bien des parties par sa vaste circonférence. Cet officier, qui n'a jamais vu la guerre que dans un bois, ignoroit la façon de défendre un poste; il y a du moins lieu de le présumer, car il n'acquiesça pas à cet avis, et il se retrancha sur les ordres qu'il avoit de M. le marquis de Vaudreuil de ne pas risquer à se laisser emporter l'épée à la main.

Il est vrai que la plupart des miliciens et matelots composant la garnison de Québec étoient de la plus mauvaise volonté. Les mauvais propos que les officiers de ces troupes tenoient m'avoient emporté au point de tomber sur deux de ces officiers à coups d'épée. Ils ne menaçoient de rien moins que d'abandonner leurs postes et de le faire abandonner à leurs troupes. On peut juger par là de leur mauvaise disposition. Plusieurs s'étoient même déjà évadés et [avoient] déserté.

Dépôt de la guerre, vol. 3540, pièce 99.

56

LETTRE DU CHEVALIER DE LÉVIS
AU MARÉCHAL DE BELLE-ISLE, MINISTRE DE LA GUERRE.

Pour lui apprendre la mort du marquis de Montcalm.

Au camp de Saint-Augustin, le 21 septembre 1759.

Monseigneur, c'est avec la plus vive douleur que j'a l'honneur de vous rendre compte de la perte de M. le marquis de Montcalm, qui est mort de ses blessures le 14 de ce mois; il emporte tous les regrets de l'armée et les miens. Lorsque cette fâcheuse nouvelle m'est parvenue, j'étois sur les frontières des Pays d'en haut, dont la défense m'étoit confiée. Je les quittai tout de suite pour venir le remplacer. Vous connoissez, Monseigneur, quels étoient son zèle et ses talens; je ferai mes efforts pour suivre ses traces et mériter les grâces du Roi, vos bontés et votre protection. J'ai l'honneur d'être, etc.

Dépôt de la guerre, vol. 3540, pièce 92. — Original.

57

LETTRE DE M. DE MONTREUIL
AU MARÉCHAL DE BELLE-ISLE, MINISTRE DE LA GUERRE.

Sur la bataille de Québec.

Au camp de la Pointe-au-Tremble, ce 22 septembre 1759.

Monseigneur, l'échec que nous avons eu le malheur d'essuyer le 13 de ce mois, sur les hauteurs de Québec, a été occasionné par la surprise d'un poste entre l'anse des mers et celle du Foulon, à la distance d'un demi-quart de lieue au nord au-dessus de Québec. Un corps d'environ 4,500 Anglois eut le temps de se former dans la plaine avant l'arrivée de notre petite armée campée sous Beauport, d'où on avoit détaché, dès que les ennemis ont fait passer plusieurs vaisseaux au-déssus de Québec, 5 compagnies de grenadiers, 5 piquets de troupes de terre de 50 hommes chacun, 100 soldats volontaires pris sur les 5 bataillons, 500 Canadiens choisis et environ 600 pris au hasard, pour être aux ordres de M. de Bougainville, qui devoit observer les mouvemens des ennemis au-dessus de Québec, où ils avoient fait passer 22 bâtimens, dont un vaisseau de 50 canons et plusieurs frégates. Ce corps d'élite, dont la plus grande partie étoit au cap Rouge, à deux lieues et demie de l'endroit où les ennemis débarquèrent, fut averti trop tard et n'arriva sur le chemin de Sainte-Foix, en présence des ennemis, que deux heures après la perte du combat, qui commença à dix heures. Si M. le marquis de Montcalm avoit tardé d'un instant à marcher aux ennemis, ils eussent été inattaquables par la position favorable dont ils alloient s'emparer, ayant même commencé des retranchemens sur leurs derrières. Le détachement de M. de Bougainville auroit eu plus que le temps de venir à notre secours s'il avoit été averti de bonne heure, comme on devoit l'espérer, par la disposition de ses postes depuis Québec jusqu'au cap Rouge, où il étoit pour lors de sa personne. M. le marquis de Montcalm, ne le voyant point arriver, ne put que penser qu'il n'avoit point été averti du tout ; il se détermina à attaquer, voyant sa perte certaine, s'il attendoit plus longtemps, et l'impossibilité de déposter les ennemis, s'ils s'étoient rendus maîtres une fois de la hauteur nommée la côte d'Abraham, à une demi-portée de canon de Québec. On ne manquera pas de vous rendre compte verbalement ou par écrit, de même qu'au ministre de la marine, qu'il s'est trop précipité pour attaquer; qu'il devoit attendre le secours de M. de Bougainville et disputer le terrain par des fusillades. Tous ces moyens n'auroient pas empêché l'ennemi de s'établir sur la côte d'Abraham dès qu'on lui donnoit du temps. Quoique je regardois M. le marquis de Montcalm trop lumineux pour oser lui donner aucun conseil, je pris cependant la liberté de lui dire, avant qu'il eût donné l'ordre du combat, qu'il n'étoit pas en état d'attaquer les ennemis, vu le petit nombre de son armée; qu'indépendamment des 2,000 hommes détachés avec M. de Bougainville, on en avoit envoyé 800 dans les Pays d'en haut, dont 100 soldats choisis sur les 5 bataillons présens à l'affaire du 13 de ce mois. Permettez-moi, s'il vous plaît, Monseigneur, de vous exprimer la vive douleur que je ressens de cet événement fâcheux et de la perte de M. le marquis de Montcalm; je servirai avec le même zèle et la même application sous les ordres de M. le chevalier de Lévis; je me flatte retrouver en lui les mêmes bontés que ce premier avoit pour moi, et j'ose faire serment devant vous que, quelques jours avant sa mort, il me fit l'honneur de me dire qu'il vous supplieroit de vouloir bien m'honorer du grade de brigadier, de préférence à tout autre de cette armée. Vous m'avez fait espérer, Monseigneur, par la lettre que vous avez écrite à M. le marquis de Montcalm à mon sujet, l'année dernière, que j'aurois le bonheur d'être décoré de ce grade dans peu; honorez-moi, je vous supplie, de votre protection. Je suis, etc.

Dépôt de la guerre, vol. 3540, pièce 98. — Original.

58

LETTRE DE M. BIGOT, INTENDANT DU CANADA,
AU MARÉCHAL DE BELLE-ISLE, MINISTRE DE LA GUERRE.

Sur la bataille de Québec et sur la capitulation de Québec.

A Montréal, le 15 octobre 1759.

Monseigneur, vous aurez été informé, avant la réception de celle-ci, de la perte que nous avons faite de Québec, dans un temps où nous le comptions en sûreté. MM. les marquis de Vaudreuil et de Montcalm avoient pris, dès le commencement de la campagne, toutes les mesures possibles pour faire échouer les projets des ennemis sur cette place, et ils devoient se flatter d'y réussir, notre armée étant plus forte que celle des Anglois [1]. Nous avions 13,000 hommes et 1,000 à 1,200 sauvages, sans compter 2,000 hommes de garnison dans la ville; d'ailleurs notre armée étoit retranchée depuis l'entrée de la rivière Saint-Charles jusqu'au sault Montmorency. Vous recevrez sans doute, Monseigneur, le plan de son campement.

J'avois fait construire, suivant la décision du conseil de guerre, avec une diligence extraordinaire, 6 chaloupes portant un canon de 24; 12 bateaux plats ayant un canon de 8, et une batterie flottante de 12 pièces de 24, 18 et 12, pour défendre la descente.

---

1. Toutes ces allégations sont fausses.

Les Anglois, ayant descendu le 30 juin à la pointe de Lévis, établirent des batteries de mortiers et de canons de 32, vis-à-vis Québec, de l'autre côté de la rivière. Ces batteries, jointes aux carcasses et pots à feu qu'ils ont jetés, ont démoli et incendié les trois quarts des maisons de la ville.

Ils firent passer, le 17 juillet, 8 vaisseaux pendant la nuit au-dessus de Québec, avec 1,000 hommes de débarquement. Ils tentèrent de descendre à 8, 10 et 14 lieues au-dessus de cette ville, mais ils furent partout repoussés; M. de Bougainville avoit été envoyé dans cette partie avec un gros corps.

M. Wolf, qui avoit descendu avec 3,000 hommes, au commencement de juillet, de l'autre côté du sault de Montmorency, attaqua, le 31 dudit mois, avec le restant de son armée, les retranchemens qui bordoient le sault de notre côté, et que M. le chevalier de Lévis commandoit. Les ennemis furent vivement repoussés. Le général anglois abandonna quelques jours après sa position au sault, qui avoit fort incommodé pendant plus d'un mois le camp de M. le chevalier de Lévis.

Au commencement de septembre, les ennemis firent passer encore au-dessus de Québec 12 bâtimens pour se joindre à ceux qui y étoient déjà, ce qui en faisoit 20, et ils firent défiler par la côte du sud 3,000 hommes qui s'embarquèrent dessus. On renforça pour lors le corps de M. de Bougainville, qui avoit ordre de suivre les mouvemens de ces vaisseaux. Ils étoient ordinairement mouillés au cap Rouge, à 3 lieues au-dessus de Québec. M. de Bougainville y étoit campé avec un fort détachement de son corps; cet officier suivoit les vaisseaux quand ils montoient ou descendoient.

Enfin, la nuit du 12 au 13, les ennemis s'embarquèrent dans des berges qui étoient à bord de leurs vaisseaux, et passèrent devant les postes que nous avions depuis celui de M. de Bougainville à la ville ; quatre différentes sentinelles se contentèrent de leur crier : Qui vive? Ils répondirent : France. On les laissa passer sans les reconnoître. Les officiers qui commandoient ces postes le firent dans la persuasion où ils étoient que c'étoit des bateaux plats chargés de nos vivres, que le commandant de la place avoit ordonné le soir même de laisser passer, et qui n'eurent pas lieu; ils devoient partir du cap Rouge. Les Anglois étant parvenus devant une côte escarpée, à trois quarts de lieue de la ville, et qu'ils avoient sans doute reconnue pour n'être point gardée, y montèrent et furent attaquer par les derrières un de nos postes qui gardoit une rampe qui conduisoit jusques au bord de l'eau. L'officier de ce poste reçut plusieurs blessures, mais il fut fait prisonnier avec son détachement. Les ennemis pour lors aplanirent la rampe et firent descendre leur armée qui attendoit, dans des berges, la réussite de leur avant-garde. Les vaisseaux descendoient néanmoins pour venir soutenir leurs berges. M. de Bougainville ne les suivit pas, comptant qu'ils remonteroient à la marée comme ils faisoient ordinairement.

Nous fûmes instruits au jour, au camp, que quelques-uns de nos postes au-dessus de Québec avoient été attaqués. M. le marquis de Montcalm, qui ne comptoit pas la chose si sérieuse, n'envoya d'abord à leur secours que quelques piquets, en se faisant suivre par une grande partie de notre armée. Elle avoit diminué en bonté et en nombre par 3,000 hommes ou environ qui étoient aux ordres de M. de Bougainville; ils étoient tous d'élite, puisqu'ils étoient composés des grenadiers et des volontaires de l'armée, tant en troupes qu'en Canadiens.

M. le marquis de Montcalm fut bien surpris, lorsqu'il fut monté sur la hauteur derrière la ville, de voir l'armée angloise qui se formoit dans la plaine; il donna ordre de hâter la marche des corps qui venoient le joindre; et à peine furent-ils arrivés à lui, qu'il marcha à l'ennemi et l'attaqua. Ces différens corps, dont les bataillons de la Sarre, Royal-Roussillon, Languedoc, Guyenne et Béarn étoient, ne formoient que 3,500 hommes ou environ; il y en avoit qui venoient d'une lieue et demie; ils n'avoient pas eu le temps de prendre haleine. Cette petite armée fit deux décharges sur celle des Anglois, qui n'étoit pareillement que de 3 à 4,000 hommes; mais la nôtre prit malheureusement la fuite à la première décharge des ennemis, et elle auroit été entièrement détruite, si 8 à 900 Canadiens ne se fussent jetés dans un petit bois qui est près de la porte Saint-Jean, d'où ils firent un feu si nourri sur l'ennemi, qu'il fut obligé de s'arrêter pour leur répondre [1]. Cette fusillade dura une bonne demi-heure, ce qui donna le temps aux troupes et aux Canadiens fuyards de regagner le pont que nous avions sur la rivière Saint-Charles pour communiquer à notre camp.

C'est dans cette retraite que M. le marquis de Montcalm reçut une balle dans les reins, comme il étoit prêt d'entrer en ville par la porte Saint-Louis.

Je sais toutes les particularités de cette descente par des officiers anglois de ma connoissance qui me l'ont fait dire,

---

[1]. Bigot accuse les troupes aux ordres de Montcalm d'avoir fui; et, suivant lui, tout était perdu sans les Canadiens; d'autres relations établissent positivement le contraire. Toute cette dépêche est hostile à Montcalm et souvent perfide.

en ajoutant que M. Wolf n'avoit pas compté réussir ; qu'il ne l'avoit fait que pour qu'il fût dit qu'il avoit tenté de descendre au-dessus de Québec, et qu'il ne devoit sacrifier que son avant-garde, qui étoit de 200 hommes ; que si on eût tiré dessus, ils se rembarquoient tous ; que les gros canons et les mortiers placés vis-à-vis la ville avoient été rembarqués, et que les troupes devoient s'en retourner et partir le 20 septembre.

Nous essuyâmes dans la même matinée deux malheurs auxquels nous ne nous serions jamais attendus : 1° la surprise d'un de nos postes qui se croyoit en sûreté, étant gardé par plusieurs qui étoient plus près de l'ennemi ; 2° la perte d'un combat. On prétend que si M. de Montcalm avoit voulu attendre M. de Bougainville, ou renforcer son armée, soit de la ville ou du camp de Beauport, les Anglois étoient perdus, parce qu'ils n'avoient point de retraite ; mais son ardeur, et d'autres raisons peut-être que nous ne savons pas, l'emportèrent et l'engagèrent à donner contre des troupes réglées, bien disciplinées et à nombre égal. Je suis persuadé qu'il avoit eu de bonnes raisons pour ne pas attendre plus longtemps.

M. le marquis de Vaudreuil, après cette bataille perdue, fit assembler le conseil de guerre pour voir quel parti il convenoit de prendre. Il pensoit qu'on pouvoit rattaquer le lendemain à la pointe du jour, en rassemblant toutes nos forces, tant celles de M. de Bougainville, qui étoient les meilleures et qui n'avoient point donné, qu'une partie de celles de la ville et celles de notre camp. J'étois aussi de cet avis ; mais tous les officiers du conseil insistèrent sur la retraite à faire à Jacques-Cartier. M. le marquis de Vaudreuil, voyant ces messieurs persister dans leur sentiment, craignit de compromettre la colonie et ordonna la retraite pour dix heures du soir. Nous abandonnions cependant une grande partie des tentes et équipages de l'armée et dix jours de vivres que j'avois bien eu de la peine à faire venir en charrettes, parce qu'ils ne pouvoient nous parvenir par eau qu'avec beaucoup de risques. Je ne pus faire passer à Québec de tous ces vivres qu'une cinquantaine de quarts de farine, faute de voitures; et les vivres de cette ville, qui étoient dans un faubourg à côté des fours, à cause des incendies, avoient été pillés le matin par les ennemis. D'ailleurs l'armée alloit dans un quartier où il y avoit peu de maisons; et, la saison commençant à avancer, elle s'exposoit à souffrir beaucoup de froid et de misère; je le représentai inutilement au conseil. Le lendemain de notre arrivée à Jacques-Cartier, M. le chevalier de Lévis y arriva; il blâma hautement notre retraite; il me demanda s'il y auroit moyen d'avoir des vivres pour Québec; je promis qu'il n'en manqueroit pas, pourvu qu'on fournît les escortes nécessaires. Il convint dès le moment avec M. le marquis de Vaudreuil de marcher au secours de cette ville, et d'en informer M. de Ramezay, commandant de la place. En conséquence, M. de Vaudreuil lui envoya ordre de ne point se rendre[1], qu'il ne manqueroit pas de vivres, et que l'armée marchoit à son secours. En effet, M. de la Roche-Beaucourt introduisit dans la ville, dès le lendemain au soir, 120 quintaux de biscuit et annonça à M. de Ramezay, pour la nuit suivante, deux convois que j'avois ordonnés, dont un de 80 charrettes chargées de farine, et l'autre que j'avois risqué en

---

1. Ce n'est pas vrai. Nous avons l'ordre de se rendre donné à M. de Ramezay (Dépôt de la guerre, pièce 76, datée du 13 septembre 1759, à neuf heures du soir), et nous l'avons analysé p. 224.

bateaux par eau. M. de Ramezay avoit marqué à M. de Vaudreuil qu'il ne se rendroit pas; cependant il capitula le lendemain de l'entrée du biscuit, et le même soir les convois que M. de la Roche-Beaucourt avoit annoncés arrivèrent; ils furent heureusement avertis comme ils étoient sur le point d'entrer en ville, et nous ne les perdîmes pas. M. de la Roche-Beaucourt a servi avec distinction pendant cette campagne, et c'est un des officiers qui ont rendu le plus de services au Roi; il commandoit 200 cavaliers, dont M. de Vaudreuil avoit formé deux compagnies; ils ont été très-utiles et ont vu souvent le feu.

L'armée étoit cependant partie de Jacques-Cartier pour aller secourir Québec. Nous étions à Saint-Augustin, à 4 lieues de cette ville, lorsque nous apprîmes qu'elle étoit rendue. Nos généraux en furent d'autant plus touchés que cette place n'étoit point investie et qu'on entroit et sortoit tant qu'on vouloit. L'armée angloise n'étoit pas assez nombreuse pour s'y opposer, puisqu'elle ne consistoit qu'en 6 ou 7,000 hommes. Je n'entre point, Monseigneur, dans les raisons de M. de Ramezay; elles sont sans doute fondées.

Après avoir reçu cette nouvelle, M. le marquis de Vaudreuil ramena l'armée à Jacques-Cartier, où elle est encore sous les ordres de M. le chevalier de Lévis jusqu'au 1er novembre, et on y bâtit un fort qui contiendra pendant l'hiver une garnison de 1,000 hommes.

Ce n'a pas été, Monseigneur, sans des peines infinies que j'avois réussi à faire subsister notre armée de Québec, qui consommoit par jour au moins 20,000 rations, y compris les familles des sauvages. Je fournissois en outre à 4 ou 5,000 femmes et enfants du peuple de la ville un quarteron de pain. J'avois d'ailleurs à faire vivre notre armée du lac Champlain et celle des Rapides. Ces trois armées, formoient plus de 30,000 bouches[1], et nous n'avions reçu des vivres de France que pour 20,000 rations par jour pendant trois mois; en la retranchant d'un quart, je prévoyois que la colonie seroit épuisée, à la fin de juillet, de toutes sortes de comestibles, et surtout de blé. Il me vint en idée de faire ramasser tout l'or et l'argent monnoyé qui étoit dans le pays pour des lettres de change du Roi; on les refusa, mais on accepta les miennes, et cela me réussit. L'habitant, avide des espèces monnoyées, me vendit sa subsistance et ne vécut que d'herbages pendant deux mois jusqu'à la récolte. J'ai soutenu par ce moyen nos trois armées, et je ne sais ce que nous serions devenus si cela n'eût pas réussi.

Je n'ai pas l'honneur de vous parler, Monseigneur, des pertes que nous avons faites de la Belle-Rivière, Niagara, Carillon et Saint-Frédéric, vous devez l'avoir su depuis longtemps par l'Angleterre. Vous serez d'ailleurs informé plus au long et mieux par des militaires de ce qui s'est passé.

Sans la surprise de nos postes au-dessus de Québec, cette ville étoit sauvée. Le Roi auroit conservé le Canada pour ainsi dire en entier. On avoit dépeint son état trop misérable; on ne connoissoit pas sans doute parfaitement ses ressources; elles sont maintenant bien épuisées; mais avec un peu de secours de France, en vivres et en augmentation de bataillons, on auroit sauvé Québec et les forts du lac Champlain ou Niagara.

J'avois chargé M. Bernier, commissaire des guerres, de l'hôpital de l'armée de Québec, tant pour les troupes que pour les Canadiens. Il a rempli au mieux ce détail pendant toute la campagne; et comme il s'est trouvé commissaire

---

1. Ces chiffres sont d'une évidente exagération.

de cet hôpital à la reddition de la place, il a resté, conformément au cartel, sans être prisonnier; il y sert encore très-utilement et à notre satisfaction. Nos généraux, ainsi que moi, s'adressent à lui pour tout ce dont nous avons besoin auprès du général anglois. Ce commissaire continue de veiller à la conservation et subsistance de nos blessés et malades à cet hôpital. J'ai l'honneur, etc.

Je ne peux, Monseigneur, avoir l'honneur de vous marquer notre situation, n'ayant point de chiffre. Vous la saurez par celui de M. le chevalier de Lévis.

Dépôt de la guerre, vol. 3540, pièce 103. — Original.

39

LETTRE DE M. LE MARQUIS DE VAUDREUIL
AU MARÉCHAL DE BELLE-ISLE, MINISTRE DE LA GUERRE.

Sur la mort du marquis de Montcalm, sur la capitulation de Québec, et sur les qualités et les services du chevalier de Lévis.

Montréal, le 1er novembre 1759.

Monseigneur, je ne puis que m'en rapporter au compte que M. le chevalier de Lévis a l'honneur de vous rendre des événemens de cette campagne et de la situation de cette colonie.

La journée du 13 septembre est d'autant plus malheureuse que nous n'avions certainement pas lieu de nous y attendre, et qu'au contraire nous aurions battu les Anglois, si M. le marquis de Montcalm, animé par son grand zèle et sa vivacité, n'avoit engagé une affaire générale, sans donner le temps à notre armée, qui étoit supérieure à celle des ennemis, de se rassembler.

Ce général mourut de ses blessures le lendemain de cette affaire; je l'ai beaucoup regretté[1]. Il ne pouvoit, Monseigneur, être mieux remplacé que par M. le chevalier de Lévis; il auroit même été à souhaiter, que dès le commencement de la campagne, il eût été à la tête des troupes de terre.

La brillante affaire du 31 juillet est exactement le fruit de ses dispositions; et je suis persuadé que, si le 13 septembre il eût été près de M. le marquis de Montcalm, il auroit manœuvré bien différemment; il étoit dans ce temps-là à Montréal pour veiller à la sûreté de nos frontières des lacs Champlain et Ontario. Il a été toute la campagne en mouvement, et sa présence a produit le plus excellent effet à l'île aux Noix et à l'île des Galots.

Je n'eus rien de plus pressé que de le rappeler près de moi. Après l'affaire du 13, nous marchâmes ensemble avec l'armée pour dégager Québec; mais cette place capitula le 18, malgré les secours que j'avois commencé à y faire entrer, et les lettres que j'avois écrites au commandant[2].

M. le chevalier de Lévis est encore à la tête de l'armée, au-dessus de la rivière de Jacques-Cartier; il a contenu celle des Anglois. Je fus obligé de me séparer de lui le 29 pour me rendre à Montréal, où les ennemis vouloient pénétrer par le lac Champlain et Ontario; mais les forces

---

1. Les regrets ne durent pas, et la satisfaction d'être débarrassé de cet adversaire perce un peu trop dans toute cette dépêche.

2. M. de Vaudreuil, pas plus que M. Bigot, ne parle de l'ordre donné à M. de Ramezay de capituler.

que j'ai fait passer dans ces parties et la saison avancée les ont obligés à se retirer.

Vous voudrez bien, Monseigneur, que je m'en rapporte aussi aux comptes que M. le chevalier de Lévis a l'honneur de vous rendre concernant les troupes de terre; permettez que je vous témoigne le vif intérêt que je prends à tout ce qui peut tendre à sa satisfaction, et combien cette colonie en général sera sensible aux grâces que S. M. lui accordera. Je suis, etc.

Depôt de la guerre, vol. 3540, pièce 106. — Original.

40

RELATION DE LA SECONDE BATAILLE DE QUÉBEC ET DU SIÉGE DE CETTE VILLE.

Le défaut de vivres avoit empêché à la fin de la campagne dernière de cantonner les troupes aux environs de Québec, pour bloquer la garnison angloise pendant l'hiver et la mettre hors d'état de tirer des paroisses voisines les bois de chauffage et rafraîchissemens nécessaires. On avoit été obligé de mettre les troupes en quartiers à la fin de novembre pour trouver le moyen de les faire subsister; et le chevalier de Lévis, en quittant la frontière du gouvernement de Québec, s'étoit borné à établir un corps d'environ 400 hommes dans la paroisse de la Pointe-au-Tremble, à 7 lieues de Québec, aux ordres du sieur de Répentigny, capitaine des troupes de la colonie. Cet officier tenoit des postes avancés jusqu'à Saint-Augustin, une lieue plus haut que la rivière du Cap-Rouge, sur laquelle il faisoit faire de fréquentes découvertes. Cette rivière, distante de Québec de 3 lieues, a été pendant l'hiver notre limite avec la garnison angloise. Le grand chemin de la Pointe-au-Tremble à Québec la traverse à son embouchure; une lieue plus haut elle a des ponts où aboutit un autre chemin éloigné du fleuve.

Un fort construit à la fin de la campagne, à l'embouchure de la rivière de Jacques-Cartier, à 10 lieues de Québec, servoit de retraite et de point d'appui aux troupes de la Pointe-au-Tremble et couvroit la colonie contre les entreprises que la garnison angloise auroit pu former. Le marquis de Vaudreuil donna au sieur Dumas, major général et inspecteur des troupes du pays, le commandement de ce fort et celui de toute la frontière pendant l'hiver.

Le brigadier général Murray, gouverneur de Québec, détacha de son côté 150 hommes dans l'église de Sainte-Foy, à une lieue et demie de Québec, sur le grand chemin qui mène à la Pointe-au-Tremble; il établit pareil détachement à l'église de Vieille-Lorette, qui est à une lieue de la première en s'éloignant du fleuve et sur le chemin qui passe aux ponts du haut de la rivière du Cap-Rouge. Ces deux églises furent retranchées et palissadées.

Du côté du lac Champlain, l'armée angloise que commandoit le major général Amherst s'étant repliée le 20 novembre, avoit laissé une garnison considérable à Saint-Frédéric où elle avoit bâti depuis le mois d'août une forteresse bien plus grande que celle que nous y avions précédemment; elle avoit aussi laissé des garnisons à Carillon, au fort George, au fort Lydius, et dans ceux de la rivière d'Orange.

De notre côté, le sieur de Bourlamaque, brigadier, en repliant les troupes de cette frontière, le 28 novembre, eut ordre de laisser 300 hommes de garnison commandés par le sieur de Lusignan, capitaine des troupes de la marine, dans un fort de pieux, construit à la fin de la campagne, au milieu des retranchemens de l'île aux Noix. Le fort Saint-Jean, 5 lieues en arrière, fut gardé par 200 hommes aux ordres du sieur de Valette, capitaine de Royal-Roussillon. Le sieur de Roquemaure, lieutenant-colonel commandant le bataillon de la Reine, dont le quartier étoit au fort Chambly, eut le commandement supérieur de cette frontière pendant l'hiver.

Vers le lac Ontario, le sieur Desandrouins fut laissé avec 200 hommes dans le fort que le chevalier de Lévis avoit fait construire au mois de septembre sur une des îles des Rapides, et auquel il avoit donné son nom.

L'armée angloise que commandoit le brigadier Gages, depuis la prise de Niagara avoit quitté le camp de Chouéguen de très-bonne heure, et avoit laissé une garnison dans un fort qu'elle venoit d'y construire et une dans celui de Niagara.

Telle étoit la situation de la colonie au 1er décembre. Toutes les subsistances, épuisées par une campagne très-longue, laissoient à peine le moyen de fournir journellement des vivres aux garnisons médiocres qui couvroient le pays ; il falloit attendre, pour faire de nouveaux approvisionnemens, que les habitans eussent battu les grains de la récolte dernière.

Le marquis de Vaudreuil, de concert avec M. de Lévis, prit la résolution de faire le siége de Québec au printemps ; il crut, dans cette vue, devoir fatiguer la garnison angloise pendant l'hiver par de fausses alarmes, et à cet effet fit tous les préparatifs d'une expédition d'hiver; on fabriqua des échelles à Jacques-Cartier; on donna ordre aux troupes d'être prêtes à marcher. Les sieurs de Bougainville, colonel, et de Bourlamaque, brigadier, furent envoyés successivement sur la frontière pour donner de l'inquiétude au gouverneur anglois, lequel en effet fit faire à ses troupes le service le plus rigoureux et les tint successivement alertes.

Vers la fin de janvier, le marquis de Vaudreuil, sachant que les paroisses qui sont sur la rive méridionale du fleuve Saint-Laurent, au-dessous de Québec, depuis la pointe de Lévis jusqu'au cap Moraïca, n'étoient pas entièrement dépourvues de grains et de bestiaux, résolut d'en tirer des subsistances; il détacha le sieur de Saint-Martin, capitaine des troupes de la colonie, avec 200 hommes, pour aller prendre poste à la pointe de Lévis, vis-à-vis Québec, et assurer le passage des convois qui devoient suivre la côte du fleuve par terre jusque vis-à-vis la Pointe-au-Tremble; mais le fleuve s'étant glacé au moment de son arrivée, forma entre la ville et la pointe Lévis un pont très-solide, sur lequel le gouverneur anglois fit passer un détachement très-supérieur, qui obligea le sieur de Saint-Martin de se retirer. Les Anglois envoyèrent aussitôt dans les paroisses enlever les vivres qui nous étoient destinés, et prirent poste à l'église de la pointe de Lévis.

Le détachement du sieur Saint-Martin ayant été augmenté jusqu'au nombre de 700 hommes, cet officier eut ordre d'aller se rétablir à la pointe de Lévis; mais 3,000 Anglois ayant passé le fleuve avec du canon, il fut encore obligé de se replier avec perte de 30 hommes. Le sieur de Bourlamaque, arrivé à la Pointe-au-Tremble le lendemain de cet événement, jugea que le projet de faire passer ces vivres étoit impossible à exécuter, et se borna à envoyer dans les paroisses, que les Anglois n'avoient pas épuisées, 150 hommes aux ordres du sieur Kertel, officier des troupes de la colonie, pour empêcher les Anglois de pousser leurs levées plus loin et conserver les vivres jusqu'au temps où les troupes seroient devant Québec.

Le reste de l'hiver s'est passé en différentes alertes que le bruit d'une expédition sur les glaces a données à la garnison angloise, et en quelques sorties qu'elle a faites sur nos postes avancés, dans l'une desquelles nous perdîmes 80 hommes. Les autres frontières furent tranquilles.

Ce ne fut qu'avec des difficultés incroyables que l'on put réussir à mettre les troupes en état de faire la campagne. La colonie entièrement épuisée manquoit non-seulement de vivres, mais aussi de tout ce qui étoit nécessaire pour équiper et faire camper les troupes. Il ne fallut pas moins que l'activité et les ressources de M. Bigot, intendant de la Nouvelle-France, pour trouver le moyen de fournir à des besoins si essentiels. On travailla dans les premiers jours de mars à faire, à la Pointe-au-Tremble et dans les paroisses voisines, les gabions, fascines et madriers nécessaires pour le siége.

Au commencement d'avril, le marquis de Vaudreuil détacha le sieur de Bougainville pour aller à l'île-aux-Noix prendre le commandement de cette frontière, sur laquelle on craignoit que l'ennemi ne fît des mouvemens s'il étoit instruit de celui que nous projetions. Cet officier réunit la garnison de Saint-Jean à celle de l'île-aux-Noix, et l'on donna les ordres nécessaires pour qu'il reçût un secours considérable de milice dès qu'il auroit nouvelle de l'approche des ennemis. Le sieur Desandrouins, ingénieur, fut rappelé du fort Lévis et remplacé avec quelque renfort par le sieur Pouchot, capitaine au régiment de Béarn.

Le chevalier de Lévis eut le commandement des troupes destinées au siége de Québec; le marquis de Vaudreuil lui confia cette expédition, obligé de rester lui-même à Montréal où sa présence étoit nécessaire pour faire passer sur les différentes frontières les secours dont elles pouvoient avoir besoin. Le 20 avril, ces troupes partirent de leurs quartiers; elles consistoient en 8 bataillons des troupes de terre et 2 bataillons des troupes de la colonie, formant en tout 5 brigades, et environ 3,000 Canadiens, tant de la ville de Montréal que des campagnes. Les premiers formoient un bataillon séparé, destiné à être de réserve, et les autres furent attachés aux brigades des troupes réglées. *L'Atalante* et *la Pomone*, frégates du Roi, commandées par les sieurs de Vauquelin et Sauvage, eurent ordre de descendre le fleuve à hauteur de l'armée; elles avoient sous leur escorte deux flûtes et plusieurs goëlettes chargées d'artillerie, de vivres et de fascines.

La plupart des rivières étant encore glacées, les troupes ne purent arriver que le 24 à la Pointe-au-Tremble, où étoit le rendez-vous de la petite armée; elles furent même obligées d'y débarquer sur les glaces, qui n'avoient encore laissé de libre que le milieu du fleuve.

M. le chevalier de Lévis y apprit que les Anglois continuoient d'occuper les églises de la ville de Lorette et de Sainte-Foix; qu'ils se retranchoient sur la rivière du Cap-Rouge, dont les bords, fort escarpés du côté de l'ennemi, lui donnoient le moyen de défendre avec avantage le grand chemin de la Pointe-au-Tremble à Québec, qui traverse cette rivière à son embouchure. Il apprit aussi que les habitans de Québec en avoient été chassés depuis deux jours ; que ceux de la partie de Sainte-Foix qui avoisine le Cap-Rouge avoient aussi été mis hors de chez eux ; que les Anglois créneloient leurs maisons et y faisoient conduire quelque artillerie.

Ces nouvelles lui firent connoître que les Anglois avoient été instruits du départ des troupes, et lui firent abandonner le projet qu'il avoit eu jusqu'alors de débarquer de nuit à Sillery, qui n'est qu'à une lieue et demie de Québec. Cette manœuvre lui auroit donné moyen de couper les postes de Lorette et de Sainte-Foix ; mais elle devenoit impraticable, dès que l'ennemi avoit connoissance de notre mouvement. Il étoit aussi impossible de débarquer dans la rivière du Cap-Rouge, puisque les Anglois occupoient les hauteurs qui commandent son embouchure ; il se détermina donc à faire débarquer toutes les troupes à Saint-Augustin, une lieue plus haut que le Cap-Rouge, et tourner les ennemis en suivant le chemin qui passe à l'église de la Vieille-Lorette et de là mène à celle de Sainte-Foix en traversant des bois et des marais presque impraticables.

Le 25 fut employé à rassembler les troupes et à mettre en ordre les Canadiens. Le 26, 10 compagnies de grenadiers, quelques volontaires et 300 sauvages, que commandoit le sieur de Saint-Luc, capitaine des troupes de la colonie, furent détachés pour faire l'avant-garde aux ordres du sieur de Bourlamaque. Cet officier eut ordre de reconnoître les ponts de la rivière du Cap-Rouge. Les ennemis avoient détruit les deux principaux ; il en fit accommoder deux autres plus haut et passa la rivière avec l'avant-garde.

Le chevalier de Lévis arriva aussitôt avec la tête de l'armée, et eut connoissance que les ennemis avoient abandonné l'église de Lorette et négligé de rompre une chaussée de bois qui sert à traverser la partie d'un marais très-profond, qui est entre cette église et celle de Sainte-Foix, et que cette opération étoit remise à la nuit prochaine; il fit partir aussitôt les sauvages pour aller occuper la tête de cette chaussée; et ayant donné ordre à l'avant-garde de les soutenir, il commença à faire passer l'armée sur les deux ponts. Le sieur de Bourlamaque arriva au commencement de la nuit à l'entrée du marais que les sauvages avoient déjà passé; et l'ayant traversé de suite, malgré un orage affreux, il rassembla toute l'avant-garde dans quelques maisons qui sont au delà, n'étant plus séparé de l'ennemi que par un bois d'environ une demi-lieue de profondeur. Le chevalier de Lévis ayant au point du jour poussé l'avant-garde jusque sur le bord du bois, à la vue des ennemis, s'occupa avec le sieur de Bourlamaque à reconnoître leurs positions. Il avoit donné ordre en même temps au reste des troupes qui avoient marché toute la nuit, de traverser le marais et de se former derrière le bois. A environ 200 toises de la lisière de ce bois, règne presque parallèlement une colline bordée d'habitations, laquelle, d'un côté, va se terminer à la hauteur qui domine l'embouchure de la rivière du Cap-Rouge, et de l'autre se prolonge jusqu'à Québec, où elle prend le nom de côte d'Abraham.

A six heures du matin, les Anglois parurent en bataille, au nombre d'environ 3,000 hommes, sur le haut de cette colline, en face du chemin sur lequel nous marchions, la droite à l'église de Sainte-Foix, plusieurs maisons sur leur gauche, et quelques-unes en avant de leur ligne; ils avoient mis des troupes dans les unes et dans les autres, et quelques pièces de canon devant eux. Les bois qui nous couvroient étant marécageux et impraticables, nous ne pouvions déboucher que par le grand chemin, et n'ayant pas assez d'espace entre le bois et les Anglois pour nous former, il n'étoit pas possible de marcher à eux de front, sans s'exposer à un combat désavantageux.

Le chevalier de Lévis prit donc la résolution d'attendre la nuit pour déboucher, et de se porter sur le flanc gauche de l'ennemi, en marchant par sa droite et suivant la lisière du bois jusqu'à ce qu'il eût dépassé son front. Cette manœuvre le mettoit en état d'attaquer les ennemis au point du jour avec avantage et de couper les troupes légères qu'il avoit jetées dans les habitations vers le Cap-Rouge; il comptoit mener avec lui 3 pièces de campagne qui avoient suivi les troupes avec des difficultés incroyables.

La matinée se passa en fusillades et quelques volées de canon que les ennemis tirèrent sur les troupes de l'avant-garde.

A une heure après midi, les Anglois, ayant rassemblé dans l'église de Sainte-Foix tous les outils, vivres et munitions qu'ils avoient apportés pour la défense de cette partie, mirent le feu à l'église et firent leur retraite sur Québec, ayant toujours laissé un corps en bataille sur la hauteur pour masquer leur mouvement; ils abandonnèrent quelques pièces de canon qu'ils ne purent emmener. L'orage qui avoit duré toute la nuit précédente avoit retardé de quelques heures la marche des troupes, et fut cause qu'il fut impossible au chevalier de Lévis de déboucher sur l'église de Sainte-Foix comme il se l'étoit proposé. Ce contre-temps donna aux Anglois le temps de venir en force masquer le grand chemin et sauva les détachemens qu'ils avoient vers le Cap-Rouge.

Un autre incident leur avoit donné connoissance parfaite de notre mouvement. Quelques-unes des glaces qui bordoient le fleuve s'étant détachées, le 26 au matin, entraînèrent des bateaux chargés d'artillerie; il y en eut de submergés, quelques canonniers y périrent, un d'eux fut porté sur un glaçon jusqu'à Québec, et le gouverneur anglois, ayant appris de lui le mouvement que nous faisions par les marais, fit ses dispositions pour n'être pas surpris. Aussitôt que l'on eut connoissance de la retraite des Anglois, les troupes se mirent en mouvement; l'avant-garde les suivit de très-près. Le sieur de la Roche-Beaucourt, ayant atteint les dernières troupes à la tête de 100 volontaires à cheval, escarmoucha avec elles jusqu'à la nuit, et il y eut un officier et plusieurs volontaires blessés.

Les ennemis firent ferme à la maison de Dumont et sur les hauteurs qui l'avoisinent, à environ une demi-lieue de Québec; ils y laissèrent un gros détachement; le reste de la garnison rentra dans la ville. Notre avant-garde occupa les maisons en deçà, et les brigades se placèrent dans les maisons suivantes jusqu'à l'église de Sainte-Foix, le chevalier de Lévis ayant jugé indispensable de donner quelque repos aux troupes après deux jours d'une marche très-pénible, la terre étant d'ailleurs encore couverte de neige ou inondée.

En Canada, les habitations de la plupart des paroisses de la campagne ne sont point réunies comme en Europe; elles sont bâties le long des rivières ou des grands chemins, à la distance l'une de l'autre de 100, jusqu'à 300 toises; nul enclos, ni haie, ni bosquet ne les accompagne; chaque maison est isolée, n'ayant près d'elle que la grange, isolée pareillement. Ainsi, depuis l'église de Sainte-Foix jusqu'aux maisons où étoit l'avant-garde, la petite armée occupoit un espace de cinq quarts de lieues.

Le détachement anglois abandonna pendant la nuit la

maison de Dumont, et les hauteurs où il s'étoit arrêté la veille et se replia sur la Butte-à-Neveu, à environ 250 toises des murs de Québec, que cette butte couvre entièrement. Ils travaillèrent à s'y retrancher. L'avant-garde fut portée à la maison de Dumont et sur les hauteurs en face de la Butte-à-Neveu; ces hauteurs s'abaissent un peu vers la droite et communiquent à des bois clairs qui bordent le fleuve Saint-Laurent dans cette partie. Une redoute touchant au bois appuyoit notre droite et couvroit l'anse du Foulon, où nous devions faire venir les bâtimens chargés de vivres, et d'artillerie, ainsi que les bagages des troupes.

Le chevalier de Lévis s'étoit déterminé à employer la journée du 28 au débarquement des vivres qui étoient dus, à celui de quelques pièces de campagne qui n'avoient pu venir par terre, et au repos des troupes, résolu d'attaquer les hauteurs le lendemain matin et de pousser les ennemis jusque dans la ville; mais à huit heures du matin on les vit sortir de Québec; ils parurent dans le dessein de marcher à nous, et se formèrent en avant des hauteurs qu'ils occupoient, au nombre environ de 4,000 hommes de troupes réglées.

Le chevalier de Lévis, qui étoit depuis le point du jour occupé avec le sieur de Bourlamaque à reconnoître leurs positions, donna aussitôt ordre au chevalier de Montreuil, aide-major général, de faire avancer toutes les troupes. L'avant-garde continua, en attendant, d'occuper la redoute et les hauteurs du centre, ainsi que la maison de Dumont, qui est sur le penchant de la côte d'Abraham, et appuyoit la gauche de la ligne que les troupes devoient former.

Les bois clairs qui étoient à notre droite se trouvoient derrière le centre à peu de distance de notre ligne, d'où ils se prolongeoient en se retirant fort en écharpe jusqu'auprès de la maison de La Fontaine, par où les troupes devoient déboucher; cette maison, située près de la côte d'Abraham, étoit séparée de celle de Dumont par une plaine de 250 toises de longueur.

Les brigades se mettoient en ligne à mesure qu'elles arrivoient; et les trois de la droite étoient déjà formées lorsque le chevalier de Lévis, voyant que la droite des Anglois s'ébranloit et que leur artillerie commençoit à faire un grand feu, jugea qu'il n'auroit pas le temps de mettre sa gauche en état de la recevoir. Il prit le parti de replier les troupes qui étoient en ligne un peu en arrière, pour les mettre à couvert du bois, et de faire abandonner la maison de Dumont; il comptoit mettre sa gauche à la maison de La Fontaine, et dans cette position laisser prendre haleine aux troupes et les disposer pour marcher ensuite aux ennemis.

Mais le courage des troupes ne lui en donna pas le temps. Il avoit laissé à la gauche le sieur de Bourlamaque avec ordre d'exécuter ce mouvement; cet officier, en faisant replier 5 compagnies de grenadiers qui occupoient la maison de Dumont, fut blessé et obligé de se retirer. Les brigades de la gauche, ayant été quelques instants sans recevoir d'ordres, prirent d'elles-mêmes le parti d'aller joindre ces grenadiers et de s'emparer de cette maison qu'ils avoient abandonnée. Elles s'ébranlèrent sous le feu de l'artillerie et de mousqueterie le plus meurtrier, et sans être formées. Le chevalier de Lévis, qui des hauteurs du centre aperçut leur mouvement, jugea qu'il falloit profiter de cette ardeur et courut donner ordre aux brigades de la droite de marcher aux ennemis baïonnette au bout du fusil; il revint ensuite donner le même ordre à la gauche. La manœuvre de la droite fit plier la gauche des

Anglois et seconda parfaitement l'effort de la nôtre, qui, malgré le feu de 20 pièces de canon et de 2 obusiers presque entièrement dirigés sur cette partie, se maintint d'abord à la maison de Dumont, et ensuite, à la faveur des mouvemens de la droite, poussa les ennemis de front avec elle. Ils furent chassés jusque dans les murs de Québec, perdirent le terrain qu'ils occupoient et toute leur artillerie.

La valeur des troupes et le mouvement de la droite que M. le chevalier de Lévis ordonna à propos ont réparé le désavantage prodigieux d'être arrivé trop tard et d'être obligé de se former sous un feu d'artillerie très-supérieur.

Les sieurs d'Alquier, lieutenant-colonel commandant la brigade de la Sarre, composée de ce bataillon et de celui de Béarn, et Poulhariès, lieutenant-colonel commandant celle de Royal-Roussillon, composée de ce bataillon et de celui de Guyenne, ont beaucoup contribué à ce succès; le premier, en prenant la résolution de marcher à la maison de Dumont, quoique fort en désordre, et ayant été blessé dans ce mouvement, et le second, en chargeant la gauche des ennemis avec beaucoup de valeur et d'intelligence.

La brigade de Berry et celle des troupes de la colonie qui joignoient celle de la Sarre, ont secondé avec le plus grand courage le mouvement décisif de cette brigade. La première étoit aux ordres du sieur Trivio, lieutenant-colonel, qui y fut blessé légèrement, et la seconde aux ordres du sieur Dumas. Le sieur de Trécesson, lieutenant-colonel commandant le second bataillon de Berry, y fut blessé à mort. Le chevalier de la Corne et le sieur de Vassan, commandant chacun un bataillon des troupes de la colonie, s'y sont distingués et furent blessés l'un et l'autre légèrement.

Un ordre, mal rendu par un officier qui a été tué ensuite, fut cause que la brigade de la Reine, composée de ce bataillon et de celui de Languedoc, n'a pas eu autant de part à cet événement qu'elle auroit dû.

Le bataillon de la ville de Montréal, aux ordres du sieur de Répentigny, a servi avec le même courage que les troupes réglées. On doit le même éloge à la plupart des Canadiens, particulièrement à ceux attachés à la brigade de la Reine. Le sieur de Roquemaure avoit jeté le sieur de Laas, capitaine au régiment de la Reine, qui les commandoit, dans la redoute et dans le bois de la droite; le feu supérieur des ennemis le déposta pendant quelques instants, mais il reprit bientôt son terrain et chargea ensuite avec succès le flanc gauche des ennemis, étant secondé dans cette manœuvre par le sieur de Saint-Luc, qui n'avoit pu se faire suivre que par un petit nombre de sauvages.

Les trois petites pièces de campagne qui avoient suivi l'armée, aux ordres des sieurs de Louvrecourt, capitaine, et Duverny, lieutenant du corps royal d'artillerie, n'ont cessé de faire feu sur les troupes angloises pendant la durée de l'action et ont été d'un grand secours.

Notre perte a été considérable, surtout en officiers; les bataillons de la Sarre et de Béarn, qui étoient à la gauche, ainsi que ceux de Berry et de la Marine, ont été fort maltraités; les grenadiers ont été réduits à un très-petit nombre, principalement les cinq compagnies de la gauche que commandoit le sieur d'Aiguebelle, capitaine de ceux de Languedoc, étant exposées au plus grand feu en attendant l'arrivée des troupes.

PIÈCES JUSTIFICATIVES. 423

Le chevalier de Lévis a été assez heureux pour n'être point blessé, quoiqu'il ait été pendant tout le temps de l'action à cheval, entre le feu des ennemis et celui de nos troupes; il a été très-bien aidé dans les mouvemens qu'il leur a fait faire par le chevalier de Montreuil, aide-major général, qui s'est extrêmement distingué. Le sieur de La-pause, aide-maréchal des logis de l'armée, y a servi aussi très-utilement.

La perte des ennemis, malgré l'avantage de leur situation et celui de leur artillerie, a été plus considérable que la nôtre. Nous leur avons pris 20 pièces de canon, 2 obusiers et grand nombre d'outils.

Il paroît qu'en venant se former devant les hauteurs qu'ils occupoient, leur projet n'étoit que de travailler, à couvert de leur ligne et de leur canon, à se retrancher sur les hauteurs qui sont devant Québec, pour nous éloigner du corps de la place; mais, lorsqu'ils virent les grenadiers et les premières brigades se replier de quelques pas, ils prirent pour involontaire ce mouvement qui étoit ordonné, et crurent devoir s'ébranler pour profiter du désordre où ils nous supposoient.

Notre petite armée consistoit au moment de l'action en 3,000 hommes de troupes réglées et 2,000 Canadiens ou sauvages; on avoit été obligé de laisser plusieurs détachemens à Jacques-Cartier, et pour la garde des bateaux, des bâtimens et de l'artillerie de siége; nos bataillons d'ailleurs étoient fort diminués par les détachemens qu'ils avoient sur les autres frontières[1].....

Le siége de Québec, qui paroissoit presque impossible

---

1. La relation donne ici la liste des officiers tués et blessés; le résumé est 26 officiers tués et 77 blessés.

avant le combat, vu notre situation et nos ressources, commençoit à devenir vraisemblable, l'ennemi étant renfermé dans la place.

Québec forme une espèce de triangle qui occupe une pointe de terre fort élevée sur la rive gauche du fleuve Saint-Laurent. Le fleuve en défend un des côtés. Des deux qui sont vers la campagne, l'un, qui suit l'escarpement de la côte d'Abraham, commande avec beaucoup de supériorité une plaine basse où serpente la rivière Saint-Charles. Cette côte d'Abraham règne presque parallèlement au fleuve et vient se réunir à l'embouchure de la rivière du Cap-Rouge. Le côté de Québec qui est terminé par cette côte et par l'escarpement du fleuve est le seul accessible; il est défendu par une enceinte de six bastions revêtus et presque sur une ligne droite. Un fossé peu profond, dont l'excavation en quelques endroits n'est que de 5 ou 6 pieds, quelques terres rapportées sur la contrescarpe et 6 à 7 redoutes de bois construites par les Anglois, couvroient cette enceinte, laquelle n'a d'étendue, depuis la côte d'Abraham jusqu'au fleuve, qu'environ 6 ou 700 toises. Le terrain est de roc vif, qui devient presque à nu en approchant de la place.

Des hauteurs que les Anglois avoient abandonnées, l'on découvre les remparts de Québec. Le chevalier de Lévis se hâta de les occuper, et le sieur de Pontleroy, ingénieur en chef de la Nouvelle-France, ayant reconnu la place avec le sieur de Montbeillard, capitaine au corps royal d'artillerie et commandant celle du Canada, il fut décidé que l'on couronneroit par une parallèle les hauteurs qui sont devant les bastions Saint-Louis, de la Glacière et du cap au Diamant, et que l'on y établiroit des batteries. On espéroit qu'elles pourroient faire brèche, quoique la distance fût de 250 toises, le revêtement étant mal construit dans cette partie.

Les jours et les nuits suivantes jusqu'au 11 mai furent employés à perfectionner la parallèle et à construire 3 batteries : l'une, de 6 pièces, battoit un peu en écharpe la face et le flanc droit du bastion de la Glacière ; une autre, de 4 pièces, placée sur la gauche, battoit directement cette même partie et croisoit avec la première ; la troisième, de 3 pièces, étoit dirigée sur le flanc du bastion Saint-Louis opposé au bastion de la Glacière ; on y joignit une batterie de 2 mortiers.

On construisit aussi une batterie de 4 pièces de canon sur la rive gauche de la petite rivière Saint-Charles, d'où l'on voyoit à revers les fronts attaqués ; on espéroit par là inquiéter les assiégés sur leur rempart, quoique l'éloignement fût très-considérable.

La parallèle et les batteries ne purent s'achever qu'avec des difficultés incroyables ; on cheminoit sur le roc ; il falloit porter la terre dans des sacs à une grande distance. L'ennemi eut bientôt démasqué 60 pièces de canon sur les fronts attaqués ; cette artillerie, servie avec la plus grande vivacité, non-seulement retardoit la construction des batteries, mais aussi empêchoit les travailleurs de faire les transports ; les boulets plongeant derrière les hauteurs, il n'y avoit aucun endroit qui en fût à couvert ; les troupes furent même obligées de décamper plusieurs fois.

Enfin le 11 mai, les batteries commencèrent à tirer, et malgré l'extrême supériorité de celles des Anglois, elles l'auroient fait avec succès, si notre petite artillerie eût été de meilleures pièces. Elle étoit composée de pièces de fer de 18 et de 12, une seule de 24, et quoique l'on eût choisi les meilleures de toutes celles qui restoient en Canada, la plupart dès le second jour furent hors de service, et les autres menacées d'y être bientôt.

Le chevalier de Lévis, dans cette circonstance et pour ne pas se trouver inutilement dépourvu de munitions, prit le parti de réduire le feu des batteries à 20 coups par pièce en 24 heures, et de rester dans cette situation jusqu'à l'arrivée des vaisseaux, espérant qu'avant peu de jours la Cour enverroit, par le fleuve, quelques secours en artillerie et en vivres, qui le mettroient à même de terminer le siége de Québec dans peu de jours; leur passage d'ailleurs devenant fort aisé par la position où il s'étoit mis devant cette place.

Une frégate angloise étoit arrivée le 9 devant Québec et avoit apporté au gouverneur quelques gazettes de Londres qu'il avoit eu occasion de faire passer au chevalier de Lévis, dans lesquelles il n'eut que des nouvelles vagues et peu intéressantes. De deux frégates qui avoient passé l'hiver à Québec, l'une avoit appareillé le 1er mai et avoit descendu le fleuve sans qu'on eût pu savoir sa destination; on conjecturoit néanmoins qu'elle étoit partie pour l'Europe. La seconde étoit en armement et parut bientôt prête à se joindre à celle qui venoit d'arriver.

Le 15, à dix heures du soir, le chevalier de Lévis apprit que deux vaisseaux de guerre venoient de mouiller dans la rade de Québec; il eut lieu de juger qu'ils étoient anglois et ne balança pas à songer à la retraite, bien assuré que *l'Atalante* et *la Pomone*, frégates mal armées, dépourvues d'artillerie et d'équipages, n'étoient point en état de faire tête aux vaisseaux ennemis et de couvrir nos bâtimens de transport, sur lesquels étoit chargé le dépôt de vivres. Il envoya aussitôt ordre à ces bâtimens de remonter le fleuve, ayant été extraordinairement agité toute la nuit;

il ordonna aussi de retirer toutes les pièces des batteries et de les transporter à la côte du Foulon, où elles arrivèrent à sept heures du matin.

Au point du jour, un vaisseau de ligne et deux frégates angloises appareillèrent et se trouvèrent en un clin d'œil sur nos frégates, qui furent obligées de prendre chasse; la *Pomone* s'échoua malheureusement devant Sillery. Le sieur de Vauquelin, commandant *l'Atalante*, voyant que les bâtimens de transport alloient être joints, leur fit signal de s'échouer à l'embouchure de la rivière du Cap-Rouge. Il fut lui-même obligé d'en faire autant 4 lieues plus haut vis-à-vis la Pointe-au-Tremble, où il essuya pendant deux heures le feu des deux frégates angloises; et ayant consommé toutes ses munitions et fort endommagé les vaisseaux ennemis, fut fait prisonnier sans avoir amené le pavillon du Roi. Presque tous ses officiers furent tués ou blessés, ainsi qu'une grande partie de son équipage.

Le vaisseau qui étoit parti de Québec avec les deux frégates mouilla devant l'anse du Foulon et canonna si vivement nos bateaux, qu'il fut impossible d'y faire embarquer nos pièces de siége; on ne put emmener que les munitions; quelques officiers furent même obligés d'abandonner leurs équipages.

Les troupes restèrent dans la même position toute la journée du 16. A neuf heures du soir, le chevalier de Lévis fit évacuer la tranchée et se retira en bon ordre avec l'artillerie légère jusqu'à la rivière du Cap-Rouge, qu'il passa le 17 au matin; il employa cette journée et la suivante à faire décharger les flûtes et bâtimens échoués et à en retirer les vivres et munitions. La flûte *la Marie*, commandée par le sieur Cornillaud, s'étant trouvée en état, remonta le fleuve, ayant passé de nuit sous les frégates angloises; tous les autres bâtimens furent brûlés.

Le 19, il eut nouvelle de 8 ou 10 vaisseaux arrivés dans la rade de Québec, ce qui le détermina à mettre devant lui la rivière de Jacques-Cartier, que les troupes passèrent le 20 au matin, ayant laissé un corps de 400 hommes à la Pointe-au-Tremble.

Le vent du nord-est, qui a régné depuis le 10 mai, est devenu si violent pendant les quatre jours employés à reployer les vivres et les munitions, qu'un grand nombre de bateaux a péri. Plusieurs de ceux qui portoient le bagage des troupes ont eu le même sort. L'une des deux frégates qui combattoient *l'Atalante*, ayant chassé sur ses ancres le lendemain du combat, périt aussi dans un instant.

L'on n'avoit jamais espéré, en partant de Montréal, être en état de prendre Québec avec les seules ressources que le pays pouvoit fournir, cette ville étant pourvue d'une artillerie immense et gardée par une garnison nombreuse, composée de bonnes troupes, sous un chef actif et entendu; le projet étoit de resserrer cette garnison dans les murs de la ville d'assez bonne heure pour qu'il lui fût impossible de construire des ouvrages extérieurs devant les fronts que l'on a attaqués, et d'attendre à couvert des premières approches, que les secours demandés en France fussent arrivés, pour être en état de continuer le siége. Un seul pavillon françois auroit suffi pour produire cet effet.

Le succès de l'affaire du 28 auroit pu faire espérer une réussite plus prompte, si l'artillerie eût été en état de faire l'effet qu'on en devoit attendre. La mauvaise qualité des pièces nous a empêchés de profiter de la bonne volonté des troupes, qui attendoient avec impatience que la brèche fût ouverte; et le défaut de tout secours d'Europe a forcé enfin le chevalier de Lévis à se retirer, lui étant impossible, dans un pays où les transports ne peuvent se faire que par eau, de rester dans la position où il étoit sans le secours du fleuve, quand même l'ennemi n'auroit eu, par terre, aucune troupe à lui opposer[1].

Dépôt de la guerre, vol. 3574, pièce 32.

41

LETTRE DE M. DE BOUGAINVILLE
AU MARÉCHAL DE BELLE-ISLE, MINISTRE DE LA GUERRE.

Sur la levée du siége de Québec et sur la disposition d'esprit du soldat.

A l'île-aux-Noix, ce 16 juin 1760.

Monseigneur, j'ai eu l'honneur de vous rendre compte de la situation de cette colonie à la fin de 1758. Vous savez ce qu'elle est devenue par la mort de M. le marquis de Montcalm et la prise de Québec. Avant même que les glaces fussent entièrement rompues, nous avons tenté de le reprendre. C'étoit une entreprise décisive. L'arrivée d'une escadre angloise le 16 mai, a empêché M. le chevalier de Lévis de profiter, pour la prise de cette ville, de la victoire remportée sous ses murs le 28 avril. Les ennemis maintenant nous menacent de toutes parts, et, quoique réduits par notre victoire même à une poignée de monde, nous défendrons cette colonie jusqu'à la dernière extrémité. Le

---

[1]. La relation se termine par une liste des officiers tués ou blessés pendant le siége. Le nombre des morts est de 5 et celui des blessés de 6.

sentiment d'une position aussi critique, les misères de toute espèce qui les enveloppent, la privation presque entière de toute viande, car on est réduit à un quarteron par jour, et bientôt même il le faudra supprimer, les maux passés, présens et ceux qu'on envisage pour l'avenir, n'ont rien diminué au courage, à l'ardeur, au zèle de ces troupes pour le service de Sa Majesté.

L'on m'a confié la frontière du lac Champlain. J'occupe avec 450 hommes le poste de l'île-aux-Noix, et je tâche de suppléer au nombre par les travaux que j'y fais faire jour et nuit, et dans lesquels je suis merveilleusement secondé par la bonne volonté des officiers et soldats, que j'ose dire être sans exemple.

Je vous supplie, Monseigneur, de croire que je chercherai toujours à justifier par ma conduite les grâces dont le Roi m'a comblé et vos bontés pour moi. Je sais que c'est la seule façon de plaire à un ministre aussi grand citoyen. Je suis, etc.

Dépôt de la guerre, vol. 3574, pièce 51. — Original.

42

LETTRE DE M. DE BOURLAMAQUE A M. DE CRÉMILLE [1].

Sur l'état de la colonie.

A Montréal, 26 juin 1760.

Monsieur, j'ai l'honneur de vous envoyer la relation de ce qui s'est passé en Canada depuis la campagne dernière.

---

1. Adjoint au maréchal de Belle-Isle et chargé du détail de la guerre.

Celle-ci a été commencée d'une façon très-brillante et qui fait honneur aux armes du Roi. M. le chevalier de Lévis, après avoir battu les Anglois sur le même terrain où les François le furent le 13 septembre dernier, auroit pris Québec et réparé tous les malheurs de la campagne dernière, si les foibles secours qu'on a envoyés dans ce pays-ci fussent partis plus tôt. Nous avons eu la douleur de voir arriver l'escadre angloise au lieu des vaisseaux que nous attendions, et obligés de nous retirer après avoir débuté avec le plus grand succès. Maintenant, sans espoir de recevoir aucun secours, il ne nous reste que de la patience et du courage. M. le chevalier de Lévis, digne d'une réussite plus heureuse, ne néglige rien pour entretenir l'un et l'autre. Il a tout ce qu'il faut pour tirer un grand parti de la valeur des troupes; elles ont confiance en lui, et il est certain que si nous ne réussissons pas, au moins nous n'aurons rien à nous reprocher. En mon particulier, je ferai tout ce qui dépendra de moi pour le seconder.

J'ai été blessé assez considérablement au combat du 28 avril[1]; quoique je ne sois pas encore guéri, je sors de mon lit depuis quelques jours, et j'espère être dans peu en état de servir.

Menacés de trois côtés par des forces infiniment supérieures, nous attendons que l'ennemi ait achevé de décider ses mouvemens pour l'aller combattre; c'est la seule ressource qui nous reste.....

Dépôt de la guerre, vol. 3574, piece 65. — Original.

---

[1]. M. de Bourlamaque avait eu une partie du gras de la jambe coupée par un boulet de canon.

45

LETTRE DU MARQUIS DE VAUDREUIL
AU MARÉCHAL DE BELLE-ISLE, MINISTRE DE LA GUERRE.

Sur le siége et la levée du siége de Québec.

A Montréal, le 27 juin 1760.

Monseigneur, j'ai reçu la lettre que vous m'avez fait l'honneur de m'écrire le 9 février dernier. Je ne puis, Monseigneur, que m'en rapporter à l'exactitude des comptes que M. le chevalier de Lévis a l'honneur de vous rendre de tout ce qui s'est passé d'intéressant dans ce pays-ci depuis la campagne dernière. La brillante journée du 28 avril est entièrement son ouvrage ; notre victoire est due à son courage, son intrépidité et son coup d'œil militaire ; les troupes, les Canadiens, et même les sauvages, ont fait des merveilles. Que ne devois-je en espérer sous les yeux d'un général qu'elles chérissent et en qui elles ont toujours eu une confiance décidée ?

Qu'il est fâcheux, Monseigneur, que les justes mesures de M. de Berryer aient été susceptibles de retardement ; les secours qu'il nous avoit destinés, quelque modiques qu'ils fussent, joints aux mesures que nous avions prises, auroient mis la colonie hors de danger ; la vue d'un seul pavillon françois auroit opéré la reddition de la ville de Québec.

M. le chevalier de Lévis s'est acquis la même gloire que s'il avoit reconquis cette place ; il n'y a point de sa faute, ni de la mienne, si elle n'est point rentrée dans la possession du Roi ; nous y avons fait l'un et l'autre même au-

PIÈCES JUSTIFICATIVES. 433

delà de l'impossible, et je doute qu'il y ait d'exemple de semblable expédition dans une saison aussi dure et dans une si grande détresse de toutes choses.

Tout m'engage, tout m'oblige, Monseigneur, à avoir l'honneur de vous supplier de vouloir bien procurer à M. le chevalier de Lévis un brevet de lieutenant général; il le mérite par l'importance de ses services, par son expérience et ses lumières militaires; tous les états de cette colonie en général en seront infiniment flattés.

Je n'ai rien à ajouter à ce que ce général a l'honneur de vous marquer sur la situation où nous nous trouvons à tout égard; nous sommes déterminés l'un et l'autre à nous porter aux plus grandes extrémités pour conserver cette colonie. Je vous supplie, Monseigneur, de vouloir bien en assurer le Roi. Rien ne sauroit porter atteinte à notre étroite union; elle prend source de notre inclination naturelle et essentiellement de notre zèle pour le service du Roi. Je suis, etc.

Dépôt de la guerre, vol. 3574, pièce 67. — Original.

44

LETTRE DU CHEVALIER DE LÉVIS
AU MARÉCHAL DE BELLE-ISLE, MINISTRE DE LA GUERRE.

Sur la situation de la colonie et la marche des armées anglaises sur Montréal. — Il lui annonce que la crise est arrivée.

A Montréal, ce 7 août 1760.

Monseigneur, j'ai l'honneur de vous rendre compte que les ennemis sont en marche de la partie de Québec depuis le 14 du mois passé, avec 40 voiles et 2,500 hommes de

débarquement ; ils ont reçu depuis, à Québec, un renfort d'environ 1,000 hommes de troupes. Ils sont dans ce moment à hauteur des Trois-Rivières ; le détachement qui étoit à Dechambeau les suit le long de la côte du Nord. Il paroît que leur projet est de [1] « venir à Montréal ou à
« Sorel, pour faciliter leur jonction avec M. Amherst.
« Nous n'avons nuls moyens pour les arrêter ; nous re-
« tranchons les îles de la sortie du lac Saint-Pierre [2] ; mais,
« comme il y a plusieurs passages, *nous manquons d'artil-*
« *lerie et de poudre* ; c'est seulement une démonstration de
« défense que nous faisons pour retarder leur marche.

« Nous nous faisons un point capital de défendre Mont-
« réal et la côte du Nord tant que nous pourrons. Les
« Canadiens sont épouvantés par la flotte ; ils craignent
« que leurs habitations ne soient brûlées. Nous sommes au
« moment de la crise. M. Amherst a rassemblé 15,000 hom-
« mes au fort Saint-Frédéric ; il y a un autre corps con-
« sidérable qui est rassemblé au fort de Chouegen pour
« pénétrer par les Rapides ; il n'y a pas à douter qu'ils
« vont se mettre en mouvement pour agir tous en même
« temps. » S'ils ont différé jusqu'à ce moment, il est vraisemblable que c'est pour attendre le temps de la récolte, pour nous priver des habitans, comptant que nous aurions de la peine à les rassembler dans ce temps.

Nous agirons comme j'ai eu l'honneur de vous le mander dans ma lettre précédente. « Nous tenterons toutes
« sortes de voies pour sauver la colonie ; mais notre situa-

---

1. Tout ce qui est entre « » est chiffré.
2. Le lac Saint-Pierre est formé par le Saint-Laurent ; il est à deux lieues au-dessus des Trois-Rivières, et à une même distance du confluent de la rivière de Richelieu. Il y a dans ce lac les îles de Saint-François et de Richelieu.

« tion est si fâcheuse qu'il faut des miracles ; nos armées
« n'auront que du pain pour subsister, et médiocrement. »

Manquant de farine, le discrédit du papier et des lettres de change du munitionnaire empêchant qu'il en puisse trouver, m'ont engagé à représenter vivement à M. le marquis de Vaudreuil et à M. l'intendant, à ce sujet, offrant de m'engager personnellement de porter les troupes à donner le peu d'argent qu'elles auroient, et d'employer à cette levée des officiers capables de s'acquitter parfaitement de cette commission ; ce qui a produit l'effet que j'en attendois et nous a fourni de moyens pour « avoir du pain pour ce mois. » M. le marquis de Vaudreuil et M. l'intendant se sont engagés aussi pour cet achat.

Je ne cesse d'être en mouvement pour me porter dans toutes les parties, pour y mettre l'ordre et y préparer tous les moyens possibles pour la défense ; je pars dans ce moment pour celle du lac Saint-Pierre. Je suis, etc.

Je suis de retour des îles du lac Saint-Pierre, où est la flotte angloise, qui a été augmentée de 28 voiles. « Nuls
« moyens pour les arrêter aux îles, ni même jusqu'à Mont-
« réal. Il y a lieu de croire qu'ils vont tenter de s'établir
« à l'embouchure de la rivière de Sorel, ou qu'ils vien-
« dront à Montréal. Nous venons d'apprendre qu'il est
« arrivé 3 bataillons ennemis de renfort à Québec ; on y
« en attend un quatrième de la garnison de l'île Royale :
« ils font sauter cette place[1] ; les armées du lac Ontario et
« du lac Champlain sont en mouvement.

« La flotte de Québec montant jusqu'à Montréal nous

---

1. Louisbourg.

« forcera d'abandonner les frontières ; la jonction des ar-
« mées se fera alors sans obstacles ; ils auront, tout réuni,
« au moins 40,000 hommes dans le centre de la colonie.
« Vous connoissez nos forces et nos pouvoirs ; jugez de ce
« qu'on peut en attendre. Si nous ne conservons pas le
« pays, nous soutiendrons l'honneur des armes du Roi. »

Dépôt de la guerre, vol. 3574, pièce 90. — Original.

45

RELATION DES ÉVÉNEMENTS DU CANADA DEPUIS LE MOIS DE JUIN JUSQU'AU MOIS DE SEPTEMBRE 1760, ADRESSÉE AU MARÉCHAL DE BELLE-ISLE, MINISTRE DE LA GUERRE, PAR M. BERNIER, COMMISSAIRE DES GUERRES.

[Juin.] On reçoit les paquets de la Cour avec avis que 12 vaisseaux et quelques troupes ont relâché à la baie des Chaleurs, étant venus trop tard et après l'escadre angloise entrée en rivière[1] ; ce secours, tout médiocre qu'il étoit, eût peut-être suffi pour reprendre Québec, ou au moins pour empêcher les Anglois d'étendre plus loin leurs conquêtes pour cette année.

Tout le mois de juin fut un temps de repos pour les François, que le siége de Québec avoit excédés de fatigue. M. de Murray reçut ses secours et parut faire de grands préparatifs. Ce gouverneur, sans alléguer aucune raison, déclara qu'il ne reconnoissoit plus de cartel, et, en consé-

---

1. L'escadre anglaise était arrivée devant Québec le 16 mai, et son apparition avait décidé M. de Lévis à lever le siége de Québec.

quence, fit prisonniers tous les blessés du 28 avril restés à l'hôpital général [1]; il désarma la garde françoise et retint même les équipages des officiers convalescens qui avoient rejoint leurs corps.

Le 8 de juillet, M. de Murray s'embarqua avec près de 4,000 hommes, sur 52 bâtimens de toute grandeur, pour s'avancer à Montréal. Cette flotte n'alarmoit point; on prit toutes les précautions pour en empêcher le débarquement du côté du nord; on enveloppa de retranchemens la ville des Trois-Rivières, qui étoit tout ouverte et ressemble à un gros village d'Europe. Cependant on n'apprenoit aucune nouvelle, ni du lac Champlain, ni du lac Ontario; et, sur ce qu'on ne voyoit arriver à Québec aucune force, on ne pouvoit prévoir où aboutiroit la campagne; d'autant plus qu'on vit partir tous les vaisseaux de guerre qui étoient à Québec. Mais on apprit par la suite qu'ils étoient allés à la baie des Chaleurs, où ils détruisirent, en deux fois vingt-quatre heures, les vaisseaux partis de Bordeaux, la veille de l'arrivée du courrier de M. de Vaudreuil, que ces vaisseaux attendoient pour mettre à la voile pour la Louisiane; malheur d'autant plus grand, qu'on avoit gardé ce courrier plus d'un mois à Montréal, et que, si on l'avoit retenu huit jours de moins, tous ces vaisseaux auroient été partis avant l'arrivée de l'escadre angloise.

M. de Murray, à mesure qu'il montoit la rivière, faisoit faire des débarquemens à la côte du Sud, dont il désarmoit les habitans et prenoit leur serment.

Vers les premiers jours d'août, M. de Murray passa, avec toute sa flotte, devant les Trois-Rivières, sans y faire aucune attention; on commença à juger que son dessein pouvoit

---

1. De Québec.

être de venir s'établir à Sorel, tant pour nous couper la communication avec l'île aux Noix et les autres postes de cette frontière, que pour faire sa jonction avec leur principale armée, qu'on jugeoit s'assembler au fort Saint-Frédéric. On tenta aussitôt de lui empêcher le passage entre les îles qui sont au-dessus du lac Saint-François, vis-à-vis de Sorel; on y fit marcher les bataillons pour s'y retrancher. M. le chevalier de Bourlamaque se porta à Sorel pour y empêcher une descente; M. Dumas, qui avoit son corps, avoit toujours côtoyé la flotte angloise. A la côte opposée, M. de Murray trouva partout passage entre les différentes îles; il fit mine pour un instant d'en vouloir sur Sorel et continua de monter la rivière; et nos troupes de le suivre des deux bords pour l'empêcher de mettre pied à terre en aucun endroit.

Il est à remarquer que, partout où M. de Murray vit la plus petite résistance, il déclina d'y débarquer; il le fit en deux ou trois endroits où il ne vit personne, et permit à ses troupes de commettre plusieurs excès, qui ne confirmèrent pas peu les peuples dans l'idée et la crainte que c'étoit un homme terrible.

M. le chevalier de Lévis étoit pendant ce temps-là à Montréal, avec un bataillon françois et un de la colonie, occupé à faire retrancher la petite île Sainte-Hélène et les approches de Montréal, dans la crainte qu'à la faveur d'un bon vent de nord-est...[1] n'eût pu arriver sur un de ces endroits et les surprendre lorsque nos forces en auroient été éloignées.

Environ le 20 d'août, on reçut tout à coup des nouvelles que deux armées étoient en marche : l'une, partie de Saint-

---

1. Il y a un mot de passe dans le manuscrit; c'est sans doute : l'ennemi.

Frédéric, et l'autre de Chouegen, sans savoir quelle étoit celle de M. Amherst, le général en chef. On jugea dès lors que les ordres de M. de Murray étoient de ne rien entreprendre, et que ces trois armées devoient se réunir dans l'île de Montréal, sous les murs de la ville même.

Des forces si considérables de toutes parts, des opérations si justement combinées, jetèrent aussitôt le découragement ; les sauvages nous abandonnèrent aussitôt, tournèrent même leurs armes contre nous ; les habitans s'enfuirent dans leurs habitations, d'autant plus que M. de Murray faisoit brûler celles où il n'y avoit point d'hommes.

Le 24, on apprit que l'île aux Noix étoit investie ; deux jours après, on reçut la nouvelle que le fort Lévis, du côté du lac Ontario, l'étoit aussi, et que l'armée principale, commandée par M. Amherst, venoit par cette route.

L'artillerie immense que traînoit chacune de ces armées leur rendit facile la conquête de ces deux forts, où rien ne mettoit à couvert de la bombe. Le fort Lévis, en trois jours, fut anéanti ; celui qui y commandoit n'eut d'autre capitulation que celle d'avoir le sort qui seroit fait à la colonie et aux troupes en général.

L'île aux Noix, plus considérable par la garnison et son étendue, mais beaucoup moins par l'art et la nature que le fort Lévis, fut assaillie par tant de batteries élevées de toutes parts, que, quoi qu'on y fût en sûreté contre une attaque, il fut impossible de pouvoir y tenir contre le feu de tant de pièces. M. de Bougainville fit connoître sa situation, qui devenoit chaque jour plus affreuse par la désertion des Canadiens et par le grand nombre des blessés, offrant néanmoins d'y tenir, tant qu'il lui resteroit un homme. Après avoir reconnu l'impossibilité de le secourir, par la mauvaise volonté et la défection entière des sauvages, on lui envoya ordre de tenter sa retraite avec sa garnison au travers des bois. Cette retraite avoit plus de danger que de soutenir un assaut; cependant il l'effectua, et ne laissa dans l'île qu'un officier et 30 hommes pour la garde des blessés qui étoient en grand nombre.

Ces deux barrières emportées, l'armée du lac Champlain fit sa jonction avec celle de M. de Murray, à la côte du Sud, vis-à-vis Montréal, le 4 de septembre. Le 6, celle du lac Ontario débarqua dans l'île de Montréal, et le 7 cette ville fut investie par 20,000 hommes de troupes réglées.

La colonie ne consistoit plus que dans les habitans de la ville de Montréal, et dans les débris des 8 bataillons des troupes de terre et 2 bataillons des troupes de la marine. La désertion qui se mit aussitôt parmi les soldats, dont un grand nombre étoient mariés, et qui craignoient d'être transportés en Europe s'ils étoient pris dans la ville, joint à plus de 150 déserteurs anglois qui y étoient incorporés, dont il fallut favoriser la désertion, réduisit ces bataillons à moins de 2,500 hommes.

Montréal est une ville environnée d'une simple muraille, pour la mettre à couvert contre les sauvages plutôt que contre des troupes; elle étoit pleine d'un peuple infini qui s'y étoit réfugié après la ruine de Québec et les différens incendies des campagnes; ce peuple courut en foule implorer M. de Vaudreuil, pour sauver leur vie et leurs biens des mains des sauvages qui s'étoient réunis de toutes parts aux Anglois.

L'ennemi, quoiqu'en état d'emporter cette place d'emblée, s'il eût voulu le tenter, parut vouloir la réduire par son artillerie, comme il avoit fait des autres places; et il ne lui falloit qu'une nuit pour la mettre en cendres, toutes les maisons n'étant qu'en bois ou couvertes de bois, selon

PIÈCES JUSTIFICATIVES. 441

l'usage du pays; mais, le 8, M. le marquis de Vaudreuil fit la capitulation ci-jointe[1].

Dépôt de la guerre, vol. 3574, pièce 112. — Original.

46

EXTRAIT D'UNE LETTRE DE M. BERNIER, COMMISSAIRE DES GUERRES, A M. DE CRÉMILLE, LIEUTENANT GÉNÉRAL, ADJOINT AU MINISTRE DE LA GUERRE.

Sur la capitulation de Montréal.

Montréal, le 12 septembre 1760.

.... Le 7, Montréal fut investie par ces trois armées qui n'en faisoient que deux, et dans lesquelles on jugea 20,000 hommes, sans compter les sauvages et d'autres troupes irrégulières.

Cette ville étoit sans autre défense que celle des débris de nos bataillons et de ceux de la colonie, épuisés depuis plusieurs jours par la désertion des soldats et sans aucun secours des habitans qui avoient montré depuis longtemps cet exemple, par la crainte de voir leurs habitations brûlées. On craignit qu'elle ne fût réduite en cendres dès le premier moment que l'ennemi feroit usage de son artillerie, ou que si on lui laissoit faire les apparences d'un siége, il ne s'obstinât à la vouloir prendre à discrétion et toute la colonie. M. de Vaudreuil, pour éviter l'un et l'autre, députa M. de Bougainville pour entrer en conférence; d'où s'ensuivit la capitulation à laquelle M. de Bougainville n'eut ensuite aucune part. Cette capitulation, seule défavorable à nos bataillons, a irrité tous les esprits;

---

1. On la trouvera p. 443.

on l'a jugée une pièce dictée par l'intérêt, passion dominante dans ces climats. M. le chevalier de Lévis crut devoir protester contre, par un écrit public[1].

La capitulation et la protestation de M. le chevalier de Lévis sont à la suite du mémoire des événemens de l'année, que j'ai l'honneur d'adresser à M. le maréchal de Belle-Isle. Cet acte a mis beaucoup de froid entre les François et les Anglois. Nos généraux de terre et ceux des Anglois évitent de se voir. Avant de signer la capitulation, M. de Vaudreuil envoya, par plusieurs reprises, à M. Amherst, pour le ramener à des sentimens plus favorables envers les troupes, mais sans succès ; ses officiers, peinés eux-mêmes de ce traitement, ont dit tous que c'étoit en représailles de la cruauté de nos sauvages; d'autres, en mémoire de la capitulation de Closter-Severn, où ce général étoit.

Je n'oserois, Monsieur, entrer dans des détails plus particularisés d'un événement cruellement sensible à tout sujet animé de quelque zèle pour la gloire du Roi et pour le bien de la patrie. Si ce pays ne doit plus rentrer sous la domination de la France, c'est une perte infinie; s'il doit y revenir, ce sera sans doute un bien, si on le regarde comme un bâtiment à reprendre par les fondemens, et que l'on y détruise jusqu'à l'ombre même de l'intérêt, qui est l'unique et antique cause de sa perte; tout y doit être renouvelé, crainte qu'il n'y reste du levain corrupteur.

Le lendemain de la capitulation, j'ai fait, ainsi que M. le chevalier de Lévis, la revue par appel de nos 8 bataillons; j'ai trouvé, y compris les hôpitaux et les invalides dans la place, 2,250 hommes.

Dépôt de la guerre, vol. 3574, pièce 102. — Original.

---

[1]. Les officiers de l'armée de M. Lévis protestèrent comme leur général.

47

ARTICLES DE CAPITULATION.

Entre Son Excellence le général Amherst, commandant en chef les troupes et forces de S. M. Britannique en Amérique septentrionale,

Et Son Excellence Monsieur le marquis de Vaudreuil, grand-croix de l'ordre royal et militaire de Saint-Louis, gouverneur et lieutenant général pour le Roi en Canada.

ARTICLE PREMIER.—Vingt-quatre heures après la signature, le général anglois fera prendre par les troupes de S. M. Britannique possession des portes de la ville de Montréal, et la garnison angloise ne pourra y entrer qu'après l'évacuation des troupes françoises [1].

Toute la garnison de Montréal doit mettre bas les armes et ne servira point pendant la présente guerre, immédiatement après la signature de la présente.

ART. 2. — Les troupes et milices qui seront en garnison dans la ville de Montréal en sortiront par la porte de . . . . avec tous les honneurs de la guerre, 6 pièces de canon et 1 mortier qui seront chargés dans les vaisseaux où le marquis de Vaudreuil embarquera, avec 10 coups à tirer par pièce; il en sera de même pour la garnison des Trois-Rivières pour les honneurs de la guerre.

Les troupes du roi prendront possession des postes et

---

1. Les articles sont les propositions faites par le marquis de Vaudreuil. — Les réponses du général Amherst sont indiquées après les articles et en caractères différents.

posteront les gardes nécessaires pour maintenir le bon ordre dans la ville.

Art. 3. — Les troupes et les milices qui seront en garnison dans les forts de Jacques-Cartier, et dans l'île Sainte-Hélène et autres forts, seront traitées de même et auront le même honneur, et ces troupes se rendront à Montréal, ou aux Trois-Rivières, ou à Québec, pour y être embarquées pour le premier port de mer en France par le plus court chemin.

Les troupes qui sont dans nos forts situés sur nos frontières du côté de l'Acadie, au Détroit, à Michilimakinac et autres postes, jouiront des mêmes honneurs et seront traitées de même.

> Toutes ces troupes ne doivent point servir pendant la présente guerre et mettront pareillement bas les armes.
> Le reste accordé.

Art. 4. — Les milices, après avoir sorti des villes, des forts et postes ci-dessus, retourneront chez elles sans pouvoir être inquiétées, sous quelque prétexte que ce soit, pour avoir porté les armes.

> Accordé.

Art. 5. — Les troupes qui tiennent la campagne lèveront leur camp, marcheront tambour battant, armes, bagages et avec leur artillerie, pour se joindre à la garnison de Montréal, et auront en tout le même traitement.

> Ces troupes doivent, comme les autres, mettre bas les armes.

Art. 6. — Les sujets de S. M. Britannique et ceux de S. M. Très-Chrétienne, soldats, miliciens ou matelots, qui auront déserté, ou laissé le service de leur souverain et porté les armes dans l'Amérique septentrionale, seront de part et d'autre pardonnés de leur crime; ils seront respectivement rendus à leur patrie; sinon ils resteront chacun où ils sont, sans qu'ils puissent être recherchés ou inquiétés.

> Refusé.

Art. 7. — Les magasins, l'artillerie, fusils, sabres, munitions de guerre et généralement tout ce qui appartient à S. M. Très-Chrétienne, tant dans les villes de Montréal et Trois-Rivières, que dans les forts et postes mentionnés en l'article 3, seront livrés par des inventaires exacts aux commissaires qui sont ou seront préposés pour les recevoir au nom de S. M. Britannique. Il sera remis au marquis de Vaudreuil des expéditions en bonne forme desdits inventaires.

> C'est tout ce qu'on peut demander sur cet article.

Art. 8. — Les officiers, soldats, miliciens, matelots, et même les sauvages détenus pour cause de leurs blessures ou maladies, tant dans les hôpitaux que dans les maisons particulières, jouiront des priviléges du cartel et seront traités conséquemment.

> Les malades et blessés seront traités comme nos propres gens.

Art. 9. — Le général anglois s'engagera de renvoyer les sauvages, Indiens et Moraigans, qui font nombre de ses armées, d'abord après la signature de la présente capitulation; et cependant, pour prévenir tout désordre de la part de ceux qui ne seront pas partis, il sera donné par ce général des sauvegardes aux personnes qui en demanderont, tant dans les villes que dans les campagnes.

> Le premier refusé. Il n'y a point eu de cruautés commises par les sauvages de notre armée, et le bon ordre sera maintenu.

Art. 10. — Le général de S. M. Britannique garantira tout désordre de la part de ses troupes, et les assujettira à payer les dommages qu'elles pourroient faire, tant dans les villes que dans les campagnes.

> Répondu par l'article précédent.

Art. 11. — Le général anglois ne pourra obliger le marquis

de Vaudreuil de sortir de la ville de Montréal. . . .[1], et on ne pourra loger personne dans son hôtel jusqu'à son départ. M. le chevalier de Lévis, commandant les troupes de terre, les officiers principaux et majors des troupes de terre et de la colonie, les ingénieurs, officiers d'artillerie et commissaires des guerres, resteront pareillement à Montréal jusqu'audit jour et y conserveront leurs logemens; il en sera usé de même à l'égard de M. Bigot, intendant, des commissaires de la marine et officiers de plume dont mondit sieur Bigot aura besoin, et on ne pourra également loger personne à l'intendance avant le départ de cet intendant.

> M. le marquis de Vaudreuil et tous ces Messieurs seront maîtres de leurs maisons, et s'embarqueront dès que les vaisseaux du roi seront prêts à faire voile pour l'Europe, et on leur accordera toutes les commodités qu'on pourra.

Art. 12. — Il sera destiné pour le passage en droiture au premier port de mer de France, du marquis de Vaudreuil, le vaisseau le plus commode qui se trouvera; il y sera pratiqué les logemens nécessaires pour lui, Mme la marquise de Vaudreuil, M. de Rigaud[2], gouverneur de Montreal, et la suite de ce général; ce vaisseau sera pourvu de subsistances convenables, aux dépens de S. M. Britannique, et le marquis de Vaudreuil emportera avec lui ses papiers, sans qu'ils puissent être visités, et il embarquera ses équipages, vaisselles, bagages et ceux de sa suite.

> Accordé, excepté les archives qui pourront être nécessaires pour le gouvernement du pays.

Art. 13. — Si avant ou après l'embarquement du marquis de Vaudreuil, la nouvelle de la paix arrivoit, et que par le traité le Canada restât à S. M. Très-Chrétienne, la présente capitulation deviendroit nulle et sans effet quelconque, et le marquis

---

1. Il y a un blanc dans l'original.
2. Son frère.

de Vaudreuil reviendroit à Québec ou à Montréal, et toutes choses rentreroient dans leur premier état, sous la domination de S. M. Très-Chrétienne.

 Ce que le roi pourroit avoir fait à ce sujet sera obéi.

Art. 14. — Il sera destiné deux vaisseaux pour le passage en France de M. le chevalier de Lévis, des officiers principaux et état-major général des troupes de terre, ingénieurs et officiers d'artillerie, et gens qui sont à leur suite; ces vaisseaux seront également pourvus de subsistances; il y sera pratiqué les logemens nécessaires. Ces officiers pourront emporter leurs papiers qui ne seront point visités, leurs équipages, leurs bagages; ceux de ces officiers qui seront mariés auront la liberté d'emmener avec eux leurs femmes et enfans; la subsistance leur sera fournie.

 Accordé, excepté que M. le marquis de Vaudreuil et tous les officiers, de quelque rang qu'ils puissent être, nous remettront de bonne foi toutes les cartes et plans du pays.

Art. 15. — Il en sera de même destiné un pour le passage de M. Bigot, intendant, et de sa suite, dans lequel vaisseau il sera fait les aménagemens convenables pour lui et les personnes qu'il emmènera; il y embarquera également ses papiers, qui ne seront point visités, ses équipages, vaisselles, bagages et ceux de sa suite; ce vaisseau sera pourvu de subsistances, comme il est dit ci-devant.

 Accordé, avec la même réserve que par l'article précédent.

Art. 16. — Le général anglois fera aussi fournir pour M. de de Longueil, gouverneur des Trois-Rivières, pour les états-majors de la colonie et les commissaires de la marine, les vaisseaux nécessaires pour se rendre en France, et le plus commodément qu'il sera possible; ils pourront y embarquer leurs familles, domestiques, bagages et équipages, et la subsistance leur sera fournie pendant la traversée sur un pied convenable aux dépens de S. M. Britannique.

 Accordé.

Art. 17. — Les officiers et soldats, tant des troupes de terre que de la colonie, ainsi que les officiers marins et matelots, qui se trouveront dans la colonie, seront aussi embarqués pour France dans les vaisseaux qui leur seront destinés en nombre suffisant et le plus commodément que faire se pourra. Les officiers de troupes et marins qui seront mariés pourront emmener avec eux leur famille, et tous auront la liberté d'embarquer leurs domestiques et bagages. Quant aux soldats et matelots, ceux qui seront mariés pourront emmener avec eux leurs femmes et enfans, et tous embarqueront leurs havre-sacs et bagages, et il sera embarqué dans les vaisseaux les subsistances convenables et suffisantes aux dépens de S. M. Britannique.

Accordé.

Art. 18. — Les officiers, soldats et tous ceux qui sont à la suite des troupes qui auront leurs bagages dans les campagnes, pourront les envoyer chercher avant leur départ, sans qu'il leur soit fait aucun tort ni empêchement.

-Accordé.

Art. 19. — Il sera fourni par le général anglois un bâtiment d'hôpital pour ceux des officiers, soldats et matelots blessés ou malades qui seront en état d'être transportés en France, et la subsistance leur sera également fournie aux dépens de S. M. Britannique.

Il en sera de même à l'égard des autres officiers, soldats et matelots, blessés ou malades, aussitôt qu'ils seront rétablis ; les uns et les autres pourront emmener leurs femmes, enfans, domestiques et bagages, et lesdits soldats et matelots ne pourront être sollicités, ni forcés à prendre parti dans le service de S. M. Britannique [1].

Accordé.

---

1. C'est une précaution contre les enrôlements forcés qui étaient alors en usage. On sait qu'en 1756, après la capitulation de l'armée saxonne à Pyrna, le roi de Prusse incorpora toutes ces troupes dans son armée.

Art. 20. — Il sera laissé un commissaire et un écrivain du Roi pour avoir soin des hôpitaux et veiller à tout ce qui aura rapport au service de S. M. Très-Chrétienne.

Accordé.

Art. 21. — Le général anglois fera également fournir des vaisseaux pour le passage en France des officiers du conseil supérieur de justice, police, de l'amirauté, et les autres officiers ayant commissions ou brevets de S. M. Très-Chrétienne, pour eux, leurs familles, domestiques et équipages, comme pour les autres officiers, et la subsistance leur sera fournie de même aux dépens de S. M. Britannique. Il leur sera cependant libre de rester dans la colonie, s'ils le jugent à propos, pour y arranger leurs affaires, ou de se retirer en France quand bon leur semblera.

Accordé; mais, s'ils ont des papiers qui concernent le gouvernement du pays, ils doivent nous les remettre.

Art. 22. — S'il y a des officiers militaires dont les affaires exigent la présence dans la colonie jusqu'à l'année prochaine, ils pourront y rester, après en avoir eu la permission de M. de Vaudreuil, sans qu'ils puissent être réputés prisonniers.

Tous ceux dont les affaires particulières exigent qu'ils restent dans le pays, et qui en ont la permission de M. de Vaudreuil, seront permis de rester jusqu'à ce que leurs affaires soient terminées.

Art. 23. — Il sera permis au munitionnaire des vivres du Roi de demeurer en Canada jusqu'à l'année prochaine pour être en état de faire face aux dettes qu'il a contractées dans la colonie, relativement à ses fournitures; si néanmoins il préfère de passer en France cette année, il sera obligé de laisser jusqu'à l'année prochaine une personne pour faire ses affaires. Ce particulier conservera et pourra emporter tous ses papiers, sans être visités; ses commis auront la liberté de rester dans la colonie ou de passer en France, et, dans ce dernier cas, le passage et la subsistance leur seront accordés sur les vaisseaux de S. M. Britannique, pour eux, leur famille et leurs bagages.

Accordé.

Art. 24. — Les vivres et autres approvisionnemens qui se trouveront en nature dans les magasins du munitionnaire, tant dans les villes de Montréal et des Trois-Rivières que dans les campagnes, lui seront conservés ; lesdits vivres lui appartenant et non au Roi, il lui sera loisible de les vendre aux François et aux Anglois.

> Tout ce qui se trouve dans les magasins pour l'usage des troupes doit être délivré au commissaire anglois, pour les troupes du roi.

Art. 25. — Le passage en France sera également accordé sur les vaisseaux de S. M. Britannique, ainsi que la subsistance, à ceux des officiers de la compagnie des Indes qui voudront y passer, et ils emmèneront leurs familles, domestiques et bagages ; sera permis à l'agent principal de ladite Compagnie, supposé qu'il voulût passer en France, de laisser telle personne qu'il jugera à propos jusqu'à l'année prochaine pour terminer les affaires de ladite Compagnie et faire le recouvrement des sommes qui lui sont dues ; l'agent principal conservera tous les papiers de ladite Compagnie, et ils ne pourront être visités.

> Accordé.

Art. 26. — Cette Compagnie sera maintenue dans la propriété des écarlatines et castors qu'elle peut avoir dans la ville de Montréal, et il n'y sera point touché sous quelque prétexte que ce soit ; et il sera donné à l'agent-principal les facilités nécessaires pour faire passer cette année en France ses castors sur les vaisseaux de S. M. Britannique, en payant le fret sur le pied que les Anglois le payeroient.

> Accordé pour ce qui peut appartenir à la Compagnie ou aux particuliers ; mais, si S. M. Très-Chrétienne y a aucune part, elle doit être au profit du roi.

Art. 27. — Le libre exercice de la religion catholique apostolique et romaine subsistera en son entier, en sorte que tous les états et peuples des villes et des campagnes, lieux et postes éloignés, pourront continuer de s'assembler dans les églises et fréquenter les sacremens comme ci-devant, sans être inquiétés en aucune manière, ni directement, ni indirectement.

    Accordé pour le libre exercice de leur religion.

Ces peuples seront obligés, par le gouvernement anglois, à payer aux prêtres qui en prendront soin les dîmes et tous les droits qu'ils payoient sous le gouvernement de S. M. Très-Chrétienne.

    L'obligation de payer les dîmes aux prêtres dépendra de la volonté du roi.

Art. 28. — Le chapitre, les prêtres, curés et missionnaires continueront avec entière liberté leurs exercices et fonctions curiales dans les paroisses des villes et des campagnes.

    Accordé.

Art. 29. — Les grands vicaires nommés par le chapitre pour administrer le diocèse pendant la vacance du siége épiscopal pourront demeurer dans les villes ou paroisses des campagnes, suivant qu'ils le jugeront à propos ; ils pourront en tout temps visiter les différentes paroisses du diocèse, avec les cérémonies ordinaires, et exercer toute la juridiction qu'ils exerçoient sous la domination françoise ; ils jouiront des mêmes droits en cas de mort du futur évêque, dont il sera parlé à l'article suivant.

    Accordé, excepté ce qui regarde l'article suivant.

Art. 30. — Si, par le traité de paix, le Canada restoit au pouvoir de S. M. Britannique, S. M. Très-Chrétienne continueroit à nommer l'évêque de la colonie, qui seroit toujours de la communion romaine, et sous l'autorité duquel les peuples exerceroient la religion romaine.

    Refusé.

Art. 31. — Pourra le seigneur évêque établir, dans le besoin, de nouvelles paroisses et pourvoir au rétablissement de sa cathédrale et de son palais épiscopal, et il aura en attendant la liberté de demeurer dans les villes ou paroisses, comme il le jugera à propos ; il pourra visiter son diocèse avec les cérémonies ordinaires, et exercer toute la juridiction que son prédécesseur exerçoit sous la domination françoise, sauf à exiger de lui le serment de fidélité ou promesse de ne rien faire ni dire contre le service de S. M. Britannique.

Cet article est compris sous le précédent.

Art. 32. — Les communautés de filles seront conservées dans leurs constitutions et privilèges ; elles continueront d'observer leurs règles ; elles seront exemptes du logement de gens de guerre, et il sera fait défense de les troubler dans les exercices de piété qu'elles pratiquent, ni d'entrer chez elles ; on leur donnera même des sauvegardes si elles en demandent.

Accordé.

Art. 33. — Le précédent article sera pareillement exécuté à l'égard des communautés des Jésuites et Récollets, et de la maison des prêtres de Saint-Sulpice à Montréal ; ces derniers et les Jésuites conserveront le droit qu'ils ont de nommer à certaines cures et missions, comme ci-devant.

Refusé jusqu'à ce que le plaisir du roi soit connu.

Art. 34. — Toutes les communautés et tous les prêtres conserveront leurs meubles, la propriété et l'usufruit des seigneuries et autres biens que les uns et les autres possèdent dans la colonie, de quelque nature qu'ils soient, et lesdits biens seront conservés dans leurs privilèges, droits, honneurs et exemptions.

Accordé.

Art. 35. — Si les chanoines, prêtres, missionnaires, les prêtres du séminaire des missions étrangères et de Saint-Sulpice, ainsi que les Jésuites et les Récollets, veulent passer en

France, le passage leur sera accordé sur les vaisseaux de S. M. Britannique, et tous auront la liberté de vendre en total ou partie les biens-fonds et mobiliers qu'ils possèdent dans la colonie, soit aux François ou aux Anglois, sans que le gouvernement britannique puisse y mettre le moindre empêchement ni obstacle.

Ils pourront emporter avec eux, ou faire passer en France, le produit, de quelque nature qu'il soit, desdits biens vendus, en payant le fret comme il est dit à l'art. 26 ; et ceux d'entre ces prêtres qui voudront passer cette année en France seront nourris pendant la traversée aux dépens de S. M. Britannique et pourront emporter avec eux leurs bagages.

> Ils seront les maîtres de disposer de leurs biens et d'en passer le produit, ainsi que leurs personnes et tout ce qui leur appartient, en France.

ART. 36. — Si, par le traité de paix, le Canada reste à S. M. Britannique, tous les François, Canadiens, Acadiens, commerçans et autres personnes qui voudront se retirer en France en auront la permission du général anglois, qui leur procurera le passage ; et néanmoins, si d'ici à cette décision, il se trouvoit des commerçans françois ou canadiens, ou autres personnes qui voulussent passer en France, le général anglois leur en donneroit également la permission ; les uns et les autres emmèneront avec eux leurs familles, domestiques et bagages.

> Accordé.

ART. 37. — Les seigneurs de terre et officiers militaires et de justice, les Canadiens, tant des villes que des campagnes, les François établis ou commerçans dans toute l'étendue de la colonie du Canada, et toute autre personne que ce puisse être, conserveront l'entière et paisible propriété et possession de leurs biens seigneuriaux et roturiers, meubles et immeubles, marchandises, pelleteries et autres effets, même de leurs bâtimens de mer ; il n'y sera point touché, ni fait le moindre dommage, sous quelque prétexte que ce soit ; il leur sera libre de les conserver, louer, vendre soit aux François ou aux Anglois, d'en emporter le produit en lettres de change, pelleteries, espèces sonnantes ou autres retours, lorsqu'ils jugeront à propos de passer en France, en payant le fret comme à l'article 26.

Ils jouiront aussi des pelleteries qui sont dans les postes d'en haut et qui leur appartiennent, et qui peuvent même être en chemin de se rendre à Montréal ; et à cet effet il leur sera permis d'envoyer, dès cette année ou la prochaine, des canots équipés pour chercher celles de ces pelleteries qui auront resté dans ces postes.

  Accordé comme l'article 26.

Art. 38. — Tous les peuples sortis de l'Acadie qui se trouveront en Canada, y compris les frontières du Canada du côté de l'Acadie, auront le même traitement que les Canadiens et jouiront des mêmes priviléges qu'eux.

  C'est au roi à disposer de ses anciens sujets ; en attendant, ils jouiront des mêmes priviléges que les Canadiens.

Art. 39. — Aucuns Canadiens, Acadiens, ni François qui sont présentement en Canada et sur les frontières de la colonie, du côté de l'Acadie, du Détroit, Michilimakinac et autres lieux et postes des Pays d'en haut, ni les soldats mariés et non mariés restant en Canada, ne pourront être portés ni transmigrés dans les colonies angloises, ni en l'Ancienne-Angleterre, et ils ne pourront être recherchés pour avoir pris les armes.

  Accordé, excepté à l'égard des Acadiens.

Art. 40. — Les sauvages ou Indiens alliés de S. M. Très-Chrétienne seront maintenus dans les terres qu'ils habitent, s'ils veulent y rester ; ils ne pourront être inquiétés sous quelque prétexte que ce puisse être pour avoir pris les armes et servi S. M. Très-Chrétienne.

Ils auront, comme les François, la liberté de religion et conserveront leurs missionnaires ; il sera permis aux vicaires généraux actuels et à l'évêque, lorsque le siége épiscopal sera rempli, de leur envoyer de nouveaux missionnaires lorsqu'ils le jugeront nécessaire.

> Accordé, à la réserve du dernier article qui a déjà été refusé.

Art. 41. — Les François, Canadiens, Acadiens qui resteront dans la colonie, de quelque état et condition qu'ils soient, ne seront ni ne pourront être forcés à prendre les armes contre S. M. Très-Chrétienne, ni ses alliés, ni directement, ni indirectement, dans quelque occasion que ce soit ; le gouvernement britannique ne pourra exiger d'eux qu'une exacte neutralité.

Ils deviennent sujets du roi.

Art. 42. — Les François et Canadiens continueront d'être gouvernés suivant la coutume de Paris, les lois et usages établis pour ce pays, et ils ne pourront être assujettis à d'autres impôts qu'à ceux qui étoient établis sous la domination françoise.

> Répondu par les articles précédens, et particulièrement par le dernier.

Art. 43. — Les papiers du gouvernement resteront sans exception au pouvoir du marquis de Vaudreuil et passeront en France avec lui ; ces papiers ne pourront être visités sous quelque prétexte que ce soit.

Accordé avec la réserve déjà faite.

Art. 44. Les papiers de l'intendance, des bureaux du contrôle de la marine, des trésoriers anciens et nouveaux, des magasins du Roi, du bureau du domaine et des forges Saint-Maurice, resteront au pouvoir de M. Bigot, intendant, et ils seront embarqués pour France dans le vaisseau où il passera ; ces papiers ne seront point visités.

Il en est de même de cet article.

Art. 45. — Les registres et autres papiers du conseil supérieur, de la prévôté et amirauté de la même ville, ceux des juridictions royales des Trois-Rivières et de la ville de Montréal, ceux des juridictions seigneuriales de la colonie, les minutes des actes des notaires des villes et des campagnes, et généralement les actes et autres papiers qui peuvent servir à justifier l'état et la fortune des citoyens, resteront dans la colonie dans les greffes dont ces papiers dépendent.

Accordé.

Art. 46. — Les habitans et négocians jouiront de tous les priviléges du commerce aux mêmes faveurs et conditions accordées aux sujets de S. M. Britannique, tant dans les Pays d'en haut que dans l'intérieur de la colonie.

Accordé, excepté ceux qui auront été faits prisonniers pour l'article 47.

Art. 47. — Les Nègres et Panis des deux sexes resteront en leur qualité d'esclaves en la possession des François et Canadiens à qui ils appartiennent ; il leur sera libre de les garder à leur service dans la colonie, ou de les vendre, et ils pourront aussi continuer à les faire élever dans la religion romaine.

Art. 48. — Il sera permis au marquis de Vaudreuil, aux officiers généraux et supérieurs des troupes de terre, aux gouverneurs et états-majors des différentes places de la colonie, aux officiers militaires et de justice et à toute autre personne qui sortira de la colonie ou qui en est absente, de nommer et établir des procureurs pour agir pour eux et en leur nom, dans l'administration de leurs biens meubles et immeubles, jusqu'à ce que la paix soit faite; et si, par le traité de paix, le Canada ne rentre point sous la domination françoise, ces officiers ou autres personnes, ou procureurs pour eux, auront l'agrément de vendre leurs seigneuries, maisons et autres biens-fonds, leurs meubles et effets, et d'en emporter ou faire passer le produit en France, soit en lettres de change, espèces sonnantes, pelleteries ou autres retours, comme il est dit à l'article 37.

Accordé.

Art. 49. — Les habitans et autres personnes qui auront souffert quelque dommage en leurs biens meubles et immeubles restés à Québec sous la foi de la capitulation de cette ville, pourront faire leurs représentations au gouvernement britannique, qui leur rendra la justice qui leur sera due contre qui il appartiendra.

Accordé.

Art. 50 et dernier. — La présente capitulation sera inviolablement exécutée en tous ses articles de part et d'autre, et de bonne foi, nonobstant toute infraction et tout autre prétexte par rapport aux précédentes capitulations, et sans pouvoir servir de représailles.

Accordé.

P. S. Art. 51. — Le général anglois s'engagera, en cas qu'il reste des sauvages après la reddition de cette ville, à empêcher qu'ils n'entrent dans les villes et qu'ils n'insultent en aucune manière les sujets de S. M. Très-Chrétienne.

On aura soin que les sauvages n'insultent aucun des sujets de S. M. Très-Chrétienne.

Art. 52. — Les troupes et autres sujets de S. M. Très-Chrétienne qui doivent passer en France, seront embarqués quinze jours au plus tard après la signature de la présente capitulation.

Répondu par l'article 11.

Art. 53. — Les troupes et autres sujets de S. M. Très-Chrétienne qui devront passer en France, resteront logées ou campées dans la ville de Montréal et autres postes qu'elles occupent présentement, jusqu'au moment où elles seront embarquées pour le départ ; il sera néanmoins accordé des passe-ports à ceux qui en auront besoin pour les différens lieux de la colonie, pour aller vaquer à leurs affaires.

Accordé.

ART. 54. — Tous les officiers et soldats des troupes au service de la France qui sont prisonniers à la Nouvelle-Angleterre et faits en Canada, seront renvoyés le plus tôt qu'il sera possible en France, où il sera traité de leur rançon ou échange, suivant le cartel ; et, si quelques-uns de ces officiers avoient des affaires en Canada, il leur sera permis d'y venir.

Accordé.

ART. 55. — Quant aux officiers de milice, aux miliciens et aux Acadiens qui sont prisonniers à la Nouvelle-Angleterre, ils seront renvoyés sur leurs terres.

Accordé, à la réserve de ce qui regarde les Acadiens.

Fait au camp devant Montréal. ce 8 septembre 1760.

Dépôt de la guerre, vol. 3574, pièce 113.

48

LETTRE DU CHEVALIER DE LÉVIS
AU MARÉCHAL DE BELLE-ISLE, MINISTRE DE LA GUERRE.

Sur la capitulation de Montréal et la perte du Canada.

À la Rochelle, le 27 novembre 1760.

Monseigneur, je débarque dans le moment. J'aurois désiré pouvoir partir aussitôt pour Versailles; mais les fatigues et les périls même que j'ai essuyés dans la traversée que je viens de faire me forcent à prendre cinq ou six jours pour le rétablissement de ma santé.

Je n'ai eu cette année, pour vous écrire, Monseigneur, d'autre occasion que celle des vaisseaux partis dans avril dernier de Bordeaux, qui ont relâché à la baie des Chaleurs, d'où l'on nous a apporté les paquets de la Cour. J'ai eu l'honneur de répondre, par ces mêmes vaisseaux, à vos lettres du 28 février, de vous envoyer une relation de nos opérations de l'hiver dernier, de mon ouverture de campagne, et de vous proposer mes sentimens sur la situation de la colonie alors (c'étoit à la fin du mois de juin).

Mais ces vaisseaux, devancés dans la rivière du Canada par une escadre angloise, et ensuite défaits par une division de cette même escadre, me font craindre que mes lettres ne vous soient point parvenues.

Je joins ici un duplicata de cette relation, à laquelle je n'ai autre chose à ajouter que de vous assurer qu'il n'a point dépendu du courage des troupes, de l'union et du concert dans les meilleurs partis à prendre pour le service du Roi, du zèle et de la fidélité des habitans, non plus que de la prudence des chefs, que la colonie n'ait éprouvé un sort plus heureux.

Les troupes de terre et de la colonie méritent cet éloge, qu'elles ont fait des prodiges de valeur, le 28 avril, pour reprendre un avantage qu'elles auroient eu certainement, si la bravoure tenoit lieu de moyens. Elles ont soutenu le même caractère avec des peines incroyables jusqu'au 8 de septembre, qu'il a enfin fallu céder au nombre et à l'appareil formidable de trois armées réunies dans leurs opérations combinées; encore n'est-ce qu'après s'être offertes de s'immoler, et après avoir témoigné tout leur désespoir à subir les conditions qu'on leur a imposées.

Je réserve, au temps de mon retour à Versailles, à vous remettre sous les yeux, Monseigneur, les autres objets sur lesquels j'avois l'honneur de vous écrire en juin dernier, les demandes que je faisois alors, celles que j'ai à faire depuis cette époque en faveur des troupes, et à vous supplier de présenter à S. M. dans un jour favorable tout ce que ces troupes ont fait et souffert depuis plusieurs années dans un climat si dur. Un plus digne événement étoit dû à leur courage, mais il étoit prédit et prévu depuis longtemps.

Je joins pareillement ici la note de la relation de la campagne qui finit à la signature de la capitulation faite par M. le marquis de Vaudreuil, à laquelle je n'ai d'autre part que celle d'avoir protesté contre, à l'égard de ce qui regarde le traitement fait aux troupes de terre, qui auroient dû mériter plus d'attention de la part de M. de Vaudreuil, et plus d'estime de celle du général Amherst. Mes démarches à cette occasion ne m'ont point permis de recevoir du général Amherst, ou de lui faire personnellement, les politesses usitées en semblable rencontre entre généraux. J'ai cru en devoir marquer mon ressentiment et ne point goûter les raisons que ce général anglois a données de sa conduite, savoir, que c'étoit en satisfaction des cruautés commises par les sauvages avec lesquels les troupes avoient été associées.

Aussitôt après la ville de Montréal livrée, j'ai fait la revue des 8 bataillons, que j'ai trouvés d'environ 2,200 hommes, tout compris, hôpitaux, blessés et invalides. Comme ces troupes et tout le monde devoient se rendre par la rivière sur les vaisseaux anglois à Québec, où devoit se faire la répartition des embarquemens, j'ai fait partir aussitôt M. de Bougainville pour les y devancer et les contenir dans l'ordre et la discipline, de même que le commissaire Bernier, pour travailler avec les commissaires anglois pour leur subsistance et logement; et je l'ai chargé de donner les mêmes soins pour les troupes de la marine et les matelots, n'y ayant personne pour représenter pour la marine.

Après que les bataillons ont été partis de Montréal, je les ai suivis avec M. de Bourlamaque dans la résolution de partir le dernier de Québec, afin de leur obtenir du chef anglois, par ma présence, toutes les commodités possibles pour leur traversée. Malgré mes peines et mes soins, ils ont dû souffrir extraordinairement : 1° par le peu de vaisseaux de transport qu'avoient les Anglois; 2° par un vent affreux de nord-est, qui les a tenus en rivière avec danger pendant 22 jours, et qui a mis plusieurs vaisseaux hors d'état de servir, ce qui a contraint les Anglois de les fouler dans les vaisseaux qui leur restoient, quoique pourtant ils n'aient point excédé leur règle ordinaire de ne mettre qu'un homme par tonneau; sur quoi j'ai veillé avec la plus grande attention; 3° enfin, par le manque où tout le monde étoit d'espèces propres à se pourvoir chez les marchands anglois des douceurs nécessaires pour la traversée, et par la dure situation de n'avoir, au moins pour le plus grand nombre, d'autre nourriture que la ration du simple matelot.

A la suite de ce vent si contraire et si extrordinaire dans ce pays, les bataillons sont arrivés par lambeaux à Québec; il a fallu les faire partir de même, vu que la saison ne permettoit plus de retard, ni conséquemment de mettre ordre ni règle dans cet embarquement.

J'ai borné mes soins à ce que tout ce qui étoit troupes du Roi fût embarqué; j'ai donné des ordres et des instructions à chaque officier commandant les soldats dans chaque vaisseau; j'ai pris un état à peu près des vaisseaux, du nombre des soldats qui y étoient embarqués, que je joins ici, et j'ai été obligé de partir moi-même; j'ai chargé M. de Bourlamaque, dont le vaisseau ne devoit être prêt qu'un des derniers, de prendre les mêmes soins pour les bâtimens qui restoient et d'en dresser un nouvel état, supposé qu'il fût fait quelque changement.

Je me suis embarqué sur un bâtiment de 200 tonneaux. J'ai pris avec moi l'aide-major général, l'aide-maréchal général des logis, le commissaire Bernier, les sieurs Pontleroy, Montbeillard, La Roche-Beaucourt, les deux officiers partisans et le chirurgien-major. M. de Bourlamaque a pris avec lui M. de Bougainville et le reste de nos officiers d'artillerie et du génie.

Après avoir essuyé bien des vents contraires pour descendre le fleuve, étant de compagnie avec le vaisseau de M. de Vaudreuil, qui a avec lui une partie de l'état-major de la colonie, nous avons eu devant Louisbourg ce qu'on appelle une tempête, qui nous a séparés et qui a fait perdre à mon vaisseau un mât, et nous a tenus pendant deux heures dans l'incertitude de la vie ou de la mort; et enfin, sans autre accident que celui d'un temps fort orageux, je suis arrivé ici après une traversée de quarante jours.

Je crois devoir vous informer, Monseigneur, que les Anglois, voyant le peu de transports qu'ils avoient pour remplir les engagemens de la capitulation, m'ont proposé de faire passer par la Nouvelle-York nos bataillons, pour y être embarqués plus commodément; à quoi je me suis fortement opposé, parce qu'ils auroient été anéantis dans cette route en désertant de plein gré ou par subornation.

Je pense que ces bataillons ramènent en France à peu près 15 ou 1,600 hommes; plus de 500 ont quitté depuis la capitulation. Je désirerois, sous votre bon plaisir, que dans le cas où les corps voudroient agir contre eux, toute procédure à cet égard fût suspendue jusqu'à ce que j'aie eu l'honneur de vous informer de ce que j'ai fait concernant ces déserteurs, qui peuvent réclamer en leur faveur. Ce mal vient d'un abus dès le principe, qui est de leur avoir permis de se marier, de prendre des terres, et de leur avoir promis leur congé après la guerre du Canada finie. Le plus grand nombre de ces déserteurs sont des gens établis ou qui avoient pris des mesures pour l'être, et qui n'ont point voulu abandonner un état qu'on leur avoit permis de faire.

Puis-je, Monseigneur, avant de finir cette lettre, vous représenter la circonstance où se trouvent tous les officiers qui reviennent du Canada, depuis le premier jusqu'au dernier, d'être absolument dépourvus d'espèces ? chacun d'eux peut bien l'être de fonds en papier, mais qui ne leur est ici d'aucune ressource; les appointemens leur ont été payés en lettres de change jusqu'au dernier août; depuis, il y a trois mois révolus. S'il étoit possible, Monseigneur, de les faire payer par la marine, du 1er septembre au 1er janvier sur le même pied qu'ils l'étoient en Canada, cela leur seroit d'un grand secours pour les voyages et autres dépenses qu'ils ont à faire, et pour attendre l'échéance de leurs lettres de change. Tous attendent avec impatience les ordres que vous jugerez à propos de donner pour les secourir dans un moment si pressé, où ils arrivent dans un besoin général de hardes et des choses les plus nécessaires.

Je n'ai trouvé à mon arrivée ici que le vaisseau l'*Élisabeth-Marie*, portant partie du régiment de Béarn, et le même jour sont arrivés deux transports portant des troupes de la colonie : j'espère que nous ne tarderons pas à en recevoir d'autres. Je suis, etc.

Dépôt de la guerre, vol. 3574, pièce 129. — Original.

49

INSCRIPTION FUNÉRAIRE DU MARQUIS DE MONTCALM [1].

ICI repose,
pour vivre éternellement dans la mémoire des deux mondes,
Louis Joseph de Montcalm Gozon,
marquis de Saint-Véran, baron de Gabriac,
commandeur de l'ordre de Saint-Louis,
lieutenant général dans les armées françaises,
citoyen éminent, militaire distingué,
qui jamais n'aspira qu'à la seule vraie gloire,
doué d'un génie également heureux et cultivé,
promu successivement à tous les grades par son mérite,
consommé dans toutes les connaissances de l'art militaire :
grand capitaine,
en Italie, en Bohême, en Allemagne,
s'acquittant toujours de ses fonctions comme un homme capable
d'en remplir de plus hautes ;
illustre déjà par les dangers qu'il avait affrontés,
et envoyé à la défense du Canada,
avec une poignée de soldats il repoussa plus d'une fois
des ennemis nombreux ;
il s'empara de places garnies de soldats et d'un matériel puissant.
Endurci au froid, à la faim, aux veilles, aux fatigues,
plein de sollicitude pour ses soldats, jusqu'à l'oubli de lui-même,
ennemi redoutable, vainqueur magnanime,

---

[1] Cette traduction de l'inscription composée par l'académie des Inscriptions et Belles-Lettres aussitôt après la mort de Montcalm a été publiée dans le *Magasin pittoresque*, année 1861, page 391.

*il suppléa
à la fortune par le courage, et au nombre d'hommes par l'habileté
et l'activité.*
*Pendant quatre ans il a retardé par ses conseils et sa valeur
la chute imminente de la colonie.*
*Enfin, après avoir longtemps déjoué par toutes les ressources
de sa prudence
une armée nombreuse, commandée par un général intrépide et hardi,
et une flotte chargée de munitions,
mis dans la nécessité de combattre,
il tomba blessé au premier rang et au premier choc.*
*Fortifié par la religion, qu'il avait toujours pratiquée,
il mourut,
au grand regret des siens et au regret même de ses ennemis,
le 14 septembre de l'an du Seigneur 1759,
à l'âge de quarante-huit ans.*
*Les Français en pleurant
déposèrent dans la fosse, qu'une bombe en éclatant avait creusée,
les restes de leur brave capitaine,
et les confièrent à la loyauté d'un ennemi généreux.*

FIN DES PIÈCES JUSTIFICATIVES.

TABLE DES MATIÈRES.

Avertissement.. 1

LIVRE I. — Origines de la Colonie.

I. Description de la Nouvelle-France...................... 3
II. Les Canadiens.. 16
III. Les Indiens.. 21
IV. Découverte et colonisation du Canada. Jacques Cartier et Samuel de Champlain........................... 24
V. Première guerre avec l'Angleterre..................... 32
VI. Portrait de Samuel de Champlain...................... 34
VII. Missions des Récollets et des Jésuites chez les Hurons.. 35
VIII. La baie d'Hudson, l'Acadie et Terre-Neuve........... 48

LIVRE II. — Développements de la Colonie.

I. Colbert et l'intendant Talon. Administration du Canada.. 51
II. De la propriété en Canada............................ 56
III. Commerce.. 58
IV. Développement des Missions........................... 63
V. Soumission des Pays d'en haut......................... 69
VI. Découverte du Mississipi; Cavelier de la Salle....... 71
VII. Guerre contre les Iroquois.......................... 74
VIII. Guerre de la ligue d'Augsbourg. M. de Frontenac. Le chevalier d'Iberville............................... 78

TABLE DES MATIÈRES.

IX. Traité de Montréal avec les Indiens. Le Rat.................. 91
X. Guerre de la succession d'Espagne. Traités d'Utrecht.......... 97
XI. Fondation de Louisbourg..................................... 101
XII. Guerre de la succession d'Autriche. Traité d'Aix-la-Chapelle.... 104

LIVRE III. — Perte de la Colonie.

I. Commencement de la guerre avec les colonies anglaises........ 111
II. Assassinat de Jumonville par Washington.................... 116
III. Victoire de la Belle-Rivière. Défaite du baron de Dieskau..... 134
IV. Victoire de Chouegen....................................... 143
V. L'administration du Canada. L'intendant Bigot............... 160
VI. Victoire de William-Henry.................................. 178
VII. La famine... 186
VIII. Perte de Louisbourg. Victoire de Carillon................... 189
IX. Abandon du Canada par le gouvernement français............ 202
X. M. de Bougainville à Versailles............................. 209
XI. Victoire de Montmorency. Défaite et mort de M. de Montcalm à Québec... 212
XII. Victoire de Québec. Capitulation de Montréal................ 229
XIII. Condamnation de l'intendant Bigot et de ses complices........ 240
XIV. Traité de Paris. Perte du Canada. Les Français chassés d'Amérique... 249

PIÈCES JUSTIFICATIVES.

1755.

1. Relation de la bataille de la Belle-Rivière.................... 251
2. Autre relation de la bataille de la Belle-Rivière............... 253
3. Lettre du baron de Dieskau au comte d'Argenson, pour lui rendre compte de sa défaite et de sa captivité...................... 255
4. Lettre du baron de Dieskau au marquis de Vaudreuil, sur le même sujet... 260
5. Fragment d'un dialogue entre le maréchal de Saxe et le baron de Dieskau, aux Champs-Élysées.............................. 261
6. Lettre du baron de Dieskau au comte d'Argenson.............. 269
7. Lettre du chevalier de Montreuil sur le mauvais état des affaires en Canada et sur le baron de Dieskau........................ 271
8. Lettre du chevalier de Montreuil sur les mêmes sujets.......... 273
9. Extrait d'une lettre de M. Doreil au marquis de Paulmy sur les désordres qui existent dans l'administration du Canada et sur MM. de Vaudreuil, de Montreuil et de Dieskau........................ 274

TABLE DES MATIÈRES.

1756.

10. Lettre du chevalier de Montreuil sur l'état de la colonie et sur le baron Dieskau... 277
11. Lettre du marquis de Vaudreuil à M. de Machault, dans laquelle il se plaint des mauvais traitements qu'endurent les milices canadiennes et les sauvages de la part de M. de Montcalm et des officiers des troupes de France.. 279
12. Extraits d'une lettre du marquis de Montcalm au comte d'Argenson sur MM. de Lévis, de Bourlamaque, de Bougainville et de Montreuil; sur le fort de Carillon et la situation critique de la colonie, et sur la trahison de l'otage anglais Robert Stobo................ 283

1757.

13. Lettre du chevalier de Lévis au marquis de Paulmy. Il expose quelles sont ses règles de conduite et fait connaître le projet général des opérations pour la campagne de 1757 286
14. Lettre du marquis de Montcalm au marquis de Paulmy pour l'informer de la prise du fort George ou William-Henry............... 288
15. Lettre de M. de Bougainville au marquis de Paulmy, contenant la relation de la prise du fort George ou William-Henry............... 291
16. Lettre du marquis de Montcalm au général Webb pour l'informer du massacre de quelques Anglais par les sauvages................... 310
17. Lettre du marquis de Montcalm à milord Loudoun, sur le même sujet... 312
18. Lettre du marquis de Vaudreuil à M. de Paulmy, sur le même sujet.. 314

1758.

19. Lettre du marquis de Montcalm à M. de Moras, sur l'état de la colonie... 321
20. Représentations faites à M. de Drucour par M. Prévost.......... 327
21. Relation de la victoire de Carillon............................. 331
22. Lettre du marquis de Montcalm au maréchal de Belle-Isle sur la victoire de Carillon et pour demander son retour en France.......... 342
23. Lettre du marquis de Montcalm au ministre de la marine, sur la situation de la colonie.. 346
24. Lettre secrète de M. Doreil au maréchal de Belle-Isle, sur la situation de la colonie et sur les abus qui la perdent..................... 348

25. Lettre de M. de Bougainville au maréchal de Belle-Isle, pour lui donner avis du rétablissement de l'entente entre MM. de Vaudreuil et de Montcalm.. 355
26. Lettre confidentielle de M. Doreil au maréchal de Belle-Isle pour le mettre en garde contre les manœuvres de M. de Vaudreuil et de M. Péan.. 357
27. Extrait d'une lettre confidentielle de M. Doreil au maréchal de Belle-Isle, sur la nécessité de faire la paix, comme seul moyen de sauver le Canada... 360
28. Lettre de M. Bigot au maréchal de Belle-Isle sur la situation de la colonie... 363
29. Lettre de M. Doreil au maréchal de Belle-Isle sur la cherté des vivres en Canada et sur la position des officiers....................... 365
30. Lettre du marquis de Montcalm au maréchal de Belle-Isle, sur les officiers qui servent sous ses ordres.............................. 368

1759.

31. Lettre confidentielle du marquis de Montcalm au maréchal de Belle-Isle. Il lui annonce la perte prochaine de la colonie et lui dévoile les abus qui la ruinent.. 370
32. Lettre du marquis de Montcalm au maréchal de Belle-Isle. Il le remercie des grâces accordées par le Roi............................ 375
33. Premier manifeste du général Wolf aux Canadiens................ 377
34. Second manifeste du général Wolf aux Canadiens................ 379
35. Mémoire sur la campagne de 1759, depuis le mois de mai jusqu'en septembre, par M. Joannès.. 380
36. Lettre du chevalier de Lévis au maréchal de Belle-Isle, pour lui apprendre la mort du marquis de Montcalm......................... 396
37. Lettre du chevalier de Montreuil au maréchal de Belle-Isle sur la bataille de Québec... 396
38. Lettre de M. Bigot au maréchal de Belle-Isle, sur la bataille de Québec et sur la capitulation de Québec............................... 399
39. Lettre du marquis de Vaudreuil au maréchal de Belle-Isle, sur la mort du marquis de Montcalm, sur la capitulation de Québec et sur les qualités et les services du chevalier de Lévis........................ 407

1760.

40. Relation de la seconde bataille de Québec et du siége de cette ville. 409
41. Lettre de M. de Bougainville au maréchal de Belle-Isle, sur la levée du siége de Québec et sur la disposition d'esprit des soldats........ 429

42. Lettre de M. de Bourlamaque à M. de Crémille, sur l'état de la colonie... 430
43. Lettre du marquis de Vaudreuil au maréchal de Belle-Isle, sur le siége et la levée du siége de Québec........................... 432
44. Lettre du chevalier de Lévis au maréchal de Belle-Isle, sur la situation de la colonie et la marche des armées anglaises sur Montréal ; il lui annonce que la crise est arrivée.............................. 433
45. Relation des événements du Canada depuis le mois de juin jusqu'au mois de septembre 1760, adressée au maréchal de Belle-Isle par M. Bernier.. 436
46. Extrait d'une lettre de M. Bernier à M. de Crémille............ 441
47. Articles de la capitulation de Montréal....................... 443
48. Lettre du chevalier de Levis au maréchal de Belle-Isle, sur la capitulation de Montréal et la perte du Canada....................... 459
49. Inscription funéraire du marquis de Montcalm................ 465

FIN DE LA TABLE DES MATIÈRES.

Paris. — Typ de P.-A. Bourdier et Cie, rue Mazarine, 30.

www.ingramcontent.com/pod-product-compliance
Lightning Source LLC
Chambersburg PA
CBHW051620230426
43669CB00013B/2118